文学の心で人類学を生きる

南北アメリカ生活から帰国まで十六年

前山　隆

1961年12月14日、フォルタレーザ市郊外のムクリッペ海岸で、海上で一夜を過ごした漁師達がジャンガーダ（原始的な筏船）で帰還してくるのを2時間ほど身近に観察した。［第4章第4節］

御茶の水書房

1967年9月23日、ペルーのリマ市ミラフローレス区にあるMuseo Amano（天野博物館）の前に立つ天野芳太郎氏。サンパウロから現れた風来の若い学生を一人前の研究者のように扱い、熱っぽく語ってくれた。［第1章第1節］

岩手県極北の福岡高校（前身の中学は明治34年開校）は貧困地帯にあり、昔は「山猿の学校」と呼ばれた。意気軒昂な生徒が多数いて、私は真冬も足駄で歩いていた。［第3章第2節］

これは1967年9月27日、メキシコ市郊外のテオティウアカン遺跡の「月の神殿」ピラミッドの頂上で、人っ子一人いない豪雨のなかで、自分を撮影したものだが、どうやって撮ったものか、今は思い出せない。［第1章第1節］

同じ小学校の2年目の担当クラス。8月末で大学受験の準備のため退職したが、彼らは全員村はずれまで私を見送った。この2クラスの児童達との日々のやりとりから私の文化人類学の原点が生まれた。［第3章第4節］

私は18歳で岩手県九戸郡戸田村立戸田小学校の代用教員（正式免許証のない教師）となり、52名の4年生を担当した。毎日がこの生徒達との24時間態勢の真剣勝負だった。［第3章第3節］

静岡大学哲学教室の恩師たちと、昭和34年頃、清水の鉄舟寺で。中央左側大室貞一郎教授、その右は山下太郎助教授。左端が前山。
[第3章第5節]

静岡の学生時代、あらゆるアルバイトをやった。学生サンドイッチマンの先駆けでもあった（松坂屋デパート前で、昭和31～32年頃）。
[第3章第5節]

1961年5月27日、37日の航海の末、貨物船春国丸（1500トン）はグワナバラ湾に入り、リオデジャネイロ港に接近した。
[第4章第2節]

高知県の須崎湾で、昭和36年4月18日、貨物船春国丸は3隻の180トンの河船を吊り上げて甲板に載せ、インドのゴアまで搬んだ。これが私の初めての海外渡航の勇ましい道連れだった。[第3章第1節]

ブラジル到着1ヵ月半後、1961年7月11日、3人の若いブラジル人女性と4人でマットグロッソへの旅に出た。これはボリビアとの国境の町コルンバに向かう列車のなか、食堂車の鏡を利用して向かい合う4人をカメラに収めた。左はヴィルマ、右はトゥカ、中央向かい側はグラディス。［第4章第3節］

女性3人と4人連れで長旅に出たわれわれは、国境の町コルンバから最奥地カセレスまで南十字星社の旅客機に無賃で乗せてもらった。到着したカセレス空港で機長から、コニャック・ボトルを片手に翼上に上がれと唆され、写真を撮られた。［第4章第3節］

ベレンから19世紀風客船（アマゾン航行最古の船と言われていた）クルゼイロ・ド・スル（南十字星）号でアマゾン河を遡上した。船室はエンジンで熱せられるので、みな甲板にハンモックを吊って寝る。船上で若い旅の母娘に彼女らのギターで恋歌を教えられた。50年後の今も私はこの唄を歌うことができる。［第4章第4節］

サンパウロからアマゾン河口の町ベレンへ10日かけてトラックで行った。ブラジル統合の政略街道（ベレン―ブラジリア14号線）はアマゾン地帯に入るとひどい泥道で、われわれは時折土木工事をやりながら進んだ。［第4章第4節］

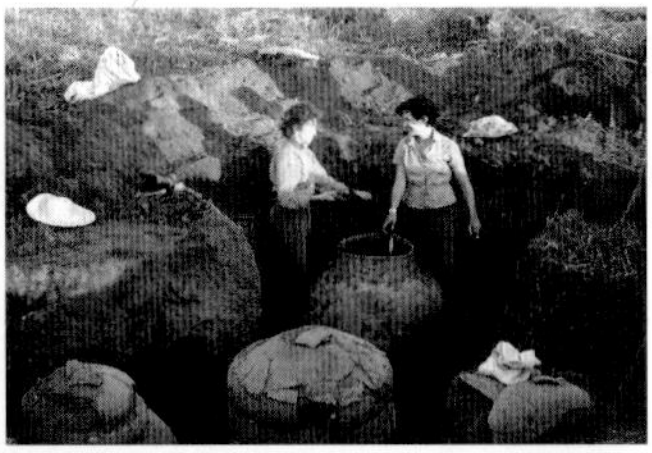

マットグロッソでの発掘作業では、同行した若いブラジル女性達は驚くほどによく働いた。グワラニ風の瓶棺が多数発掘された。ヴィルマ（左）とグラディス（右）。［第4章第3節］

私のブラジル最初期の友人の一人、ボロロ族グレゴリィ。マットグロッソの発掘人夫の一人だった。私の容貌はボロロ族の仲間に似ていたらしく、特に親しみを示した。［第4章第3節］

パラ州モンテ・アレグレ植民地では座談会などをやり、簡単な調査もやった。入植記念祭があり、トラックで植民者達・地域住民達とともに会場に向かった。左側手前に写っているのは村上氏。記念祭では私も歌った。［第4章第4節］

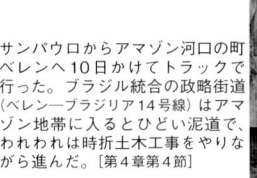

サンパウロ社会学政治学院で私の恩師だったカンディッド・プロコピオ・カマルゴ教授。彼は生涯カメラに触ったことがない人で、私は若き日の彼の写真をもたない。1983年、われわれは彼を筑波大学の客員教授に半年間迎えて、研究協力をした。毎週私の家に食事に来て、子供らに「ボン・ディア（今日は）のオジサン」と呼ばれていた。［第４章第５節］

大学院院生仲間と。クラス切っての勤勉家は米国海軍大尉ディック・ディーンだった。彼とその夫人の間にいるのは黒人のバイア留学生マリア・ジョゼェで、彼女は颯爽として美しかった。後ろの二人は婚約中のグレゴリー（南リオ・グランデから）とマルガリータ・ゴーメス（コロンビアから）留学生。［第４章第５節］

1961年12月、東北部セアラー州フォルタレーザにて。セアラー大学のトマス・ポンペウ・ソブリーニョ人類学教授の孫娘アリセが半日市内を案内してくれた。［第４章第４節］

1964年、院生仲間のシュラスコ会（焼肉パーティ）。コロンビア、エクアドル、バイア州、米国からの留学生を含む。この頃、ルイス・ロッシとマリア・ジョゼェ（右端）は熱々の仲だった。私は左から３人目。［第４章第５節］

1961年11月18日、アマゾン河中流（正確には下流。マナウスより少し下流）の町パリンチンスを散策していると、日系二世（混血を含む）の娘達が大勢集まってきて、質問攻めにあった。彼女らは日本語・英語が解らず、私は片言のポルトガル語で、通訳する日本人もおらず、難儀した。彼女らは私がマウエスに行く客船アキダバン号に乗り込む日には船まで姿を見せた。日本人旅行者が稀な頃だった。［第４章第４節］

アマゾナス州マウエス在住の神園萬輔氏（85歳）。当地に移住した埼山比左衛の最大の盟友だった。この老人は、1961年11月22日、私とともにマウエス・アスー河に入って水浴びをすると、越中褌のまま突然美しいクロールで抜き手を切って泳ぎ出した。私の日記に「この神園一家には或る種の香気が漂う」とある。［第４章第４節］

ソラノの演劇集団はその拠点のひとつをサンパウロ郊外のエンブーに置き、時折支持者達を集めてフェスタを催し、民謡、踊り、カポエーラ（アフリカ伝来の格闘技）などを披露した（中央白シャツがソラノ）。［第5章第2節］

1964年の院生仲間によるシュラスコ会で。ソランジュ（右側）らに腕を組まれると私は照れ笑いをするしかできなかった。［第4章第5節］

1962年8月のフォルクローレ月間中、サンパウロ市のアレーナ劇場でソラノ・トリンダーデ率いる「ブラジル民衆劇場Teatro Popular Brasileiro」グループが土俗色の濃い舞踊、民謡、民衆劇を上演した。［第5章第2節］

週末の夜半、サンパウロの場末にカルト集団の太鼓と霊歌の響きが低く伝わる。パイ・デ・サント（祭主）のパイ・ジェローニモはカリスマ性をもった指導者で多数の霊媒達と悩みを抱く信者を集めていた。［第5章第4節］

1963年頃、ある日の黒人演劇グループのリーダー2人。主将で詩人のソラノ・トリンダーデ（右）と彫刻家アッシス・ディアス。［第5章第2節］

1962年9月、リオのモーロ（丘）の上のファヴェーラ（貧民窟）に登った私は、流れる生活排水に足を滑らして転倒。写真の女性は私の衣服をその場で洗い、乾かしてくれた。初めてのウンバンダ・カルト集団の体験もこの近くだった。［第5章第3節］

サンパウロの南に隣接するディアデーマの居住地区。左遠方の白い家々が頼母子講で建設された日本人住居で、私もしばらく間借りしていた。右の斜面を下ると貧困層の板小屋住居が点在する。手前右側のあばら屋が私がよく通ったウンバンダ・カルト集団の幕屋である（立て札に明示してある）。［第5章第6節］

カルト集団マイ・マリア・フォルテの主宰者（パイ・デ・サント）とその家族（ディアデーマ市、1963年）。［第5章第6節］

1965年、サンパウロ大学との共同研究の調査のために到着したテキサス大学のジョン・コーネル教授とスザノの調査地で。［第6章第1節］

1965～67年の26ヵ月の間、ブラジル日系人のフィールドワークで最初から最後まで良き連れだったのは吉田ヒロミ（日系二世）だった。（1965年11月、パラナ州サント・アントーニオ・ダ・プラチーナにて）［第6章第1節］

1965年12月2日、パラナ州サント・アントーニオ・ダ・プラチーナでの面接調査。マリア・ダ・イダ（飯田）・サルバドール（日系二世）の自宅で高校生（混血）の長男とともに。交婚の事例の項、参照のこと。［第6章第2節］

O amor nasce do oriente

"Mulher bonita? Ah, tem que ser japonêsa! Ela tem cabelos lisos, os olhos meigos e é muito amorosa."

Adauto Serapião de Oliveira. 25 anos, linotipista

サンパウロの写真週刊誌Realidadeは1967年10月に人種主義特集を出した。そこで日系女性が黒人男性の大きな憧れとターゲットとなることを報道し、「恋心は東から生まれる」と言い、黒人青年の声を伝えた。「美女だって？　そりゃ、もう、日系の娘に決まってらぁな。すらァと伸びた髪でさァ、目尻が優しくって、もう、愛くるしいったら、ありゃしねぇよ。」［第6章第2節］

どこかのフェスタでのコロニア文学会の仲間たち。左から、小清水礼子、星野良江、井本惇、前山隆、弘中千賀子、小笠原富枝、水本すみ子、井本司都子、陣内しのぶ（すでに半数以上が故人）。［第6章第3節］

長田純一（左。サンパウロ大学物理学教授、朝永振一郎の弟子）は学費に窮していた私に、「天才的物理学者における奇癖の研究」というテーマで研究費を出してくれた。右の鈴木悌一（弁護士。後、サンパウロ大学教授、日本文化研究所所長）は土曜会での私の日系ブラジル文学に関する発表に対して難しい質問を浴びせた（みな土曜会の有力メンバー）。［第6章第3節］

1965年5月21日、土曜会創立20周年の祝いの会が香山扶陽の別荘で催された。左から、宮尾進、河合武夫、木村義臣、鈴木与蔵、香山扶陽夫人、山本喜誉司未亡人、アンドウ・ゼンパチ、鈴木悌一（頭だけ覗く）。［第6章第3節］

1966年7月、コーネル大学からロバート・スミス教授が和子夫人を伴って現地調査に到着、チームのフィールドワークは一気に様変わりした。鈴木悌一（移民50周年記念実態調査の報告書を刊行した直後）を囲んで歓談するスミス夫妻。［第6章第4節］

1966年の日系人調査の仲間。左より、スギヤマ・ユタカ、吉田ヒロミ、清水アメリア。ユタカが加わり、チームは二世色が強くなった。彼は料理自慢で、私と腕を競った。［第6章第4節］

1970年6月、藤村ジャンジーラと私はスミス教授邸の庭で結婚式を挙げた。友人達に唆され、啄木の唄を歌った。学生等の質問に対して、ジャンジーラはあれは失恋の歌だと説明した。［第7章第7節］

ニューヨーク州イサカのコーネル大学で客員研究員を1年やった後、博士課程のフルタイムの学生となる。人類学部のあるマックグロー・ホールの前に立つ（1970年頃）。［第7章第4節］

結婚式には人類学博士課程の学生の他、日本人、ブラジル人の留学生、ラテンアメリカ研究のジョン・ムッラ教授も出席した。女子学生は右から、アニタ・スプリング、パトリシャ・クレックナー、パトリシャ・デウストア、ユーパァ（タイの留学生）。［第7章第7節］

1967年、サンパウロ郊外グァルーリョスの日本カントリー・クラブで二世クラブ（主に未婚男女の親睦の会）の連盟主催の一大スポーツ・イベントがあり、われわれは二世クラブを調査した。昼食時間にスミスと私はシーソーに興じた。［第6章第4節］

ロンドン大学を定年退職したレイモンド・ファース教授がコーネル大学に客員として来学、1970年の春学期にゼミひとつを担当。私もこれに参加した。歓迎パーティが催され、その場で何かプレゼントをしている中村光男。それを見守るアート・ハンセン（中央）。［第7章第6節］

論文調査のため、1971年9月、ブラジルへ帰った。アマゾンから入国し、ベレンの町からアマゾン河支流を船で遡上して日本人植民地トメアスーへ行った。［第8章第1節］

1972年5月、サンカルロス日本人会の要請に応じて、地域の社会問題に取材した土着劇「トマトとコンピューター」を書いて上演した。これが『コロニア文学』誌に掲載され、翌年ブラジル日本文化協会のコロニア文学賞を受賞した。［第8章第5節］

サンパウロ州地方都市サンカルロスに定住して調査を始める。日本移民（主に愛媛・広島出身）の古い合祀墓を発見して位牌を詳細に調べ、記録する（1972年）。［第8章第2節］

ブラジル生長の家教会は郊外のイビウーナに聖地風の環境のなかに広い錬成道場をもっていて、そこで合宿研修や儀礼が行われている。これは「浄心行」という、自らの邪心を紙片に書いて焼却し、心を清める儀礼である。［第6章第4節］

トメアスーからベレンへの帰路、7人乗りの小型機に乗り込む。なかなか始動せず、綱引き用風のロープでプロペラを回す。妻・ジャンジーラ（中央）と妹・寿美子（右）。［第8章第1節］

サンパウロ州サンカルロス市のフリーメーソン結社「永遠の秘儀」最大の重鎮マリオ・トレンチーノ氏とその夫人（自宅の玄関前で）。彼は最高位の第33階位だった。［第8章第6章］

1973年のある日、私はサンカルロス市のフリーメーソン・ロッジ「永遠の秘儀」社の祝いの儀式に招かれて出席した。写真を撮る許可も得た。招待客はロッジ員のつくる剣の天蓋をくぐって入場した。［第8章第6節］

私は地域のフリーメーソン結社「永遠の秘儀」の主要メンバーを彼らの自宅で面接調査していた。一度だけロッジ内部での儀式に陪席した。ロッジ長の座席の背後の壁には「神、正義、慈悲」と書かれた大きなリリーフがあった。後、私の学位論文はこの場で詳しく紹介された。［第8章第6節］

サンカルロスでの現地調査で、19世紀の中国からの苦力移民の子孫アントーニオ・シネースと出会い、その一家の歴史を面接聴取した。「支那人」が正式の姓だった。父マノエル・ジョン・シネース、母はドイツ移民でスザンナ・ハスラーといった（額の二人）。［第9章第3節］

アントーニオ・シネースの一家は市外に木炭の窯をいくつかもって炭焼きを業としていた。写真はアントーニオ氏を囲んだ息子達と従業員達。「支那人」という姓に高い誇りを抱く人々だった。［第9章第3節］

長女茅上は1歳の誕生を過ぎて庭でどんどん遊び始めた。生まれて初めて娘が作った友達は近所に住む白人女性と黒人の混血の男の子たちだった。ニューヨーク州イサカで。［第9章第2節］

コーネル大学で学位を済ましてブラジルに帰った私が最初に手掛けた仕事は日本移民の書く小説のアンソロジー『コロニア小説選集』（コロニア文学会刊行）を編集することだった。第1巻が発行され、なかなか好評で、サンパウロ郊外のスザノでも祝いのパーティが催された。左から大浦文雄（詩人、世話人）、中出良一（詩人）、酒井繁一（歌人）、前山隆（編集者）、右の後方に田中洋典（後に人文研所長）、他。［終章第3章］

第1回移民（明治41年）の香山六郎は戦前『聖州新報』という日刊紙の社主兼主筆だったが、戦後60歳代で全盲となり、それから自伝を書き出し、約3000枚分書き上げた。私はこれをサンパウロ人文科学研究所の仕事として編集し、1976年9月に『香山六郎回想録』として刊行した。半田知雄夫妻（左端）の祝賀会で蜂谷専一（左から3人目）達に祝福される香山六郎（中央）。［終章第3節］

博士課程仲間の集まった前山宅での少人数パーティ。左側2人目から、ジョイス・ナカハラ（ハワイ日系三世）、シェリー・エーリントン、加藤剛、ロバート・ラブ他。［第9章第1節］

私は1977年4月、信州大学の招きで妻子を伴って16年振りに帰国し、日本の生活を始めた。妻と3人の子供はブラジル生まれ、ブラジル国籍だった。だが、帰国時、4歳、2歳、6ヵ月だった三児（茅上、手稲、迅）は闊達に日本社会に融け込んでいった。

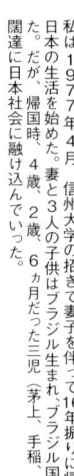

まえがき

私は五〇年ほど前の昭和三六（一九六一）年四月、貨物船に乗って当時「後進国」と言われていた南米ブラジルに留学した。サンパウロ大学で文化人類学を学ぶためで、正式の給費留学生としてだった。終戦後まもなくのことで、日本はいまだ大変貧しかった。留学といえば欧米の先進諸国へ行くものと相場は決まっていたが、この時期実際に留学するものは極少だった。私は創設されて間もない新制大学を卒業したが、恩師達にも留学経験のあるものはなかった。私は留学のための情報は、大学からも文部省からも、また教師達からもただの一片も貰ってはいなかった。私独りで開拓したものだった。（断っておくが、当時私は極貧にあり、私費留学などのできる身分ではなかった。）

人間《ひと》の心と生の営みをその深みにおいて究めようとするには多くの手法がある。私はそれを模索しながら、文化人類学というものに出会った。今から五〇数年前のことである。後になって、その領域の先人エヴァンズ＝プリチャードが、何かの領域で一度博士号を得てから文化人類学を学ぶのが最良だと書いたのを知った。私には手遅れだった。人は多くの場合、大学受験の頃になって学ぶべき特定の分野を選択する。それが理想的な選択かどうかは解らない。かつて哲学が総合科学だと言われた。最近は文化人類学がそれに替わったと主張するものもいる。文化人類学は主として異文化・異民族のなかでのフィールドワークをとおして学問として成長し、研究者自身の埋没する自文化の偏向を暴露し、異文化理解と人間の本髄を究めようとしてきた。だが、哲学と文学の領域を除き、人間の学問では客観主義的科学観が支配的だった。

また、「何を研究しても人類学（文化人類学）になる」とも言われる。たしかに人類学は千変万化である。人それぞれに自分流の人間研究を追求するが、その模索の過程が詳細に語られることは少ない。どのような領域で、どの地域、どのようなテーマを何故選び、どのような視角から人間の営みを凝視めていくか、を体験的に語るのも重要だと私は考える。人類学者は通常大思想家や大理論家の著作からよりも、目前に展開する普通人の日常の営みから発想と視角を拾い、人間性一般をも考察する。アランは目前の茶碗から哲学を説くと言われるが、人類学の基本には現地調査がある。

私は日本の大学で哲学を、ブラジルの大学院で主に社会学を、北米のテキサス大学とコーネル大学で文化人類学をフィールドワークを重ねながら、学習し、自分流に模索しつづけた。三大陸の四大学で別々の三領域を学んだ。中学の頃からの重症の文学青年だったが、文学は自力で学ぶものだと了解していた。初め、文化人類学を学ぶことが自分の文学を良くすると考えたが、後には文学と哲学が文化人類学の理論を改革・改善すると了解するようになった。なぜ文化人類学なのか、なぜラテンアメリカやブラジルという発展途上国なのか、なぜインカやマヤの古代文明ではなく、現代社会、都市産業社会の人類学なのか、なぜ日系人や黒人の研究をするのか、等を念頭におきながら、あまり理論的にではなく、体験的に、やや自伝的回想のスタイルに近い形で物語風に書いてみた。大学卒で海外に出掛けて行き、一六年半ほど経って、信州大学の招きで帰国した。外国生まれの妻と三児を伴って。本書はこの一六年半の彷徨を中核にして書いたものである。この後も私の模索は続くのだが、長くなったので、とりあえず帰国の時点で擱筆することとした。

初め、「人間《ひと》について人間《ひと》として」という書名にしようと考えた。このタイトルは四〇年前に一度用いたことがあるが、未発表のままの英文原稿である。ここで言う、「人間《ひと》」とは英語で person の語に当たり、理性と主観、情愛の所有者である個人をその総体性において捉えた概念である。従来の社会学や文化人類学では、この種の捉え方は文学や哲学のものとされ、研究の主役とはならなかった。本書では特にこれについて詳細な理論的考察は展開していないが、私の生涯の主題である。研究者もまたこの意味での「人間《ひと》」であり、研究上の一方の主役である。「方法は『私』である」と私は幾度か書いた。この局面を捨象した人間研究は片手落ちだと考える。全体を一人称で書き進めたのもそのためである。

今、ここで『文学の心で人類学を生きる——南北アメリカ生活から帰国まで一六年』という書名を選んでみた。結局これがもっとも実感に近く、率直なものかなと思っている。

私には一九八〇年代に書いた二、三の短い「三角形の比較文化論」というものがある（一例を挙げれば、Maeyama 1983e, pp.153-168. 巻末の業績一覧を見よ）。これを本書で見れば、具体的には、日本、ブラジル、アメリカ合衆国それぞれを頂角とする三角形、たいへん異質な文化と歴史的背景をもつ社会とそこに生きる人々のなかで長年体験を積み、そこで人類学的学習とフィールドワークを積み重ねて人間の営みを凝視する、三社会の比較文化論ということになるが、本書ではそれを理屈ではなく、日常の生活を物語として記述した。

ここに書いたものにフィクションは一切入れていない。地名人名もみな実名である。固有名詞を明かさなかったのが一〜二ヵ所あったかもしれない。再読しながら、大事な思い違いをひとつ発見したが、これは除去せずに訂正し、思い違いの性質を明らかにした。自分を厳正に見つめることは文化人類学の原点だと理解している。

本書の草稿は初めブラジルの古い友人菅沼東洋司（伊奈宏）がサンパウロ州の片田舎で手作りで出している個人雑誌『国境地帯』（発行部数五〇〜六〇部）に、彼の要請に答えて六回にわたって連載したものである。（16—21号、二〇〇六—〇九年）。サンパウロの少数の日系人文芸愛好家の目に触れただけである。彼の働きかけがなければここまでは書かなかったかもしれない。記して彼の努力に謝辞を述べる。連載時は「文化人類学入門私記」としていた。「私の私流入門の仕方」という意味だが、市販の書名には相応しくないとの理解もある。心底にはもちろん「文化人類学批判」と「文学批判」もしっかり抱いているつもりだが、それを書名にするほど理論家的ではない。これをやはり私は「物語」として「読める」ものにしたいと考えてきた。だが、本音は「生きた人間の研究を自分流に模索する」ということだ。日本では少数の私の知人が読んでくれた。なかでも大城立裕と高杉一郎の両氏が力強い賛辞を寄せてくれた。また皆川武蔵（岩手）と岩崎直之（静岡）の両友人が毎回読後感を書いてくれた。これらは私を元気付けてもくれた。感謝している。年齢が進み、コンピューター関係の作業に遅れをとっている。この点、私の長女石田茅上が毎回原稿フロッピー等をブラジルの田舎へ送信するのを手伝ってくれた。日系ブラジル人の妻ジャンジーラは本書に記述された多くの時期を私とともにあり、生活を支えてくれていた。妻子に礼の言葉を言ったことはないが、有り難いと思っている。御茶の水書房の橋本盛作社長がまたこの文字文化の困難な時期に本書の出版に積極的に当たってくれている。嬉しい限りである。特に、口絵の写真、年譜、業績一覧は彼の進言で本書に添えることとなった。身に余る光栄だと感じている。

謝辞

今回もまたサンパウロ在住の畏友若林和男画伯の手を煩わし、彼の美麗なデザインで本書の装丁をさせて頂き、嬉しい限りである。

文学の心で人類学を生きる
——南北アメリカ生活から帰国まで一六年

目次

目次

文学の心で人類学を生きる

——南北アメリカ生活から帰国まで一六年——

第一章　メキシコ「神々の街」にて

——一九六七年九月——

①「天野芳太郎はペルー魔女だ」

——サンパウロから、ペルー、メキシコへ——

一九六七年九月末、私がブラジルのサンパウロからペルー、メキシコを経由してテキサスの州都オースチンに着いたころ、大学の構内、学生街や巷の隅々には「グワンタナメラ」の軽快な曲が流れていた。サンドパイパーズの唱う軽やかな、このラテンアメリカ調の唄は、グワヒーラと呼ばれるキューバ音楽の一種で、

グワンタナメラ
グワヒラ、グワンタナメラ

と執拗に幾度も繰り返し、陶酔に誘い込むような音調をもっていて、テキサス大学の博士課程に籍をおいて北米生活を始めたばかりの私の時間に、ある種のリズムと酩酊にも似た陶酔を与えていた。それは六年半ぶりにブラジルを離れてもうひとつの新しい異国に居住し始めたもののもつあの夢幻の眩暈のようなものに思えた。南米から北上してきた私は、サンパウロやリマではこの曲に注意を引かれたことはなかったが、メキシコでは幾度か耳にして記憶の深みに忘れ去っていた。オースチンに着いて幾日か経つうちにこの曲が街全体をおおっていることにしだいに気がつき、短時日であったが滞在したメキシコでの淡い記憶がこの唄とともに甦ってきた。そして明るくまばゆいテキサスの日常を見凝めて暮らす私の内部で、その記憶は新しい色合いをもってふくらんでいった。

初めて訪れるメキシコで、私は二泊するのが精一杯だった。アメリカの大学では長い夏休みのあと八月末にレジストレーション（履修登録）がなされ、九月の第一週には新学

期が開始する。新入生の私は他人より一ヵ月ほど遅れて入国しようとしていた。それでも私は、まだ一度も訪れたことのないペルーとメキシコを素通りする気持ちにはどうしてもなれなかった。一九六一年の四月に日本を出、六年半ほどの間ブラジルに住みながら、一度も国外に出なかったのにはそれなりの理由はあった。だが、ブラジルまで来ていながら、クスコへもメキシコへも足を延ばすことができずにいる自分に歯痒いものを感じることがないでもなかった。文化人類学を学ぶつもりでブラジルへ渡航し、大学院に通ってブラジル社会についての知識をうることに自分なりに精を出しもしたし、国内はずいぶん広範囲にわたって旅もしたが、アンデス文明やメキシコ古代文化については常識的な乱読をして強い関心をそそられはしても、一度も本腰を入れて学んだことはなかった。もともとアマゾンかマットグロッソの奥地に棲息する先住民インディオの現地調査をするのが主な目標でブラジルに留学したのだったが、一年ほどブラジル国内を見て歩くうちに、私の関心は密林の先住民から現代社会の方へと傾いていった。北米へ向けてサンパウロを発つ時、私は泉靖一の『インカの祖先たち』、増田義郎の『インカ帝国探検記』といった類いの本を数冊、調査の際にすこしばかり世話になったある戦後移民の日本人が読みたいといっていたのを思い出し、彼に与えてしまっていた。

リマでは、インカやプレ・インカの土器、織物の膨大なコレクションをもって私設博物館Museo Amanoを経営する移民実業家天野芳太郎氏の歓待をうけた。天野さんは移民としては桁はずれの人で、一九二九年からパナマやペルーに住み、太平洋岸沿いに中南米諸国を広く掌握して海産物主体に手広い事業を行なうかたわら、アンデス文明に魅せられて個人としては驚威的な量と質の考古学的コレクションを蓄積していた。個々の土器を手にし、あるいは遺跡の建造物に手を当てながら、地震のたびにスペイン人の築いた西洋建築は崩れるが、インカの建造物はピクリともしないんです、五〇〇年も前に巨石を積んだインカの石垣には、今でも安全カミソリの刃一枚入る余地がありません、インカ人も日本人のように鵜飼いをやって魚を獲ってましたよ、これがその漁の姿の土器ですよ、インカは平等社会で貧しい者、飢える者は一人もおりませんでした、といった解説を次々に展開するその語りには、アンデス人への深い思い入れとともに着実な勉学の裏打ちがあって耳を傾ける私には清々しかった。サンパウロから突然現われた一学生にすぎない私を、丸二日の滞在の間つきっきりで案内をし、対等の友人のように応対し、接待してくれた。夜の自宅でのもてなしには、天野さんの発掘地であるチャンカイ渓谷でインディオが醸すピスコ酒と、アラスカから届くイクラの味に酔い痴れ、また天野さんの熱弁に恍惚気味に聴き惚れた。多彩で精巧な土器もさることながら、私はプレ・インカの織物の収蔵室に釘づけになった。ほとんどはチャンカイの発掘地から出土したものである。引き出しに分類整理された幾千枚の美麗な綴れ織りや絞り染め、刺繍レースのなかから数十枚を採り出して床に拡げ、私が感嘆していると、天野さんはそれらに浮き出ているデザインのモチーフを、これは鳥だ、これも鳥です、と解読していく。

《天野芳太郎はペルー魔女だ。リマを通りかかる日本人をみな虜にしてしまう。インカ文明の毒気を吹き掛けられて、人はみなアンデスの古代に取り憑かれてしまうんだ》

と私は思った。一九五六年の泉靖一がそうだった。数日の間案内を受けただけで泉さんがアンデス考古学と本気で取り組む決意を固めたことをその回想録に語っている。それからほとんど毎年のようにアンデスに出掛けて行き、間もなく東京大学アンデス学術調査団を編成して、以来死去するまでアンデスの発掘にのめり込んでいった。あれからは日本でラテンアメリカの文化人類学を専攻する研究者達は挙ってアンデスとメキシコの華麗な古代文明へと走って行った。まるでそれらに文化人類学や人間研究の金銀ダイヤモンドが埋蔵されてでもいるかのように、絢爛豪華な研究テーマに多くのものがのめり込んで行った。私は天野芳太郎の魔術のクモの巣に引っ掛かった小さな昆虫のようにあがきながら、六年半の間ブラジルで蓄積してきた自分の感触にしがみつき、辛くも頼りない抵抗の努力を続けていた。天野さんのジープに乗せられてリマ市郊外にあるパチャカマの「太陽の神殿」の廃墟に立ったとき、太平洋を眼下に望みながら、

《おれはアンデスやアズテカの絢爛たる古代文化をやるんじゃない。アマゾンの密林のなかの裸の先住民をやるんじゃない。現代人の混沌をやるんだ。現代社会

の普通の人間の日常に入り込むんだ》

と心に叫び、ペルー魔女の魅力に取り憑かれないように自分に言い聞かせていた。

九月二五日の夜半すぎ、リマからメキシコへ向かうペルー航空の座席で、天野さんから土産に頂いたチャンカイ産の妖酒ピスコの銘柄のない二本の壜をまさぐりながら、私は東京に住むデザイナーの妹に便りを書いた。（これは現在行方不明なのでここには引用できない。）インカの織物の素晴らしさ（当時妹は鐘紡の布地デザイナーだった）とそのデザインの魅力、天野博物館の宝庫について語り、自分は別種の研究テーマに固執しているのでお前がそのモチーフの調査をしてはどうかと提案をしたものだった。妹はその翌月から貯金を始め、四年後に退職してリマへ行き、丸二年間滞在して『プレ・インカの織物文様』という大著を完成させた。この機上で妹宛てに書いた便りは、泉靖一をも虜にしたペルー魔女の魔法を払い落とし、なんとか我に還ろうとする必死のあがきでもあった。そして夜行便の窓外を眺めながら、この雲の下のどこかにチェ・ゲバラが潜んでいるはずだ、と考えていた。二日前にサンパウロから日中飛んで眺めたチチカカ湖とアンデスの山容は、私を人類学のロマンへ誘う甘い舞台の大道具だったが、リマでひとたび自分を喪失しかけると突然内部から激しい抵抗が吹き出てきて、革命家を志すわけでもないのだが、私は暗い夜行便の窓外にチェ・ゲバラのことを思った。もとよりゲリラ活動やラテンアメリカ政治そのものを研究する考えではなかったが、現代の混沌のなかでは多民族社会と開発途上国、移民や人種差別、都市の貧困の問題との関連でキューバは大きな存在だった。

一九六一年初め、私が貨物船で日本を離れる準備をしているころ、ヒューバーマンとスウィジーの『キューバ』（一九六〇年一一月刊行、岩波新書）という本が初めてカストロのキューバ革命を詳細に解明したものとして日本語に訳され、ベストセラーとなっていた。私はこの本を船中に持ち込んで読んだ。一九六五年、チェが「別れの手紙」をフィデル・カストロの手に残して突然姿を消したこと、キューバを離れて第二のゲリラ戦に向かったことを、サンパウロの大学にいた私は知っていた。

「ラテンアメリカのすべての山岳地、すべての密林を、ゲリラ活動の拠点としなければならない」

というのがゲバラの変わらない主張であった。ゲバラが南米のどこかのジャングルに潜んで第二のキューバ革命を模索・画策しているはずだとは考えていたが、それがボリビアだったとは、われわれはまだだれも知らなかった。だが、実はちょうどそのころ、私が夜空を飛んだその雲の下では、ラモン少佐という名のゲバラがそのキューバ人・ボリビア人の同志とともにボリビア東部低地での最後の苦しい闘いを展開していたのだ。四月にはR・ドブレが逮捕され、そして八月三〇日にはラ・パスでこのゲリラ戦の下工作をしたアルゼンチン生まれの女戦士タニアが、渡河中に政府軍に惨殺されていた。ゲバラの死のニュースが世界を走ったのは私が夜行便で飛んだ二週間後のことで、テキサス大学での講義を聴きはじめて間もなくのことだった。

② テオティウアカンの遺跡にて

メキシコ市ではフリモントという三流の小さなホテルに入った。それは市の中央に近いヘスス・テランという小路にあり、観光する貧しい学生には便利だった。急ぎの滞在で私のしたことは、古本屋を歩き、力行会というキリスト教系の移住団体に属する江馬ふくおという古い日本移民を訪ねてメキシコ日系人の概況について話を聞いたほかは、通り一遍の旅行者として大学都市にあるシケイロスの壁画を観、国立人類学博物館を訪れただけだった。そして最後に、五〇キロほど離れた郊外にあるテオティウアカンの遺跡を見物することだけを残していた。

アメリカ人観光客との相乗りで遺跡見物に直行するリムジンがそのホテルにも立ち寄ってくれるからとカウンターの人に誘われたが、私はそれを断って、郊外行きのバス発着所に向かった。それは市の東側の古いダウンタウンに位置するアラルコン街だという。案の定、腐った果物や安酒の強烈な臭いのする狭い古風な商店街を通り抜け、下着の叩き売りなどを眺めながら行った。途中で、豚の頭肉で作るターコ・デ・カベッサをつまんで腹もこしらえた。ようやく見つけだしたバスが動きだしたのは一時すぎだった。田舎風の老婆や大きな荷を担いだ小商人風の男、子連れの農婦などが大勢乗った。席を確保するやものを食いだすものもいる。バスは郊外へ向かう街道をはずれて、小さな町や集落にいちいち入って行っては停まり停まりした。数人が降り、二三人が乗り、田舎道をがたがたと行った。運賃は往復でもリムジンの十分の一以下だったろう。バスは遺跡の前までは入らず、近くの集落に私ひとりを降ろすと、残りの客を乗せて次の集落へと去って行った。

着いたのは三時近かった。入場券を渡して検札所を抜けるとUnidad culturalという一角がある。土産物の店々が並び、出土品の神像や面に似せた模造品、アズテカ暦の壁掛け、グアダルーペ聖母像などが売られている。レストランがあり、小博物館もある。それらを寸時覗いていると雨になった。朝から暗い空模様だったためか、駐車場にはリムジンの数も少なく、人影はまばらで、アメリカ人風の老夫婦連れなどがちらほらするだけだった。

遺跡に向かうと、いきなりそこには巨大なピラミッドと数々の神殿のパノラマが展開していて、その壮大さに私は圧倒された。リマで見た砂漠の丘の荒廃したパチャカマの神殿とは異なり、整然と積まれた巨石の幾何学的なピラミッドと神殿には濃緑の草が深く繁茂し、神殿の石垣と草は雨を浴びて光り輝いていた。荘重な大神殿都市だ。これがテオティウアカンだ、これが幾年も以前から会いたかったメキシコだ、と私は息をのんだ。

Unidad culturalから入るとすぐ正面に城砦Ciudadelaと呼ばれる建造物群があり、そこには主神を祀る「ケツアルコアトルの神殿」が建つ。幅四〇メートルの「死者の道」がその「ケツアルコアトルの神殿」から「月の神殿」のピラミッドまで南北に三キロほど長く伸びている。「死者の道」の中ほどの東側には「太陽の神殿」ピラミッドがどっしりと、巨大な石の戦車の山塊といった姿で聳え立ちその前に立つものに重い威圧感を与えている。高さこそエジプトのピラミッドの半分ほどだが、基底部の規模は大きく、体積はこちらがはるかに優るという。鋭角のエジプト・ピラミッドに比べ、「太陽の神殿」は安定した重量感のある荘重美を、濃緑と湿潤のなかで示している。「死者の道」は一体なにを象徴するのであろうか。「死者の道」に沿って両側に居並ぶ神殿の数は百に及ぶという。太陽と月は、ふたつのピラミッドに下から支えられて天界に座すように見える。運行する太陽は地に没し、夜、「死者の道」を駈けて暁に再生するというのであろうか。それを主神ケツアルコアトルが采配をふるって運行させているのであろうか。私の想像力は宙に舞い、祝祭の場に抱き込まれた私を取り囲んで大勢の神々が目前に舞い出しそうな気配を全身に感じた。とうとうメキシコの古代を見た、それを体感した、と私は深いため息をついた。

雨は大降りになった。傘をさした観光客の小さな一群が慌てて写真を撮り急ぎ、駈けて去って行く。私は管理事務所へ行き、カッパを拝借して見物を続けた。雨でも、大雨でもピラミッドに登らないでは帰るわけにはいかない、と私は先に進んだ。

テオティウアカンはコロンブス以前の南北アメリカ大陸では、最古で最大の都市であった。これより一千年ほども遅れてアズテカ族が現在のメキシコ市の地点、テスココ湖中の島に自らの首都として建設したテノチティトランをはるかに凌ぐ規模のもので、その最盛期であった西暦五〇〇年ころには十万人に近い人口を擁し、同じ時期のローマ帝国の首都より大きな都市であったという。新大陸における都市文明はこのテオティウアカンの台頭とともに始まった。この神殿都市を築いたのはマヤ族でも、アズテカ族でもない。入り口で求めた遺跡の案内パンフレットによれば、一説では、この太陽と月のピラミッドはアズテカ族の来住より遥か以前、アズテカがまだ未開のなかに停滞していた紀元前一〇〇～二〇〇年のころ、キナメツインという巨人族が建設したものらしいという。が、これも数ある伝説の一つにすぎないようだ。いずれにしても言語や文化、信仰の形態からいってもアズテカ族にかなり近いものをもった先住民族が建設したと推定されている。かつては大きな湖であったテスココ湖を間にはさんで、後年のアズテカの首都テノチティトランのある地点とは反対の対岸北東部の湿潤の地は農耕に適し、またプエブラ渓谷とメキシコ渓谷に睨みを効かせる要衝の地で、宗教的だけではなく、政治的交易的にも広く他地域と関わり、強い影響力をもっていたもののようだ。西暦の始まるころこの都市は急激に成長を遂げ、最盛期には四千に及ぶ住居と数々の神殿とピラミッドをもつ建造物群を形成していた。神々がここで誕生し、神々はここに集い、天地の支配者はここで選出され、ここで位に即いたという。スペイン人征服者達が現われるより遥かその昔、アズテカ人が征服王朝として台頭して来住する数百年前、八世紀の中葉ごろ、この華麗豪華な神殿都市は突然衰退を始め、政治交易都市としては荒廃してしまった。略奪され、焼き払われた形跡が残っているところから、外敵に侵略されたものらしいと言われる。しかしアズテカ族は深くこの地を畏れ、アズテカの語でテオティウアカン、つまり「神々の座」と呼んで礼拝をつづけたという。これを建設した当の民族がなんと呼んだかは、専門の研究者にも分かっていないという（訪問時での私の知識程度による）。

客の絶えた雨の遺跡を一人で歩いた。一度だけ現地人の男がひとり横切るのを見掛けたほかは、まるで人影はなかった。夕刻五時近く、私はようやくのことでピラミッドの頂きに立った。「死者の道」の行き着くところ、月のピラミッドである。石段は勾配が急で、雨で足が滑ると途中で止まらずに下まで落下しそうに思えた。眼下の「月の神殿広場」にはいくつかの石積みの祭壇があり、右手に「ジャガーの神殿」が望まれる。左手遠方には雄大な「太陽の神殿」ピラミッドが雨の夕景に聳え立ち、「ケツアルコアトルの神殿」はそれに隠れてその片鱗しか見えない。この神々の座を司る主神ケツアルコアトルはここでなにをし、人々は彼になにを求めたのか。

白い羽毛の蛇神の姿をもって表現されているケツアルコアトルは、共に根源的な二元神オメテオトル（男女の別のない両性神）から、異説によれば男神オメテクトリと女神オメシワトルの間から生まれた兄弟の神と激しい闘争をくりかえしたと神話は伝える。黒の神テツカトリポカは闇と邪術の神。白の神ケツアルコアトルは大地の人々の味方で善神、風の神でもあった。初め、テツカトリポカが太陽となったが、ケツアルコアトルが彼を天から追い落としたため、ジャガーとなって大地を破壊した。ケツアルコアトルは天で自ら太陽となり、世界を創造し、大地に新しい人間を送った。黒の神の逆襲に遭って白の蛇神は破れ去り、黒の神は大地に大風を送って人の世を荒廃させた。次いで雨神トラロックが太陽の座を奪ったが、白の蛇神は火を大地に送って焼き滅ぼし、生き残った者たちは鳥となったという。次に世界を復興させたのは水母神チャルチウイトリクエであったが、これも大洪水に遭って崩壊、わずかの生存者は魚となった。そこで神々は皆テオティウアカンに集合して会議を開き、新たな太陽の議を談じた。これが「第五の太陽」の神話である。神をひとり天に送って太陽としたが、この太陽、天空にひっかかって動かず、このため神々はみな自らを供犠として捧げて天に昇り、太陽を運行させケツアルコアトルに人間の新たな創造を頼んだという。この白い蛇神は地下の死者の世界から骨を拾ってきて自分の血をふりかけ、新しい世界に人間を送り込んだ。この神話からいえば、現世の諸民族の人々はみなこの蛇神の創造した人間の子孫ということになる。ケツアルコアトルはつまり創造神である。同時に人々に農耕を教え、多くの知識を授けた文化英雄神でもあった。伝説によれば、このケツアルコアトルはある時突然人間を置き去りにしていずこへともなく立ち去ったという。テオティウアカンは寂れ、荒廃したが、後年来住したアズテカ人もケツアルコアトルを深く畏れ、テオティウアカンで彼を祀り、この白い神の帰還を渇仰しつづけたという。こうしてコルテスらスペイン人征服者の出現は、白い神の帰還との関連で神話的宇宙論的次元で眺められる向きもあったと言われる。

この絢爛たる祭祀建造物群は、夕景の雨のなかに「死者の道」を挟んで静まり返っている。現代になってこの廃墟を掘り起こし、神殿を再建し、神々を甦えらせたのは考古学者であり、民族主義的な国家権力である。だが、しかし、美しきかな、メキシコ古代よ。神話的景観に酔いながら私は、ああ、ここにももう一人の天野芳太郎がいる、ユリシーズや泉靖一をも蕩けさせせずにはおかない妖美な魔女、メキシコ魔女がいる、とピラミッドの頂きから大声を出したい衝動に駆られた。雨は烈しく降りつづいていた。

ピラミッドを降り、Unidad cultural に戻った。六時であった。土産物店はほとんどみな閉まってい、二、三後片付けをしている。雨カッパを事務所に返す。リムジンの姿はひとつもない。最後の店のものも車で去った。私は警官のような制服を着た厳つい顔つきの門衛にバス便を訊ね、遺跡を出た。私が最後の観光客で、夕闇は迫っていた。長い間バスを待った。一人でバス停に立ちながら、これで済んだ、ぜんぶ済んだ、明日はアメリカだ、テキサス大学の博士課程だと考えていた。雨は小降りになってきた。

③　夜の田舎町でグワンタナメラの唄を聴いた

そこへ先程の制服の門衛が来て、私の横に立った。背の高い、色の黒い、がっしりと肥った五〇代に見える典型的なメキシコ人、先住民系の形質の優った厳つい男である。国営の、メキシコ・ナショナリズムの誇りである文化財の番人だ、警官かもしれない、と私は思った。昨日見学した人類学博物館も国立である。あれほど立派な人類学・民族学・考古学の博物館を私はそれまで見たことがなかった。メキシコ政府が、国力不相応なほどに巨大な財力とエネルギーを注ぎ込んで自国の古代文明を誇示し、後進国メキシコの人々の国家意識を煽りたてようとしているのが、ブラジルに長く住んだ私には了解が容易だった。博物館にはテオティウアカンの華麗な遺物がぎっしり詰まっていた。そして今日、テオティウアカンの神話世界を少しばかり垣間見て、国力を傾注してこの廃墟を再興し、神々を甦らせようとする為政者の政治的姿勢はよく解るし、これは現代の問題だ、古代文化を発掘することよりも、国家権力が古代をどのように活用させようとするのか、この方がおれの文化人類学に合うのではないか、そう考えると、メキシコ魔女の金縛りが少しばかりゆるんだように感じた。

横に立つ門衛を見る。制服を着たままだ。どう見ても警官に見える。すでに顔見知りであり、他に人もいなかったので、気軽に話し掛けた。

「家に帰るのか」

「そうだ」

「どこまで行くんだ」

「お前と同じだ。終点までだ。お前はどこから来た」

「ブラジルだ。でも、日本人だがな」

私のスペイン語めかしたポルトガル語でも、簡単な話はよく通じた。一九六七年当時、この辺りを旅行する日本人はまだ稀だった。バスは混んでいた。二人並んで吊革にぶらさがった頃には、外は暗闇になっていた。旅人の気安さもあった。私たちは大声でしきりに喋りつづけた。折角初めてメキシコに来たのに二日しかいられないんだ、博物館とテオティウアカンとは観たが、メキシコの土俗的な酒のプルケとメスカルが飲めなかったのは心残りだ、メキシコ市に着いたら探したいんだが、どっちの方へ行けばいいんだ、そんなことも訊ねた。昨夜ひとりで飲み歩いた巷の酒場酒場では、人々はみなビールか市販のテキーラばかり飲んでいた。テキーラはブラジルで何度も試飲した。コルテス以前からのアズテカの、古代の酒プルケを見つけたかったが、盛場の安酒場を渡り歩いてもどこにもなかった。

「プルケはどこでも飲めるさ」

相手の警官はそう言ったようだったが、どこへ行けとも案内するとも言わなかった。混んだ田舎バスの夜道は長かった。小さな集落ごとに停まった。

どこか見知らぬ小さな町に停車したバスは、なぜかなかなか発車しなかった。と、連れの警官がやにわに降りようと言いだした。

「ここで一杯やって行こう。バス便はまだある」

と誘う。七時をだいぶまわっていた。終点までの、ちょうど中間位の道のりだろうか。町の名は記憶にない。《こりゃ、チトやばいな。たかられるぞ。ラテンアメリカじゃ警官が一番手癖が悪いんだ》と考えながらその大男を見た。だいぶ怖い顔だ。でも、プルケを飲ませてくれるかもしれない、と思い、後について降りた。歩きだしてみると、予期したより町の体裁のできたところで、店舗がいろいろあった。

連れは少し歩くと、雑貨店風の汚い小さな店に入って行った。なにか用事かなと思い、外に立って待っていると、中から私を招く。食料品も商っている万屋だ。奥の主人のいるカウンターに立つと、コップを出す。何やら酒らしきものを二人に注ぐ。ブラジルの田舎にもこのような立ち飲みのできる店がどこにもあって、ボテッコという。後に辞書に当たると、スペイン語にボデガという類語があった。二人は軽くコップをあげ、サルー(乾杯)と小声で言って飲む。並みの市販のテキーラだ。主人がカウンターを出、移植べらのような小さなシャベルで地面に置いてあるわら俵から荒塩を掬って突き出す。それを我々は左手の背の、親指のつけねに受け、塩を舐め舐め、二杯ほど乾す。連れは小銭を払うと首をしゃくって、次ぎへ行こうと先に立って歩く。

《ホウ、この警官、払いやがった。安いから払ったな》と後につづく。

メキシコ政府は観光に頼って国の財政を建て、巷のメキシコ人はたかりの名人だ。アメリカ人ツーリストにたかって酒を飲み、仲間と群れてはアメリカをこきおろす。私は制服の大男と並んで名も知らぬ町の夜を歩きながら、二軒目には土地の男たちが労働着のままごちゃごちゃといる、安酒臭の強いプルケリア(プルケを飲ませる一杯屋)を期待していたが、連れは通いなれたらしい細小路をどんどん行き、派手な明るい電気のたくさん点いた、田舎キャバレー風の店の前に立った。そして私の顔を見て、頷いた。私は少々たじろいた。唯一の財産であるカメラを持ち替えて、握りしめる。店の内部は案の定黄と緑の色電気で妖しい情緒を醸し出し、色紙細工で店内が飾られた色街の空気だった。広さが寂しく感じられるほど閑散としていて、数人の男がカウンターの止まり木でテキーラを飲んでいる。連れは常連らしく、皆とやあやあ言い合って席を取り、私を隣りに座らせた。やがて一組、二組、広い中央で踊りだすが、盛場の時間にはまだ早すぎるのだろう、熱が入らない模様だ。

《なるほどな、ここが奴の本命だったのか》と覚悟を決める。テキーラが注がれ、小さいコップのふちに食塩が乗せられ、四つに切った緑のライムが小皿で出る。プルケもメスカルもない。出入りするのは小ざっぱりしたシャツの男どもで、労働着の髭面はいない。私は失望したが、胃のなかでテキーラが効いてくる。ポルトガル語を話す日本人（ハポネス）は珍しがられて、私も次第に好い気になってみなにテキーラを注ぐ。片言で陽気に喋った。時が経っても客は一向にふえない。最初から腰を据えている人々が寄って来て、座に入って雑談し、しきりに飲む。日本人というよりは、半分位はブラジル人と見たてていたかもしれない。日本人とブラジル人との区別もよく解らないものもいたようだ。確かにここで、私はグワンタナメラの唄を聴いた。

Guantanamera,
Guajira Guantanamera,
Guantanamera,
Guajira Guantanamera.
Yo soy un hombre sincero,
De donde crece la palma;

Yo soy un hombre sincero,
De donde crece la palma.
Antes de morir me quiero
Echar mi cancion del alma.

Guantanamera, Guajira Guantanamera,
Guantanamera, Guajira Guantanamera.
……………

（グワンタナメラ
グワヒラ娘のグワンタナメラ
グワンタナメラ
グワヒラ娘のグワンタナメラ
おれは椰子の葉茂る
山村《むら》から出て来た律義者
おれは椰子の葉茂る
山村《むら》から出て来た律義者
死ぬ日を前に歌いたい
おれの心の琴の音を
グワンタナメラ
グワヒラ娘のグワンタナメラ

グワンタナメラ
グワヒラ娘のグワンタナメラ
………………

〔前山隆訳〕

これはホセ・マルティの詩の一節だ。マルティは一九世紀キューバの詩人で、独立運動の闘士だった。キューバ独立の十年戦争のとき、一八七〇年に一七歳で投獄され、以後は主として亡命生活をつづけ、スペイン、グワテマラなどに居住したあと長くニューヨークにあって革命運動を指導した。一八九二年にキューバ革命党を結成、一八九五年の武装蜂起を指揮して戦死した。今はキューバの国民的英雄とされ、革命の父と呼ばれる。カストロ革命が成就して間もない一九六〇年一月二八日、マルティ顕彰式のためチェ・ゲバラが演壇に立った際、民衆が「ゲバラ万歳」を叫んだのに対して、チェは「なぜマルティ万歳と叫ばないのか」と皆に向かってど鳴り返した。マルティの名は、シエラ・マエストラ（カストロ等の革命軍が大陸から密かに進入して来て立て籠もった山中）のゲリラ軍の固い結束のシンボルでもあった。一九五三年の武装蜂起に失敗したカストロがピノス島監獄の独房にある間は、マルティの著作を読むのが日課であったし、新キューバ誕生半年後の六月七日にカストロが行った演説では、彼のキューバ革命は革命の父マルティの「言葉を実践し、その理念を具体化した」ものだったと断言した。ゲバラは前述の演説で、マルティはキューバ人であることを遥かに超え、「アメリカ人」なのだと聴衆に教えた。マルティには、『われわれのアメリカ』（一八七八年）という著作があるが、彼がアメリカと言うときは、シモン・ボリヴァルの汎アメリカ主義を念頭においたものであり、それはまた、キューバ革命を発火点として「貧しい側のアメリカ」の解放に向かう運動を導く理念であり、またその達成のためには「富裕な側のアメリカ」が時に最大の範ともなり、時に最大の障害ともなることを指摘するものでもあった。

「われわれの人となりを少しも知ってはいない、このわが畏敬すべき隣人は、われわれを蔑み、その蔑みがわれわれのアメリカにとってのもっとも恐るべき脅威でもあるのだ」（マルティ。傍点、前山。John A. Crow, *The Epic of Latin America*, Garden City: Doubleday, 1946, p.690, の引用箇所より）

チェ・ゲバラ自身もアルゼンチンに生まれ、アルゼンチン人であることを超え、フィデルを助け、キューバ革命に身を投じた。そしてチェはさらにキューバを超え、ボリビアに向かった。チェも日頃「アメリカ人」であることを自負していた。キューバ革命には一九世紀末のマルティ革命と二〇世紀のカストロ革命があり、これらはひとつでもあった。キューバ革命はアメリカ革命でもあるはずだった。グワヒラとは農婦あるいは農夫の娘のことであり、民謡風なキューバ音楽のひとつのジャンルである。グワンタナメラとは、グワンタナモ女のことだ。革命詩人のマルティは、一八九五年三月一九日、武装蜂起して最初の進軍のときにグワンタナモ近くのドス・リオスで戦死した。グワンタナモの町は島のいちばん東側の海岸に位置し、カストロら八二人の男たちを乗せたヨット、グランマ号がメキシコから到達して、これらの戦士たちが上陸した地点からも近い。また、国外からゲリラ隊を率いて小舟から上陸する戦術パターンを編み出したのもマルティたちだった。グワンタナモはキューバ革命の因縁の地名であり、カストロが最大の援軍として頼みにしていたのはシエラ・マエストラ一帯に住むグワヒロ（農夫）やグワヒラ（農婦）達だった。

一九六七年、グワンタナメラの唄はキューバの唄であることを超え、メキシコ市郊外の田舎町にも流れていた。チェ・ゲバラがボリビア低地の森林のなかで苦闘しているとき、グワンタナメラの唄がマルティ的アメリカ主義の潮流に乗ることができたのは、その美麗な音曲にもよるのだが、グワンタナモがもうひとつの時代の星、富裕な側のアメリカの「恐るべき脅威」の星でもあったからである。というのは、革命が成功し、革命政府が強固な礎をキューバ全国に築いていたその時点でも、カストロもゲバラも陥せない米軍基地がグワンタナモにだけは存在しつづけていたからである。グワンタナモはアメリカ帝国主義の悪名高いシンボルでもあった。ゲバラが最後のゲリラ戦で敗北を繰り返していた事実をキャッチする以前から、グワンタナメラの曲は、テキサスのオースチンに、全合衆国の大学キャンパスに、そしてラテンアメリカのあちこちの都市にも流れていたのである。

「われわれのアメリカ」は、ラテンアメリカをもってヤンキー・アメリカに相対立させたような単純なものではなかった。「われわれのアメリカ Nuestra America」はヤンキーのなかにもかなり深く浸透していたし、「彼らのアメリカ」

はリオ・グランデの南側のすべての国々にも重く実在していたのである。この図式が解らないと新大陸における途上国の政治的精神的情況はけっして了解できはしない。

われわれは晩くまでテキーラを飲み、最終バスに間に合うように色電気の店を出た。散財を覚悟していた私の目の前で、その警官は飲み代を残らず一人で払ってしまった。これには私はたいへん驚き、恥ずかしくも思った。慌てて払おうとすると、

「お前はおれの客だ。アミーゴだ。お前はグリンゴじゃない」

と笑った。グリンゴだったら大いにたかってやるところだといった笑いだった。gringoという語はラテンアメリカの地で各地各様に用いられる。が、そこには共通した核になる「心」がある。他処者への反感が盛られている。グリンゴの代表はヤンキー・アメリカ人である。金力と権力を背景に、自身の価値観に疑いを少しも抱かず、人に何かを押しつけるような外来者がその典型である。quien habla en griego（ギリシャ語を話す者）というスペイン語がその語源だと言われている。さしずめ、訳の解らない言葉を喋る輩という意味をこめた侮蔑語で、日本語の「毛唐」に似ている。これほどラテンアメリカ全域で広く日常的に使われる言葉は少ない。原義にあるギリシャ語の意味は忘れ去られても、多くの場合、暗に青い目や金髪、皮膚の色が秘められていてコーカソイド系のものによって象徴される。アルゼンチン辺りから流行りだしたものらしいが、この語もグワンタナメラの唄のように、「アルゼンチンを超え」、マルティ＝ゲバラの伝統にあるようなアメリカ性をもって現代ラテンアメリカ文化として今も巷に生きているのだ。私もテオティウアカンではただの観光客だった。メキシコ古代を学問にしないために、観光客たらんと努めてさえいたのだ。私の操る怪しげな「ポルトニョル」（ポルトガル語とスペイン語の合成語、あるいはごちゃ混ぜ）も少しは役に立った。日本が金権国家になってからは（一九六七年の時点ではまだそうではなかった）、日本人も海外では「イエロー・グリンゴ」として反感をもたれてきている。だが、遺跡での私はケツアルコアトル文化よりもグリンゴ文化を学んでいこうと肚を固めていたので、酒代を支払った警官風制服の男も別の色合いをもって私の目に映ってきた。たかられるものと思い込んでいた私の気持ちは錯綜しきっていた。文化人類学者はどこへ行ってもグリンゴに見られるということについ

ては、この頃私はまだ気付いてはいなかった。

二人は酩酊してバスに揺られ、ふたたびメキシコ市に向かった。喋り、高笑いをし、黙り込み、そしてずいぶん時が経った。バスが丘を越えて下降しはじめると、突然前方に遠くメキシコ市の大夜景がキラキラと輝くのが目に入ってきた。しだいに拡がるその夜景に私が見惚れていると、連れの大男が前方を指差して言った。

「いいか、あれが、『人間の街 la ciudad de los pueblos』だ」

うん、いかにもそうだと前方を見続ける私をうながして、連れはバスの後方を指差した。私も背後を見た。最終バスは空いていて、外の闇だけがよく見えた。

「あっちにあるのが、『神々の街 la ciudad de los dioses』だ」

そうか、私はすぐ了解した。観光客の私は遺跡からホテルへ帰ろうとしているつもりだったが、そうではなかったのだ。連れの男も、ただ職場から自宅への家路を辿っているのでもなかった。われわれは、神々の邑《まち》から人々の邑《まち》にむかっているのだ。このメキシコ人の心には、テオティウアカンの神々は今も立派に生きている。私は月のピラミッドの頂きから古代文化を、神々の遺跡を見下ろして感動した。だが、このメキシコ人にとっては単なる古代でも遺跡でもなかった。ジャック・ラファイエという研究者はケツアルコアトル神を不死鳥と呼び、グアダルーペの聖母を国の新しい救世主と呼んだ。古代の神々は名や姿を変え、変質し、役割を変えながらも、今もメキシコ人の心に生きている。テオティウアカンもケツアルコアトルも、研究者の目しだいで現代のものとなる。現代社会に生きる貧困な庶民の豊かな心性をその混沌と具体像において追い求めようと肚づくもりをし、ペルー魔女やメキシコ魔女に足をすくわれまいと構えて、グワンタナメラの曲やチェ・ゲバラの行方の方を、私は特に注意しようとしていた。この姿勢は私のもので、永い間培ってきたもので大事にしていかなければならないが、この日の私には幻の酒に終わった古代からの民の酒プルケのとりもつ縁で、この警官の衣を着た大男と飲んだ現代メキシコ工業の生産するアルコール臭いマゲイ酒テキーラもそれなりにとても良かった、あの不味さもまた現代文化の味だ、と私は満足していた。

バスは揺れながら、「人々の街」の灯りのなかへと入って行った。

第二章　テキサスの大学で
―一九六七～一九六八年―

①「欧米嫌いのテキサス留学」縁起

一九六七年のテキサスの州都オースチンは人口二五万ばかりの静かで美しい街だった。州内にダラスとかヒューストンといった百万都市がありながら、そういったがさつな工業都市にではなく、オースチンに州都があり、そこにテキサス大学の中心が置かれているのは気持が良かった。一九八〇年代にはがらりと様子が変わり、テキサスを含む南部一帯への北部資本の大移動があって、「サン・ベルト」という経済の好況地帯が現出している。オースチンも郊外まで入れると百万に迫る大都市に様変わりしていて、大学人に「オースチンのヒューストン化 Houstonization 」と嘆かせている。

私はオースチンがまだ静かな街だった一九六七年九月の末、サンパウロからメキシコ経由でこの街にやって来た。テキサス大学人類学部の博士課程で文化人類学を学ぶというのが表向きの目的だった。新学期が始まってすでに四週間ほど経っていた。

遅れて来たのには理由があった。それまでの二年間、アメリカの文化人類学者二人とサンパウロ大学とでブラジル日系人の文化変容（アカルチュレーション）に関する共同調査を実施したが、サンパウロ大学側から調査員のチーム・リーダーとして参加した私は、その調査打ち上げの後始末をしなければならなかったし、その調査結果の一部を用いて修士論文を書き、大学で審査を受けなければならなかった。大学には論文コピー八部の提出が義務づけられていた上、協力してくれた友人や調査対象の団体などにも配らなければならなかった。ゼロックス等コピー機の出現する以前のブラジルで、三五〇ページのポルトガル語による論文を多数印刷するのは大仕事だったが、これも友人らの手伝いを得てタイプし、百部刷った。

審査は大学の大講義室で、夜八時から始まった。壇上に威儀を正して居並んだ五人の審査員によって四時間の間、深夜の一二時過ぎまでポルトガル語での質問攻めにあい、この時ほどことばの不自由で身の縮む思いをしたことはない。社会科学部門での博士課程がまだブラジルにはできておらず、社会学と文化人類学の分野で一人前の研究者となるためには、海外で学位をとって帰るか、それともサンパウロ大学のこの修士課程で論文審査を受けるかを選ぶものが多かった。審査方式は教授資格試験をモデルにしたもので、大変格式ばっていた。審査員は五名、内一人は学外の専門家であることが義務づけられていた。審査は一般公開のもので、大学の学友や、広く大学院生たち、若い教官、近い内に同様の審査を受ける予定のもの、類似の研究関心をもった他大学の若手研究者などが多数出席し、審査を受けるものは皆の前で晒し首にされる。私は、大学内でそれほど広い友人ネットワークをもっていたわけではないが、それでも五〇名ほど聴きに来ていて、なかには大学に関係のない日本移民の知識人も二、三人混じっていた。公開審査は悪いばかりではなかった。審査員が意地の悪い質問をぶつけてくると、会場の学友等は口々にブーイングを挙げて靴の底を床に軽く叩いた。質問の不当さに対して控え目ながら抗議の意思表示をして、私を応援してくれた。こういったデモンストレーションのことをサンパウロの院生仲間では solidariedade（連帯性）と呼んでいるが、外国人留学生である私はこれでどれだけ勇気づけられたか分からない。私の論文テーマはブラジル日系人と宗教に関するものだったが、一人の審査員（学内の統計社会学教授）が、突然、

「広島に投下された原子爆弾は、日本人の宗教生活に対してどのような影響を与えたかを論じなさい」

という質問を出してきた。私は虚を突かれて一瞬たじろいだ。返答に窮した私は、勇気を鼓舞して、

「私の論文はブラジルの人間的状況に関するものであって、日本に関する研究ではありません。したがって、この質問には解答する必要を認めません」

と答えて、難を逃れた。審査終了後、友人等は皆この突っぱねた返答を賞めてくれた。

深夜の審査に合格してから、審査員の一人である宗教社会学者プロコピオ・カマルゴ教授は、自分のアパートで友人等数人を誘って明け方まで祝宴を開いてくれた。この審

査の翌々日の朝、私は北米への飛行機に乗ったのだったが、この深夜の祝宴で、フランシスカ・イザベル・ヴィエイラとマリア・ステラ・レヴィという二人の若い女性研究者に、アメリカ人研究者の手伝いをしていると、骨の髄までしゃぶられるのが落ちだよ、と何度も警告を受けた。他に私のアドバイザーだった斉藤広志教授と学友のベアトリス・ムニス・デ・ソウザも同席していて、私の送別会でもあった。

出発の前夜は、日本人の友人らが送別会をやってくれた。ほとんど全員戦前からの古い移民達だった。その席で私は、自分は何か人類学と文学との接点のような領域をやりたいのだということ、アメリカへ行くのはアメリカの大学で何かを学びたいからでも、アメリカ社会の在り方を特に見たいからでもなく、ただこれまでやった二年間の調査結果を材料になにかをまとめる時間が欲しいだけで大学院に籍をおくのだ、などと少々気負ったようなことを口にした。すると、玉木勇治という画家の友人が、

「まあ、そんなこと言わずに、アメリカの社会をちゃんと見て来てくれ」

と言ったのが、いつまでも私の耳の底にこびりついていた。玉木勇治は優れた画家であるとともに、ブラジルの日系人の人間的状況についていつも鋭い洞察に貫かれた発言をして友人らに刺激を与えるのだったが、その時の一言も、私の気負いに対するたしなめに加えて、ブラジル日系社会で幾分警戒心をもって眺められていた「新来青年」の一人である私をふたたび帰ってくる仲間と見なし、アメリカ日系人の状況を材料にまたブラジルを論じ合おうじゃないか、という彼なりの思いやりの表現だった、と私は受け止めた。

その頃の私は、アメリカという社会に格別の関心をもってはいなかった。たとえ世界の各地を観て歩くという機会を与えられたとしても、いよいよ他に行くところがなくなるまではヨーロッパや北米には行こうと考えなかっただろう。これはただの天の邪鬼というわけではなかった。多くの日本人が外国といえば欧米しか見ようとはせず、日本の知識人の頭の構造が「日本対欧米」という固定観念にがんじがらめになっているのが、何ともおもしろくなかった。近代日本は偏狭な日本国粋主義と欧米至上主義の奇妙な協力によって構築されてきている。私にとっては、このような仕掛けから自分を解き放つには、いったん日本を出ることと、非欧米社会に身を置いて常民の日常を凝視することから直接考えることを訓練するのが一つの至上命令だった

から、ヨーロッパと北米は避けて通りたかった。それが日本のエリート主義へのせめてもの私なりの対応の仕方だった。それがひょんなことからテキサス大学に留学することとなった。

正直言って私は、テキサス大学、コーネル大学、サンパウロ大学の三大学共同研究プロジェクトでは、丸二年間大変よく働いたし、有能な助手として良い評価を受けていた。プロジェクトを総括していた二人のアメリカ人文化人類学者とサンパウロ大学の社会学を出た新卒の日系二世調査員（ほとんど皆女性）および現地調査協力者との狭間にあって、チーム・リーダーという役を私なりにこなしていた。また現地調査の隅々を詳細に熟知しているのも私をおいて他にはなかった。サンパウロ大学側から現地協力者として参加していた斉藤広志教授は、「グリンゴ」としてのアメリカ人研究者に対する警戒心を強く抱きながら、最終的には調査結果の資料コピーをワンセット頂きさえすればいいという肚で、表面的な協力以上の行動をしようとはしなかった（生涯、主としてブラジル日系人だけを研究し続けた人だから、多くのジレンマを感じたろうことは理解できる）。

調査が終わりに近付いてきたある日、私の助手ぶりを高く評価していた彼は、以前から温めていた新しい調査計画を具体的に作成して私に示し、向こう四年間協力して欲しい、君のためにもなる、博士号取得の手助けをすると迫ってきた。それまでは渡米のことなどまったく念頭になかった私だったが、その翌日の昼食の雑談時に、調査の陣頭指揮をとっていたロバート・J・スミス教授（コーネル大学）に、私が北米の博士課程で学ぶ可能性はありますかねぇ、と一言訊ねてみたのが始まりで、あれよあれよという間に私のテキサス留学が確定してしまった。主観的に言えば、妙なところでサイコロにテキサスの目がでてしまった、といった具合だった。一九六一年にはシンガポール、ケープタウン経由でリオデジャネイロに上陸した私であったから、北米へ足を入れるのは初めてだった。テキサスの碧く澄んだ空は、ブラジルの熱帯の空にもいくぶん似通っていて、ようやく北半球に「帰って来た」という実感はなかった。

②「ブラジル人のふりをしていた」と言われて

それから数ヵ月経った頃、ようやく少し口をきくようになった日本人留学生達から、ある意外なことを言われた。

「あんたはずっと、ブラジル人のふりをしていた」というのである。多少非難がましい言い方だった。やがて私は、同じように感じていた人々が意外に多くいるのに少なからず驚いた。

外国から来たばかりの一年目の留学生達は、特にその適応の初期には、小さなグループを作り、あるいは可能なネットワークを活用して最大限の情報を得ようとする。日本人留学生は、数の多いことも手伝って、到着年別グループを作ってよく情報交換をし、これが長く友人関係のネットワークの核を構成するようになる。そういったグループの出会いの場の主なものは、初めは、週三度ばかり顔を合わせる外国人向けの英会話のクラスだった。私の入ったクラスは、片腕の不自由な、上品な老婦人が教えていた。ブーカー・ワシントンという奴隷上がりの黒人スポークスマン（タスキーギー研究所の創始者）の有名な演説を暗記させられたりして、意欲的でもあり、気持ちのいい時間だった。私が遅れて着いた頃には、三〇人ほどの外国人学生の着席のパターンがどうやら定着してしまっていたらしい。七、八人の日本人学生（日本の大学の若手研究者も二、三人いたようだ）は一方に固まり、中国人も一つのグループを作っていた。他にもいろいろいたようだが、ラテンアメリカからの一団が、日本人グループに匹敵するほどの大きさのブロックを形成していた。メキシコ人、チリー人、アルゼンチン人などが主で、ブラジル人は一人もいなかった。みなスペイン語を母国語とする、白人系のものばかりだった。彼らは国別にはならずに、混じって一団となっていた。

どうやら私は毎回このラテンアメリカ人学生のなかに混じって座っていたものらしい。私に特別な意図があって、そうしていたのではない。そこの記憶は欠落している。初めて出て来た日に授業の始まる前に立ち話をしていて、そのまま席に着いたのが始まりだろうと思う。なんの作為もない。日本人を探す理由もない。ラテンアメリカ人は多弁で、授業が始まっても話にけりがつかないと話し止めない連中である。声をかけやすいし、状況の分からない私がポルトガル語で話し掛けると、敏感に反応して親しみを示してくれる。極く自然なことだったから、毎回彼ら寄りに席を取っていたものらしい。後になってこのことを指摘され、私は不意をつかれたように感じた。そのクラスの日本人学生の間では、

「あれはどう見ても日本人の顔している。ブラジル生まれの二世じゃないか」

ということになっていたらしい。ところがある日、会話の練習のために皆がそれぞれ前に出て、自分の経歴を話すことをやらされたので、私の身元が知れたのである。それから勢い、

「あいつはブラジル人のふりをしていた」

ということになったようだ。外国の大学キャンパスで日本人同士が固まって席を取らねばならないどんな理由もないのだが、日本人の一人が「外人」のなかにばかり混じって座っていると、イヤな奴ということになるようだ。そういった日本人の心の動きがよく分かるにもかかわらず、それを指摘されるまで、そのことに私は気が付かずにいた。

クラスに日本人が幾人かいるらしいとは知っていても、話を交わす自然の機会はそれまでにはなかった。クラス以外でも日本人との接触は、国際キリスト教大学から同じ年に来た文化人類学専攻の北大路弘信夫妻の他にはいなかった。テキサス大学に来て日本人達と交渉をもつようになるなどとは、まったく予想していなかった。私が日本を出たのは一九六一年のことで、日本がようやく高度成長期にさしかかるという頃だった。外国の大学への留学生というものはまだ大変珍しかった。ところが一九六七年のオースチンには大勢来ていた。そのほとんどが私費留学生だったのは、授業料が安いためだったし、後に知ったことだが、留学のための英語能力審査がゆるかったためでもあるらしい。若い研究者も少し混じっていたが、大方は自然科学畑のものだった。家族員や教授レベルの滞在者まで数えると、キャンパスには百名以上いると言われていた。こういった人々は、長くブラジルに住んでからやって来た私には、一つの「新しい人間の集団」として目に映った。少なくとも初めの間は、ラテンアメリカ学生よりは、はるかに近寄りがたい、新奇な存在であったことには間違いない。

③ 次第に移民めいてくる

当時私を悩ましていたのは、出会うアメリカ人達がしきりに発する、

“Where are you from?”

“Where did you come from?”

という質問だった。聞き手の意図は単純明快である。「どちらからいらっしゃいましたか?」という語で、出身地、出自を問うているのであって、どこを経由して、オースチンへは直接どこからやって来たのかを訊ねているのではない。それは分かっているのだが、私はいつも返事につまる。即答しておいても、何か釈然としない。

《おれは一体、ブラジルから来たのだろうか、それとも日本から来たのだろうか》

外国語を単に語学力の問題として受け止める人間は、こういう考え方はしない。こういう質問に対してはこう返答せよと教科書に書いてある。それに従って、日本人はなんの疑いもなく、「日本からだよ」と返事をする。聞き手はそれで満足する。しかし私は語学を教科書からは学ばない。ポルトガル語もブラジルに到着してから、道端で安酒を飲みながら、労働者、黒人酔払いとの無駄話のなかで覚えた。日本人教師から、その外国人訛りの強いポルトガル語を日本の教室で学ばなかったことを幸運だったと、いつも思っている。英語も同じスタイルで巷で習得したいが、会話のクラスに出るのが外国人留学生の義務だから、止むを得ず出席している。当然、身は入らない。その代わり、人類学のクラスや街の散歩で拾う英語は気になる。

"Where did you come from?"

と問われると、私は、「お前は一体、何者だ」と訊ねられたように感じる。《おれは一体何者なのか、実は最近少し混乱気味なので、今そこを少し整理しているところなんだが…》とは口にしないが、テキサスの大学で自分は一体何をしようとしているのかを考えようとすると、自分が何者なのか、次第に分からなくなる。質問する側としてみれば、私の容貌に「アジア人」の特徴が歴然としているから、具体的には台湾からの中国人か、日本人か、それとも韓国人なのかを問うているのである。

私の出身地である岩手極北の高校にとても良い英語の老教師（大陸からの引揚者）がいて、一年の頃次のような小噺を教えてもらった。

昔明治の頃、ある風采のあがらない日本人がアメリカを旅行していて、汽車のなかで嘲笑気味に彼を眺めていたあるアメリカ人紳士がつかつかと近寄って来て、こう訊ねた。

"Which-nese are you, Chinese, Japanese, or Javanese?"

これに対してその日本人は、こうやり返したという。

"Which-key are you, monkey, donkey, or Yankey?"

これはいかにも明治の日本人の好みそうな小噺である。少々肩に力を入れて外国を旅行し、東洋人として軽蔑されないように気を張り詰めている姿勢が如実に出ている。このしっぺ返しは劣等意識の裏返しでしかない。この噺は私は昭和二四年に高校の授業で聞いたが、後日、市河三喜の『昆虫・言葉・国民性』という風変わりな題名の本にも類似の噺が載っているのを見付けた。元々は中国人の発明した小噺らしい。一度ブラジル人の学友と教師らのいる場で聞かせたら大喜びで、それからも幾度かやらされた。知識人の間で反グリンゴ意識の強い国柄なのである。私に対する質問で、アメリカ人が知らず知らずのうちに問うているのは、私の「出自」であり、「起源」である。私の国籍でも、アイデンティティでもない。ましてや私がブラジルの六年半の生活で何を体験し、私のアイデンティティがどのように変貌したか、といったことには関係がないのである。

一方私は、《おれにとって、ブラジルは一体何だったのか》という設問を、オースチン到着以来ずっと抱きつづけていた。テキサス大学でこれから何をやろうかを考え、私にとってアメリカが何であり得るかを考えると、ブラジルの六年半は何だったのかの問いへと還っていく。しかしその問いがすぐさま、《おれは一体何者なのか》というアイデンティティの問題に直結してくるとは、実は予想していなかった。「お前はブラジル人のふりをしていた」と言われて、初めてそのことに気付いたのである。

一九六〇年代までの文化人類学の主流理論が解説するように、私はブラジル文化に同化し、文化変容を内部に起こして「ブラジル人化」したとは微塵も考えてはいなかった。また、チェ・ゲバラのように「日本人であることを越え」、ブラジル人となることに努め、ラテンアメリカ人に心性上からも近づこうとしていた訳でもなかった。ただ、自分がいつの間にやら日本の側からブラジルを眺め、アメリカを眺めることを止め、逆に新大陸の側から日本を眺める視座を内部に培ってきていることを感じ始めていた。日本人留学生達に懐かしさを覚えず、親しみも感じず、彼らを自分とは幾分異質な人々の群れとして眺めている自分に気づき、大きな発見をしたように思った。私は日本人留学生よりも、メキシコやチリからの留学生に親近感をおおくもっている自分に驚いていた。

《なるほど、おれもどうやら、移民めいてきたようだ》

そんな風に感じた。これはブラジルを出るまではまったく気がつかない自分の姿だった。自分がいつの間にか変身しつつあることを知った。だが、その変身は、人類学理論に言うアカルチュレーション（文化変容）とは異なるものだ、異文化との接触のために獲得した何ものかによるのではないと判断していた。

「移民」は留学生や海外派遣の兵士や旅行者とどこが異なるか。兵士や留学生は特定の目的をもって国を出て来ている。目的が果たされれば帰国する。帰ったところに彼の帰属する社会構造がある。そこに彼の「生活」がある。海外で過ごす時間は「旅」であって、「生活」ではない。帰国の予定がかすんで失われてくると、移民になる。すると、彼は現地での社会構造の正規の一部分となってくる。一日一日の時間が本来の「生活」となってくる。帰国の予定をとうに失っていた私は次第に移民めき、アメリカの日々は私の本来の生活になり出していた。

その頃、私はふざけて自分を「元日本人」と称してみたりした。私はどうやら、太平洋の向こうの日本の人間ではなく、「新大陸の人間」になり始めているようだった。「まあそう言わずに、アメリカの社会もよく見て来てくれ」と送別会の席上で言った友人の言を想い出していた。アメリカを契機として私はブラジル体験を反芻し、予期しなかった自分のたたずまいを発見し始めていた。アメリカの日常が別のニュアンスをもって、のっぴきならないものとして私の前に現れて来た。

④　テキサスの「ブラジリアン・パーティ」

ある日私は、デイビッド・モロッコというアメリカ人の友人から「ブラジリアン・パーティ」があるから遊びに来いと誘われて、出掛けて行った。オースチンに着いてから何かとブラジル人やブラジル関係者に紹介されることが多く、私の交友ネットワークは日本人側へよりも、人類学とブラジルやラテンアメリカを軸に拡がって行った。それは私個人の嗜好によるというよりも、大学の性格によるところが大きい。テキサス大学は、全学を挙げてラテンアメリカを研究している。人類学だけではなく、歴史も、文学・語学も、音楽や自然科学の分野までラテンアメリカを研究対象としたり、フィールドとするものが圧倒的に多い。オースチン本校だけでも三万人を越える学生数を擁するマンモス大学であり、当時、毎年百以上のラテンアメリカ関係の修士論文が提出されていると言われていた。人類学の院生もラテンアメリカ志向のものが全国から集まって来ていたし、留学生もその関係諸国からが多かった。

デイビッドは平和部隊の一員としてブラジルに住んだことがあるポルトガル語の話せる人類学博士課程の学生で、リオのカーニバルに関する論文を準備しているということだった。長い髭を生やし、インディオの織物デザインの入った布の肩かばんを女学生のように下げて、ときには素足でキャンパスを往来する。そのいでたちには、当時の学生気風のなかの反体制主義と文化人類学とヒッピー趣味とが小造りにドラマ化されていた。私にはどこでもかならずポルトガル語で話し掛ける。達者だが、アメリカ人訛りの強いアクセントだ。口を開けば、ブラジル食を礼賛し、ジョンソンの政治を批判し、文化人類学には失望したとぼやく。

彼は数人の仲間と一軒の家を借りて共同生活をしていたが、パーティはそこですでに始まっていた。入って行くと、長髪と大髭の男達が床のじゅうたんに寝そべって酒を飲んでいる。アンデス風の織物で鉢巻きをしたヒッピー・スタイルの男、革のブーツにジーパンの女学生等が廊下に胡坐をかいて円くなっている。人類学の教授も床の片隅に腰を下ろして学生等と笑いこけ、私に手を振る。鍾馗のように髪や髭を怒らせた大男が出入りする。ベランダに突っ立った一群はマリファナ(非合法ではなかった)の回し吸いをしていた。巡る杯に似たソーシャル・スモーキングだ。五、六〇人の男女が入り乱れて押し合い圧し合いし、ボッサ・ノーバの曲をかけ、すこし空間ができるとサンバを踊る。ブラジル風、メキシコ流のつまみものを口にしてはビールをビンでラッパ飲みしている。家中がぎゅう詰めで、階段に座り込んで喋り、ベッドに胡坐をかいて円くなり、キッチンでも立ち話のグループが陣取っている。デイビッドは大道芸人よろしく帽子を片手に、小銭のカンパ集めに右往左往している。

私はそちこちのグループに首を突っ込み、お前はブラジル人かと訊ねたりもするが、誰もそうだとは言わない。キャンパスには幾人も顔見知りのブラジル人がいるのだが、だれも姿を見せてはいないようだ。私は少し煙に包まれたような気分になりながら、このブラジリアン・パーティのなかを泳いで歩いた。

ポルトガル語で話し掛けてくる女学生がいる。外国人訛りの下手な話し方だが、愛想よく、努力して喋っている。アメリカ娘は、英語で話す時とポルトガル語で喋る時とで、別の顔になる。ポルトガル語を話し始めると、急に羞恥心にあふれる、あどけない表情になる。「バテ・パポの会」で私の話を聴いたという。「バテ・パポ bate-papo」とは、ポルトガル語のブラジル慣用語で、雑談とか暇つぶしの無駄口を叩くことを言う。学内でポルトガル語を学ぶ学生達のインフォーマルな会で、昼食をカフェテリアの一角で共に摂ったり、夜簡単な講演を聴いたりする。ブラジル人の語学教師が音頭をとっているが、集まって来るものにはブラジル人はいない。会合の間は、昼食のときも、ポルトガル語以外は口にしてはいけない、というのが唯一のルールで、だれが出てもいい。会費もなければ、講師の謝礼もない。私も一度スピーチを頼まれ、ブラジル日系人の宗教に関する調査体験を話した。出稼ぎ中途で挫折して死んだ移民の霊は海を飛んで故郷に帰ろうとする、という話に一番関心が集まった。その話を聴いたというのである。

⑤ "Che is still alive!!"（チェ[ゲバラ]はまだ生きてる!!）

平和部隊（peace corps）出身のものが意外に多くこのパーティに混じっていた。ブラジルだけではなく、ラテンアメリカの各地に住んだ経験のあるものが大部分で、スペイン語かポルトガル語を話していた。初めはデイビッドの個人的な交友ネットワークのせいかと納得していたが、必ずしもそうではないことが分かってくる。ブラジルの東北部、バイア地方の貧困層農民の強い訛り丸出しで話す若者がいた。彼は隊員として二年間ブラジルに住んだが、リオやサンパウロに一度も行ったことがないという。彼がアメリカ人のなかで一番上手にポルトガル語を話していたのが愉快だった。帰国して大学院生になったのだった。平和部隊はジョン・ケネディの提唱で一九六一年に発足した政府の機関で、低開発国地域(当時は発展途上国とはいわなかった)に隊員を派遣し、現地政府と協同して開発に貢献させるというものだった。大学生や新卒の若者中心に二年間諸国に送り込み、農業技術、教育、衛生等の多方面で活動させた。ブラジルではサンパウロなどの先進地帯へではなく、開発と近代化の遅れたアマゾンや東北部へ大勢入って行った。ケネディのような溌剌とした理想主義をもってラテンアメリカ各地の貧困な農村や山岳地帯へ出掛けて行った新卒の若い男女達が、二年間現住民の生活と心に触れ、異文化体験をもち、開発協力の不毛を実感したうえ、続々と帰国して来て大学院に流れ込んで来ていたのである。学部時代に物理学や工学、文学をやったものたちが、平和部隊体験をくぐり抜けて社会・政治の問題意識を抱え、文化人類学や社会学の大学院へ押し寄せて来ていた。デイビッドもその一人だった。

異様な熱気と喧騒のうちに、このブラジル人不在のブラジリアン・パーティは夜が更けるとますます盛り上がってきた。タバコの煙とラテンアメリカ音楽、酔いとマリファナの臭気に霞むなか、酩酊が皆に漂う。どこかで踊っている一群が何か嬌声を挙げる。と、一人、二人がそれに和す。やがて叫び声があちこちに拡がっていく。

"Che's still alive!!"
"Che's alive!!"

叫びの輪は大きくなり、デイビッドの家中がどよめく。
「チェは生きてるぞ!!」
「チェは死んじゃいない!!」
酒と踊りに酔った髭とぼろと裸足の若者たちは口々にそう叫んでいた。騒ぎと唱和は数分経つと、ふと止む。皆はふたたび床に座り込んで雑談に耽り始める。決して熱狂しているわけではない。とは言え、ある種の強い共感がこのアメリカ人たちの間に漂っている。時折、二人、三人が叫ぶ。

"Che's still alive!!"

一人が和す。さらに数人が野犬のように怒鳴る。チェ・ゲバラが一〇月九日にボリビアで射殺され、その死がオースチンにも伝えられてから、すでに一〇数日を経ていた。『ゲバラの日記』のメキシコのスペイン語版がオースチンの書店に現れたのは翌年の七月末か八月のことで、ずっと後のことである。グワンタナメラの唄が大学のキャンパスに広く流れ、アメリカ人学生たちは「ブラジリアン・パーティ」を催して、彼らの心のなかのチェ・ゲバラを唱和していた。

《この大学で、すこし腰を入れて勉強してみようか》

私はこの時初めてそんな考えを抱いたように思う。アメリカ人学生たちが急に身近かに感じてきた。私は何時の間にかその夜の空気に馴染み、パーティは不思議でも何でもないものになっていた。下手な、強い外国人訛りのあるスペイン語やポルトガル語を話すアメリカ人ばかりの、ブラジル人不在の、ブラジリアン・パーティに私も次第に酔い痴れていった。

⑥　黒人街に入れないアメリカ人類学者

その夜、私はデイビッドを掴えて、半分怒りながら、こう質問した。

「お前は一体いつになったら、おれを黒人ゲットーに連れて行ってくれるんだ？」

私はそれまでに幾度もこのことを彼に頼んでいたが、彼は生返事をするばかりで、一向に案内してはくれなかった。デイビッドは平和部隊の一員として幾年かをブラジルで生活し、その主な部分をリオの「ファヴェラ（スラム）」で過ごし、そこで調査も実施した男である。

リオのファヴェラは『黒いオルフェ』というフランスとブラジルの合作映画で世界に紹介されてから有名となったが、一九六〇年代前半には人口三〇〇万余りのリオ市民の三分の一がファヴェラと呼ばれる不法占拠の貧困地域に住んでいると言われていた。ファヴェラの住民はもとより黒人ばかりではないが、混血や黒人の人々の比重は圧倒的に高い。リオは世界三大美港の一つと言われ、景観の美しい街である。観光とカーニバルが売り物で、そのシンボルがコルコバードの海抜七〇〇メートルほどの丘の頂きに両手を拡げて立つキリストの巨像である。二千トンのセメントを搬び上げて築造した背丈三〇メートルの美しい像はリオの誇りである。これは確かニューヨークの自由の女神に対抗して発想されたものだった。

このキリスト像とファヴェラ住民については、巷に囁かれる隠れた小噺がある。リオの街は海岸に沿って南北に長く伸び、北側が旧市街地で、南側には美麗な海浜と湖があり、富裕層の住宅地域や高級アパートのビルが展開して新しい商店街も形成されている。その両者の中間に位置するボタフォゴ区には丘があって、リオ市を南部と北部に二分し、その丘を首都高速道路の長いトンネルが南北に縦貫している。トンネルの北側には労働者階級の貧困層がひしめき、黒人も多くはそちら側に居住している。このボタフォゴのトンネルの上の丘陵地帯の一番高い所、市内のどこからでもよく見える地点にキリストは両手を大きく左右に拡げて北側を向いて立ち、

——Chega p'ra la, chega p'ra la!（こっちに来るなァ、こっちに来るなァ）

と貧乏人や黒人に向かってとおせんぼをし、富裕層を守っている、というのである。

リオを観光する外国人たちは、ニューヨークの自由の女神を見るような眼差しでコルコバードのキリスト像を仰ぎ見、そこに人種偏見不在のブラジルの象徴を読み取るかもしれないが、私はリオの街に立つ度ごとに丘の上を見上げて、このカリオッカ（リオっ子）の巷の社会戯評を想起するのである。私はずいぶんブラジルのカーニバルを見たが、リオのものは見物したいと考えたことはない。あれは一つの例外だと思っている。田舎町のカーニバルの方が面白い。だが、リオのは偉大な例外でもある。カーニバルの時期が近付くと、モーロと呼ばれる丘陵地帯の上部に這いつくばって展開している数多くのファヴェラからドラムの音が響き出し、その音はキリスト像を包み込み、やがてカーニバルの当日となると、貧困層の住民たちは大挙して山を下り、街頭を占拠してしまう。丘の貧民たちは大挙して暴動を起こすのではなく、衣裳をこらして踊り狂うために丘を雪崩れ降りて行く。アメリカ人デイビッドはこのファヴェラに住み込んでカーニバルを調査し、論文を書くと言っている。にもかかわらず、彼は今、自分の国の都市オースチ

ンに住んでいながら、目前の黒人ゲットーに私をなかなか案内しようとはしない。

デイビッドのファヴェラ調査を指導したのは、テキサス大学文化人類学のアンソニー・リーズ教授（われわれはトニーと呼んでいた）だった。リーズはこのブラジリアン・パーティにも来ていて、二度目の夫人になろうとしていたわれわれの学友エリザベス・プロトキン（ベスと呼ぶ）らとともに一団を作って、床の隅に両脚を長々と投げ出して酒を飲んでいた。ベスも確か平和部隊の出身だった。背は低く美人型ではないが、いつも確信をもった発言をし、人との触れ合いには温かみがあった。彼女も同じくリオのファヴェラで政治構造の研究をしていて、リーズの理論の息のかかった発想をしていた。論文は後になって、リーズ・アンド・リーズの著者名で公刊されている。

リーズはコロンビア大学の出身でアメリカ人類学界の横紙破りで知られ、まとまった著作はあまり書かないが、いつも論争を挑んでは大変戦闘的なペーパーを発表する。ラディカルな理論武装をした研究者だが、マルクス主義の正統派などではまったくない。階級論と政治権力構造、生態系論と進化主義をセットとした論を展開するが、研究の中心は都市であり、調査法と研究スタイルはあくまでも文化人類学的伝統を継承している。授業で教室に向かう時には、社会科学概論といった本とポルトガル語による文献資料などを横脇に抱え、たいていは大声を喚き散らしながら、どたどたとやって来る。黙っている時でも、いつも唇の端が「口角の泡」で濡れているといった感じの男だ。

彼は長期にわたってブラジル研究を継続している。一九五〇年代初め、コロンビア大学の博士課程の最終段階にいた時、恩師のチャールズ・ワグレイがブラジル東北部の調査計画を練り、ユネスコの研究助成費を得てリーズ等四名の博士候補者を連れて調査を実施した。生態系と歴史形成の異質な四つの文化領域を選択してそれぞれに一人ずつ配置、同一の視点からの調査項目を義務付けたうえで自主的な研究をやらせた。マーヴィン・ハリスは内陸山岳地帯の古い鉱山町に、ハリー・ハッチンソンは沿岸多雨地帯のサトウ・プランテーション地域に、ベン・ズィンマーマンは内陸乾燥地帯の牧畜地域に、そしてリーズは南バイア沿岸多雨地帯のカカオ生産地に、それぞれ定着してフィールドワークを実施して学位論文を書いた。みなワグレイに協力もし、共著の本も書いたが、リーズ一人は理論面から造反を起こして協力せず、ワグレイ編集の本に論文も送らなかった（Charles Wagley (ed.) Race and Class in Rural Brazil, Paris: UNESCO, 1952）。ワグレイは一九三〇年代以来の伝統的な構造機能アプローチ主義者であるが、リーズは早くからこの枠を破ってそこから飛び出して行った。カカオ地帯の文化パターンはその地域内で独自に構造機能的に自己展開するのではなく、ブラジル全体の、さらには世界システムのグローバルな体系のなかで構造化されてくるので、サトウ栽培や鉱山業、牧畜産業とも深く関わり合って析出したものである。

リオのファヴェラの調査にしても、ファヴェラを産み落とし、貧困層の住民の精神と生活の構造を鋳造するのはリオ市の支配層の在り方であり、政治権力構造である。さらには国家権力であり、世界システムである。また政府の推進する対ファヴェラ政策も上層エリートの意向を反映して具体化してくる。北部地区に貧困層が多く、南部は富裕層の地域だと前述したが、これは全体の趨勢を言ったまでで、ファヴェラは南部にもかなり存在する（主に急斜面の山側だが）。その住民達は高層ビルや高級住宅地区に近い周辺にも不法占拠して居座っている。政府の発行するファヴェラ実態調査などには、いかにファヴェラが市の南部に数多く存在するかを強調する論調が目立つという。そしてファヴェラを撲滅して大衆住宅を政府予算で建築する都市計画は、主として南部のファヴェラ追い出しを願望する富裕層の意を体して具体化してくる。強制移転させられた貧困者達は、政府の提供する大衆住宅のずさんな状況、不便さと中産階級のアパート以上に要求される計上費のために定住することができずに、別のファヴェラを求めて、おそらくは北側のファヴェラの空地を求めて転々として行かなければならない。こういった研究枠組とその包含する理論的基盤は従来の文化人類学的研究視角とは大変異質であって、ワグレイのものとは本来的に相容れない。リーズが実施したあるファヴェラの事例研究は自ずからリオ市全体のパワー・エリートと政治権力構造の研究でもある。しかしアンソニー・リーズ著『リオのファヴェラ』という、刊行予告により大昔からかなり有名になっていた本の出版はいつまで経っても具体化して来なかった。

リーズのファヴェラ調査には他にも幾人か若い学生が協力していたが、リーズが学生らを率いてブラジルへ行ったのではなかった。リーズとデイビッドやベス、その他の若者らとの出会いは、そもそもリオのモーロ（丘）の上で生じたものだった。人類学的調査を直接の目的としてファヴェラ通いをしていたリーズとは異なり、開発協力という実務的活動を主眼とした平和部隊の隊員らのうちでも、特に急進的発想を強くもつ一部の者たちがモーロに登ってファヴェラに住み込み、それぞれ住民運動のなかに入って行ったのだった。その彼らがリーズに発見され、調査と研究の洗脳を受けたのだった。デイビッドは結局リーズのアカデミズムには最後まで順応できず、文化人類学に不審を表明して大学を去ってしまった。ベスはリーズと組んで研究者の仲間入りを果たした。リーズとベスはファヴェラですでに同棲を始めていたということだったが、オースチンに帰って前夫人と離婚した子持ちのリーズは、私生活のうえでは二重の家庭生活に苦しんでいるようでもあった。

リーズ教授、デイビッド、ベス達――彼らはみな私の人類学勉学の良い仲間であり、教師であったが、私をオースチンの黒人ゲットーへ連れて行ってくれるものはなかった。私も半日は調査助手（リサーチ・アソシエイト）としてブラジル日系人研究の中心であったジョン・B・コーネル教授の手伝いをして給料を貰いながらの博士課程勉強だったから、多忙であり、実はアメリカ社会探訪どころの騒ぎではなく、顔を合わせて思い出した時だけ催促する程度のものだった。だが、この夜のデイビッドの返答は私には少々意外なものだった。彼は私をいい加減にあしらっていたのではなかった。デイビッドもリーズも、そしてベスもブラジルのゲットーには入って行くし、調査もするが、自国アメリカの黒人ゲットーには入って行くことができないのである。

《なんだ、このヤンキーども、所詮ヤンキーかグリンゴに過ぎんじゃないか。他国の恥部は覗いてとやかく言うが、自分の本国では素知らぬ顔か》と初めは思ったが、やがて納得するようになった。アメリカの黒人ゲットーに入れないのは、彼らがアメリカ人であり、白人だからなのである。恐ろしくて入れないのである。その夜のデイビッドの率直な、当惑したような告白を聴いて、私は驚いたが、合点がいった。ブラジル人はグリンゴとしてのアメリカ人を憎み、嘲りもするが、それはまだ知的な頭の了解であって、肉体的衝動としての憤怒ではない。ファヴェラの黒人は闖入者のアメリカ人を白い目で見はするが、暗闇でいきなりナイフをその背に突き立てはしない。アメリカ黒人の怒りはアメリカ白人に向けられる。彼らは白人を白豚と呼ぶが、日本人に対する反感はまたそれとは異質だ。「日本人が黒人ゲットーに入って行くのは、別に問題ないだろう」とデイビッドが言うのももっともに思えた。それから間もなく、私はメキシコ人街ばかりではなく、黒人ゲットーへも独りで、三ドルで買った自転車をこいで酒を飲みに出掛けて行くようになった。

⑦ ウィーク・エンドの連れ小便
――メキシコ人街――

大学のキャンパスはやや高みにある。自転車で坂を降りダウンタウンに入ると、商店街の辺りで、メキシコ人街、黒人街、白人街が相接している。街の中心近くの同じ平坦な地区で、一本の車道を隔てるだけで、いきなり黒人ゲットーが展開しているのには一驚させられた。間を隔てるものに川などはない。黒人の盛場は黒人ブロックのなかに自己完結的姿をとって、別にある。すべてがフォームもなしに雑居しているブラジルからやってきた私には、連続している街のなかで、一つの道をよぎると黒人だけの住む、白人の独りも通らない別世界へのめり込むということが、いきなりカフカの小説の世界へ投げ込まれたように幻夢的な感じであった。日本のような人種のほぼ単一な社会に育ち、人種のよく混じり合ったブラジルに深く馴染んだ私だから、このように人種によりきっぱり分離した社会が幻夢的に感じるのだろうか。デイビッドらには、これが本来の社会の姿で、とくに幻夢的でも、不思議でもないのだろうか。いや、そんなことはあるまい。私にとって日本の文化や社会の構造が、いつも本来的で、当たり前で、自然に受け入れられるというものではない。天皇制や同和部落、長男と次男の身分差といった日本文化は、いくぶん日常的ではあっても、ときには幻夢的といっていいほどの異和感を覚えるものであり、外国のさまざまな「異文化」よりもはるかに日本人の私にも奇怪な日本文化ではないか。国民性とか民族文化というものは、その民族の個人にとって必ずしも自然なものでも、本来的なものでもなく、ときには激しい抵抗を覚えるものだ。黒人ゲットーはデイビッドにとっても奇怪なものかもしれない。黒人ゲットーはアメリカ文化だし、同和部落は日本文化なのだ。

私は時折黒人ブロックの酒場まで足をのばしてビールを飲んだが、格別危険も感じないし、恐くもない。その代わり、ただ胡散臭げに無口で対応されるだけで、話かけても警戒されるばかりで、実のある会話にはならない。一度日本人留学生らにせがまれて、五、六名案内してみた。酒場で知合った初老の男の家まで入り込んで雑談したが、それだけのことだった。

三つのブロックはダウンタウンの六番街東側あたりで交叉する。散髪する時には私はこのあたりまで坂を下って行く。オースチンではすべてがこちらの方が大学のキャンパス・ストアより安い。大学前で一八ドルと言われた時計の修理を、ここのメキシコ人の店では「七ドルでどうかね」とずいぶん気の毒そうな顔をしてくれた。大学生はミドル・クラス（中産階級）だから高いのである。日本では大学の生協で買うのが一番安いのだが、テキサスでは大違いだった。散髪もキャンパスでは一・五ドルだが、六番街では五〇セントで済んだ。ポルノ映画館があり、黒人のソウル・フッド用の牛の胃袋や豚の屑肉を売るスーパー、古着屋があり、理髪店がある。店に入ると、理髪台が両側に二列になって約一〇台ずつ奥へと並んでいる。入口近くに黒人の靴磨きがいる。その隣りに白人が二人いて、客から金を受け取る。入口に一番近い台では、「レイザー（顔剃り）一ドル」とあるが、これは散髪代も含む。他はみな素刈りで五〇セントである。顔剃り台も入れて入り口から左右四列が白人の床屋で、客もみな白人である。中間の三列が色の少し黒い、口にチョビ髭を蓄えたチカーノ（メキシコ系人）の床屋であり、客もみなチカーノで、みなスペイン語で応対している。最奥の二、三列が黒人の床屋である。真っ白いガウンを着た黒人の職人が、客がいないので頬を真白にして自分の髭を剃っている。黒人の客が来ると、すすっと一番奥へ向かう。私はいつも白人の床屋とチカーノの床屋の境目あたりで戸惑ったふりをしていると、どちらかが声をかけてくる。顔はメキシコ系に近いが、服装で判断する時もあるのだろう。私は迷っているのではなく、彼らの反応を観察しようとしていたのだ。客は皆入口の白人に金を払う。値段に人種差別はない。職人らはおそらく歩合で雇われているのだろう。オースチンの人種隔離はミシシッピーやニューオーリンズに比べてゆるやかだが、よく観察していると理髪店内部にも人種構造があって、待ち時間が楽しめる。

メキシコ人街の酒場では、様子がまるで違った。週末になると、アメリカ人学生らは連れ立って車で遠出をしていたが、私はダウンタウンの古着屋の古着の山から拾い出して七五セントで手に入れた労働ズボンをはき、三ドルの自転車でチカーノ達の群れる一杯屋へ出掛けて行く。店の中央のホールでは、大肥りの中年女と背の低い男が取っ組み合いでもしているような格好で、腰を少し落として踊っている。相撲かなにかの競技でも見物する気分だ。ときどき卑猥な仕草もして見物人を笑わせる。疲れた衣服をまとい、だらしない姿の白人男女も混じって飲んでいる。いつも私にビールをたかりに来る老いた娼婦も白人だ。掌にニッケル（五セント）を乗せ、ダイム（一〇セント）を二つ足してくれとせがむ。ビールは一本二五セントなのである。

「よう、久しぶりに見なかったな。何処に行ってた？」

などと、スペイン語で見知らぬ男から肩を叩かれる。私はよくメキシコ人に見られ、昔お前とよく飲み歩いたじゃないか、とやられたりする。そんなはずはない、おれはずっとブラジルにいたんだと怪しげなスペイン語で言い返しても、少しも取り合わないで昔話を続ける酔漢がいる。行く度にいつも居る老白人は、私にクォーター（二五セント）をたかってはビールを飲み、女と踊ってはその度に相手代としてクォーターを自分のポケットから払っている。労働ズボンで週末に飲みに来る貧乏書生の私にビールをたかるこれらの白人達は、一体どのような種類の人々なのか。「プア・ホワイト」とか、「もう一つのアメリカ」などといった言葉が、図書館で垣間見たアメリカ研究のページに散乱しているのを思い浮べる。

私はビールを飲みすぎて、度々小用に出掛ける。飲み屋のどんづまりにある便所には、白タイルの便器が一つだけあって、蓋はない。その便器を丸く囲んで、三人、ときには五人のメキシコ人やアメリカ人が、ほのかに上気した微笑をもってのうのうと用を足しながら、世間話に余念がない。私もそこに割り込んで、白人の混じっているときには英語で、メキシコ人だけのときにはスペイン語めかしたポルトガル語で、仲間入りをする。このメキシコ人街でのウィーク・エンドの小便を皆と馴染んで済ませながら、私はいつも微酔い気味の頭脳でいぶかるのである。

《このメキシコ人たちと、白人たちの間に通い合う、ほのぼのとした共感は、いったい何ものなのだろうか》

その共感は、ビールを飲みながらも、小用を果たしながらも、実は私にもいくぶん通い始めていた。メキシコ人街の安手の居酒屋も、まぎれもなくアメリカ社会の正規の一部であって、そこで私はラテンアメリカの体臭を懐かしんでもいる。すでに移民めいていた私はただの留学生でも探訪者でもなく、そこに馴染み、そこに「生活」を見出そうとしていた。大学の講義の合い間に坂を下ってここにやって来る私は、アメリカ観の概念破りに努め、構造主義のアカデミズムにいくぶんの反感も抱きながら、そこで時折ひたることのできるもう一つの、巷の「ブラジリアン・パーティ」を求めていたようだった。

⑧ 人類学博士課程の教師達

一九六七年の秋学期にテキサス大学の人類学博士課程に入ってきた新入生は五〇名ほどもいて、驚くほどの数だった。選考基準はゆるく、外国人でも入り易かったが、奨学金や助手の口はあまりなく、大学側から学資の保証を受けるものは極少だった。学部のポリシー（方針）にどのような変化があったのかその事情は詳らかではないが、確かなことは、教官らは突然学生の質を一挙にレベル・アップさせる決断をしたらしいことだった。少なくとも当時テキサスの人類学部は国内の一流には位してなかった。その変革の目的に沿ってその年から、一般人類学の概論を内容とする「コア（核）・コース」という全員の必修科目が新設された。この新方式を要約すれば、博士課程に入る希望のあるものはできるだけ大勢合格させる。初めから奨学金など与えるようなことはしない。コア・コースで散々絞り上げ、ふるいをかけ、生き残ったものたちに学資の保証をし、助手の口を与え、良い研究者に仕立てていく、というものだった。新入生のわれわれにはいい迷惑だったが、教官たちの意気込みにはただならぬ真剣味が込められていた。新入生は他の授業もとるにはとるが、肝心なことは、このコア・コースで学生としての質が問われることで、一定の水準に達しなければ、他のことでどんな成績を挙げようとも失格となり、大学には残ることが許されない。授業は週に二回あり、教官は三週か五週で交替した。それぞれの教官はその数回ほどの講義に自分の全力を注ぎ込み、自分が取り組んでいる専門領域の一番良いところ、特に一般性があり、理論的に重要なところを披露してみせ、長い必読文献リストを配布して毎週レポートを要求した。リーズあたりがこの企画の主唱者（学生から見れば首謀者）らしかった。彼がまずその開幕投手を務め、五週間ほど人類学における進化主義の論をぶち上げた。私は入学早々の一〇月から一二月まで（提出が少しだけ遅れた）に七本のレポートをリーズ一人に提出している。講師は次々に交替し、考古学、霊長類学と進んで行き、言語人類学ではチョムスキーの論にも触れた。レヴィ＝ストロースの構造主義を論ずるもの、構造機能分析と社会科学哲学を講ずるもの、文化変動論もあり、人体生物学もあった。入れ代わり立ち替わり、教師は自分の知っている良いところを唱い上げ、レポートを課して去っていく。ずいぶん勉強にもなったが、学生に憎まれもした。私は、考古学や言語学、人体生物学までやらされるのに閉口し、腹も立った。私はこのコア・コースを、「オール・キャストのストリップ・ティーズ」と名付けて、吹聴もした。良いところだけちらりと観せてショーが進んで行くからである。

このコースのために、秋学期の初めに五〇名ほどいた学生がその終わりには半減し、春学期の初めにはさらに新入生を加えて五〇名ほどになったが、それも学期の終わりには半分以下になるという有様だった。この二学期、つまり一学年を合格点で生き延びれば、一応及第で、それからは教師たちは急に残った学生に対していくぶん仲間のような態度を示すようになった。

当時アメリカ人類学界にはレヴィ＝ストロース旋風が吹きまくっていた。アメリカ中の大学における文化人類学の講義で、レヴィ＝ストロースの名が一度も出ない授業はあるまいとまで極言するものさえあった。彼の『構造人類学』の英訳は一九六三年にはすでに出ていたが、そのペーパーバック廉価版（アンカー・ブックスのポケット版）がアラスカ・インディアンの美しい図案を表紙に一九六七年に発売されると、人類学畑のものだけではなく、一般の教師や学生らも競ってこれを買い求め、一大ベスト・セラーになっていた。コア・コースを担当するスタッフの間でも直接間接にレヴィ＝ストロースの衝撃を受けていて、構造主義理論を全面的に受容するものも、それを特に表面に打ち出さないものも、ともに文化と認識と人類学的発想の基礎理論・一般理論を求めて喧しい議論を闘わせていた。形質人類学、考古学、霊長類学のスタッフは直接これらに触れなかったが、文化（社会）人類学領域の教官の間では、大雑把に言って、構造主義理論にのめり込んで行く若手研究者たちと、発展途上国社会のより地域的、具体的事象、特に政治社会的問題に発想の優越性をもたせたうえで一般理論を目指す中堅以上の教授クラスとに二分されている観があった。

若手の構造主義者達の理論上のリーダーはイラ・R・バックラーだった。ピッツバークから赴任してまだ日の浅い、この一見アラブ系人を思わせるような痩せぎすの、黒くて濃い口髭を蓄えた精悍な小男は、スタッフの間でも意外なほどの畏敬を受けていた。コア・コースでの彼の講義は、語学力不足も手伝って当時の私には難解すぎてあまり理解できなかった。レヴィ＝ストロースを論じ、リーチの親族と交換理論、ステータス差をやるあたりまではよかったが、論理学から一般モデル論、ゲーム理論に至り、果ては数学論、文化の統辞論（シンタックス）、数理人類学を論じられて、ようやく文化人類学に入門したばかりの私は閉口して、疲労感ばかり溜まった。実はアメリカ人学生らも皆参っていて、畏怖しながら不平たらたらだった。特に平和部隊などの出身でラテンアメリカの貧困な農村で自分の実感的テーマを抱えて文化人類学に入って来た実践派の学生達には、強い拒絶反応が見られた。それでもバックラー編集の、これから本印刷されようとしていたシンポジュームの成果『行動科学におけるゲーム理論』の謄写印刷版は、図書館の二時間限定貸し出し室で手垢にまみれていた。

一方、構造主義を直接前面には押し出さない中堅教授たちも、負けず劣らず果敢で雄弁だった。リーズの進化主義などはバックラーのゲーム理論と同じくらい強烈な一般理論志向をもつもので、われわれは辟易させられたが、デュルケームまで進化主義者にさせられてしまうのでレポート書きに便利なこともないではなかった。リーズとはさほど年令差のないリチャード・N・アダムズはすでに大家の処遇といった観があり、コア・コースには顔を出さなかったが、彼の権力（パワー）論もエネルギー論ともセットになって、同様に普遍理論として展開されていた。総じて皆種々な形でホモサピエンスに普遍的な一般理論を目指す姿勢を顕示していて、これも根源においてレヴィ＝ストロースの影響下にあったことと思われた。

とは言えわれわれラテンアメリカ研究を志す院生の多くは、地域研究に優先性をおいた議論を展開する中堅以上の教授を囲むゼミに入ると、実証的、実感的な論をやりとりできるのでホッと安堵感を覚えたものだ。私は、ブラジル日系人調査資料の分析をテーマにジョン・B・コーネルとの一対一のコンフェレンス・コースというのを取らされた。コーネル教授の調査助手として給料を貰っていたので、否とは言えなかったが、中途で私の方から腹を立てて投げ出してしまった。現地調査に自ら力を入れなかった彼は、このコースで私に次々に現地に関するあらゆる質問をして、私の答えることを逐一ノートに記録していた。授業と称して毎回私をインタビューしていたわけである。リーズのブラジル・ゼミには義務抜きでゲストのように顔を出していた。カリブ海社会に深い関心を抱いていた私はリチャード・シェデルの現代カリブ社会ゼミには積極的に参加した。当時シェデルは大学のラテンアメリカ研究所の所長で、Latin American Research Review という国際性を目指す学会誌を定着させるための創立マネジャーとして大変多忙で、ゼミは研究所でやっていた。彼は学部では一番の、破格の高給を取っているという噂だった。温かく、若い学生に友好的で、気さくに一緒に酒を飲んだ。初めてカリブ地域の文献を読む機会を得て、このクラスで私は一番安らぎを覚えた。カリブ社会はサトウ・プランテーションとアフリカ黒人奴隷制を背景に多人種社会、文化的社会的多元社会をその中核的特質としていて、ブラジル社会と多くの共有性をもっているので、ブラジル研究者には大変有効な視角を提供してくれる。私はこのゼミに、クーリー（苦力）移住を中核にした中国系人問題を扱って、「クーリーからクリオールへ」というレポートを提出した。

アダムズは当時グワテマラ社会と取り組み、大著を執筆中で家に籠もりがちだった。グワテマラに七年住み、グワテマラ女性と結婚し、子供も全員グワテマラ国籍だということだった。彼のその年に出たばかりの The Second Sowing（San Francisco,1967）という本はラテンアメリカ研究者全員の必読書だと、少なくともテキサスでは言われていた。私は残念ながら余力がなくて彼の授業をとることができなかった。アダムズの勤勉振りは学生間では伝説的に言われていた。毎朝四時起床、午前中は自宅で執筆と研究、午後大学に出て来て講義と事務を済まし、夜も仕事をするが、九時には就寝、そのように私は聞いた。アダムズに質すと、

「いやァ、それほどじゃ…。ぼくは早起きだがね」

と照れて笑っていたが、その時以外はいつも恐い教師という畏怖を感じた。

⑨ アダムズ教授と二人のブライアン

われわれのクラスでの最大の切れ者は疑いもなくブライアン・マーフィだった。彼はグワテマラの農民運動で一かどの役を果たした活動家だということだったが、会話の端々にはまだグワテマラ内戦の熱い息を漂わせていた。ゲリラ集団との取引きに失敗したメンデス大統領は一九六六年末から六七年三月頃まで軍隊を用いてゲリラ掃討戦を強行して成功したと諸書は伝えるから、九月からアダムズを頼って来て院生になったブライアンは、ゲリラ掃討戦から避難して来ていたものらしい。彼もアダムズもそういった事情については口を閉ざしていた。コア・コースの授業でも彼はよくその議論についていって、教官達も一目置いていた。春学期が終わると、ブライアンと私は同じビルの隣り合わせの部屋をそれぞれ与えられ、彼はアダムズの助手としてグワテマラ研究の著書に農民運動の一章を分担して書く仕事をし、私はコーネルの助手としてブラジル日系人調査に関する国立科学財団（NSF－ナショナル・サイエンス・ファウンデーション）への最終報告書の一部を分担執筆するという日々を一九六八年の夏に一時過ごした。ブライアンは学生として傑出していた上、付き合い易い良い男だったが、活動家であることに強い誇りと使命感を抱いていた。

「この一章を書いたら、アダムズはおれをアルゼンチンにやってくれるそうだから、旅から帰ったら、大学ともおさらばだ」

などと口にしていた。仲間のうちでは学位を取って研究者になる最短距離にいるとだれしもが見なしていたから、私は彼のこの言をあまり信用してはいなかった。グワテマラ人ならともかく、妻子をもって博士課程に定着したアメリカ人だったからである。仲間の噂では、ブライアンはその活動のために今もグワテマラ政府に追われている身で、危険を避けるため偽名を使ったりするのだが、実は今の名も偽名なんだ、などと言われていた。

実はもう一人ブライアンというのがいた。同じくアダムズの若手の共同研究者で、やはりグワテマラのスラム研究をしたブライアン・ロバーツという男だ。名前も論文も見たことがあったが、姿を一度も見掛けたことがなかった。私はあるいはこの二人は同一人物ではないかと疑ったりしていた。

後日、ブライアン・ロバーツに直接会う機会があり、二人が別人であることを確認できた。その時の話とアダムズから得た解説を加えて、当時の状況を少しメモしておこう。アダムズはフォード財団その他から大型の研究助成を得て、一九六三年から始める中央アメリカ、特にグワテマラの研究プロジェクトを企画構成するに当たり、従来ラテンアメリカの文化人類学的研究はアメリカ人にばかり偏り過ぎてきたこと、ヨーロッパの研究者がラテンアメリカの研究にあまり力を入れていないことを痛感していた。これでは研究視角も偏る危険があると考え、彼は研究協力者を求めてヨーロッパへ出掛けて行った。ドイツとフランスには研究者が少数ながらいたが、イギリスには皆無に近かった。アダムズはまずドイツ、それからフランスを歴訪して名ある研究者を訪ね、若くてよい研究者の斡旋を頼んで歩いたが、良い成果はなかった。最後にイギリスへ渡り、オックスフォードにエヴァンズ＝プリチャードを訪ねた。そしてこの老大家を口説いたが、らちはあかなかった。ちょうどその日、たまたまマンチェスター大学のマックス・グラックマンがオックスフォードへ講演に来ていたので、まずそれを聴き、その後で三人はファカルティ・クラブで酒を酌み交わし、夕食を共にした。アダムズはそこでも同じ話を持ち出すが、エヴァンズ＝プリチャードは年もとってるうえ、酒に酔い、一向にこちらの話に乗ってこない。ところがグラックマンが大変な熱意をもって応答してきたので、結局話はグラックマンとの間で決着したというのである。

グラックマンは強いカリスマ性をもったアフリカ生まれのユダヤ系人類学者で、中央アフリカを主な研究領域とし、ローズ・リヴィングストーン研究所の所長も長く務めた。植民地主義、エスニシティ、都市人類学の先駆的研究者である。一九四九年、彼は招かれてマンチェスター大学に社会人類学部を創設するが、以後一九七一年に退官するまでほとんど万年学部長をしていた。ブライアン・ロバーツはイギリス人だが、シカゴで学位を取得し、若くしてマンチェスターのスタッフに加わった。グラックマンはそこのボスで、みなその息がかかっていたから、ブライアンもグラックマンの業績をよく読み、その強い影響を受けていた。やがてアダムズとの協約にのっとったグラックマンの命令で、テキサスに来たという。彼はアダムズの薫陶下にグワテマラ調査を実施し、その後マンチェスターに帰ってヨーロッパにおけるラテンアメリカの人類学的研究のリーダーシップを取っていくことになる。因みに付記すれば、あの時アダムズが執筆していたグワテマラ研究の著書は一九七〇年になってテキサス大学出版部から上梓されたが、その本には二人のブライアンが記名入りで、それぞれ一章ずつ分担執筆している（Richard N. Adams, *Crucifixion by Power: Essays on Guatemalan National Social Structure, 1944-1966*, Austin, 1970）。

二月から三月にかけて私は原因不明の病に苛まれ、苦しい日々が続いた。あまりに疲労するので、一日を二分し、六時間寝て六時間働き、また六時間眠るといったことをしばらく繰り返した。しまいには腸チフスの疑いありと判定され、その正否を確認するよりもまず特効薬を飲んでしまえと言われて、クロロマイセチンを無理矢理大量に飲まされたが、私はこの診断を初めからあまり信用していなかった。確かなことは極度の疲労感で、一時はまともに声も出ない有様だった。最悪の頃、だれにも言わず、どこにも行かずに一〇日ほど部屋で寝ていた。少し歩く気力が出てきてから授業に出、助手の仕事も再開した。そして、夜、デイビッド・モロッコのお別れパーティに行った。家に入って行くなり、デイビッドは大声で、皆に、

「こいつはブラジル人だ」

と紹介した。

「日本人なのか、ブラジル人なのか、実は判断しかねているんだ」

と私が言えば、

「お前は哲学者だ」

と、すかさずデイビッドがコメントした。いつものようにラテンアメリカづいた連中、少しばかり革新的で、ややカウンター・カルチャー志向の、長髪・ヒッピー・スタイルのアメリカ人たち、人類学の仲間、平和部隊出身者たちがいて、飲み、踊り、喋り、騒いだ。私も久しぶりのビールで元気が出てきた。

「一〇日ほど病気をしてた」

と小声でブライアン・マーフィに囁くと、

「お前は良いときに病気をした。もっともくだらん一週間だった」

と笑い飛ばした。皆健康である。ブライアンの哄笑で、私の気もいくぶん健康になった。このアメリカ人たちは皆、アメリカ革命のためにラテンアメリカに惚れ、インディオの鉢巻きをし、サンバを踊り、コミュニズムを志向しないものたちも皆キューバを合い言葉として、酒と雑談の合い

間に時折不意に、

"Che's still alive!!"

と叫んでいる。デイビッドにとっては、黒人ゲットーのなかに蛮勇を鼓舞して入って行くよりも、リオのファヴェラの方がアメリカ社会の勉強になったのだろう。彼は左翼系の活動を続けているため、大学の方に存分に力を割かれないとも、人類学に失望したとも言った。退学して、活動中心の生活に入ると言う。少々浮薄なところもある良い男だが、いずれはこうなるだろうと思っていた。仲間では、彼が一番先に大学を去った。

春学期、新入りに二人の美人がいた。フランス系メキシコ人のギイと二人でこの美人らと長話しをした。そしてその女の鼻先で、

「この女は、えらい別嬪だな」

と、ギイと二人で大声で喋り合った。ギイは二人の女性の肩からもものあたりにさわり、踊って頬にキスをしたりした。そして私の横に戻ると、

「テキサスにいるのは時間の無駄だ」

と繰り返した。ギイはメキシコ人の好漢である。アメリカ女性を妻にして、最近一児を挙げた。もう二週間ほど授業に出ていないという。テキサスを出て、北に行く、もっと審美的(エステーティック)な道を選びたい、社会運動をドラマを通してやりたい、フランス語を教える職が見つかったから、とりあえず北へ行く、と洩らした。そして、

「バックラーは狂人だ! リーズはおれの病気の原因だ!」

と叫んだ。そしてまたヤアヤアと笑って握手をし、二人は一緒に飲み続けた。

夏が近づくと、友らは一人、二人と大学を去って行った。現地調査に出掛けるものもあったが、止めて去るものがほとんどだった。やはりレヴィ=ストロースやバックラーたちの人類学における形而上学風な潮流に抵抗を強く感じるものが多かった。ギイは妻子を連れて北へ去った。社会学をやっていたイタリア人のピーノ・バイーレは、調査助成を貰える目処も立たずにアメリカに留まる理由はないと腹立たし気に帰国して行った。ユダヤ系メキシコ人のアアロン・チョローはアイゼンシュタットの下で学ぶと言ってイスラエルへと旅立った。彼はメキシコの熱烈なナショナリ

ストだが、ナッセルがまたイスラエルを攻撃したら、かならず武器をとって義勇軍に参加すると断言した。ブライアンはアルゼンチンへ行ったが、後で耳にしたところによると、やはりオースチンから姿を消し、西海岸の方面で政治活動に参画しているという。コア・コースは学生をふるいにかけるために考案された。ふるいは大いにかけられ、大勢の院生がキャンパスを去った。文化人類学に向かない多くの学生とともに、最も優秀な、そして人類学者としての資質を裕かにもった若者たちも、多くそれぞれの道へと去って行った。私はオースチンで、予期していなかったアメリカの多様で、多元的な顔を見た。私のなかで、日本とブラジルで醸成されていたアメリカ観はすっかり崩れ去っていた。《おれにとってブラジルは何だったのか》《おれにとってアメリカは何でありうるのか》《おれは一体何者だ》といった自分への問い掛けは次第に私の頭には上らなくなってきた。ブラジル社会をよく識り、文化人類学を腰を落ち着けて学び、日本社会を別の目で見る視角を獲得するためにも、様々なエネルギーの交叉する現代アメリカ社会の混沌、混沌でありながら実感的に感触を掴みかけてきたアメリカを見凝めながらアメリカ人類学を学んでみようと考えていた。私はようやく三〇代のなかばにさしかかっていた。

第三章　船に乗るまで
——一九五二〜一九六一年——

①　貨物船で日本脱出
——ブラジル留学——

一九六一（昭和三六）年四月一八日、私は高知県の小港須崎にいた。奥深い入江のある静かで美しい漁港だった。札幌生まれ、岩手育ちの私は、その数日前まで、この町の名前も知らなかった。四国にはそれまで足を踏み入れたこともなかった。船会社から、突然「須崎で乗船してくれ」と言われて、地図にその名を探した。貨物船で日本を離れ、ブラジルに渡ろうとしていた私は、須崎という耳にしたこともない港の名を言われて、不安と同時に、密航でもするような密かな心のときめきをも覚えた。日本は太平洋戦争の打撃からようやく立ち直り、これから高度成長の段階へさしかかろうとしていたが、日本はまだまだ貧しかった。土佐湾の中の小さな須崎湾、その奥にある須崎は、ひなびた漁村といった風情だった。当時の学生や一般庶民の感覚からいえば、外国へ行くには横浜か神戸から船に乗るものと相場が定まっていた。羽田から飛行機に乗るのは、外交官や特別なエリートのすることと考えられていた。闇雲に初めて外国へ飛び出そうとしていた私には、周辺の知人に渡航の前例があるわけでもなく、煩雑な出国準備にいくぶん翻弄されていて、不安がないでもなかった。旅行社などというものの存在も知らなかった。出国手続きは神戸でやって、それから須崎へ行けという指示だった。

「『これより新しき書始まる。』」

静岡で買ってきた大学ノートを日記帳にすることとして、最初のページに先ずこう書き込んだ。須崎の裏道の魚屋で見慣れない貝を見つけた。月見貝だという。茶店風の一杯屋にその貝を持ち込んで開いてもらい、生のままつまみにし、鹿児島の芋酎に似た芳香のある焼酎をすすりながら、大学ノートの一頁目をみつめていた。誰の訳かは忘れたが、薄茶のカバーのついた新潮社版ジイドの『法王庁の抜穴』はこの言葉で終っていたことを想い出していた。いつも小さな決意をして自分の怠惰を許さない未成年風の主人公ラフカディオを巡るこの教養小説は、「二〇度の気温と常識との化合物」と私が学生時代つねづね呼んでいた静岡的日常のなかで、時折私に小さな刺激を与えてくれる清涼剤でもあった。初めて日本を離れようとしていた私は、見送る人が一人もいない須崎の茶店で、この言葉を流用して冒頭においた。それから、こうつづけた。

「これより、新しき書が始まるであろうか。おれは、日本というものを重く背負っていく。おれが日本人であることよりも、三〇年近くの間日本語を操ってきたことの方が、どれほど大きなことだろう。日本人であるということは、このように、日本人となること、なのだ。新しき書は始まるのだ。」

離日という私的な作業と、これから時間をかけて学ぼうとしていた文化人類学という学問とを結びつけて、須崎での私は端的にこのように理解していたのだろう。日本人に生まれても、日本人とならないこともありうるという発想は人類学的だが、これを私がいつもてるようになったのかは分からない。渡航準備を進める永い過程のなかで育ったものかもしれないし、私の長年の文学勉強から会得した視角かもしれないが、須崎で大学ノートを前にジイドの一行を想起して書き始めると、続いてこういった言葉が出てきたのである。日本を離れ、ある時間を外国で過ごすという私の準備した作業の意味を、自分の内部にあぐらをかく日本文化と日本人アイデンティティをいったん括弧にくくって相対化し、すこし異質な角度から自分を眺めてみるといったことに要約して了解していたようだ。

静岡と東京、岩手・青森の間を離日と留学のための手続きや挨拶で走り回るあいだ、いつも私について歩いた友人（前沢寛）がいた。岩手の山村で小学校の教師をしていたが、春休みでもあり独身だったので、手伝いがてらどこへでも一緒に行った。知人達のおおくには、私のブラジル渡航は唐突でもあった。

「それで、いずれは帰ってくるんか」

たいていはそう訊ねた。私はいつも黙って横の友の顔をみる。

「うん、こいつは帰ってくる」

私に代わって、彼はこう答えていた。私には答えはなにもなかった。私にとっていったん日本を出ることが重要であったが、帰る帰らないは二次的なことだった。長期的な展望はもちようがなかった。形からいえば、確かに私は「留学」しようとしていた。だが、私の心象も、この留学の実態も、世間で一般に想起する留学（欧米諸国へのもの）とはだいぶ異なるものだった。エリートの大学を出、学界や大学、文部省のメカニズムのなかから情報が流され、留学者が選択され、帰国後の地位についても保証なり見通しなりを与えられて、そのうえで欧米の先進の大学でさらに高度の学問を習得する――それが当時の「貧困国日本」で考えられたふつうの留学だった。私費留学などもほんの例外でしかなかった。一方私は、そのころ「駅弁大学」（戦後、雨後の竹の子のように地方都市に多く創られた新制大学を、鉄道の駅弁を売る駅位何処にでもあると評した語）と卑下的に呼ばれていた新制の静岡大学の学生生活を大変不真面目に過ごし、二度留年し、成績芳しからざる状況で卒業した。そして日本人や組織のだれの手も知恵も借りずにサンパウロ大学の人類学給費留学生となり（私の要請に応えて恩師達は推薦状だけは書いてくれた）、日本より文化も学問も遥かに遅れていると一般に固く信じられていたブラジルへ、帰国後の保証などはもとより一年間の留学期間後のなんの見通しもないままに出発しようとしていた。それが須崎という無名の小漁村からの貨物船による船出ということによく象徴されていた。

私には他にどのような形での出発がありえただろう。同窓の友人達は地方公務員になったり、中学・高校の教師になり、それなりの就職をしていた。ごく一部のものらが東京や京都の大学院に進んでいた。静岡大学には若くて才知のきらめく英文学、仏文学、ドイツ文学の助教授や講師らがいて、夜の酒場などでも強い刺激をわれわれ学生たちに与えていたが、これらエリート大学出の俊秀若手研究者でも外国留学を果たしたものは当時は一人もいなかった。四国の漁村からの貨物船での出発、これこそが私流の出発であり、私が望み、準備したものでもあった。羽田から飛行機でロンドンやボストンへ行くのではなく、貨物船で南米の後進国ブラジルへ、高水準の学問習得のためにではなく、まだ形をなしてはいない私なりの文化人類学を求めてのものだった。これが私の「新しき書」を求めての貧しいが誇らしい出発だった。

私を乗せた貨物船春国丸（日の出汽船所属）は須崎での積荷の作業を済ませると、ふと船首の向きを変えたかと思うと、何の汽笛も船内放送もないままに、何気なく日本を離れた。一五〇〇トンの春国丸は三種類の荷を積んでいた。溶鉱炉用鋼材、造船用資材、それに三隻の船であった。日本とブラジルは長い間移民をとおして結ばれていた。戦後再開された移住は日本経済の急ピッチの好転で衰退し、一九五〇年代の末で事実上の終息に向かっていた。代わって登場してきたのが資源と技術の補完関係ということであった。ブラジルはその豊富な資源をもって日本工業に貢献し、日本は技術を提供してブラジルの開発を援助するというもので、移民事業に替わってこの経済の補完関係が外交の前面に出てきていた。一九六〇年代前半までの日本からのブラジルへの投資の主なものは鉄鋼業と造船業で、前者は主に資源獲得、後者は技術移転である。

当時日本とブラジルは政府レベルの協約に基づき、両国の国家的事業として合弁で、日本からは八幡製鉄等の民間企業も参加して、鋼鉄の年間二〇〇万トン生産を目標とする大規模なウジミナス製鉄所をミナス・ジェラエス州の奥地イパチンガに建設中であった。春国丸はそこへ溶鉱炉用の鋼材を搬び込むところだった。また、リオデジャネイロですでに操業を開始していたイシブラス造船所（石川島ブラジル造船所）は南米初の大型船舶用の造船所で、ウジミナス製鉄所とともに日本からの先端技術移転と大型投資の象徴的存在だった。春国丸はこのイシブラス造船所へも多くの器材を積んでいた。私の乗り込んだこのたいして大きくもない貨物船には、新しい日伯両国の関係をそのまま物に翻訳したような荷が満載されていたのである。

だが、私を一番驚かせ、また楽しませもしたのは、春国丸が三隻の船を積み込んだことだった。ブラジルへ向かう春国丸が神戸を出てから四国のこの小港に立ち寄ったのはこの船を積むためだった。須崎の穏やかな湾の中央に浮いた春国丸の脇に、いつの間にか、不細工で奇妙な形態の船が近づいて来て、横づけにされた。これを積むのだという。かなり大きな船で、平べったく幅の広い、脚をもがれた巨大ベッドのような無様な船だ。全長四八メートル、一八〇トンだという。これを春国丸自身のクレーンで、湾の中央で海上から吊り上げ、甲板に積むのである。水深のある湾で、一万トン級の船舶も出入りでき、しかも二重の入江になっていて外洋の影響が小さい。大人の太ももほどもあるロープを人夫達がたぐり、しきりにその箱舟にかけてみては、はずしたりしている。これをインドのゴア（当時はまだポルトガル領だった）へ搬ぶのだという。ゴアは世界でも有数の鉄鉱石の産地で、この平べったい須崎産の河船は、内陸から港まで輸出用の鉄鉱石を運び出すものだという。この船のおかげで私はゴアの街を見物することができた。

春国丸は急に自らの船体を三〇度ほど、今にも転覆するかと危ぶまれるほど傾けて、その鉱石バージを海面から引き離して宙吊りにした。重心がよくとれないらしく、吊り上げては降ろし、吊っては降ろししている。そのたびに春国丸は大きく傾き、また平衡にもどる。私は船の威力に舌を巻いた。甲板にいた私達は、甲板から転げ落ちないように、みななにかに掴まっていた。やがて春国丸はようやく意を決したように鉱石バージを高々と吊り上げ、静かに回転させて甲板上に降ろした。春国丸の幅は一八メートル、バージの全長は四八メートル、少しだけ斜めに積んではいるが、バージの船体が左右それぞれに海上へ一〇数メートルずつ突き出している。このような試みは世界でも初めてなはずだ、と船長は誇らしげに語った。

「これを曳いて行ったんじゃ、商売にならんのだよ。高波を避けて陸づたいに、君、ゴアまで二ヵ月もかかる。それを、こんな具合に喰わえ込んでいくと、一四日だ。ゴア渡しで一隻（イッパイ）四千万円の代物、運び賃八〇〇万ばかりのもんに二ヵ月もかけらりゃせんのだよ」

最初の宙吊りに成功してから、船長は急に饒舌になった。パーサーもこれを見届けてから動きだした。船が傾きだすと船内の廊下が急な坂になる。三メートル歩くにも骨が折れた。鉱石バージ三隻を積み込むには、長い時間を要した。その時間を利用して私は艀で上陸し、最後の日本円を使いきって戻ると、ちょうど三隻目を宙吊りにしていた。われわれの艀は、積み込まれたバージの海上に突き出した尻の下をくぐるように通り抜けたが、まるで爆撃機の翼の下を行くようで不気味だった。夕刻、春国丸は荷を積み終えたかと思うと、太平洋を一気に南下して行った。南シナ海やインド洋をこれらの船を横積みにし、翼を拡げた水上飛行艇のように行く貨物船の姿は、これからどのような「新しき書」を自分のささやかな生涯のひとこまとして描けるのか、まだ見当もつかなかった私には、快くも、力強い旅の道連れだった。

②岩手極北の青少年期

私は満二七才、静岡大学文理学部（哲学専攻）を卒えて間もなくだった。文化人類学を学び、ゆくゆくはアマゾンかマットグロッソの奥地で先住民インディオの調査をやりたいという程度の考えでブラジルへ向かうところだった。とはいっても、私は文化人類学のまともな手ほどきを得ていたわけではなかった。当時日本の大学で文化人類学の専門家が講義をし、学生がそれを専攻して卒業できるところはいくつもなかった。東京都立大、南山大、東大、早大、京大といったところだったろうか。日本ではまだ新しい研究領域で、大学の講座として明確に位置づけられたところはほとんどなかった。東大や京大でもそれはできてはいなかった。創立後間もない小さな地方大学の静岡大学では、人類学や社会学の教師はひとりもいなかった。私は専門家の講義を一度も受けたことがなく、どのような発想と視角をもった研究分野なのか独学をとおして嗅ぎ取ったもの以外はほとんどなにも知らなかった。文化人類学を学ぶべしといった示唆や教えを直接にはだれからも受けたことはなかったが、一九五八年初めの頃には自分のやりたいことは文化人類学なのだと思い定めていた。

私が優等生だったのは中学（旧制）二年の一学期までだった。それからは自分の勝手に生きてきた。父が喉頭結核で声が出なくなって死亡し、一家が貧困のどん底に陥ったのも同じころだが、これと私の成績とに相関関係があると考えたことはない。貧しさを半ば楽しみ、それを誇りにも思い、それを特権のように身につけて生きてきた。中学三年から下宿生活をし、自炊もしていた。人が一五〇〇円の部屋代を払っている時、私の八畳間は三〇〇円だった。そこは町中知らぬ者のいない狂気の徘徊老人の住む家だったが、家族員は底抜けの好人物揃いだった。私は、小説ばかり読み耽り、悪友らとの交友に淫し、文学と友をとおして人としての生きざまを考えること、平俗な人々の具体的な日常の小さな動作や言い回しから直接判断することを大事にして岩手での中学と高校の時期を過ごした。旧制中学最後の学年で、五年目になるまで下級生というものをもったことがなく、万年最下級生という状況を仲間の連帯で闊達に生き抜けた。上級生が下級生を殴り放題に殴っていた時代である。軍隊帰りの一人がある時上級生に反抗して殴ったことがあり、全校の一大衝撃事となり、これが「戦後」を教科書以上にわれわれに教えた。

　人に勧められることではないが、私は受験勉強というものをほとんど完全に拒絶して、好きな本だけを読み、交友に生き甲斐を感じていた。学校の古老のような或る教師は私を教員室に呼び付け、

「お前は偽悪者だ」と怒った。本来私は出来の良い生徒だったからだろう。

　高校一年のころには仲間と『雑魚』という幼稚な同人雑誌を出した。意外な連中が佳い詩や散文を書くのに驚かされ、知識があっても創造性の欠ける自分について考えこんだこともある。岩手の極北の「山猿の学校」という異名をもった、割に古い（明治三四年開学）中学・高校だったが、自由で誇り高く、教師とも心が通い合い、友人のような交流ももてた。敗戦直後の貧困な日本のなかでも岩手の北はずれの地域はことのほか貧しく、それでも私以上に貧困な同級生はいなかった。私の下宿に遊びに来る友らは、あいつの処は寒いし、腹が減るからと言って炭と米持参でやってくるものも珍しくなかった。私は真冬にも大方は火の気のない部屋に住んでいたが、友らはよく集まって来た。試験期になると一〇数人も私の部屋に群がり、賑やかに駄弁り、ヤマをかけ、手分けして教え合い、そのまま泊まり込み、朝大挙して登校したりした。ある友人は後年こう私に述懐した。「授業はサボり放題にサボったが、学校ほどおもしろいところはどこにもなかった。だから、学校には毎日かならず行っていた」と。学校は授業以外の面で強力な刺激と鍛練の場であり、私は人類学的調査の下地をこういった人間的対決のなかで培ったと思っている。

　この頃宮沢賢治の作品を知り、八戸と秋田に生きたという安藤昌益の哲学に少しばかり触れたのは、今思えば、地域性に関心を寄せる基礎を培ったと思う。東大法学部の学生で一年間休学してアルバイトで英語を教えていた後藤昌次郎という岩手出身の若い臨時教師が「日本でもっともユニークな作家は啄木と賢治だ」などと断定的に言い放ち、私は仰天した。彼はのちに松川事件の弁護人となって法曹界に名を馳せた。中央や欧米に価値の高いものを暗に想定していたらしい私の脳に土俗的な地域性への指向がようやく根を生やし始めていた。

③生徒に「マエヤマクン」と呼ばせる
――「日本のチベット」での代用教員生活――

高校を卒えると少々金をつくる必要があった（大学に入り、当座の学費・生活費準備のため）から、一年半ほど岩手の山奥で小学校の代用教員をやった。戦争直後の教員不足時代で高卒者向けの採用試験があった。岩手県一番の僻地にやってくれと教育長に特別に頼み込み、第一志望に下閉伊郡安家村と書いたが、教育事務所の管轄の関係から実現せず、その次位の僻地に当たる九戸郡戸田村（現九戸村）という処に赴任した。バスの終点から六キロほど徒歩で行く山村であった。当時これらの地域は「日本のチベット」と呼ばれ、貧しさと後進性の象徴とされていた。昭和二七年四月のことで、その後三三年になって出た大牟羅良著『ものいわぬ農民』（岩波新書）によってこの地域が全国に広く知られるようになった。

私はこの寒村の児童たちから人間の心の深淵を教えられた。子供の心の錯綜した混沌を知り、日本農村のうららかな日常に潜む隠微な闇と怪奇さを垣間見たと思った。私はこの代用教員の仕事と生活に熱中し、五二名の小学四年生を相手に無我夢中に日々を過ごしていた。小説に読んだ人間の世界を目前の現実の児童達に見出し、その子供らとの毎日の対決が真剣勝負の趣きで無性に楽しく、またそこに戦慄の時間をもつことができた。私は高校時代からの黒い詰め襟、五つボタンの学生服を引き続き着ていたが、休み時間や放課後には両腕に三人位ずつ子供らがぶらさがるので、服の両袖は子供らの鼻糞で年中テカテカと黒光りがしていたと、後になってよく友人らに言われた。

手に負えない問題児が一人いた。誰よりも背丈が高い落第坊主で、授業中にしばしば立ち歩いて女の子を殴り、傍若無人に悪戯ばかり続ける。放課後、私は毎日のようにこの子を連れて山や森のなかを歩き回った。彼はクラス中の嫌われ者だったのである。私は小銭を作る目的で教師になったので、教育そのものに格別の関心を抱いてはいなかったが、私は子供のなかに人間の不思議を発見し始めていた。中学高校時代、私は学校の問題児であり、友人達はみなそれぞれにしぶとい「悪（わる）」だった。私は教訓めいたことも授業中のことも一言も口にせずに半年ほどの間この問題児との山歩きを続けた。彼はしだいに甘えた声を出すようになり、柔和な視線をちらつかせるようになった。

私があまりにこの子ばかりを「可愛がる」というので児童らにやっかみが出たりしたが、私は素知らぬ顔をしていた。やがてこの子が、他に騒ぐ生徒がいると立って行って「静かにしろ」と怒鳴るようなことをした。私は小説の構想を練るような気分でこの問題児に対応していた。

初め私は、自由奔放な作文を書かせようと骨を折った。職員室で夜ガリ版で四〇〇字詰め原稿用紙を自家製作し、辛抱強く試みたが、少数の例外を除いて落胆するばかりだった。成績優良な子らは皆型にはまったものばかりを書き、その他は作文らしいものは書けなかった。漢字が読めず、片仮名も間違えるような子が、突然佳い詩的な断片を書いて私を狂喜させたりしたが、あとが続かない。

文字はおおくの生徒にとって「学習」のためのものであり、「日常」のものではなかった。それは、教室で姿勢を正して教師の訓話を浴びながら社会の掟として無理遣り体内に注入されるものであって、内部に巣喰う荒馬のような真情を乗せるメディアではなかったのである。授業中は萎縮してしまって声も出せない子、当てられて国語の教科書を手にもって立つと蚊の鳴くような小声で震えながら字をひとつずつ拾って読む子が、教室を出ると小悪魔のように転げ回り、私の手にぶら下って離れない。学校の教育は児童の真情を開花させ、広く展開させるものとはなっておらず、それを圧し潰しているように見えた。私はまず、生徒に私を「先生」と呼ぶことを固く禁じた。そしてクラス内で生徒たちと色々相談したあげく、「マエヤマクン」と呼ぶのが適当だという結論を得た。そのように呼ぶことを取り決めた。生徒たちはひどく興奮していた。おそらく私自身も興奮していたはずである。この呼称が校内で大変流行し、他学年の生徒も私の面前にやってきて「マエヤマクン」と発声してじっと私の反応を伺い、私が怒らずに返事をするのを確認すると奇声を挙げて飛んで行った。一、二年生で舌がよく回らず、マヤマヤというものらがあり、やがて単純にマヤというのが私の渾名となった。低学年の生徒らはただ私を「マヤ」と呼んでみるためだけにやってきて、ニッコリ微笑んで去って行った。この現象を知っても校長はじっと観察していたらしく、私に一言も言わなかった。研究熱心な校長として知られていた。もとより「先生」の語を完全追放はできなかったが、効果は大きかった。教室の授業時間に遊び時間の日常が回復し始めた。一時は授業時間中に喧騒が大きくなり、小さな学校であったから、教員室にも届き、一度だけ校長が注意に姿を見せたが、「静かに」と一言口にしただけで二度となにも言わなかった。自由に発言ができる子が増え、声を高く出して本が読める子がしだいに増加した。

毎朝一番に、昔話をひとつ聞かせてから授業を始めることにしていた。種本として、柳田国男の『日本の昔話』（三国書房、昭和一六年版）を使った。岩手の昔語りの口調で、「昔ッコア、あったズォン、な。…ドットハレェ（おしまい）」という具合に中味は分かりやすく塩梅して、九戸弁でやった。私のやる昔話への反応は優等生も問題児もみな同じだった。それだけではない。この『日本の昔話』に載っている百近いお話のなかで私自身の一番好きな「スッポンの親方」という話が、生徒にも一番人気があった。こういった感触が私の児童への思い入れを深いものにし、私に自信を与えた。「スッポンの親方」が美濃の大垣の話だったが、岩手の話にすり替えて語ったように記憶する。

種が尽きてきたので、次に宮沢賢治の童話を使った。「どんぐりと山猫」、「オッペルと象」、「なめとこ山の熊」、「セロ弾きのゴーシュ」等々、これらを部分的に原文のまま朗読してやると、意外に反応が大きく、大勢がケラケラ笑った。数日経ってから、「きのこの楽隊、ドッテコ、ドッテコ」などと口真似をする子供らがいて、真実、賢治の言葉の感覚に私は驚嘆した。また、劣等児、問題児などの内部に秘められた鋭敏で豊かな感性について私の脳髄に形を結び始めていた感触にもしだいに自信を深めていった。

④児童画から「人間」を学ぶ
——私の文化人類学の原点——

作文の方には思ったほどのいい展開がなかったが、子供らの描く絵に関心が集中していった。成績優良な生徒ほど頑固に概念的で、ただの写生しかできなかった。型にはまったその絵は死んでいた。だが問題児らの描く絵はまるで異質だった。児童の頭の概念破りと自由な創作に向かわせるには文より絵だと私は直感した。絵の不得意な私も生徒が写生をしている間中、その子らの似顔描きに精を出した。クラスでもっとも目立たない、影の薄い女生徒の似顔を遠くから素知らぬ振りしてゆっくりデッサンした。生徒らは幾人も寄ってきて怪訝そうに周囲を見回しているが、やがて私が誰の顔を写生しているかを発見して騒ぎ始める。いつも注目の的になる子ではなく、意外な忘れられたひとりに私が熱中していることに驚き、騒ぎは拡がる。注目の子はパッと顔を赤らめ、戸惑って顔を隠す。日常を破壊し、子供らにショックをもたらすことが私の狙いだった。なにかといえばみなに絵を描かせた。私は先生らしからぬ姿で教室に出て行くと爆笑が渦巻く。

「じゃ、マエヤマクンの写生をしてみろ」をぼやけば、みな争って描き始める。

賢治の童話を読んで聞かせ、それを絵に描いてみろと命じる。戸惑うのは優等生たちだった。悪童たちは即座に何か描きはじめる。彼らは奔放で、生きた絵を描いた。童話の筋書きを追う。また遠足の行程で起こった一連の出来事を順に追って一枚の絵にし、スペースがなくなると、少しの躊躇ももたずに紙を裏返してさらに話の続きを描き進める。こういった悪童たちの、優等生にすれば幼稚で、乱暴な絵、私にすれば息の通った、魂の入った絵を教室の壁に所狭しと張り出した。クラスには一時当惑と混乱が生じ、整理のゆき届いた、小ぎれいな写生画を描く子の絵が突然幼児化したこともあるが、私はさほど気にしなかった。字のろくに書けない子が図画の時間には独り絵の中に没入して、物語の筋や想像上のお話を独語しながら嬉々として絵物語に描き、山中の旅をし、絵のなかで復讐を実現し、蛙(ビッキ)と会話をしたり、あるいは人を殺したり——といった血の通った絵に私はいたく感動したり、驚きを味わった。

図工時間のある日、貧困な村人たちが子供らに画用紙を一枚以上はもたせなかったのもひとつの障害だった。おどおどしてなかなか描き始められないのは、失敗すると予備の紙がないからだった。怖くて書けないのである。習字でも一枚きりの生徒が多かった。そこで私は絵の時間に習字をやらせた。学校に山と積んである古新聞をもちだし、何枚でも好きなだけ筆で絵を描かせた。すると、乱暴な絵ではあったが、一時間に一〇枚、二〇枚と争って描いた。この試みは劇的な場面をもたらした。萎縮し、形骸化し、概念化した児童画を破壊するに大きな効果があった。皆、絵を臆さずに描くようになり、前に出て自分の絵を皆に説明しなさいと命じると競って出てきて得意に絵の意味を語った。概念的な絵を描く子にはそれができなかった。優等生の戸惑いは長く続いた。

この頃、小学校教師向けの児童画指導に関する本があるということを知り、注文した。本屋のない山村であり、六キロ離れた隣り村の文房具店（教科書販売もやる）まで歩いて行って頼んだ。どうせ指導要領書の類いだろうと思い、期待していなかった。竹田俊雄、霜田静志、久保貞次郎著『児童画の見方と指導』（金子書房、昭和二七年刊）という本が届いた。当時、著者らがどのような人々なのかまったく知らなかった。だが、驚いたことに私の求めているものがそこに詳細に解説されていた。これが糸口となった。児童画の解釈と教育が学問の体系のなかで位置づけられ、研究領域として確立しているらしいことを察知した。この本で、霜田静志、久保貞次郎、A・S・ニイルという名が私の脳に着実に定着した。それから心理学と精神分析を用いて児童画を解釈する本を捜し出しては熱読した。湯川尚文という東京のある小学校教師の書いた『絵を描く子ども』（誠文堂新光社、昭和二六年）、宮武辰夫『幼児の絵は生活している』（栗山書房）などから強い刺激を受けた（宮武は後述の『アラスカに原始芸術を探る』の著者）。児童画だけの問題にとどまらず、私の学校教育観、人間解釈そのものとの関連で、霜田静志の児童観、ニイルの教育実践の在り方に深い関心を喚起された。岩手の寒村にあって、良い書物との接触は限られていた。トムリンソン著久保貞次郎訳『芸術家としての子供達』という本は魔術のように幻惑的な書名に思えたが、入手できず、幻の書となった。だが、これらの読書のもたらした衝撃は十分に大きかった。とはいえ、これらの新世界は私にとっては格別の異界ではなかった。旧制中学に一番で合格した私が二年一学期で優等生であることを止め、酒を友人達と飲み出し、腕白問題児となり、文学青年となったが、その腕白の延長として無我夢中に実行していた代用教員生活を研究者の領域から意味づけし、支持もしてくれているように感じられた。

年に二、三度盛岡に出て、都市の空気を吸い、外国映画を観、古本屋を数軒のぞいて帰った。その頃の最大の買物は十字屋書店版の『宮沢賢治全集』だった。ニイルにのめり込むまでは賢治の存在が大きかった。古本屋の主人に賢治全集を頼んでおいて、二本立ての洋画を観て、駅へ行った。夕方の盛岡駅前広場の中央に手あぐらかいて突っ立った本屋の主人は、横の自転車の荷台に全集を縛り付け、通勤ラッシュの人混みから私を探して目を左右に配っていた。同じ頃買って読んだ宮武辰夫（幼児画の著書をとおして知った）の『アラスカに原始芸術を探る』という分厚い本は、私を児童画の世界からエスキモーのダンシング・マスクへ視界を拡げさせたが、行方も定かでない極北民の群れを求めて雪原へ犬橇で突進する宮武の勇姿は、私に人類学者と探検家のイメージをダブらせたが、当時の私は、宮武の冒険譚よりは賢治の羅須地人協会での農民相手の実践生活に魅力を感じていた。私は、心理学よりも文学に馴染みが深かったが、賢治は私の内部でその両者を連結してくれてもいた。

代用教員としての毎日は、二四時間態勢での生徒との真剣勝負だった。登校拒否児が出ると、授業時間を割き、クラス全員を引き連れて本人の家まで行き、家の前で皆で大声で少年の名を幾度も呼びつづけた。

「○○君、ガッコーに行こう！」

「○○クーン、○○クーン、ガッコーに行こう！」

合唱ではなく、それぞれがてんでに、しかし大勢で、大声で叫ぶように呼び掛けた。しばらくすると、親は姿を見せなかったが、本人が現れ、戸口にじっと突っ立って動かなかった。そして数日すると登校してきた。クラスの児童らは私が命じなくとも、その子に対して急に優しくなった。遠距離の子にはそれができず、私は単独で出掛けたこともある。

児童たちとの毎日の闘いのなかで、童心は美しく純粋であるというのが嘘であることを悟った。小学四年生の子供たちは、人を欺き、激しく嫉妬し、計算高い駆け引きをし、頑固に嘘を言い張り、人の弱点を手ひどく嘲笑して残酷であり、時には社会常識の頑なな固守者でもあった。と同時に義侠に富み、勇敢であり、伝統的知識の着実な伝承者であり、実用知の精密な持ち主であり、かつ美しい心と創造力にも満ちている。子供の創造性が純真な在り方にのみ根ざすものではないこと、学校教育が概念化教育のプロセスであり、それは同時に本来備わった創造性を無理矢理に剥ぎ取っていくプロセスであることを私なりに了解した。だが、ではどうすればいいのかは分からなかった。私自身、中学二年の頃から学校では不良学生であったが、それは私の個人的な嗜好のようなものと思っていた。教師をすこしやってみて、それを学校教育そのものの在り方を考える材料とすることができた。この寒村での貧しい子供たちとの交流と対決は、どうやら私を一気に大人にしたようであった。私の文学に対する姿勢は、もはや岩手県九戸郡戸田村的現実との関わりを抜きにしては語れないものになってい た。ここで私は大きな体験をえた。この代用教員生活で私は私の生涯のテーマを捉まえたと思った。これ以後私は自分の創造性の欠如で考え込むようなことはなくなった。この体験は、当時の私には言葉で明確に説明はしかねたが、自分なりに手応えを確認したこの原体験、これ以後の自分の生涯はこれとの対決をとおして見出していく他はあるまいと思い定めたこの原体験、これを胸に抱えて、私は代用教員を辞した。この原体験を彫り刻み、育み、展開させようと思って山を降りた。受験をし、大学生活を開始するに足る程度のささやかな貯蓄もできた。ともかくどこかの大学にでも入ろうと考えたが、受験準備はほとんどできてはいなかった。高校卒業して一年半経っていた。二年遅れの大学だが、浪人したなどという意識はかけらもなかった。

昭和二八年九月、私は仙台に出て、阿部和子女史（哲学者阿部次郎の長女）が主催する保育所兼共産党細胞の夜の留守番に入った。私の兄が東北大の学生で、その手蔓で探してもらった。先方は夜警を得る、私は寝場所を確保するというだけの、金銭のやりとりのない関係だった。受験勉強はまともにはやっていなかったし、教員時代は児童らのことに熱中していたので、数ヵ月は準備に必要だと考えたのである。早朝、阿部女史が私の枕元の窓ガラスを叩くので目覚める。やがて勤労婦人たちが幼児を連れてくる。私は夕食の残りを食べて外に出、宮城野原から電車で市の中心へ行く。週に二、三度は東北劇場（学生らはトンペイと呼んでいた）で九時から名画を三〇円で観る。それから市立図書館で勉強をした。長い「チベット」生活で映画や巷の匂いに飢えていた。化学や数学の勉強には身が入らない。万葉集をやってみるととても面白いので、しばらくはそればかりやった。

古本屋を覗いているとA・S・ニイル著、霜田静志訳のニイル叢書（講談社発行）を数冊発見した。『恐るべき学校』（昭和二五年）、『問題の子供』（昭和二四年）、『問題の親』（昭和二五年）を購入、毎日没入してそれらを読んだ。私の必要とした戸田村体験の解釈が明快な形でつぎつぎに得られた。どのような文学作品からも与えられることのなかった強烈な感動が私を満たし、一時は椎名麟三もドストイエフスキーも私にはどうでもいいものに思えた。ニイルはロンドンの東北一五〇キロほどのレイストンという田舎町でサマーヒル学園を経営し、ヨーロッパ中の各地から送り込まれるしぶとい問題児を受け入れて徹底した自由教育を実践していた。学校には規則というものがない。学校は生徒と教師による自治会の決定によって動き、ニイル校長の一票と生徒一人の一票とが同等の扱いだった。生徒の行動は授業への出席も含めて何事も義務づけられず、罰しもされない。ガラスを割りたい子供にはガラスを割らせる。欠席したい子にはいつまでも欠席させたままにしておく。ニイル校長を殴りたい生徒には、殴らせる。殴り終えると、「明日もまた殴るかい?」とニイルは訊ねる。だが、ガラスを割る子も、校長を殴る生徒も何時の間にかいなくなる。世間から「野放しの恐るべき学校」という非難が挙がると、ニイルはすかさず『恐るべき学校』という著書を書いて、これに応じた。ここで詳しい解説はしないが、子供たちの心を縛り上げている抑圧を解き放ちさえすれば、そこに創造的で自由な、社会性の豊かな人間性が回復されてくるという教育観がその根底にある。ニイルは初めこの視角を主としてホーマー・レインから習得したと書いている(この教育者については、H・レイン著小此木真三郎訳『親と教師に語る』日本評論社、昭和二四年刊、を見よ)。

　ニイルの著作の輝かしい威力は彼が自分の学校で実践していることの記録、問題児たちの行動の具体像とニイルのそれらへの対応と解釈にあるが、その根底には精神分析学がある。彼の精神分析学はフロイト正統派のリビドウ説と性の抑圧の一点張りとは異なり、アルフレッド・アドラーの力への意志と劣等補償説等をその中核に採り入れていて、特に人々の無意識界のみならず、意識過程を真っ向から重視している。しかし何よりも強烈なのはなんといってもこれらの思想と人間観をひとつの学校で徹底的に実践し、目覚ましい効果を挙げていることである。しぶとい盗癖のある子供をニイルがそそのかし、夜陰に乗じて共に協力して塀を乗り越え、隣家の鶏をまんまと四羽盗みだすといった、サマーヒル学園校長の教育法に驚き、感動して、図書館からも借り出してニイル叢書をつぎつぎに読んだ。

　県立や市立の図書館は高校生等でたいへん混み合うので、私は日米文化センターの図書館に河岸替えをした。こちらは開架方式で本が自由に取り出せ、やがてカール・メニンジャーの『人間の心』と『おのれに背くもの』(ともに日本教文社発行、昭和二五―二七年)を発見した。これらには精神医学者による精神分析の臨床例が無数に記述されていて、通読はしなかったが、事例の拾い読みをとおしてアメリカに展開されている新しい研究領域を垣間見ることができた。これらの著作に魅了されたが、私には目前の野暮な勉学があった。カンサス州でメニンジャー財団を設立し、自分の病院をもって活動するメニンジャー父子の学問的背景はよく分からなかったが、岩手の児童らの顔を想起しながらその記述に胸を打たれた。また、学問的蓄積に無知なまま手探りでひとりよがりの体験を積むことの貧しさを私はよく了解した。

保育所での夜は独りだった。勉強に倦むと、賢治全集を抱えてホールのオルガンに向かった。この全集には、賢治作詞・作曲の「ポランの広場」、「種山ヶ原」、「牧歌」、「花巻農学校精神歌」などの歌詞と音譜が所収されていた。それを頼りに、手探りで歌う練習をした。仙台市宮城野原の保育所兼共産党細胞の広い板の間で、深夜、独り賢治の歌を鳴らしていたが、そのうちに肺浸潤にかかって熱が下がらず、一二月の中葉、青森の家に帰ってしばらく母の看病を受けた。

⑤「駅弁大学（静岡大学）」に残留する

翌昭和二九年四月には静岡に来て寮に入った。授業に出る前に清水の港湾労働者に混じって外国船からの荷揚げのアルバイトをやった。入寮コンパでは、賢治の「牧歌」を歌ったり、「植物医師（郷土喜劇）」を人形芝居に仕立て、東北弁を仲間に教えて演じたりした。しかし、私は初めから静岡大学に定着してここで大学教育をきちんと受けようと考えていたわけではない。当時はまだ、私は文化人類学という学問の存在を知らなかっただろうと思う。岩手での私の原体験を彫り刻む武器としての学問の領域がどれなのか、判然とはしなかった。児童画の精神分析やニイルの自由教育の実践、メニンジャーの臨床精神医学——これらに関するささやかな学習から、おれのやりたいのは心理学あたりなのかなと予測したりしていた。だが、私の意図するのは問題児自体であったり、神経症患者であったりするのではなく、正常な普通人の日常の在り方を理解することであった。フロイトの性愛理論からの解説よりは、文学作品の方がまだ遥かに私には説得力があった。もとより私は、ニイルもことある度に自分の学校の本来の目的は問題児よりも普通児を教育することだと繰り返し発言していることは知っていた。そうでなければ私はニイルにのめり込むことはなかっただろう。私は岩手の生徒の描いた絵を百枚ばかり静岡に持参していて、時折畳に拡げては眺めていた。そこには荒れ狂うエネルギーがある。人を欺き、激しく愛を渇仰し、嫉妬し、頑なに黙り込み、賢治の童話に笑い転げる子供たちの心性は、村の谷底に密かに棲息しつづける農民の暗くて貧しい家屋の深淵に根ざしているように思えたが、それは一九歳の代用教員には入り込めない秘儀的領域だった。ただわずかに、子供たちの装いや言動の細部から漂ってくる感触で断片的に知りえたにすぎない。農繁期となると長期欠席者が増え、教室内に幾人もの幼児が連れ込まれる。同じクラスに兄弟がいてその間に衣服にも厳然たる差別がある。寒い冬にもぼろ上着の下にぼたんの付かないもっとひどいぼろ古上着を素肌にまとい、下着はなにも着ていない子が幾人もいる。学年初めに渡された新しい教科書が数ヵ月のうちに、手垢によってではなく家屋内の煤煙によって赤茶けてしまうといったような個別の小さな事実から、その深淵の感触を嗅ぎ取っていたにすぎない。静岡に来て間もない頃、山村の農家の庭にある小便壷に首まで浸けられて親に罰せられる子を主人公にした小説を同人誌に発表したが、これも私の原体験の一部に基づいている。

授業が始まっても、哲学と歴史の講義を聴いただけであとはまったく出なかった。そして毎日万葉集だけを読んでいた。なぜこれほどに万葉集に固執したのだろうか。入学手続きを済ました頃にはすでに、しばらくは万葉集だけ読もうと肚を定めていた。私が生まれて初めて出会った学究の人だった。高校時代に良い国語教師がいた。だれにも頼まれないのに課外の授業をやり、数人の出席者全員にそれぞれワンセットずつ全四冊の百科全書のように重たい『大言海』をもたせて古文を教えてくれた。その感化もあっただろうが、やはり万葉人のますらおぶりと相聞の歌には、「日本のチベット」の童らに巣喰う泥泥した荒馬のような精神のエネルギーに共通したものがあるのを私は感じ取り、そこに大きな魅惑を感じていたのだろう。大学図書館の専門書の多くは半永久的に研究室に備えられ、カタログから借り出すことはできなかった。やがて私は毎朝キャンパス内の寮を出て、登校して来る学生らと逆方向に歩き、堀端の葵文庫（県立図書館）へ行ってひたすら万葉集を読んだ。一字一句すべてを品詞に分類し、その活用形を確認しながらすべての歌をひとつずつ読み進んだ。半年後、やはり大学研究室の専門書が必要なので、国文学研究室に通いだした。ある日主任の老教授に室外貸し出しを頼むと、「国文学を専攻すると約束するなら、貸してやってもいい」と言われた。それを耳にして、ここらが潮時だろうと判断、万葉集の勉強をその日できっぱり打ち切った。

万葉の夢から醒めてみると、他大学を再受験するにも準備の期間もあまりなく、また今さら高校の教科書のおさらいなど到底やる気にはなれなかった。静岡の一年目にやったことは、万葉集を読む以外には、夜の巷を彷徨し、安酒屋、屋台、「朝鮮屋」と呼ばれていた密造酒の店々を飲み歩くことだった。一見普通の民家に見える家の台所などで密造のどぶろくや焼酎を極安で飲ませるところが職人町などに多数あった。海辺に近い方に天神森と俗称された朝鮮人ゲットーがあり、そこで麦から酒が密造され、大量に出る麦滓で豚が飼育されていた。私は大学とは無関係な巷の若い衆とそこまで幾度も出掛けていって、泊込みで飲んだりした。密造酒と豚の飼育で天神森は異様な臭気に包まれていた。不定期に現れる警察や税務署の手入れには馴れ合いの関係が出来上がっていて、「今度はお前が行く番だ」と家族のものが代わる代わる収監に赴くんだよと部落の人々はけろりと笑っていた。

敗戦の貧困から立ち上がる静岡の巷は岩手と青森の田舎で青少年期を生きてきた私には新しい都市体験でもあった。都会の異文化と在日朝鮮人という異民族との交流は山村や万葉集の古代とも共通して私の人間と文学との勉学の最良の場であり、大学の講義よりは遥かに刺激的だった。代用教員としての原体験解釈の掴みどころのない模索のなかで、私は安酒屋を渡り歩き、時折「贋学」と呼ばれもした。こうした彷徨のなかで、大学には縁のない、静岡生え抜きの巷の衆に良い友人が幾人かできた。なかには私の児童画論に共鳴する画家もいて、酔ってから私の下宿まで児童の絵を見に来たものもある。大学には心理学や社会学、人類学の教師はおらず、講義もなく、そういった領域を専攻することもできなかった。

私はまだ文学に固執していた。専攻も、そして大学自体もかならずしも大きな問題ではなかった。当時、「駅弁大学」と賎称されていた静岡大学に残留するのは、生涯肩書きや学歴・学閥的バックアップなしに、ひたすら自力だけを頼りに生きるのだという納得なしにはできることではなかった。再受験には退学が前提になるのだが、幾人かは有名大学を目指して行った。私は高校生時代から受験勉強を忌避していたこともあり、一年目の終わる頃には、静岡に居座ることに肚を固めていた。静岡大学が良かったからではない。模索を続ける間どこかに身を置く必要があった。卒業するしないは一義的ではなかった。高校卒業の頃から金のことで親にも誰にも依存していなかった。私は、静岡大学によりも、静岡に残留したのだった。やがて一年毎に次第に、学歴として負のイメージの大きい「駅弁大学」に残留するのだという「意識」を強い「意志」に転換させていくようになった。

私は自分のテーマを明確な形で析出できないままに哲学教室に籍をおき、友人らと文学研究会や同人誌をやり、焼酎と小説と乱読の静岡生活を過ごした。小説ばかり読み漁り、好きな講義以外は出なかった。教職単位は注意深く回避して、中学高校の教職という逃げ道を断った。高校を卒えた時から完全自立していたので、何年大学に居座ろうと自由だった。高校生になった頃、大学に入学したばかりの兄と、

「おやじが早く死んでくれて良かったな」と話し合ったことがある。誰をも頼らず、自立して生きて行く道を開いてくれたという意味だった。母は青森県の大地主の一人娘で異母弟が一人だけあったが、遺産相続では完全放棄させられ、一坪も一文も貰わなかった。それも良かったというのがその時の兄との話題だった。無相続と貧乏とはわれわれの誇りだった。生涯のテーマが自力で確認できるまで幾年でも大学に留年する気でいた。

夕方からは町裏の「朝鮮屋」で密造酒を飲み、静岡の暗がりに魯迅や椎名麟三、マルメラードフやスタヴローギン（ともにドストイエフスキーの作中人物）の世界を追い求めていた。文学研究会には自分なりに力を入れていた。発表者は順番であらかじめ定めてあったが、私は大体毎回自分が発表者のつもりで準備して出掛けた。たまに発表予定者が「ゆうべ飲み過ぎて…」と言って研究会が流れることがあったからである。岩手の寒村で児童の心の深淵を覗くのも、静岡という都市の片隅で、在日朝鮮人の威勢のいいお内儀さんに叱られながら二〇円の焼酎を啜る人々に埋没して酔っ払うのも、私には同質の体験漁りだった。それらは紙のなかの文字から吸収されるものとは次元の異なる、私自身の掴んだ糧であり、血や肉となるものだと感じていた。当時はまだこれらを文学の枠のなかで扱って行けるものだと思い込んでいた。内外の現代文学を読む他には、万葉集

を止めてからは進化論や生物の環境への適応の問題に関心を魅かれ、自然を一つの合目的的体系と見ることへの疑念を執拗にもちつづけて、一時エンゲルスの著作をずいぶん読んだ。学友らがマルクスとレーニンを読む頃、私は唯物弁証法の論理を一つの科学哲学として許容できないままに、『自然弁証法』、『反デューリング論』、『家族、私有財産及び国家の起源』などを楽しんで読んだ。これらからは、小説からは得られない自然と人間的営為との相互作用を解釈するための頭脳のトレーニングを受けた。カフカもエンゲルスも私には痛快な読み物だった。

哲学を専攻したのは他に行きたいところがなかったからでもある。強いて言えば、心理学、社会学に近接していること、文学は自力でやるものだと判断していたことによる。当時の静岡大学では、哲学を専攻する学生は年に一人程度だった。専任の教官は四人いて、学生より教師の方が多かったから、学生は大事にされた。一対一の授業も珍しくはなかった。教師が健康を害している時はお宅で授業を受け、食事を馳走になって帰った。時には借金もし、小遣いを貰ったこともある。原書講読のクラスでは、学年初めに出て行くとハードカバーの立派なテキストが人数分（三～四人程度）揃えてあって、本代はいつでもいいですと言われた。フォトコピーのない時代で講読生は予測できたから、教師のポケット・マネーで外国から予め取り寄せていたものだった。貧困な折で、後日返済したかどうかは自信がない。高橋亘教授が西洋古代中世哲学、山下太郎助教授が近世近代哲学と論理学、後藤平助教授はパルカル、ハイデッガー、ヤスペルス等の実存哲学や倫理学を講じていた。主任の大室貞一郎教授は幾度も学部長などをやって多忙だったので、授業は少なかったが、「ぼくは残ったところをやるよ」と言って英米哲学などを担当していた。私が心理学志向だというので、教育学部の教授に非常勤を頼んで社会心理学を開講してくれたが、少しも関心がもてなかった。大室教授が一度奮発して「心理学史」の講義をしてくれたが、それは西洋哲学史の心理面だけを抽出したもので、ブレンターノまで来て通年の講義を終えた。所詮これは哲学史以外の何物でもなかったが、こういった恩師達の志には私も感じ入り、さぼることはできなくなり、しだいに静岡大学とのアイデンティティを育てていった。

草創期の「新制」静岡大学は旧制静岡高校の貧弱な薄汚れた木造校舎で、施設、図書、予算はもとよりスタッフも淋しい限りであったが、この基盤のない、社会からも文部省からもあまり支持のない、「駅弁大学」と蔑まれた一共同体を真性の大学に仕立て上げようとする教官たち、戦前の旧弊日本に汚染されていない新しい大学を構築しようとしているスタッフの熱意には瞠目すべきものがあり、その熱気は怠惰で身勝手な学生だった私にもよく伝わってきた。こういった小さな地方大学に学ぶことの特典を私は理解しないわけではなかったし、一流と世間から思われている大学の学生らに引け目を感じることはなかった。ただ、私がこれだと得心する学問領域をこの大学は提示してはくれなかった。教師と学生の大半は社会主義革命が今にも到来すると叫び続けていたが、私には空虚な大声に聞こえた。日本はまだまだ貧しかったが、経済成長がようやく実を結び始めていた。

児童画の心理分析の延長で、フロイトの精神分析、その芸術論、文化論も読んでいた。そして未開人と神経症患者との類似を論じた「トーテムとタブー」(日本教文社版『フロイト全集』第六巻「文化論」所収、昭和三二年)を読んでいると、全巻がフレイザーという人物の著作からの引用で埋められているのに驚嘆した。当時フレイザーの著作で邦訳され、身近かに入手できたのは『金枝篇』縮刷版(永橋卓介訳、岩波文庫五分冊、昭和二六―二七年)だけだった。大学図書館で探してみると、『金枝篇』の原著縮刷版の他に、『トーテミズムと外婚制』(*Totemism and Exogamy*, London: Macmillan, 1910)という全四巻、総計二千頁もある原書があって、その百科事典のような著作の巨大さに驚かされた。心理学者矢田部達郎が昔旧制静高の教師だったのでそういった書籍が残ったのだと聞かされた。私にはこれらを体系的に読み進む力も意欲もなかったものの、借り出して下宿に積んでおき、脇から眺めたり、時折覗き見るだけでも刺激になった。私が日本を出るまで、文化人類学について直接語ってくれた人は一人もなかった。

フレイザーをとっかかりとして文化人類学を知り、マリノフスキーの著作にも触れ、長年私のもとめていたものが文化人類学だったという確信を得た。昭和三二年の頃である。私の心理学志向には私の無知に基づく思い違いが多々あった。当時マリノフスキーについても多くは読めなかった。『西太平洋の遠洋航海者』の抄訳が平凡社から出たのはそれから一〇年も後のことだし、原著にはお目にかかったこともなかった。わずかに『未開人の犯罪と慣習』

や『未開人の性生活』（抄訳）等の訳書を通しての接触にすぎなかった。とは言え、特に後者の読後感は強烈で、これによって人類学的現地調査の概要とそのモノグラフに触れた思いだった。マーガレット・ミードの名は随所に目にしたが、訳書も原書もなかった。ところが市内の日米文化センターに、彼女の初期三部作を一冊にまとめたハードカバーの分厚い From the South Sea という本を発見して借り出した。ほんの摘み食い程度ではあったが、匂いを嗅ぐように読みさしてみた　文化人類学については直接誰からも示唆や教示を受けなかったが、芋づる式にぼつぼつと独りで読んでいた。

手探りの模索が歯痒いので研究会を立ち上げようと発意、「社会人類学研究会」という大きな呼び掛けのビラを学内に張り出した。テキストを出版されたばかりの、エヴァンズ＝プリチャード著『社会人類学』（難波紋吉訳、同文館、昭和三一年刊行）に定めて同志を募った。立ち停まってビラを読んでくれるのは学生よりも若い教官たちだった。二人の友人が関心を示してくれた。日本史専攻の原秀三郎（旧姓渡辺。後に静岡大学教授）とフランス文学専攻の西川宏人（後に上智大学教授）であった。早速テキストを取り寄せて個別に目を通しているうちに、唯物史観とマルクス主義理論で武装しつつあった史学の原が「こりゃ、あかん。おれは止めた」と言って降りてしまったので、研究会は不発に終わった。要は私の一人相撲だったのである。昭和三三年四月一四日の日記に、「文化人類学の研究会は是非始めよう」と記されているから、それから間もなくのことだっただろう。

卒論のテーマにはヴィルヘルム・ディルタイの哲学を選んだ。哲学教室の枠のなかで教官たちの専門からあまり隔絶していない分野とすること、ディルタイの体験と了解の哲学は、心理学、文学、社会学と哲学を総合し、個性ある個々人の主観的解釈のレベルに関する吟味をしているので私の嗜好に適合したこと、などがその主な理由だった。初めのうちは特に「了解 verstehen」という認識の方法を中核においた「了解心理学」というものに魅力を感じていた。ディルタイは生をその生動性と全体性において捉え、生そのものから了解すると説く。「私はもっぱら内的経験・意識の事実においてのみ、私の思惟に対する確乎たる投錨地点を見出した」とその『精神科学序説』の枕に書いている。自己の内部に与えられる現象としての意識から出発する自己省察の哲学を展開し、その方法の中核に了解を据えていた。

「了解とは、汝の内における我の再発見である。」

「我々が体験したことのない感情を他人の内に再発見することはできない。」

つまり他人の生についての認識は我の汝における追体験である。これを解説して、「人間の認識はすべて体験と了解体験であることからもたらされる。了解には体験が前提となる。体験が認識の唯一の原細胞である」と私は卒論に書いた。

し、了解する主体としての我も、認識される側の生の主体である汝も、ともに「精神の生動性」に充電された存在で、ディルタイはこれら認識し、認識される個別者を、「意欲し＝情感し＝表象する人間全体の作用」としての個性的統一体として、その精神生活の全体性において捉えようとした。このような「意欲し＝情感し＝表象する」総合体としての個別者は非合理性をもおおく内包した、個性ある、一回限りの、自存価値であるとする。こうしてディルタイは、精神科学を自然科学とは本来的に異質な科学であるとした。このような普遍的人間性と個性的なものとの統合した知識を求めるディルタイの解釈学的哲学は、難しくはあったが、文学青年であった私にも親近感のもてるものであった。『ディルタイの哲学における生の歴史的なものと共通的なものとの融合』という長い題の卒論を、私は時間切れのままにやや尻切れトンボの形で提出した。普遍性と個性を論じた第二章と、「了解と解釈学」と題した第三章とがその中核的部分であった。つけ焼刃でお茶を濁した程度の卒論にすぎなく、社会科学哲学のなかで解釈学と現象学のもつ方法論的意味をいくぶん直観的に嗅ぎ取っていたはずではあるが、当時はこれを出発点として自分の文化人類学や社会学を考えて行くという形にはもって行けなかった。ようやくディルタイを通して解釈学まで辿り着きながら、結局その本質をよく理解せず、その使い方を習得できなかった。卒論準備の段階では、ディルタイは私にとってあくまでも「哲学」であって、文化人類学でも社会学でもなかった。「精神科学」として広漠とゆるやかに連なってはいたのであるが。私は人類学の教師をもてないままに、人類学に強く固執していた。そして哲学の良き教師をもっていたが、哲学は生半可に学んだ。哲学を本気で学び、解釈学や現象学をまでよく理解できるようになっていたならば、私は人類学を捨てて哲学の大学院へ進んでいたにちがいない。私の勉学は、哲学も人類学も生半可だったが、小説と焼酎と乱読の静岡生活のなかで、私は、ただ自分で直接確認できた感触と実感だけを頼りに自分のやりたいことだけをやっていくという肚構えを強固に培っていた。社会的評価の著しく低かった「新制」の「駅弁」大学で学び、そこを卒業するという作業を通してのみ、私が内部に培養することができた私一流の勉学と研究の作法であったかもしれない。駅弁大学の学生であることがいつの間にか一面私の特権になり出していた。こういった時期にも私は文学研究会を続け、同人雑誌をやり、時折は天神森という名の在日韓国・朝鮮人のゲットーに泊まり込んで酔い痴れてもいた。

⑥ ラテンアメリカへの思い

文化人類学を学びたいと思い、そのために日本を出てみたいと考えても現実味のある話にはならなかった。行き先をブラジルに見定めるまでには、まだいくつかの小さなイベントの積み重ねがあった。これらについてここで詳細は語らない。ラテンアメリカへの関心は早くから抱いていた。高校二年の頃、一時どの小説にも感動が薄れた気分の頃、和辻哲郎の『鎖国』に魅了され、他のことは何もせず、下宿で三日間没入して読み続けたことがある。日本が国を閉ざして籠もっていた時代、大航海と新大陸発見の躍動の歴史をピサロとコルテスの征服を中核に記述したもので、中南米について集中的に読んだ最初である。ラテンアメリカへの漠とした思い入れはその頃からである。児童画の縁もある。北川民次の『絵を描く子供たち――メキシコの思い出』(岩波新書、昭和二七年刊)は早くから読んでいた。北川民次とメキシコは、私の読書体験から言えば、ニイルのサマーヒル学園(「恐るべき学校」と呼ばれた)、霜田静志の児童画の心理分析、宮武辰夫の『アラスカに原始芸術を探る』等と一体をなしていた。ついでに言えば、私も静岡の学生時代、小学生の一群に野外で絵を描かせるアルバイトをしばらく毎週やったことがある。ある画家の仕事を引き継いだものだった。大きな体験とはならず、北川民次のものに比べるつもりは毛頭ないが、メキシコの銀山の町タスコで彼がやった野外美術学校の体験記は私の夢をふくらませるには足りた。

だが、私は絵描きではなかったし、児童画へのこだわりは薄れていた。同じく民次の『メキシコの青春』(光文社、昭和三〇年刊）はふてぶてしい民次のメキシコ底辺への土着的体験の躍動を描いていて、私にとっての強烈な刺激剤となった。静岡の蜜造酒を飲みながら、メキシコの田舎町でインディオの醸すプルケ（サボテン酒。第一章参照）と唐辛子に酔い潰れる自分の姿を思い描いたこともある。

小林秀雄の思い出もある。一度彼が静岡の公民館で講演をしたことがある。どこが主催かは忘れたが、口をきいたのは昔改造社の『文芸』誌の編集をやっていた高杉一郎（当時教育学部助教授）だと私は睨んでいた。私は文学研究会の名を持ち出して、大学にも立ち寄って座談会でもやってもらえないものかと高杉助教授に頼み込んでみた。

「君ら、謝礼、いくら払えるの？」

いきなりそう言われ、軽く鼻であしらわれたように感じた。一文もありはしなかった。ところが小林はあっさり無料で来てくれた。いつも教授会をやる会議室で座談会をやったが、学生よりも若手助教授・講師たちが大勢集まった。大学の研究者たちから質問が相次いだ。その席で私も声を挙げた。

「ラテンアメリカ地域にも、なにか独自の文学が育っているのじゃないかと思うのですが、どうでしょうか？」と質問したのに対して、小林は即答した。

「まあ、ああいうところから大して注目すべき文学が生まれてくるはずもないでしょう」ラテンアメリカ文学に無知だった私は何も言えなかったが、強い反発を覚えた。彼はラテンアメリカのことを何も知らないのにあの地域を後進国として蔑視していると感じた。当時の一般の理解はそのようなものであったし、その点小林も同じだと思った。私は大分以前から日本人の欧米至上主義に不信感を強く抱いていた。（しかし、これは私の重大な思い違いであることが確認できた。小林との座談会はこのとおりだが、上のように解答したのは別の同種の場での別の評論家だった。私の長期間に亘る外国生活の苦闘の間に小林という象徴に私の頭のなかですり替わったもののようだ。以上、正直に訂正する。）

静岡大学で国際政治史を担当していた小此木真三郎助教授は久保貞次郎の実弟で、北川民次と親交が深いことを私はよく承知していた。この政治学者はホーマー・レイン（ニイルの師）の本を訳したこともあり、児童画の選者をしたこともある。私は小此木の講義を通年で二度聴いたこともあり、尊敬もしていた。いよいよメキシコに狙いを定めようと思い始めた頃、北川民次にメキシコ文学のことを

尋ねてみたいから住所を教えてもらえまいかと頼んでみた。するとと彼は言下に、

「あの人は有名人でねェ、忙しいから返事なんかくれやしませんよ」と、まるで取り合ってはくれなかった。私はその時、《わが静大の教師らもこの新制静岡大学の学生をよほど蔑んでいるようだ》という感を深くした。真正面からは取り合ってくれなかった。

⑦レヴィ＝ストロースとの出会い

その頃、昭和三四年のある日、私は古本屋で『悲しき南回帰線』という南米の先住民インディオを扱った本を見つけて買った。著者のレヴィ＝ストロースの名を私はまったく知らなかった。フランス文学者室淳介による抄訳で、講談社から昭和三二年に出た（現在は『悲しき熱帯』という題名で川田順造による完訳が中央公論社から出ている。初版は昭和五二年で、室淳介訳が出てから二〇年後のことである。その後室淳介の完訳版も昭和六〇年に講談社の学術文庫で刊行された）。読み始めるとたちまち私はこの書に魅了され、取り憑かれてしまった。

《これだ、これだ。おれがずっと探し求めていたのはこれだ。戸田小学校の代用教員以来ずっと何年もの間、おれが探しに探していた本がこれだ》

と、私は夢にうなされるようになって、ナムビクワラだ、トゥピー・カワヒブだ、カドゥヴェーオだ、マット・グロッソだと、ブラジルの先住民部族名やレヴィ＝ストロースの調査して歩いた地名を口走って、静岡の巷を歩き回った。それはまだ日本では、ごく少数の文化人類学の専門家を除いてはほとんど知られていなかったフランスの人類学者の現地調査体験の記録だったが、他の研究書や調査報告書と比べてまったく異質なものだった。そこには研究者自身の人となりと心情、思想と私的な体験が、研究対象となった裸の、腰帯以外にはほとんど何ひとつ身につけていない「未開状態の極限」にあるインディオの生活と文化とともに、それらと同じレベルで密度高く、生き生きと語られていた。この文化人類学の書物は、全巻をとおして一人称で語られ、理論も調査報告もインディオの文化や行動も、また考古学的史実も、すべて研究者レヴィ＝ストロースというフランス人である一個別者、個性をもった具体的な個人の体験を

とおして語られている。

「探検といい、探検家といい、私の趣味にはあわない」

（川田順造の訳では「私は旅や探検家が嫌いだ」）という言葉でこの書は始まるが、この巻頭の一行にこの書のスタイルは集中的に表現されている。すべてはレヴィ＝ストロース個人が見て、感じて、考えたことなのである。

「私は…嫌いだ。」

「私はあまりに研究書を読みすぎていた。」

「私は子供たちが打たれているのを見たことがない。」

「私は海よりも山の方が好きだ…海が私の目に冗漫に映るとすれば、山は集中された世界に見える。」

しかし、この書は単なる旅行記でも、探検記でも、回想録でもない。「ナムビクワラ族の親は子供を叩かない」とは書かないで、「私は…見たことがない」と書くのは、西欧人の親は子供を叩くし、おそらくレヴィ＝ストロースも自分の子供を叩いて折檻するから、そのような了解からナムビクワラの行動が記述されているのである。

ボロロ族の宗教について、つぎのように書いている。

「男たちの家の活況ぶりは、我々ヨーロッパ人の観察者にとっては納得がいかないが、驚くほど調和していた。ボロロ族よりも深く宗教的な種族はまれだ。またこれほど練りに練った形而上学的システムを持っているものもない。」（九九頁）

これにつづいて直ぐ著者はレヴィ＝ストロース家の宗教生活について書く。

「私の唯一の宗教との接触が、ヴェルサイユのユダヤ教会長であった祖父の家に第一次大戦中住んでいたときの、すでに無信仰であった子供時代に遡るだけに、この「ボロロ族の」超自然に対する屈託のなさが私を驚かした。祖父の家はユダヤ教会と隣接していて、長い内廊下で教会に通じていた。私はそこを苦しみを感じないでは通れなかった。…食事の前にいつも祖父が黙ってお祈りをするのを除いては、この家の人たちが神の秩序に従って生きていると思えるところは少しもなかった。」

これらはボロロ族の宗教とユダヤ教とが比較として提出されているのではない。両者とも研究者であるレヴィ＝ストロース当人の体験として彼自身の思考の仕掛けを濾過して提出されている。ここで同種の記述を列記することはしないで、この一例を挙げるに留めておく。

アマゾン奥地の密林のなかにわずか十数名という小集団

でひっそりと「すべてを奪われた」姿で生き続けるこれらの「悲しき」「未開民族」と了解された部族の、具体的に生きている固有名詞をもった一人一人の人となりと生の営み、心情と文化とともに、研究者レヴィ＝ストロースの歩む一歩一歩、その息遣いと心象が記述されているのを、私は深い感動に包まれて読み進んだ。それはそれまで私の知ることのできた研究書とも、どのような調査報告書や論文とも著しく異なっていた。科学者が現地に行って単に客観的に社会の一般的在り方を観察し、記述し、読み取ってきてそれを構造という方程式に組み立てる、つまり自然科学者が調査に出掛けて行って蝶や昆虫の標本を採集してくるように原住民の文化や民俗の破片や発掘土器を収集してくる、といったものではまるでなかった。調査者自身の文化と視座がカドゥヴェーオ族の文化と視座とにもろに突き合わされ、ぶっつけ合わされ、そしてそのぶっつけ合いの作業のなかでカドゥヴェーオ族の視座とともに研究者の体験と視座とが吟味され、解釈されるといったスタイルの叙述だった。今考えれば、科学や研究、調査における、疑義をもたせない客観主義の在り方とはまったく異質な、ディルタイの解釈学的精神科学と同質なアプローチであったが、当時の私にはそのように理解するだけの余裕も知識もなかった。ディルタイを想起さえしなかった。だが私の長年の思い込みと文学的触角によって直観的に、これだ、これが私の望んできたものだと判断した。そこに私が見出したのは「現場の人類学」であり、「抜き身の人類学」とでも呼ぶべきものであって、思い上がったヨーロッパ合理主義・科学主義の「未開人」に対する一方的な観察・凝視・分析とは異質な、何かある種の別物だった。ディルタイの言葉で私のつたない卒論の論旨に沿って読めば、汝（ナムビクワラ族）の内における我（レヴィ＝ストロース）の再発見としての了解の具体像がそこにあり、タペラヒ（トゥピ＝カワヒブ族の一集団の首長）もレヴィ＝ストロースもともに同じ次元で「意欲し＝情感し＝表象する」個性的統一体としての個別者であり、体験主体として提出されていた。

またこのパリ大学とソルボンヌで学び、ボーヴォアールやメルロー＝ポンティの学友であったユダヤ系フランス人レヴィ＝ストロースの描き出すマットグロッソの荒野で裸で地べたに寝る、土器もハンモックも農業活動ももたない、すべてを悲しき熱帯のなかに奪われて世界中でもっとも貧しく、もっとも「単純な表現に還元された」社会の人々は、同時に大へん高貴な精神の持ち主であり、誇り高い文化をもち、大へん複雑な社会構造をももっている。顔に刺青をしているカドゥヴェーオ族の女性は王女のように誇り高く、人間の証拠としてのデザインを顔に施していない、「自然状態のままで、畜生と何の変わりもない」ヨーロッパ人宣教師を愚か者と蔑視する。ボロロ族は複雑極まりない社会の構造と世界観をもち、深く宗教的で、「これほど練りに練った形而上学的システムをもった」民族を知らないとレヴィ＝ストロースは書いている。

アマゾンのジャングルのなかでほとんど一小家族にまで縮小してしまった寂漠この上ないトゥピ＝カワヒブ族の首長タペラヒはある時突然独演で民族演劇の一場面を演じ始め、一人で十幾人の役と声色を使い分けて一夜に四時間、二夜続演する姿をレヴィ＝ストロースは感動と眩惑の言葉で伝えていた。「死期を目前に控えている文化の最後の燃え上がりと寂しい決算をしていた終わり頃になって、驚くべきことが残っていたのだ。」「悲しき熱帯」はまた限りなく「豊かな熱帯」でもあり、これらの「未開人」たちはこのパリからの人類学者に人類の未来に関する指針をも与えていた。

文学と哲学と文化人類学との、本来初めから分離していない、が、極めて意識的計画的融合体がここにはある、と私は読んで、ひどく興奮した。

《ブラジルに行こう》

具体的な方策も目処もなしに私はそう考えた。日本を出るまで、この一冊の本をとおして以外どのようなところでも、私はレヴィ＝ストロースの名を見たことも、聞いたこともなかった。レヴィ＝ストロースという人類学者の学界における評価についてだれにも尋ねることはしなかった。日本の人類学者を本をとおして以外誰をも識らなかったし、レヴィ＝ストロースの他の著作や論文を探しさえしなかった。たとえ探しても何一つ発見できなかったことだろう。私にとっては、岩手では戸田小学校の悪童たちとニイルが大きな啓示であったように、静岡ではナムビクワラ族と『悲しき南回帰線』がもう一つの天啓であった。それからわずか数年のうちにレヴィ＝ストロースは人類学の神様となり、構造主義の教祖となって全米、全世界の人類学界、思想界を席巻し、やがて昭和四〇年代後半になってようやくく日本もその渦の中に巻き込まれてくるのだが、近くそのようなことが起ころうとは私は夢にも思わなかった。この時点で私がこの書からえたものは、その後彼が有名になる構造人類学的理論そのものでもなければ、ブラジルの先住民に関する緻密で堅実な民族誌でもなかった。当時の私にとっては『悲しき南回帰線』だけがレヴィ＝ストロースであり、その書物を作り上げていく著者の姿勢が私への啓示であった。私は文化人類学の志願者ではあったが、この書を文学研究会出身者として読み、ディルタイの解釈学的哲学の学生としてこれを「体験」し、「了解」したのかもしれない。私は、ただあの小さな不完全な抄訳一冊から原著にも触れずに掴み取った私的な感動だけを頼りに、ブラジルへ出掛けて行ったのである。極く少数の身近な友人に私が一方的に語った以外は、この「事件」についてだれとも論じ合わず、だれともコミュニケーションをもたず、この私的な感動は文字通り孤独な、しかし確かな感触のあるものだった。

これが昭和三四年のことだった。梅棹忠夫『モゴール族探検記』（岩波新書、昭和三一年刊）、中根千枝『未開の顔・文明の顔』（中央公論社、昭和三四年）、ヘイエルダール『アク・アク』（光文社、昭和三三年）が出て間もなくのことであり、石田英一郎・泉靖一・宮城音弥監修の、刊行後はあまり評判の芳しくはなかった『現代文化人類学』全五巻（中山書店、昭和三五年）はまだ企画の段階だった。マーガレット・ミードの邦訳はまだひとつも出版されてはいなかった。泉靖一『インカ帝国』（岩波新書、昭和三四年）は初版が出るか出ないかの時期で、増田義郎『インカ帝国探検記』（中央公論社、昭和三六年）、泉靖一『インカの祖先たち』（文芸春秋社、昭和三七年）を手にしたのは、私がブラジルに渡ってからのことである。ブラジル留学生となる準備で私が苦闘している頃、梅棹忠夫と川喜田二郎はそれぞれ『中央公論』誌と『群像』誌に「日本探検」論を連載し、賑やかに競演していた。

あとは駆け足で書こう。私は闇雲に英文で「ブラジル国サンパウロ市サンパウロ大学様」といった手紙を書き、留学生の制度について問い合わせ、種々のやりとりをした揚句サンパウロ大学人類学給費留学生として採用され、ブラジルに行けることとなった。直接の筆記試験はなかった。ポルトガル語の勉強は始めてもいなかったが、それでは通るまいと考えて、ＮＨＫにポルトガル語のラジオ講座があってそれで学んでいると嘘を書いた。これは昔平川唯一という人がやった「カム・カム・エブリボディ」という英会話講座を念頭にしてでっち上げた虚構である。今日までNHKがポルトガル語の語学講座をやったという話は聞かない。三人の教授は私の要請に応えて、力を込めた立派な推薦状を書いてくれた。大学の世話になったとすればこの一件だけである。結果の通知が届いてもそのポルトガル語が読めず、また読んでくれる人もなかった。動詞の変化が解らないで閉口したが、辞書にかじりつき、苦闘して自力で読んだ。なにしろ渡航についての指示があり、支給金額が明記されているから合格に間違いないといった有様だった。肝心なことは把握できた（渡航準備をどんどん進める過程で、ウジミナス製鉄所関係者に確認はしてもらった）。とにかく自力で獲得した海外留学だった。日本は、これから高度成長期にさしかかるという、まだ貧しい時期にあり、留学はおろか海外渡航者も数少なかった。静岡大学では、教官の間でも学生の留学ということは誰の頭にもなかった。ブラジル渡航が決定すると、友人や恩師たちは渡航費の心配をしてくれた。日本出発の日から起算して一年間、毎月法定最低給料額の二倍を支給するとだけ記載されていて、渡航費の記述はなかった。文理学部（人文、理、法律、経済からなる）の教授会はその頃給料日の当日開催されていた。教授会の終ったその席で、西洋史とフランス文学の教官の発議で私へのカンパが提案され、哲学の諸先生が筆頭で多額のカンパを記入してくれ、結局出席の全員が応じてくれた。北川民次への紹介を拒んだ小此木助教授は他の法経教官よりは心持ち多く寄付してくれた。私は船賃に困っていた。どうやら私は静岡大学最初の海外留学生だったらしい（工学部に一―二名あったかもしれない）。

二つのルートから私はウジミナス製鉄所のための貨物船がブラジルに行くという情報を得た。貨物船にも二、三の客室がある。だが、みな一等船室で、ブラジルまでは二五万円だという。それは当時の貨幣価値で私には目の飛び出るほどの額だった。サンパウロ大学から私を移民船の助監督に推薦するという書状も取り寄せたが、移民激減の時代に入りかかっていて船はなかなか出なかった。その内に一等船客の船賃は二五万円から二〇万円、一五万円には負からないが、五万円になら負かる道があるということを聞き出した。船員の家族待遇の場合である。私は要職にある人への陳情の揚句、家族の範疇に入れてもらった。他に方法がなかった。この間、岩手や静岡の友人がカンパ集めに奔走してくれた上、船賃が突然極安になったので、渡航費に余裕までできた。

四月に入って日の出汽船の本社から、高知の須崎で乗船せよという指示を受け、四国の地図でようやくその港を見つけだした。密出国の気分は楽しくもあったが、雲を掴むような話で不安もあった。荷を作り、京都・大阪で二、三日遊び、友人らに会った。大阪のバーと静岡の居酒屋に集まる仲間らと電話でドングリ・コロコロを合唱した。神戸で出国手続きを済ませ、船会社の神戸支店に顔を出すと、春国丸は今神戸港に停泊中だという。そこで船のパーサーに会い、神戸で乗船してしまった。貨物船に出航の定刻はない。用が済み次第出航する。見送りで船まで来ていた三人の友人を三の宮駅まで私が送り、神戸の夕刻の街を一人歩き回ってから船に戻った。夜一〇時三〇分、船はウボー、ウボーと二度ほど低くうなっただけで、何気なく港を離れた。一人の見送り人もなく、清々しかった。何の感傷もなかった。

《うまくやった。これで、まず、ワンセット終わり》

と思うと、『法王庁の抜穴』のラフカディオがふと頭に浮かんだ。《さて、これで一〇年位は小説は読まないぞ》と考えた。美しい神戸の夜景を背に、春国丸は日本最後の港須崎に向かって船足が速かった。

第四章　サンパウロの高原で
――一九六一～一九六四年――

①大都市の片隅で
――貧困層居住地区――

一九六三（昭和三八）年三月のある日曜の朝、私は大きな袋を下げて野菜の買物に出掛けた。徒歩で二〇分ほどのディアデーマの町に朝市（フェーラ）が立つ。一時間に二本バスの通る街道ではなく、下の野の細道を行く。小さなバラックが到る処に建っている。一見、農地に建つ農具小屋のようなものだ。だがそこに人が住んでいる。素人が自力で建てた住居だろう。各家の周囲には野菜などを植えていて、辺りを裸足の女や子供が歩いている。バスの切符売り場ほどの粗末な板小屋で、バナナ、玉ねぎ、飴玉やピンガ酒（強烈なラム酒で、日本人は火酒と書く）などを売っている所もある。上の街道沿いには白人や日系人の住人が多いが、横道に入って坂を谷間に下ると、黒人や混血風の者がほとんどである。内陸の田舎や遠くミナス・ジェラエス州、東北部諸州からの移住民が主のようだ。それでも大サンパウロ市の周縁部のひとつであるこの辺りでは、リオの郊外に多い不法占拠地帯の貧困層居住地（ファヴェラと総称する）や、都心に多いスラム（極悪の賃貸家屋に人が密集する貧困地区）とも異なり、猫の額ほどの宅地を極安の月賦で入手した移住民たちが手作りの掘立て小屋を作って住んでいるのである。都市計画のインフラが何もない。電気、水道、下水がなく、もとより道も造成されてさえおらず、自然にできたものだ。郵便の配達もなく、新聞も来ない。上の街道沿いの住宅（それも疎らにしかないが）には電気は来ているが、水道下水などはそれぞれの自家設備である。それでもバスが割に近くを通っていて、男達はそれを利用して市内へ通勤しているのである。

赤い花で飾りたてた聖母像を頭上に乗せた女が行く。今日はカトリック暦でいえば、四旬節（クワレズマ）の第三週日で聖パトリシオの日である。あの花の念入りな飾り様は、カトリック教会へのものなのか、それともウンバンダ（アフロ・ブラジリアン宗教の一種）の祭りのためのものなのか。後をつけて見ようかとも考えたが、ウンバンダの集会所はこの辺りにはいくらもある、金曜土曜の夜にはドラムが響くのでよく分かる、と思い、尾行は止めた。

朝市は賑わっていた。魚屋が三軒、肉屋が二軒出ている。他に二〇軒ばかりの野菜売りと二、三の衣料店が並ぶ。みな露店である。この町にはまだ市営の中央市場がない。商店街というほどのものもない。一九六〇年の国勢調査によると、この郡（ムニシーピオ）の人口は一万二千余りだが、市街地にはその一割しか住んでいない。人々はバス利用と日曜の朝市以外にはこの町にはあまり用事がない。毎日働きに出て行き、買物と用事はサンパウロで済ましてくる。だが郊外の新興居住地帯では人口が激増しており、近く常設の市場が建設されるという噂だ。

サンパウロに工業化が急展開を始めたのは一九三〇年代からで、"Coffee begot industry"（コーヒーが工業を孕ませた）と言われる。一九五〇年代後半、クビチェッキ大統領が「五〇年の発展を五年で」の大号令で工業化を推進し、多国籍資本を誘致して自動車産業を強引に育成すると、サンパウロが西半球有数の一大工業地帯に変貌した。ABCと俗称される三大衛星都市（サント・アンドレ、サン・ベルナルド・ド・カンポ、サン・カエタノ・ド・スル）は並んでサンパウロの南側に展開し、ブラジル・フォルクスワーゲンを中心にブラジル工業の象徴的存在となった。これらの都市に隣接したディアデーマは大きな遅れをとっていたが、私がそこに居住していた一九六〇年代前半にはようやく眠りから醒めて激動期に入ろうとしていた。一九七〇年には人口約八万、そして一九八〇年に二三万になった頃にはディアデーマもその仲間入りを果たして、ABCDという俗称が定着するに至った。だが、今私が物語っているディアデーマは掘立て小屋ばかりの貧困地帯で、自動車産業に就職した労働者は居住してはいなかっただろう。一九八〇年までの二〇年間に人口が二〇倍近くに膨張したのである。

朝市の片隅で小さな子供が三人、手押しの一輪車に泥のついた貧相な野菜を積んで売っている。自家の庭の畑から今朝抜いて来たのだろう。朝市巡りの商人はトラックをもち、早暁の中央青果市場から仕入れた美しい野菜を売るが、ここでは半数は素人で、あまり映えない野菜を馬車や一輪車に並べている。麻袋一つのレモンを地べたに並べて売る大の男もいる。週日はどこかの店員かもしれない。物乞いも坐っているが、これも日曜乞食かもしれない。朝市の商いは市の許可制だが、飛び入りが多く、役人の見回りもなければ、場代をはねる地回りの組織もない。

買物を済ますと、帰りはバスに頼る。「ポント一九（キロ）」と声を掛けておくと、停めてくれる。サンパウロの中心から南へ一九キロの地点である。新開地では地名が定着するまで里程標が地名の代理をする。私も自分の住む地点の正式地名を知らず、人に尋ねると、実はどの郡に入るのかも明確ではなく、税金も人それぞれに届け出をした別々の市役所で払っているという。バス停の近くに日本人の小さな店があり、食料品から雑貨、酒類、味噌醤油まで一通りある。界隈唯一の店で、私は日本人だから移転の初日からつけが効いた。店主の西さんは初老の戦前移民で無口だが物分かりがよく、後妻だというやや若い二世妻は幼児を抱いている。日曜の午前は男達が何とはなしに集まってきて、コーヒーやピンガ酒を飲んで世間話をする。それに加わると辺りの事情が何でも解る。引っ越し荷物を積んだトラックが一台通っていく。

「ほら、また避難民が逃げて来たよ」

と、店の女主人が上手な日本語でぼやいた。サンパウロ市内は家賃が高いので、貧しい労働者は安い借家を求めて移り住んで来る。何もないただの小さな平地を買って掘立小屋を建てるものもある。それを避難民とか「逃げて来る」と呼んでいたのだが、皆同類であって、自嘲的に聞こえる。実は私もここへ逃げて来たのだった。日系二世の無口な独身男ウイルソンの家に間借りをし、自炊をしながら大学院に通い始めていた。留学生の奨学金も切れ、まともな下宿代の払えるアルバイトも見付からず、さりとてボリビアや遠隔地の日系集団地にならあった教師の口を掴めば大学院を諦めるほかなかった。私は金に窮していたが、人類学を止める気にはなれず、ディアデーマの辺地に逃げて来たのであった。

② ブラジル到着の頃

留学生として貨物船でリオデジャネイロの港に到着してから、すでに二年近く経っていた。この間に様々のことがあった。多くのディレンマがあり、感激があり、多くの旅をした。それらを詳述するのではなく、私の文化人類学入門に特に関連の深いと思われることだけに絞って少しずつ述べることにする。私は日本では正規の形では誰からも文化人類学や社会学、ポルトガル語をまったく学ばずに来ていた。人類学を勉強に行くと語っても友人のなかにそれを信じるものはなく、小説のネタ探しに行くのだと皆は思っていた。それでも実に多くの友人知人から多額のカンパを貰って渡航していた。それらはカメラやテープレコーダー（当時はまだ珍しく、高価だった）、渡航費に消えていた。ブラジル国内の多くの旅の費用には留学費を当てた。私の人類学と文学への思いは深く、友人達の好意は胸に沁みていた。

貨物船春国丸はリオデジャネイロのマウア埠頭にイシブラス造船所への荷揚げのため三日ほど停泊した。その間船に寝泊りしてリオ見物をした。学生移住研究会の代表三人が視察に同船していた。船へ大使館から若い二世が来ていて、大使館へ連れて行かれた。この時点まで私は旅券取得以外では外務省にも文部省にも世話になっておらず、連れて行かれる理由は理解できなかった。案内の男は道々巧みな日本語で自分のことを語った。何故そのように日本語が上手いのかを私が尋ねたのかもしれない。彼はサンパウロの最奥地アリアンサ（日系植民地）で生まれ育ち、一五才までポルトガル語が話せなかった、その勉強にリオに出て来たのだと言った。ブラジル生まれの二世が国語が話せないという話をふしぎな思いで私は聞いた。待合室のような処で長い時間待たされた。手持ち無沙汰にテーブルに積まれた雑誌類を眺めていた。日本からのものには関心が湧かない。サンパウロ発行の一冊の日本語雑誌があり、それを読みだした。それは『農業と協同』というコチア産業組合発行の農業雑誌だったが、私を驚かせたのはそこに第一回「農業と協同文学賞」受賞作というものが掲載されていたことだった。安井新の「移民の子供たち」という小説だった。少しだけ読み差したが、しっかりした作品だと感じた。この二つの出来事が私のブラジル日系人との最初の、そして大きな出会いであった。私はもとより日本移民が多数ブラジルに定住しているということを一般常識としては承知していたが、移民への興味は皆無だった。だがこの日の出会いはいつまでも頭に残った。大使館員はおそらく退庁時間近くまでわれわれを待たせたものだった。ほんの少しだけ質問すると、彼らは数人連れ立ってわれわれをどこかのバーに引率して行き、ウイスキーを飲ませた。どう見ても彼らはわれわれをだしにして官費でバー通いしたとしか思えなかった。

大学からの通知によると、私はサンパウロ大学文理科大学人類学教室と同大学付属パウリスタ博物館民族学部門とで指導を受けることになっていた。大学本部へ出て行くと、いきなりその場で日本出発の日から起算して無造作に金を支払ってくれた。月々最低給料の二倍で、二ヵ月経っていたから三ヵ月分まとめてくれた。心強い金額だった。人類学教室へ顔を出すと、主任のエゴン・シャーデン教授（ドイツ系二世）は客員教授としてドイツに行っているので一年ほどは帰らないという。留守を預かる女性のジオコンダ・ムッソリーニ助教授を探して会うと、

「そお、じゃ、人類学のイロハから始めるんですね」と

だけ言って、そっけなかった。この助教授とはそれきり二度と会ったことがない。

博物館の方へ行ってみた。すると民族学部門の主任ヘルベルト・バルドス教授は目下隠れて著書を書いているので、誰にも会わない、どこにいるか誰も知らないという。当惑して私はぼんやりしていると、事務机にひとり坐っていた若い女性が、小声でそっと助け船を出してくれた。

「ま、ヴィルマに会ってみなさいよ」

片目をつぶって見せたのが心強い感じだった。（余談になるがこの女性、四〇年後にも同じ席に坐っていて私を憶えていた。）

ヴィルマという女性に会った。ジーパンをはいた痩せぎすのそばかすだらけのヴィルマ・シアラは三〇代半ばの女性で英語が巧みだった。呑み込みが早く、ざっくばらんで余計なことは何ひとつ口にせず、気持ちがよかった。博物館における彼女の地位が何であるかは、いつまで経ってもよく分からなかったが、民族誌学者アロルド・シュルツの夫人であり、バルドス教授の右腕か左腕であることには間違いなく、博物館ではいい顔だった。屋上近くの階にシュルツとヴィルマの研究の場があった。様々な標本や本棚の並ぶ部屋が幾つもあった。開放的で、人の出入りも多く、皆の応対は屈託なかった。シュルツは今アマゾンの上流で調査中だという。ヴィルマはそこに机をどこからか持ち出してきて据え、

「とりあえず、これでも読んでたら」

と言って本を一冊無造作に置くと、忙しそうにどこかに消

えた。あっという間の出来事だった。その間彼女はそれらの処置について誰とも一言も相談などしなかった。

本は厚さ七センチもある一千頁ほどの大きな英文のもので、Handbook of South American Indians (Washington: Smithsonian Institution, 1948) というジュリアン・ステュアート編集の第三巻「熱帯森林部族」篇だった。目次を見ると、部族別に章が立てられ、アマゾン地帯とマットグロッソの民族誌が大体網羅されている。一番たくさん執筆しているのが、レヴィ＝ストロースとクルト・ニムエンダジュである。とりあえず、この本の六〇頁ほどある序論、ロバート・ローウィ（この名前はレヴィ＝ストロースの著書で私も知っていた）の論から読み出せばいいことを理解した。私が当時一番必要としていた本が正にこのようなものだった。ヴィルマとこの本によって私は救われたように感じた。

「じゃ、ね。よかったら、明日からでも毎日いらっしゃいよ」

ふたたび姿を現したヴィルマは気さくにそう言った。だが、調査でマットグロッソへ行くのは至難のことで、誰でも簡単に行けるわけではない、できるかどうか、それは見当もつかないことだよ、とも言った。

私は間に一日おいて、博物館の屋上へ通い始めた。与えられた机で、一日中与えられた本を読み続けた。ローウィの序論を丹念にメモを取りながら読んだ。フォット・コピーのない時代だった。巻中に折り込まれている部族分布地図をセロハン紙に写し取った。時折ヴィルマがコーヒー飲もうと誘いに来てくれる。博物館の地下に、職員用の小さな立ち飲みの喫茶室があり、無料で美味いコーヒーが飲めた。ヴィルマは来る人来る人に私を紹介する。

「マエヤマは呼びづらいよ。ファースト・ネームのタカシでいこうよ」とヴィルマ。

「いや、それは困る」と私。

「なぜぇ？」

「死んだ親父に呼ばれてるみたいだから」

「なにか、渾名はないの？」

「そうだな、昔、マヤと呼ばれたことがある」

「よし、それだ。マヤだ。神様みたいな名でいいじゃないか。ね、マヤ」

こうして私は博物館では、それから大学でもマヤになった。

③ 女性三人とマット・グロッソへ旅行

その翌朝博物館に出て行くと、ヴィルマはいつもより一層早口、早足で動き回り、突然今月いっぱい旅行に出掛けると私に告げた。その間も博物館にある図書や収集品、何でもそこらのものを自由に使ったり、調べたりして構わない、皆にそう伝えてあるからと言うと、じゃ私は準備があるからと言い残し、幾度も部屋を出入りした挙句、姿を消した。私はハンドブックを読み続けていた。

午後になってふたたび姿を現したヴィルマが、突然私に言った。

「マヤ、あんたも一緒に行くか?」

「どこへ?」

「マット・グロッソよ。急に発掘に行くことになったの。行く気があるなら、今夜、ルス駅、九時発の夜行だよ。分かった? お金は少しでいい。そうね、一〇コント位。」

ヴィルマはそれだけ言うと、たちまち消えてしまった。大都市のサンパウロでルス駅が何を意味し、駅が幾つあるのかも分からず、英語もポルトガル語もよく聞き取れないまま、話がよく呑み込めなかった。だが、今夜、九時、ルス、マットグロッソ、それだけ確認して下宿に帰った。半信半疑のまま大慌てで旅の準備をした。煙に巻かれている思いのまま小さなハンドバックを抱えて家を飛び出した。突然のことで登山靴もリュックもない。背広と短靴姿だった。サンパウロで鉄道の駅というものを見たこともなかった。リオからは夜行バスで来た。それ以外は市内バスしか知らない。探し当てたルス駅は雑踏でごった返していた。そのなかで八時半、ヴィルマを人混みのなかに発見するまで旅が現実のものとも思えなかった。プラットホームも列車内も身動きならないように人また人で、人混みを掻き分けて皆の座席に進むと席を空けてくれた。ヴィルマは大勢の男女と次々に喋っている。通路もいっぱいの人だ。発車のアナウンスが発せられると人々は列車を降りだし、皆手を振っている。動き出してからもどんどん人は降りて、通路は空になった。こうしてヴィルマと二人の美しい女子大生と私の四人の不思議な旅が始まった。あの大勢の男女はほとんど見送り人だったのである。この列車には他に仲間は乗っていないという。目的地には大勢の発掘仲間が先発しているものと思い込んでいたが、それもいないということを知ったのは長い列車旅行のなかでであった。生涯このような不思議な旅をしたことがない。二〇日間の旅であった。初めてヴィルマと出会ってから四日目、インディオ勉強を始めてから二日目、旅の誘いを受けてから六時間後だった。七月一一日のことである。

バウルーに早朝到着し、そこからノロエステ線に乗り換え、寝台車で寝たりしながら一路国境の町コルンバまで汽車が走った。海抜七〇〇メートルの海岸近いサンパウロから内陸へ向かって丸二日間、四八時間ひたすら汽車は下り続けた。大陸の中央が一番低いのである。三つの大陸が合体してひとつになった南米であるから、かつての海がパンタナールという広大な湿原地帯となっていて、そこに入ると列車の中に無数の蚊や虫が押し寄せて来た。一三日の夜九時、コルンバに到着し、ホテル・ヴェニゼロスに投宿した。朝七時に船に乗るようなことを言っていたが、そんな便がないことが分かり、ヴィルマとグラディスが正装して軍隊の駐屯部へ出掛けた。空軍機に無料で便乗しようとしたが、その便もなく、市長に掛け合って来たらしい。取りあえずホテル代は市役所が払うという。夜、四人で河辺りの高みにある、ボリビアの望まれるレストランで食事をした。なんとか飛行機でパンタナールを北へ飛び、カセレスへ行くという。君の言った額しかおれは持参してないよ、足りないのじゃとヴィルマに訊くと、皆それしか持ってきてない、学生は貧乏さ、政府に飛行機賃払わせる交渉をしてる、明日も出発はできないと言う。ビールを飲んだ。それから三人の美女らも強いピンガ酒を少し飲んだ。若い良家の女子がピンガを生のまま飲むのを初めて見た。突然、グラディスが、

「マヤ、踊ろう」

と叫んだ。ヴィルマとトゥカが「マヤ、踊れ」と和した。

「おれは踊れない。踊れない！　生まれてから踊ったことがない」と返事をすると、

「教えてやる」とグラディスが立ち上がった。彼女はギリシャ彫刻のような素晴らしい美女で、背も高く、気後れがする。

「君は背が高い」と私が口にするや、グラディスはいきなり両足のハイヒールを手など使わず、立ったままパッと後ろに脱ぎ飛ばした。私は観念してグラディスの手を取った。できるだけ離れて踊ろうとする私を彼女は抱き寄せ、抱き寄せした。リオの港でブラジル人がアメリカ人やロシア人のように背丈が高くないのに少々安堵した自分がずい

ぶん昔の出来事のように思えた。

翌朝、ヴィルマとグラディスはまた役所へ出掛けた。トゥカはサンパウロから持参した大枕を一時も手離さず、眠いと言いながら小説を読んでいる。彼女はただの便乗者らしかった。このあたりまでのわれわれの会話は主に英語だった。トゥカは英語が特に達者で、それに来年はフランスへ留学するのだという。ブリジッド・バルドーみたいな、口の大きい、いくぶん悪少女めいた風情を湛えた美人だった。


私は国境の河とパンタナールの遠景を撮ろうとカメラを肩に独りで散歩に出掛けた。河辺りの砂浜に大量の牛の皮を干している。このパラグアイ河にブラジル海軍の基地があり、小型の軍艦が二隻浮いている。海のない、大陸のど真ん中にと不思議な感じだった。古道具のような軍艦だった。土地の者とお喋りしていると、近くに日本人の漁師がいるという。案内してくれる。サンパウロ州バウルー市の漁業会社の派遣でここに駐在し、パンタナールで大量の魚を獲り氷詰めにしてサンパウロへ送るのだという。私のカメラを見て、パンタナールを撮りたいかと尋ねる。撮りたいと答えると、モーターの付いた舟を出してくれ、二時間ほど島巡りをしてくれた。雨期には大量の魚が獲れ、日に一五〇〇キロもの魚を漁師から買い上げてバウルーへ送るという。彼の自宅でドウラードという貴重で見事な魚の刺身を馳走になった。刺身だけで満腹になったのは生まれて初めてだった。夜九時過ぎにホテルへ帰ると連れ達が、

「マヤが消えた」

といって大変心配したという。拝むようにして謝る。コルンバはレヴィ＝ストロースの本に出てくる町なので、私はマット・グロッソにいることを実感できた。

女達がどんな手管を用いたのか分からないが、一六日（日曜）の朝クルゼイロ・ド・スル（南十字星）社の民間機に四人は無料で乗り込んだ。機はパンタナールの上空を飛んでいる。ヴィルマが呼ぶので前へ行くと三人は機長室に入っている。写真を撮れという。高過ぎてよく撮れまいと言うと、機長は分かったと合点し、突然機首を変更して低空飛行をした。恐いほど低く飛んだ。ジャンボではないが、小型機でもない。これがマットグロッソ方式かと魂消た。カセレス空港では機の翼の上に立たされ、コニャック壜をかざして写真を撮ってくれた。

空港にはナタリーノ・ロドリゲス・フォンテスというポ

ルトガル系の資産家一家が出迎えていた。彼は古い植民者の子孫で、この町からパラグアイ河沿いに南へ七二キロの地点に大牧場と干肉製造所を所有している。そこでインディオの墓地が発見されたというので、われわれは発掘調査をするため出掛けてきたのであった。ナタリーノはサンプルをサンパウロの博物館へ送り、調査団を派遣してくれれば、滞在の費用と世話をすべて自分がもち、必要なだけの人夫も出すと伝えて来たのであった。専門家が出張中だったため、ヴィルマが仲間を集めたのだという。

全員、市内のナタリーノ家に一晩寛いだ。内奥地開発の進展した二一世紀の現在と異なり、一九六一年当時は陸の孤島のような町で、市街地人口は八千人ほどだった。翌日われわれはジープで彼のバランコ・ヴェルメーリョ（赤い崖の意）農場へ移った。河辺りの美しい農場で、そこにも大きな邸宅があった。われわれはそこで二週間にわたって毎日発掘作業に従事した。連れの女性三人も驚くほどよく働いた。これにいつも五—六人の現地人が人夫として加わり、力仕事をやった。ほとんどは同化してポルトガル語もある程度話すインディオであった。本稿では発掘の詳細は省略することとする。

ナタリーノの歓待振りは申し分がなかった。誠実で、至れり尽くせりの上、冗談が大好きだった。三人の美女と日本人という組合せにもご満悦だった。夕食の席に付くと、彼は日本語で「食べましょう」は何というかと聞き、数日間は tabemasho が皆の流行語となった。その後同じ意味のインディオの言葉〝ジャハ・ジャカル〟が流行した。ナタリーノは「ナンビクワラ族は日本人に蜂蜜を塗って、ジャハ・ジャカルと食べてしまうんだ」と笑い、人夫の中の一番の年寄りはグレゴリィというボロロ族人だが、「日本語はボロロ語によく似てるはずだから、彼に訊いてみたらいい」と幾度も真面目くさって繰り返した。彼にはジョアキンという七才のやんちゃな息子がいて、幾度もその子の運転で発掘現場までジープで送り迎えもされた。何事も大らかなのが清々しく、楽しい毎日だった。日に二—三回は河で水浴びをした。水泳もした。そして「この河にはピラーニャという獰猛な魚がたくさんいて、馬でも日本人でも数分で消えてしまうんだ」と脅しながら、自分でも水泳をしていた。実はそこではピラーニャはいるが、夜でないと出て来ない、血を流せば危ないということだった。幾度か釣ったピラーニャが食卓に上った。美味い魚だった。

私は両脚を蚊にたくさん食われて痒く、水に浸ると気持ち良かった。メダカのような小魚が多数寄ってきて痒いところを突っ突いてさらに気持ち良かった。それを言うと、それはピラーニャの子魚だと言われた。嘘ではなかったと思っている。

ヴィルマは意外に発掘の作法をよく心得ていた。発掘は順調に進んだ。われわれの掘り出したものはほとんどが大小の素焼きの甕棺だった。もろくて蓋が割れると豪雨の際陥没して地面に穴ができる。それで墓地が発見されたのだ。ある時皆が先に帰宅して、トゥカと私だけで棺の中の人骨を刷毛で探っていた。歯が幾つも出て来た。人間が歯を何本もっているのか私は知らなかった。出て来た歯を見せながら、隣りで作業しているトゥカに、「口を大きく開けて見せろ」と言うと、素直にすぐ大口を開けた。彼女の歯を数え、「歯が少ないから、こりゃ老人かな」と私はしたり顔で言ったが、冗談のつもりだった。だが彼女が意味を解して、何も言わずに大口を開けた仕種がとても爽やかだった。私のポルトガル語の進歩は遅々としていた。皆がポ語で話す時いつも私は黙していた。ある時私が話すのを耳にして、老インディオのグレゴリィが、

「マヤは馬鹿じゃなかったんだ」と叫んだと言って皆が大笑いした。

グレゴリィは自分がボロロ族だとはなかなか言わなかった。だが、ある日彼は私に「ジャハ・ジャカルはボロロ語じゃない。あれはグワラニの言葉だ」と小声で告げた。彼は次第に私に好意を持ち出した。皆と違って風貌が彼らの仲間に似ていたからだろう。それからはいろいろ単語を尋ねるとボロロ語を教えてくれた。私は幾つもメモを採った。驚いたことには彼は土中の墓地のことが掘る前から解るみたいに、幾つか甕棺が出ると、それから推察するらしく「あそこにもまだ三箇ある、ここにもまだ二個ある」などと口にし、掘るとかならず出て来た。だが、小声でつぶやくだけなので、私は注意して聞いたが、ヴィルマらは気が付かなかったらしい。他の人夫も類似の同化した、ポ語を話すインディオだった。私は彼らもブラジル人の一種の在り方だと理解するようになり、密林内の裸族よりも強い関心を抱くようになった。当時私は空色の派手なYシャツを着て作業していたが、グレゴリィはそれが気に入ってる気配だった。農場を去る時それを与えると、手放しで喜んだ。皆の見送りにそれを着込んで来たので、それを見て、

三人の美女とナタリーノ一家が歓声を挙げた。ある暑い夜、外で涼んでいると、トゥカが私を呼びに来て窓辺に連れて行った。ヴィルマもそこにいた。その部屋でグラディスが眠っていると言う。トゥカが小声で、

「マヤ、ここであの歌を大声で歌いなよ。シラノ・ド・ベルジュラックみたいに、歌ってよ」と主張した。ヴィルマも「カンタ、マヤ。カンタ、マヤ（マヤ、歌え、歌え）」と繰り返した。私は断然拒否したが、冗談なんだから、歌え、歌えと窓際で執拗に強要されて、私は歌った。一度みんなの前で歌わされたことがあったのである。もとよりグラディスは起きたし、冗談も理解した。

実に大量の出土品があった。大きなものだけでも数十個の甕棺を掘った。珍しい土器のパイプや複雑な楽器らしい土器などもあり、めぼしい、小さいものだけサンパウロへ持ち帰った。主なものは後日舟で博物館宛てにナタリーノが送ってくれることになった。二週間の発掘を終えて、七月三〇日、われわれは軍用機に乗ってカセレスを去り、カンポ・グランデで一泊し、翌日サンパウロの空軍専用の空港に帰着した。持ち金はまだ大分残っていた。二一日間の不思議な仲間との、とても不思議な長旅だった。私には考古学的成果よりもこれらの不思議なブラジル人達、ヴィルマ、グラディス、トゥカ、ナタリーノ、そしてグレゴリィ達がはるかに多くのものを私に与えた。私の発掘品はブラジル人だった。リオ到着後二ヵ月ですでに私にはブラジル生活への異和感はあまり無くなっていた。

発掘旅行から帰ると、私はふたたび博物館に通い始め、屋上の部屋でハンドブックを読んでいた。その頃のある日、地下の喫茶室でばったりバルドス教授に出会った。自己紹介すると、教授はいきなり、

「君、ドイツ語ができるか？」

と訊いた。卒論書きでディルタイを読んでほんの少しはやったが、本気でドイツ語に取り組んだことはない。教授はベルリン大学出のドイツ人で、R・トゥルンヴァルトの弟子である。ほとんど駄目です、と答えると、

「フランス語は？」

と畳みかけてきた。学んだことがないと答えると、では話にならないという素振りを見せた。それでもヴィルマから マット・グロッソ旅行のことは聞いているらしく、彼が編集する民族学雑誌の寄贈者リストに私の名を加えてくれ、またそのまま姿を消してしまった。私は少々失望もし

たが、相変わらず博物館に通い、孤独な勉強をつづけていた。ヴィルマや他の館員の態度は少しも変わらず、いつも親切だった。

④ 政変、そしてアマゾンへの独り旅

一年間だけの留学では何もできないことは明白だった。延長の可能性はせいぜい半年だけで、それ以上は制度上ないという。一年位大学や図書館に籠もっても致し方あるまい、留学費の出る間国内旅行をして目でブラジルを確認し、その上で方針を定めよう、安手の旅行記は絶対に書かないと肚を固めた。そしてアマゾン旅行を計画した。

そこへ突然政変が起きた。国民の直接選挙で史上空前の得票数を獲得して就任した、カリスマ性をもったジャニオ・クワドロス大統領が、八月二五日、突然辞任した。就任後わずか七ヵ月目のことである。中学の平国語教員から出発し、クリーン政治を売り物に大掃除用の大箒を抱えた真四角の縁太い眼鏡姿のポスターで「ジャニオ旋風」を巻き起こした彼は、ナショナリストの圧倒的な支持を受けながら、北米合衆国への従属政策からの脱皮を目指して独立外交を掲げ、それまではブラジルではタブーであった社会主義諸国への接近を試みた。ソヴィエトとの外交関係の樹立、特使としての副大統領の中共への派遣、東欧との通商関係の開始。その上ジャニオはキューバのゲバラに勲章を贈ったりもした。知識人、中産階級、労働者階級の強い支持があったが、議会を把握できず、保守的なパワー・エリートと軍部の圧力のもとでこのメシア的政治家は意外に脆く、あっさり政権を放り出してしまった。

「善い子なら絶対やっちゃいけないことを、ジャニオはやらかした」

マスコミは挙ってこのように揶揄しまくった。憲法により後任に昇格するはずのゴラール副大統領は共産圏の中国を訪問中だった。ゴラールはバルガス政権のもとで労働運動を育成した、知らぬもののない労働界の大ボスで、完全に左翼と密着していた。軍部はこのゴラールの中国からの帰国と大統領就任を阻止しようとして動き出し、ゴラールを支持する、ドイツ系人の多い、ブラジル最強との評価の高い、南リオグランデ(ゴラールの出身地)の第三軍団と正面から対峙して、あわや内戦という事態になった。南リオグランデのブリゾーラ州知事はゴラールを支持、第三軍団は憲

法擁護を盾にブリゾーラに加担した。

混乱して状況をよく掴めないサンパウロ市民は伝統にしたがって続々と市中央のセー広場に集まって来た。あちこちで、群衆を前に高い所からアジ演説をするものがある。私も新聞をいくつも買って、セー広場に駆けつけた。銀行や道路が閉鎖され、戒厳令下で巷は騒然とし、人々はひどく緊張していた。新来留学生の私は、いよいよ面白くなったと浮き浮きした。だが、これまでは路頭で酒を飲みながら生きたポルトガル語会話の上達を目指しはしても、読書力を十分培っていなかった私は、新聞もよくは読めない。政変の急激な展開に刺激されて、私はポ語の勉強に力を入れ出し、懸命に新聞を読んだ。当面、インディオの未開社会勉強よりもブラジル政治の展開の方が強い関心事となった。

ゴラールは通常のルートからではなく、出身地の南リオグランデから入国した。あわや内戦という緊張の挙句、ブリゾーラ知事や第三軍団のバックアップのなか武力衝突なしにブラジリア入りを果たして大統領に就任した。銀行や幹線道路が再開されると、私は九月二一日アマゾンに向けてトラックの一隊に混じって出発した。私の知人の経営するある商社が、初めての試みとしてトラック五台（これも商品）に小型トラックとトラクターを積み込んで三千五〇〇キロを陸路運送することにしたのである。それまではすべて海路運送であった。古来ブラジルの北部・東北部とサンパウロやリオの位置する南部とは、間に広大な半乾燥地帯とジャングルをはさんでいてコミュニケーションがたいへん悪い。一九世紀後半から続く東北部の旱魃からの難民は、沿岸航路によらなければ、内陸部を南北に流れるサンフランシスコ河の河船でミナスジェラエス州中部のピラポーラまで南下し、そこから陸路をリオ、サンパウロまで旅をした。他に良い交通経路がなく、サンフランシスコ河は長い間「国家統合の河」と呼ばれていた。一九五六年に就任したクビチェッキ大統領は「五〇年を五年で」をモットーに掲げて強力な経済開発と国家統合の政策を推進したが、その代表的なものに、沿岸から一千キロもの内陸に新首都ブラジリアを建設すること、南北を結ぶ縦貫道路「ベレン＝ブラジリア」間の国道一四号線を開通することがあった。ともに内陸開発と国家統合の戦略に基づくものであった。因みに言えば、実は内陸中央部に首都を移転させる案は二〇〇年前の一八世紀から論議されていたことだし、一八九一年の憲法ではそれが国是として正式に唱われてさえいる。一九世紀の古い地図には「未来の首都」建設地点が刷り込まれたものもある。地道な国民生活の福祉と向上の政策ではなく、派手な国家改造計画をぶち上げるクビチェッキ大統領は、建設資材やジープ等までサンパウロから空輸するような乱暴な形で新首都を建設した。一方一般大衆はブラジリアを、

「一九世紀の砂漠、二〇世紀の新首都、二一世紀の砂漠」

と呼んでその前途を危ぶんだ。また、ベレン＝ブラジリア縦貫道路はクビチェッキ大統領がジープで開通式のために通り抜けた翌日から通行不能になったままだ、と広く噂されていた。その安普請の、谷間に両側からブルドーザーで盛り土しただけの所も多数ある「国家統合のための縦貫道路」を、私達は荷を満載した五台のトラックを連ねて、時折は土木工事をもしたりしながら、一〇日かけてアマゾン河口の都市ベレンまで走り抜けた。当初私は三週間程度で帰ることにしていたが、実際にサンパウロに辿り着いたのはクリスマスの日で、三ヵ月以上の独り旅となった。その内半月ほどは東北部を歩いた。

この時の旅日記はノートに三冊ある。他にメモ帳もある。私のブラジル入門記としては重要だが、雑で、断片的で、ブラジルに無知なものの記録である。揺れるバスや小舟の中で書き、酔払って記し、疲労しきってメモしたのもある。カヌーまがいの小舟で一晩かけて、マウエスからマナウスへ支流を下る時は電気がないので月明かりで少しは記録した。この時は文明化したインディオが小さなエンジンの舵をとるのと二人きりだった。真黒い森林が静寂のなかしんとして後退りするのは幻夢的だった。これらを四〇年以上経った今読んでもそれぞれの細部は鮮明に記憶しており、忘れていたものも多いがすぐ思い出す。貴重な記録だが、とても概略を述べることはできない。百日ばかりの大きな体験をえた大旅行だったが、サンパウロへ帰ってから半年ほどの間は誰に尋ねられても一言もアマゾンを語ることはできなかった。言ってみれば、私の受けた体験はそれほど甚大なもので、戦闘や地震を経たものがそれについて語ろうとしないのに似ていたかもしれない。旅の半ばを過ぎ、小舟でアマゾンの小さな支流を遡って行く頃には、「もう外国を歩いているというような気がしない」と書かれている。それでも毎日、毎時間新しいものを見、新しい経験をしていた。確かなことは奨学金が切れてもブラジ

ルにずっと残留して、ブラジルのことを、インディオを含めた現代ブラジル人のことを学んで行こうとすでに肚が定まっていたことだと思う。

　五台のトラックで幾日もゴヤス州の土埃りを浴びながら北上している頃、五人の運転手（日系二世一人、黒人二人、ポルトガル系人一人、何種か不明の混血一人）、私ともう一人の日本人旅行者、それに社長の命を体した隊長としての日系二世、合計八人の一隊だった。統率はまったく取れず、運転手達は隊長の命令を少しも聞き入れなかった。勝手に振る舞ったが、トラックはきちんと列をなして走り続けた。私は一〇日間アルジャベッチというアフリカ名をもつ長身の陽気な黒人の横に坐り続けた。彼は時に唄を歌いながら踊るような身振りで運転を続けていた。山本隊長は食事の際の会計係に堕していた。車修繕用の諸道具を他人に貸すことは厳重に社長から禁止されていたが、休憩時には知らぬブラジル人にそれらをどんどん貸し与えたし、道路でエンコしているトラックを見ると勝手に停車して何時間でも手助けした。彼らは道々出会う人々すべてに、社員としてではなく、人間として対応していた。それで一行の進行は著しく遅延した。その効率の悪さに私も初めは苛立ち、隊長に同情していたが、次第にこれらの不思議なブラジル人の行動にもそれなりの合理性のあることを理解し始めた。求められたら断れない。自分が必要になれば執拗に求める。規則や命令に従うのではなく、自分の判断を優先する。乱れるし、遅れるが、ちゃんと並んで走っている。「乱雑さのなかの統一」というのだと説くものもある。「だらしがない」ブラジル民衆の抱く頑な論理みたいなものをトラック隊で私は嗅ぎ取り始めていた。これも人類学の勉強だと思った。

　アマゾニア一帯には様々な日本移民・日系人が約六千人、至る所で闊達に生きていた。私は七〇日ほどの間彼らと多くの接触をもった。大きな感動に包まれて大河べりを旅したが、これを詳述するとこの文はいつまでも終わらない。簡単に言えば、トメ・アスー中心の胡椒栽培者（新旧移民）、一九五〇年代に移住した日系集団地で農業を営む戦後移民の集団、サンタレンとマナウスの間に散在する、主にジュート（黄麻）産業に従事する「高拓生」（高等拓殖学校卒業生達・戦前移民）とその家族（ジュッテイロとも呼ばれる）、マウエスを発祥地とする、埼山比佐衛（故人）という宗教人を中心とした旧移民とその子孫達（高拓生らは彼らを「マウエス族」と呼ぶ）に分類される。私はこれらすべてのタイプの人々と密接な接触をもったが、二、三のエピソードの記述に留める。

アマゾン河河口の都市ベレンとアカラ・ミリン河上流のトメ・アスー周辺に二〇日間おり、予定ではこれで帰るのだったが、どうしても上流を見たくなり、一〇月一九日、マナウス行きの客船クルゼイロ・ド・スル号（二〇〇トン、アマゾン航行の最古の船といわれる）に乗り込んだ。埼山盛繁（日本在住。埼山比佐衛の甥）氏が途中まで同行した。薪を焚いて走る船で、大量に消費するため時々薪を求めて支流をあちこちする。客室はあるのだが、エンジンの熱で暑いため（昔々ヨーロッパから払下げられてきた）全員甲板にハンモックを吊って寝た。雑多な客達との交流が至極楽しかった。船尾で床屋を始め、一〇クルゼイロもてば全国旅行できるとうそぶく男がいた。セアラから来たギターを抱えた魅力ある母娘からハンモックで唄を教わった（現在でも私は歌える）。船が停まると、牛や豚が幾頭も船底に連込まれる。やがてこれらは一頭ずつ船底で殺されて順次食卓にのぼった。

二四日、われわれはモンテ・アレグレ港に上陸した。ここに戦後移民の集団地があるのだ。まだパラー州だが、ベレンから六二三キロ、マナウスまで約八〇〇キロあり、一二〇キロ上流にサンタレンの町がある。ここに一〇日間滞在し、アサイザール、ドイス・ガーリョス、アス・セーナの三地区に分住している日本移民を訪問、それぞれの地区で家長全員に集まってもらって座談会をやり、簡単な調査も実施した。移民は一九五三―五五年に四回にわたって日本から直接入植、一二八家族、八二七名入った。その直後から多数が他地へ転住してしまった。斎藤広志が一九五六年に調査した時には八〇家族に減少、その五年後の私の調査時には四五家族、二八〇名となっていた。多くはサンパウロ方面へ移動した。

座談会での最大の話題は結婚問題であった。植民者が三分の一になった上、孤立した僻地の異文化集団で花嫁の候補は皆無に近かった。一方、サンタレンから上流に散在していたジュート栽培の高拓生の家族には若い未婚女性があふれていた。高拓生は戦前の高等教育を受けた知識人で、成功者も多く、子女は教育が高いが、ほとんど日本語ができなかった。彼女らは戦後移民を結婚相手としては考えないうえ、周囲の非日系ブラジル人のなかにも相応しい相手は極少だった。教育や生活水準が一定レベルに達したものは少数しかいなかったからである。それでも残留して真っ黒になって開拓に従事している日本人は闊達で、逞しく、頼もしかった。無教育な土着民との交流、上流の日系人子女との亀裂、残留植民者間の熱い共同と葛藤、これらに直接肌で触れて、短時日ではあったが強烈な人間の営みを感じた。日本移民・日系人をよく知ることがブラジルを知ることになるのだと私は悟った。

アマゾナス州のパリンチンスにも数日滞在した。ここは高拓生のひとつの中心地だ。中井憲明というジュートの栽培と仲買いをやる高拓生の家に厄介になった。肚の坐った、男気のある好人物だったが、なぜか私のいる間日本人仲間と麻雀ばかりやっていた。私は一人でカメラを肩に、革の長靴を履いてよく町を散歩した。教会前の広場に来ると、三人の娘らが片言の日本語を盛んに投げ掛けてくる。私の格好はいかにも外来者風だったし、町は小さくて目立ったのだろう。立ち話をした。みな日系人で、内一人は混血で、私の知人の姪だった。高拓生の娘達だった。何時の間にかその仲間が寄ってきて一〇人ほどになった。片言以上の日本語は誰もできない。ただ何ということなく、よく喋り、よく笑い、写真を撮らされた。一番の美人は成功者で有名な木村氏（清涼飲料水工場の経営者）の娘だった。皆人懐っこく、物怖じせず、開けっ広げだった。モンテ・アレグレでの座談会がまざまざと思い起こされた。この娘らは私がマウエス行きの船に乗船する時、船までやってきた。まだ旅行者の珍しい時代だった。同じ町を歩いている時、「ジャポネース！」という声とともに駈けてきた七、八人の制服姿の女学生に両側から腕を組まれたこともある。「こりゃ、正しく異文化だ」と思った。

中井氏の夫人はアマゾン生まれの白人である。泉靖一・斎藤広志の共著『アマゾン——その風土と日本人——』（一九五四年）にはインテリで、その父は上流階級に属すると紹介されている。そして彼女が、日本人は理想的な夫である、結婚して後悔したことはないと述べたと書かれている。中井氏が麻雀をしている間、私は夫人と色々雑談をした。彼女は次のように語った。日本人は教育があり、勉強家だ。だが、インディオによく似た点が多くある。髪の毛をボサボサにして、裸で歩きたがる。裸で寝る。インディオそっくりです。インディオは生まれ肉を食べ、日本人は生ま魚を食べる。そっくりです。夜、男だけが集まってピンガ酒を飲んで、騒ぐ。インディオそっくりです。日本人は米からお餅を作る。インディオはマニオックから白いお餅を作る。そっくりです。日本人はインディオのように疑い深い。そっくり、そっくり。まだあります。日本人は独りでさっさと歩いて行く、後から離れて女が蹤いていく。そっくり、そっくり。日本人全部のことではありません。

この発言が泉・斎藤の著書における面接結果とかならずしも矛盾はしない。彼女が日本人の夫を嫌っているとはかならずしも言えない。この夫婦には九人の子供がいる。とても良い子らである。だが、この「上流階級」人の娘が「日本人がインディオそっくり」であることを残念に思っているふしがある。上に挙げた点を彼女が喜んでいると言う風には感じられなかった。面接も調査も難しい作業だ。「ひととなり」の深みに入り込む調査、人間研究がどうすれば可能か。交婚の上っ面だけの調査では私の望む人類学とは言えないのではないか。そんな思いが私の頭の隅にあった。「前山君は文学青年だから」と斎藤教授は口癖に言っていた。

小野三郎という豪快な高拓生と幾度か話をした。有名人でエピソードが多い。アマゾンの労働で真っ黒な身体をしていて、裸同然の姿で町を歩く。挿話によれば、クーヤという大きな果実の実を半分にして水汲みに使う器をひもで腰にぶら下げて歩き、知人に出会うとそれでピンガ酒を酌み交わすのが彼流の挨拶だという。総じて高拓生は身振りに構わない。話振りがぞんざいで、初対面の人にさえ「おい、こら」式が多く、女房と肩を並べて歩くタイプではない。よく人の世話を焼き、小親分的なところがある。皆はその小野をサブチャンと呼ぶ。彼は舟で八時間かかるところに農場をもっていて、ジュートを栽培している。種を播くのが面倒だから、風の強い日を待って種を空目掛けて撒き散らすのだという。その彼が「おれの所へ来い。二ヵ月位遊んで行け。本当のお前のアマゾンにしてやるよ。暇がない？　だったら、こんな所で船待ちしてるより、おれのとこで何日かいたら、マウエスまでおれの舟で送っていってやるよ。なに、片道一二時間位のもんだ」と言った。私の会った小野夫人は大変疲れた様子だった。高拓生は散り散りに孤立して小さな支流の縁りでジュート栽培をしていた。子弟の教育が最大の問題だった。そこでサブチャンが「何とかしよう」となった。夫人を町に居住させ、大勢の日系子弟を宿泊させて学校に通わせるようにした。多少の寄付は募った。彼は舟で八時間の農場に行ったきり稀にしか町に来ない。こうして夫人は疲れ切っていた。「大事な仕事をやってくれる人をあまり疲れさせてはいけない」と私のアマゾン日記の小野夫婦のところに書いてある。「インディオにそっくり」の日本人には、「皆ではないが」、こんな人もたくさんいる。特にアマゾン地帯に大勢いた。これらの人々が四〇年以上を経た二一世紀の現在、どうなっているのか、私には分からない。分からないが、これらの人々との出会いが私に私流の人類学への指針を示してくれたと言ってもいい。

マウエスに寄って行く客船は稀に来るアキダバンしかないという。マウエスは本流から遠く離れ、支流のはるか上流に位置する。風光明媚の冠たる土地で、埼山比佐衛がここに惚れたが、マラリヤで「日本人マウエス族」は衰退した。彼らの固執したグワラナ栽培も市場では軌道に乗らなかった。極く少数の埼山・神園家のものしか残っていなかった。その人々に会うために、私はアキダバンに乗った。到着の三〇分前にアキダバンは低く響く汽笛を三度鳴らす。それを耳にして、マウエスの住民は大勢港に集まって来る。アマゾンの人々は数多い航行する船をその汽笛の響きで家に居ながらにして聞き分けるという。ここに八五才の神園萬輔という埼山比佐衛のかつての盟友が矍鑠として健在だった。この老人とその子孫を識ることによって、私は「マウエス族」の威厳と気品に触れることができた。一一月二〇日の夜着き、二五日の夜まで滞在した。その間ずっとこの老人の話を聴いた。アマゾン生活の多くを教えられた。マウエス族の日系人はみなきれいな日本語をよく話す。少年少女もである。そしてブラジル学校でも成績が良い。神園萬輔の次男敞(たかし)氏が、マウエスの日系子弟を大学に入れるため、サンパウロで長年洗濯屋をやって大勢宿泊させ、あるいは寮に入れ、学費支援もしてやった。この親子は一体であり、若い世代の皆から大変尊敬されている。三男は商船大学の学生だったが、将来は船をもってアマゾン開発をやるのだと言っていた。話の内容には触れないが、私はいつも八五才の神園翁が越中ふんどしでマウエス河の白砂に降り立ち、河に入ってクロールの抜き手を切る姿を想起する。

ブウス・ラインという英国の商船会社所属の九一六トンの汽船が年に七回マナウス—ベレン—ニューヨークを往復していた。船員二〇名。これに頼み込んで、アルバイトという名目でベレンまで乗せてもらった。アマゾンの旅をするなら、できるだけ小さな舟で、できるだけ遅く動くことだと固く思い込んでいた私は、約七週間かけてベレンからマナウスまで遡行した。その河道を英船ヴィジランテは四日で一気に下ってしまった。この船では一部屋が冷蔵庫になっていた。冷蔵庫内部の清掃が私の仕事だということで、熱帯アマゾンの四日間を私は冷蔵庫の中で涼んで、日本の知人・友人（離日時カンパをしてくれた）に手紙を書いたり、旅日記を記したりして過ごした。良い船長だった。「あなたは、まさかジェームズ・キャグニーじゃないでしょうね」と私は冗談に訊いたことがある。そっくりだった。そのリチャードソン船長は一言だけ繰り返した。「オイ、日本人。かならずベレンで下船するんだぞ。ニューヨークまで行くんじゃないぞ。」

一二月九日（土曜）午前八時半、ブラジルの大西洋沿岸を南北に定期就航するアラチンボーという汽船に乗船した。七千トンの立派な貨客船である。ベレンで仲良くなった成功者の古い移民、実業家で、著書もあり、画家でもある山田義雄氏夫妻とその次男が見送ってくれた。彼の未完成原稿『大アマゾンの神秘』約七〇〇枚を彼の自宅で読んだ。この船はサン・ルイスには寄港せず、最初にセアラーのフォルタレーザに投錨する。そこの名士で、ペルー下りの老移民藤田さんに山田氏が紹介状を持たせてくれた。一二日午後、フォルタレーザに下船。門前に私兵の番兵を常駐させている藤田家で手厚い世話を受けた。セアラ大学の人類学研究所へ行くと若いアレンケール助教授がいて出版物をくれ、所長トーマス・ポンペウ・ソブリーニョとぜひ明日会えという。翌日老大家の所長と話をした。アリセという美しい孫娘が来ていた。彼女は所長の昼食への誘いを断って私の方を見た。私は藤田家へ送るという申し出を辞退した。そしてアリスは数時間市内を案内してくれた。夕刻、独りで浜へジャンガーダという筏漁船の写真を撮りに遠出をした。この市内では道を尋ねると目的地まで一時間かけても連れて行ってくれた。日本人が珍しかったのだろう。ある人は知らぬ間に私を新聞社へ連れて行った。編集長で民俗学者のエドワルド・カンポスが応待してくれ、著書もくれた。翌日の朝刊には写真入りで大々的に報道され、「日本から来たばかりで、すでに流暢なポルトガル語を話す」といい加減なことを書いた。週二回しか運行しない、内陸経由でレシーフェへ行く満員列車に乗り込むと席がない。だが、大勢が新聞に私の写真を発見して、あちこちからお座敷がかかり、席を与えられて雑談した。ある駅

では停車中、ホームで立ち話の紳士達の一人が私を見付けてつかつかと近寄って来た。恭しく一礼してから、

「失礼ですが、あなたは日本人ですか」

と尋ねた。そうだと返事をすると、そのまま何も言わずに引き返し、仲間に「どうだ、おれの言ったとおりだろう」と吹聴しているらしかった。

レシーフェではジルベルト・フレイレに会わされ、握手させられたが、私はこれがどんな大学者で国民的英雄かはその時少しも知らなかった。若いフレイレだった。

レシーフェからバイア州の州都サルバドールへは長距離バスの旅だった。バイアは黒人の多い地域である。ここでも様々な人々に出会った。ひとつの体験だけを記してこの項を終わりにしたい。バイア歴史地理学研究所の博物館まで案内してくれた紳士がいた。博物館内でも一々多くの民俗学的な展示品の説明をしてくれた。ランピオンという兇賊団の頭目の頭部ミイラもここで説明を受けた記憶がある。こうして案内が終わった時、この紳士が私になにか難しいことをいろいろ質問しているらしいが、なかなか呑み込めなかった。しばらく経ってようやくその意味が理解できた。彼はこう尋ねていたのである。

「日本にも私のような皮膚の色の黒い人種の人間が居住しているのですか」と。

そう解って、私は改めてまじまじとその男を観察してみた。すると確かにこの案内の人は黒人に属する人間だと判断できた。やや色が黒く、髪の毛は正しく頭上一センチ以内の空間にしっかりとしがみついてちぢれている。黒人に違いない。だが驚いたことには、二時間近い間二人きりで身近かに話続けていたのに、私はそのことに気が付いていなかったのである。その人の身振り、話振り、教養、身だしなみ等のことも確かにあろう。だが、なによりも私自身の人を見る目が、脳髄の視覚・判断装置が大きく変質してきていることに気がつき、驚いたのであった。百日近いアマゾンと東北部への私の旅は毎日劇的な事象の連鎖ではあったが、静かで重大な衝撃を私の心底にこっそり忍ばせていた模様であった。　サルバドール空港でキャンセル待ちの末、飛行機に乗り、サンパウロに帰ったのはクリスマスの当日だった。リオデジャネイロの港に下船して初めてブラジルの土を踏んでから七ヵ月が経っていた。

⑤ サンパウロの大学院で

サンパウロ大学本部からの留学奨学金は半年だけ延長されて終わりになった。私は日本から来て駐在している領事や商社マンの子女の家庭教師をしたり、ブラジル日本文化協会の機関誌の編集助手をやったりして食いつなぎ、家賃の安い郊外に間借りして通勤通学していた。幸い、サンパウロ社会学政治学院（サンパウロ大学付属機関）の修士課程に正規の学生として入学できた。院生時代は授業料全額免除という形での奨学生にしてもらったが、これにはそこの斉藤広志教授の口添えがあった。当時ブラジルでは大学院の制度がまだよく組織化されておらず、社会学と文化人類学の分野ではこの修士課程が全国で唯一のものだった。欧米へ留学できないものはここへ来て資格を取った。エゴン・シャーデン、フロレスタン・フェルナンデス等、ブラジルを代表する俊秀教授達もここでエミリオ・ヴィレムズ、ヘルベルト・バルドス（以上ドイツ系）やドナルド・ピアソン（アメリカ系でシカゴ学派の一人）達から学んで修士となった。それが当時は博士扱いでもあった。一九世紀以来、ブラジルの民族学、人類学、社会学の現地調査と研究はドイツ、アメリカ、フランスからの外国人によって主に推進されていたが、サンパウロの産業化が進行し、ナショナリズムが昂揚した一九二〇年代後半から三〇年代初めにかけて民族資本家達の拠金による基金が設けられ、「ブラジル人によるブラジル研究・調査」のための機関として一九三三年に創設されたのがこの社会学政治学院で、フランスのエコール・リーブレをモデルとしていた。以前ラドクリフ＝ブラウンもここで教鞭をとったことがあり、英米では名が通っていた（数年後、コーネル大学でレイモンド・ファースのゼミに参加した時最初に訊かれたことは「サンパウロのエコールは健在か」であった）。私が入学した頃には、ブラジル社会学・人類学史のうえで大きな役割を果たしたこの大学院もやや斜陽化し始めていたが、いつもアメリカの大学から客員教授が二、三名来ていたし、全国からの国内留学生のほかに、コロンビア、エクアドル、アフリカ、合衆国などからも留学生が来ていて賑やかだった。国内からはすでに地方の大学で教えているものが幾人かいたし、アメリカ人では現役の海軍キャプテンやプロテスタントの宣教師がおり、アフリカからの留学生は王子だということだった。

院生に特に人気のあったのはプロコピオ・カマルゴ教授

の講義で、彼は知識社会学・宗教社会学の専門家だった。哲学畑から出て、コロンビアやソルボンヌでも学んだプロコピオ（われわれはみなこう呼び捨てにしていた）の講義は難しく、また独特の表現と話し方をするので言葉のよくできない私には理解しにくかった。

「いや、われわれブラジル人にもよく解らないんだ」

と友人らは言った。彼の講義は「宙を飛ぶ」といわれていた。話がどこへでも飛んで行き、やがて独創的な解釈に及ぶと初めて学生は出発点との関連に気がつく。私が最初に出た時は、マンハイムの『イデオロギーとユートピア』をテキストに、一章ずつ論議していった。社会学の下地がなく、文学青年的発想が優先する自分に「科学」を注入しようとしていた当時の私は、マンハイムを懸命に読んだ。ポルトガル語では間に合わないので邦訳と英訳を使って読んだ。プロコピオの人気の秘密はその人柄と独創性にもあったが、やはり哲学の知識とポンポンと飛び出す古典からの引用にもよっただろう。彼は良い意味でもっともブラジル的伝統のスタイルをもった知識人であったが、実地調査にも熱心だった。

彼の授業は夕刻や夜に行なわれ、一種のサロンの雰囲気があった。専業の学生以外に、他の大学で教鞭をとっている若手研究者や単位をとうに済ましたが修論未提出のもの、学生の夫や妻なども聴講していた。フルタイムの職業人が幾人も混じっていた。幾年もプロコピオの授業だけで大学につながっているものらも何人かはいた。まるで講演でも聴くように時折通って来る。

授業が始まってずいぶん時間が経ってから入ってくるものも多い。そんな学生も、着席前に友人らに指や目で合図を送って挨拶し、ぐるりのものとは握手を交わすことが普通だった。こうして遅れてきた学生が五分もすると手を挙げて質問したりする。それでもどの教師も厭な顔ひとつせず、それをまっとうに受けとめて説明する。「君は今頃出てきて、そんな質問をするのか…」といった類いの反応は見たことがない。学生は気軽に質問し、自分の無知も不勉強もあまり頓着ない。日本の、遅刻せず、欠席せず、質問せずの学生のほうが良い聴講生かどうかは疑わしい。私は、こういった学生の言葉や身振りのやりとり、教師の対応の仕方からもふんだんに物事を学習する。多くを人前で喋る人間が能力あり、黙しているものは無能力であると見られることがブラジル人の強い性癖であることを私は感じ始めていた。不快を露わにする教師のいないのも不思議だった。二〇名ばかりのクラスもブラジル社会であり、異文化であり、私の現地調査の現場だった。

⑥ 人種偏見有無の諸相

クラスでいつも一緒だったブラジル人に開業歯科医のクレウゼというのがいた。多弁で世話好きで、人触りがよかった。社会医学的見地からの文化論に課題を見出していて、病気と医療と俗信・信仰の関係、現在では医療人類学といわれる領域であるが、当時はまだ研究者は少なかった。四〇才位のがっしりした大男で、やや色が浅黒く、混血に違いないが、人種的にどのような範疇に入るのか、私には判断できなかった。一年ほども経って、かなり親密になった頃のある日、気を許して尋ねてみた。

「ところでクレウゼよ、君の先祖には、なにかね、アフリカ系の人が一人位はいたのかいな」

すると、いきなり彼は、

「でも、おれの娘は白い。娘は色が白いんだ」

と、大分きつい口調で繰り返した。大学院で社会学と人類学を共に学ぶ研究者を目指す仲間である。そのうえ大学では教師達がブラジルでは人種偏見は皆無とまでは言えないまでも、極めて弱く、人種意識は階級意識・都市農村の区別などに比べてずっと影が薄い、

「人種は階級にとって替わられた」

と論じていた。私は、このような理論には疑問を抱いていた。学友の彼とならこの程度のことはざっくばらんに話し合えるものと思っていた。だから、彼のその時の反応には驚いた。やはり私的なことは訊くべきではなかったのか、と思った。

だが、さらに私が驚いたことには次の授業の日に一五、六才の娘を教室に連れて来て、クラスの学友全員ひとりひとりに、これが私の娘だと紹介して歩いたのである。可愛らしい娘だった。高校生位で、学校をわざわざ休ませて連れて来たもののようだった。父親よりは少しばかり白めかもしれないが、どこか父親以上にアフリカ的な顔の輪郭ももっていた。私は、心の深淵に人種偏見等はさらさらもたないなどと宣言することはできない。だがその自分の深層をも含めて、ブラジルの人種関係の在り方を真摯に学び、解釈していこうと考えていた。その頃私が母校の静岡大学

の事務官に用事とともに書き送った便りが文理学部同窓会会報の第一号にそのまま掲載された。その一部に、

「ともかくブラジルを愉しんでおります。そして、他に百ほどもある外国のうちから、動機はともかくとして、ブラジルを選んだということを貴重なものとして大事にしております。丁度、八、九年前に何の理由もなしに静岡大学にやって行ったときのように。近ごろはつとめて黒人達とも仲良くしております。黒人娘は、本当のところとても美しい。内心アブナイナと時折自らを抑えます。真黒い自分の子供を見るのは少しばかり厄介なことですから」とある。

アマゾン旅行から帰ってからは長い旅行には出ず、市内での「探険旅行」を中心にしていた。大学院に通い始めればサンパウロに缶詰になる。アフロ・ブラジリアン宗教の集会所に出入りし、黒人の民衆劇場グループとも付き合っていた。私の母校への便りは正直なものだ。私は紋切り型の挨拶はほとんどやらない。アブナイナと思い、厄介だなと感じるのがどのような偏見と差別なのかは難しい問題だが、当時個人的に知合った黒人娘らは魅力もあり、美しいと思った。勢いで結婚してしまうことがありえないことではなかった。クレウゼの示したようなブラジル人の人種態度を「白人化（ブランケアメント）」ということもある。研究者によって解釈が異なるが、ブラジルの人種型が全体として種々の要因により次第に白くなってきていると主張する研究者の見解を言うが、ここでは詳述しない。それともいくぶん関連して、一般人の白人指向、黒人・混血人の白人コンプレックスに基づく「白人指向婚」に関わることを言う研究者もある。社会的地位や富を獲得した黒人や混血種の人々が、その地位と富に相応した分だけ自分の皮膚の色よりも白い女性と結婚する資格をもつと考え、そのような結婚相手を求める。英語では"marry white"といって西半球では広く見られることである。皮膚の黒さは「血の汚れ」であり、「汚染されている」という思考の顕れであり、可能なかぎり白化を願う。白人指向婚の子孫は皮膚の色が大いに薄められ、「血の汚れが清められ」、家族全体の皮膚濃度が下がり、白人化が進む、そして社会的威信が高められると考える。こういう人種観は広く見られる強い傾向で、「サッカーの王様」ペレーも真っ白の美女を妻とした。白ければ白いほど、ヨーロッパ的であればあるほど望ましく、黒ければ黒いほど、アフリカ的であればあるほど蔑まれるという人種ランキングを明示していて、これは色

の黒い人々の間でも顕著である。ブラジル学を始めたばかりの私にはまだよく分からなかったが、わが友クレウゼは人種的には「パルド」(ムラットよりはやや褐色に近く、広い範囲の混血種の人々を指す範疇)に入るだろう。彼は開業歯科医で、サンパウロ大学の大学院で学ぶ知識人である。歯科医は他の医師よりは社会的威信は低いが、パルドとしては彼は成功者であって、それに応じた白さをもった妻をえたのであろう。私の質問はこういった点に関するものではなく、また私の人種観に基づいたものでもなく、多様なブラジル人を見る目を培うための友人間の雑談だったのだが、彼の反応は意外だった。そしてそこから私は多くを学ぶチャンスをもらった。私は少しばかり用心深くなったが、類似の質問を止めはしなかった。止めれば研究者であることを止めることになる。クレウゼの反応はこだわりに満ちていたし、個性的でもあった。人種意識は強いが、それは抑圧され、平生は表面には出さない。ブラジル人は私のような質問はしない。言葉にはしないが、人々はその意識に指示されてそれぞれに行動する。クレウゼの行動はかなり直接的だった。私は「君は黒人か?」と尋ねたのではもちろんないのだが、彼はそれに近い形に受けとめたのだろうか。それは分からない。

「ブラジルには、人種偏見がない、という偏見がある」という発言をブラジル人社会学者が始めたのは一九七〇年頃からである。八〇年代になると、ブラジルの人種偏見を匡正することは北米の場合よりはるかに困難であるという見方も出てきた。言葉にされず、表立って議論されないから、変化が至難で進まないのである。人類学の学徒でありながらあのような態度を表わしたクレウゼとは議論に入ることはできなかった。マットグロッソのインディオの民族誌をやるばかりが文化人類学ではないという視角を私は次第に育てていった。

プロコピオ教授はアラン・カルデック流の心霊主義からアフロ・ブラジリアン宗教のカンドンブレやウンバンダまでを包摂させて「憑依宗教」と呼び、その調査に基づいた著書 Kardecismo e Umbanda-Uma Interpretação Sociológica (『カルデシスモとウンバンダーその社会学的考察』一九六一年)を出版した後、一時ブラジル内陸地域における牧畜社会に関する調査に意欲を燃やしていた。砂糖とコーヒー栽培、奴隷と移民中心の研究に新しい視角導入の可能性を探っていて、院生の幾人かはこれに協力していた。私もこれに一時参加して、独自の『ブラジルの社会階級に関する文献目録』をいくつかの項目に分けて作成して提出した。これは教授の大変高い評価を得た。プロコピオは「日本人はいつも黙っているが、やることがちがう」と言ってみなに見せびらかした。一九六三―六四年のブラジルにはそのような観点からの文献目録はどこにもなかった。私は語学の不足をカバーする勉強戦略として、ブラジル文献にできるだけ早く精通することを目標にして独自に文献カード作りに精を出していた。その小さな成果が初めて出た。プロコピオの私への信頼はこれから始まった。以来学友らの私を見る目も変わってきた。

ある日私たちは、市内のアグア・ブランカ区にある農務局畜産部の図書室でブラジル史における牧牛の品種選別法、改良法と牧夫社会の構造に関する文献目録作成のため出掛けて行った。

たまたま私は、クラスで一番若い二三才の美人ソーランジュと二人で歩いて行った。人通りの少ない小路で前方から一組の少年少女が寄り添い、腕を組んでやって来た。それを目にしてソーランジュは、私の耳元で咎めるような口調で低く言った。

「見てよ。何時からこんなに早くから恋愛《ナモーロ》するようになったんだろか。まだ、子供じゃない」

よく見ると、一三、四才の少年が一五才位の少女の腕をとり、しかもちゃんと相手の指を弄びながら、ゆっくり来る。まだ流行にさえなっていなかった大型の四角い黒縁トンボ眼鏡をかけたソーランジュは、歩きながらじいっと二人の様子を窺う。小柄なソーランジュは私には一八才位にしか見えない。

「結構なことじゃないか」

女性への働きかけについては何の実績もなく、何もできない環境でできあがった自分に文化的な欠陥さえ感じないではなかった私は、負け惜しみではなくそう返事をした。その頃私は、ブラジルにおける一〇代の男女の交際や恋愛について漠とはしていたが、ある独自の仮説を密かに抱いていた。少年少女は、止むに止まれぬ内からの衝動によるというよりは、恋愛というフィクションをもった男と女の一対一の交際、対決、闘いを通して自己を社会的に鍛練する修業をしている。これは懸命な教養の場でさえある。ブラジルの「ナモーロ namoro」は日本の「恋愛」ではない。それは比較できないような何かだ。どうしてあれほどの熱意をもってずいぶん若い頃から異性に休みなく働きかけるのか。ブラジルの一〇代の子供は、人間関係一般を操作して独立自立で世間に立ち向かっていくための社会化の研修の場を男女のナモーロに求めている。ナモーロには技術と機知と戦略が要る。相手の心の内を深く、かつ機敏に読み取り、一センチずつ近付き、小指と薬指の先で相手の肌に静かに触れていくコミュニケーションの方法を習得しなければならない。まずこれには、親、友人、教師の介入も応援もない。またあってはならない。そういった介助が入った時、少年は男として失格する。ナモーロが一旦始まると、どんなに少なくとも日に一度は、できれば三度ほど会いに行くのがブラジル方式である。日本とは天地の差がある。一〇代の少年少女が社会に出て逞しく自立的にやっていくための、一番力を入れた修養の営為なのではないか、というのが私の抱いていた仮説だった。

「結構だって？　何言ってんのよ。早すぎるわよ。こんなの最近の風潮よ。私は一七才になって初めて男性と腕を組んでデートしたけど、それでも早い方だったんだから」

私の連れの四角い黒縁眼鏡の美女が意外に保守的な言を吐いた。

「じゃ、何才から始めりゃいいんだね」

「一七才の終わりよ」

彼女は言下にこう言い切った。一五才と一七才のどこに差があるのかは私にはよく納得できなかったが、彼女の独断が快かった。この女性からこのような倫理話が聞けるとは思わなかった。彼女は教室でもどこでも、学友仲間のだれかれに大袈裟なウインクをする。私と話す時も、私の肩に手をおいて喋る。立ち話で男の両掌を取って、抱きつかんばかりの姿勢で話をする。これらの日常の小さな、肌すり合わせるような象徴性のある相互作用がとても興味深い。日系二世にはこういったコミュニケーションが下手なものが多い。私は《日系二世はおれと同じで、一〇代の頃しっかり修養しなかったんだな》と了解する。ソーランジュは違う。彼女は美女で、派手で、あっけらかんとしているように見える。しかしこれを私は、天性のものとも、ただの民族的特性・文化とも思わない。「一七才の終わり」からの鍛練の成果なのだろうと考えてみる。

「セルヴィード（あんたも噛らない）？」

大きな赤いりんごを丸噛りしながら歩いていたソーランジュは、噛りかけのりんごを私の顔の前へ突き出した。私は肚を決めて思い切り噛った。これも修養だと思った。

私のクラスメートでは新たに二組の恋人カップルが進行中だった。ここではその一組にだけ触れる。イタリア系の長身美男子ルイスはパラナ州からの、黒人娘マリア・ジョゼェはバイア州からの国内留学生だったが、この二人が数ヵ月前から熱いコミュニケーション中なのは皆が知っていた。ルイスは講義を聴き、ノートを取りながらも隣りのマリア・ジョゼェの耳を左手で時々いじっている。ソーランジュもそれを知っているが、ルイスとの立ち話ではよくその両掌を掴んで話し込み、マリア・ジョゼェをやきもきさせた。それでもソーランジュは気が付かない振りをしている。《こりゃ、勉強させられるわい》と、私は成行を見るが、何事も起こらない。ソーランジュには北米に留学中のフィアンセがいて、近々ワシントンに飛んで結婚する手筈になっていることをわれわれが承知していたからかもしれない。

畜産部の図書室では、プロコピオの手助けに大きな喜びをもっているフェルナンダが指揮を取っていた。単位はとうに済んでいるのにプロコピオの授業にだけ出てくる、家庭の主婦に納まった女性である。ふくよかな風貌に堂々とした体躯である。頭がよく、弁がたち、よく気がつき、親切な女性だ。あまり欲はないようだ。ルイスとマリア・ジョゼェが抱き合うような姿で入ってくる。図書カードをめくってメモを採る仕事をしながらも、雑談は止むことを知らない。

「調査もいいけど、あたしは宗教的な著作を読むのが大好きさ。ジャック・マリタンなんかがいい」と母親タイプのフェルナンダ。

「一番良いのは大宗教家の日記を読むことだ」とルイス。

「ルイスは熱心なカトリックだと自称するが、おれがアフリカ宗教に通うほど教会には行くまい」と茶化す私。

「週に何回行く?」

「二、三回」

「おれは毎日かならず行く」とルイス。若い皆が意外に熱心なカトリック信者なのに私は驚いた。人類学・社会学を学ぶ、新左翼などに共鳴するこれら現代の院生達が日常を宗教的に生きていたとは予想外だった。

「マヤはもう日本には帰らないさ」とルイス。

「ブラジル女を見つければ、ね」とマリア・ジョゼェ。

「あたしに、可愛い従妹がいるわよ。あたしの家族にンダ。

入ってくるかい」と表情を変えないで軽口を言うフェルナンダ。

「そりゃ、耳よりな情報だ」と私。

仕事が一段落して私はフェルナンダと帰途についた。アグア・ブランカの畜産部の庭はイペーの落花で黄色に埋もれていた。フェルナンダは二才の一児の母。夜の講義に出ているると、半ば位には夫君が迎えがてら姿を現わし、ともに講義を聴いていく。畜産部の帰途、フェルナンダは私のことを訊く、私は彼女のことを訊く。

「あたしの家は百万長者よ。これも神様のおかげです」

のほんと、そんなことを言う。少しの厭味もけれん味もない。日本人は元より、ヨーロッパ人もアメリカ人もこういう言い方はするまい。彼女は隠すでもなく、鼻にかけるでもない。さらりと言うブラジル女性はなぜか清々しい。ブラジルを代表するある出版社の社主のいとこに当たることを耳にしたことがある。私は彼女やソーランジュのこのようなこだわらない開放性に感嘆する。隠微な美しさをにじませる日本女性とはまるで異質な、別世界の女性像だが、私に異和感はない。かならずしもブラジルに同化したからでもない。ある種の日本女性には私は強い異和感をもちつづけていた。私が日本的価値観に埋没していて、ブラジル的価値観に埋没した女性の発言に文化差を覚え、了解に苦しむといった状況ではさらさらなかった。私がブラジルで何もカルチャー・ショックを感じなかったというのではないが、文化の差と相克の問題以上に、状況をにらんで生きる具体的個人としてのフェルナンダと、相手を了解しようとしている具体的個人としての私との間に現象する、私の実感的感応を大事にして物事を考えようと私はしていた。

二人はバスに乗った。フェルナンダが先に乗り、車掌席で金を払って釣りを受け取らずに行って腰掛ける。後から私が釣りを持っていってやり、

「ほら、君の釣りだ。百万長者だね、君は」と言うと、

「そうですよ」と軽く言って釣りを受け取った。私はユーモアを感じていた。

白人ブラジル女性のこういったおおらかな行動はおそらくエリート層の伝統的文化に根ざすものでもあろうし、歴史社会学的研究をすればその結果私はこれらに批判的になるかもしれない。ブラジルの進歩的な社会科学者達や過激な反体制運動のリーダー達も多くはこのようなエリートの背景から、ある種の行動様式を曳きずりながら出てくるの

である。ある知人は大学での学生運動の急進的リーダーのひとりだったが、ある時雑談のなかで日本に留学してみたいと言った。少し話しているうちに、日本では女中は雇えないと説明すると、彼はハタと当惑し、その一事で二度と留学の話はしなくなった。こういったことに私は気が付いていないわけではなかったが、フェルナンダやソーランジュの言動に良い感慨をもち、親近性を感じていた。

やがてルイスとマリア・ジョゼェは結婚した。院生の仲間も幾人かはこのカップルの新居となる狭い安アパートでの披露宴に出た。だれの挨拶も儀式も司会者もない。座席指定もない。人々の自然の動きと会話がとても良かった。日本の結婚式の在り方にこそ深刻なカルチャー・ショックを抱き続けている私には爽やかだった。教会で式をやったのかどうか、私の記憶にも記録にもない。マリア・ジョゼェの簡単だが美しい、膝までしかない白い輝く花嫁衣裳が私の脳に焼き付いている。この二人はフェルナンダやソーランジュとは出自が大分違う。ルイス・B・ロッシはイタリア移民の三世で、典型的なコーカソイドの風貌をもつ、色の白い、長身の美男子で、金縁の眼鏡が似合う。とても知的な印象を人に与えるが、富裕の出ではない。マリア・ジョゼェは誰が見ても黒人だが、ポルトガル人とインディオの血も享けているという。頭脳明晰な魅惑的な女性で、情のこまやかな対応をする。ソーランジュのような大振りな仕種はしない。「黒人の首都」ともいわれるバイアからの国内留学生で、サンパウロには他に愛くるしい妹が一人住んでいた。移民と奴隷の子孫であるから、エリートの出とは異なる。披露宴も質素で、狭いアパートでやった。この質素振りは信仰厚いルイス好みかと思った。これより少し前に、フェルナンダの自宅でルイスの誕生祝いをやった時の方がはるかに豪華だった。

披露宴には双方の親類縁者が大勢来ていた。出席者の半分が黒人で、あとの半分が明らかな白人だった。この宴席に限ってブラジルでは珍しく白黒の対照が鮮やかだった。二、三の院生仲間を除けば、黒人は皆マリア・ジョゼェ側の縁者だった。皆に一人ずつ紹介される。私も、マリア・ジョゼェやその妹のような愛くるしい黒人娘と結婚することがありえなかったとは思わないが、このように大勢の黒い親戚縁者群を一夜にして自分のネットワークの中に抱え込むことになるのだということに、私はその時までうかつにも気がついていなく、心の準備もできてはいなかった。

《これが結婚というもんだ。これがネットワークというもんだ》

私は感嘆しながら、遠くからルイスやマリア・ジョゼェを眺めていた。披露宴のホスト役として一番忙しく動き回って世話を焼くのは新郎と新婦だった。

後日のことになるが、ルイス夫婦に子が生まれ、祝いに行った。産後一週間の頃で、ルイスの母が一千キロの遠路を出て来て世話を焼いていた。初孫だといって殊の外嬉しそうだった。ルイスの妹弟の姿もあった。白い一族が頻繁に出入りするのを見るのは嬉しかった。日本移民の場合は違うと喧伝されているが、実態を見聞したことはない。

「可愛いでしょ」

マリア・ジョゼェは自慢気に子供を見せた。アンナという。イタリアとアフリカの血の他にポルトガル人とインディオの素質も享けたアンナは国是を一身に背負っているように思われた。当然ながら母親より白い。新生児は白いが、成長するにつれマリア・ジョゼェに半分は似てくるだろう。プレゼントを渡しながら言った。

「アンナも可愛いが、マリア・ジョゼェも可愛い」

私の物言いは大分ブラジルに同化してきたのだろうか。下手な外国語の方が照れずに真直ぐ口にできる。語学力のせいで難しい表現はできない。日本では言えないことを口にしてから自問自答が続く。それだけだろうかと。言葉は対話だから、話者の心象の鏡であるよりは相手の理解に適合させて話すものだ。たてまえでもお世辞でも心の同化でもない。私は自分の口から飛び出す言葉尻の調査や解釈を努めて試みていた。自分というものはリトマス試験紙である。文化人類学を志すものには、文学における同様、自分自身が資料であり、方法でもある。

「ゼェの命令で買物に行く。お前も来いよ」

ルイスに誘われて、私も出る。ゼェとは、ルイスのマリア・ジョゼェの呼び方だ。ゼェとは一般には男への愛称だが、彼は愛人時代からこう呼んでいた。薬局へ行った。「シュペッタ（おしゃぶり）」を買うのだという。大はしゃぎの彼は、お前が選べという。私の好みを選び出して言った。

「おれが払う。おれにプレゼントさせろ」

するとルイスが言った。

「じゃ、おれはピストルを買ってくる。シュペッタを諦めるか、それともおれのピストルで若死するか」

ルイスはその鼻先をピストルのように私に突き付けた。父権を主張する彼は努めて有頂天を装っていた。私の冗舌は多分にエトランジェの所為であることは承知していた。帰り道、ルイスは意外なことを言った。

「おれは、もうカトリックを止めたよ」

内奥地から出て来て二年、懸命に社会科学を学んでいた。マリア・ジョゼへののめり込みもそれと無縁ではないのではと私は憶測していた。真剣なクリスチャンは時に突然真剣な無神論者に転身する。

「じゃ、乾杯だ」

そう言ってわれわれはもよりのドイツ人のバール（立ち飲みの一杯屋）でシュペッタ入手とルイスの信仰転落を祝して乾杯した。彼の社会学は只の身過ぎでも出世欲でもない。信仰と自身の人種偏見との闘いと結婚と生涯とが一体となった捨身のものだった。それを彼の人となりから幾分感得し始めていたので、私は他の学友よりも親しくなったのだった。私は彼の態度が一番私の人類学への姿勢に近いと感じていたのだった。しかし私はやはり黒人娘とは結婚できまい、また、それをすることが正しいことだとも考えなかった。こういった問題をルイスと真正面から議論することはできなかった。

一九六三年の日記には、「大学を休む。バス賃が無いからである」、「バス賃がないため、奴隷解放記念の催し［ウンバンダ・カルト集団の］に行けない。部屋で本を読む」、「貧して貪するザマなり」といった記事が散見される。奨学金が切れて二年ほどはいろいろと困窮した。知人に小銭を借りるのが苦しかった。借りるか、大学を止すしかないと思われた場面も何度かあったが、人に助けられた。学業についていくのも容易でなく、仕事探しを最優先にはしなかった。恥をかいても致し方ないと考えた。住まいから市の中央まで一時間余りで、朝夕のラッシュ時は超満員だった。市内で働く低賃金労働者層の半スラム的な周縁居住地域だったから、バスの混みようは殺人的だった。それでも始発地点近くから終点まで乗ったから、座って本をよく読んだ。院生の二年目位からアルバイトもやや安定して、少しは余裕もできてきた。家庭教師の他に、日本文化普及会の日本語講師、サンパウロ文化協会機関誌の編集事務、当時まだ準備段階にあったサンパウロ人文科学研究所の唯一人の事務員（週一日）等の雑用をやりながら、次第に私は日系社会のなかに深入りして行くことになった。

この頃、アフロ・ブラジリアン宗教のグループや黒人の民衆劇場集団と繋く往来していたが、これについては次章に少しだけ書く予定である。

⑦ 博物館屋上の墓

私の中核的関心事が次第にインディオから離れ始めていた。その頃古本屋で最初博物館で読み出した南米インディアン・ハンドブックの端本三冊を発見して少し無理をして購入した。大百科事典の編纂に用いたものが流れ出て来たものだった。揃わず、線引きがかなりあったが、嬉しかった。当時は黒人関係の本を主体に買っていた。

ある日、久しぶりにヴィルマと会うため博物館へ行った。暗い資料収納庫と階段を潜り抜けて屋上へ行った。ヴィルマは席をはずしていたが、若い図案家が椰子の実で細工されたムイラキタンと呼ぶ首飾りを床一面に拡げて作業していた。それがニムエンダジュのトゥクーナ族コレクションであることを私は知っていて、それを評したりしていた。懐かしい部屋で、棚にはウオレスの擦り切れたアマゾン旅行記があり、胴体に無数の鉄片を突き刺したアフリカの木像も以前のままだった。

ヴィルマの夫君アロルド・シュルツ（ドイツ系二世の民族学者）の机には、古めかしい大型タイプライターと頭蓋骨の標本が置いてある。その机の横に以前から見て慣れっこになっている御影石製の、インディオの葬制土器の模型があった。ブラジル・インディオの葬制土器で一番広く見られるのはトゥピー＝グワラニ語族の甕棺である。マットグロッソでヴィルマらと発掘した時、大小百近くの類似の甕棺を掘り上げた。あれもグワラニ系のものだ。ブラジル先住民のものには石製の棺はない。この部屋の石製甕棺は形状をややそれを真似たものだろう。上は直径七〇センチ位、逆円錐形で高さは五〇センチほどだ。教材として作成されたものかと思い、特に注意したことはなかった。

私はヴィルマを待ちながら手持ち無沙汰にその石棺の蓋を開けてみようと力を入れたが、がんとして開かない。よく見ると、そこに、

Curt Nimuendaju Unkel 1883-1945

と彫ってあるのに気付き、驚いた。石だから模型なは

ずだが、ニムエンダジュの墓碑銘らしい文字が入っている。ニムエンダジュはイエーナ生まれのドイツ人で、高等教育は受けたことがなく、二〇才の頃に並みの移民としてブラジルに渡った。間もなくインディオ文化に魅せられ、一九〇五年の頃から独学の現地調査によってインディオ研究を始めた。一九四五年にソリモンエス河（アマゾン河の本流は一部でこの名に変わる）流域のトゥクーナ族の間で現地調査中に病死するまでの四〇年間、ほとんど毎年フィールドワークを実施したブラジル人類学の最大の先駆者である。私がヴィルマに教えられてこの部屋で読んだ『南米インディアン・ハンドブック』第三巻で一番多くの部族について書いているのも彼である。その巻も今回古本屋で買ったばかりだった。

ドイツ人としての本来の名をクルト・ウンケル Kurt Unkel といったが、一九〇六年、彼が調査したグワラニ族から正式の通過儀礼をとおしてニムエンダジュの名を与えられ、一九一四年以来本名とこれを複合させた Curt Nimuendaju-Unkel の筆名で論文を発表していた。一九二二年にはドイツ名を破棄、グワラニ族の名をもってブラジル国籍に帰化、以後クルト・ニムエンダジュ Curt Nimuendaju（ブラジル式にCで始まる）名で数々の論文を発表しつづけた。

この石棺の話を図案家と始めた時、ヴィルマが夫アロルドとともに部屋に戻ってきた。

「これはニムエンダジュの墓か?」

と私が問うと、アロルドは自分の椅子に腰を降ろしながら、傍らの石棺に手をやった。

「そうさ。わたしの先生はここに眠ってるんだ」

石棺を両掌でなでながら、アロルドはそう言った。アロルドはニムエンダジュの唯一の直弟子である（ニムエンダジュは大学で教えたことがない）。バルドス教授の書いた追悼論文では、「ニムエンダジュは一九四五年一二月一〇日、トゥクーナ族の間で現地調査中に死亡、ソリモンエス河べりのトゥクーナ族の地に眠る」とある。アロルドは師の急死に直面してトゥクーナの地を訪れ、遺骨の一部を持ち帰り、グワラニ族甕棺の文化様式どおりに設計した棺を、もろくて壊れやすい土器ではなしに御影石であつらえて、研究室の自分の机の横に安置したのであった。グワラニは棺を土中に埋めるが、アロルドは屋上の研究室に「埋めた」。この偉大な先駆者の棺がグワラニの外衣を着てこの若い人類学者達の揺籃の場に「埋葬」されているのを見て、私はいたく感銘を受けた。私自身も、ブラジル人類学へのイニシエーションをこの部屋で受けたと言ってもいい。

《このへそ曲がり奴、こんな処に潜りやがって》

と心に叫ぶと、私は大きく力づけられたように感じた。私の心はインディオ研究から離れ始めていたが、ニムエンダジュは私の心の支えだ。バルドスではない。ニムエンダジュは大学教育を受けない独学の士だ。私は曲がりなりに大学で学んだが、日本のエリート大学とは縁がない。少なくとも日本を出るまでは、私の探索のスタイルは独学独行的だった。私は、ヴィルマとアロルドとの縁でニムエンダジュと繋がったことを大事に思った。

ブラジルのアマゾン地帯とマットグロッソの奥地では、史上数々のインディオとブラジル人との間の殺戮の悲劇が繰り返されてきた。植民者はインディオの土地を奪って開発を進め、彼らを密林の不毛の地に追いやり、その復讐を怖れて討伐隊がインディオを皆殺しにする。インディオは探検隊や教化に入った宣教師の一隊を襲う。研究者や宣教師も、また友好的探検隊も自分たちの意志に反して免疫性をもたないインディオの集団に疫病をもたらす。単純な流行性感冒で、幾百人ものインディオが短時日のうちにばたばたと死亡し、インディオは「文明」への恐怖を募らせる。

今世紀初頭からニムエンダジュは、これらブラジル社会と「文明」を怖れ、それに対する敵意と警戒心で堅固に武装した、「文明」人側にはその言語も行動様式もまったく未知な数々のインディオ集団に対して根気よく接触を試みた。失敗を繰り返しながら、鉄製の斧や山刀、ナイフや衣類などインディオが自分では生産できない重要な利器などのプレゼントを執拗に送り続けて、あくまでも平和的な手段で友好関係を築いてきたのは英雄的であり、神話的でさえある。その詳細な具体像は大変感動的なもので、フランスの人類学雑誌に発表されている。だが考えてみれば、長い歴史的過去から見れば、それはついこの間のことであり、大学教育を受けなかった一ドイツ移民の孤独な闘いであったし、また大変民族学的な手順をふんでいてひとつの学問的革新(イノベーション)でもあった。レヴィ＝ストロースを人類学に導いたのはロバート・ローウィの著作だったが、そのローウィによってニムエンダジュの著作の多くが英訳され、出版されている。

ニムエンダジュの生涯とその人類学的仕事は、レヴィ＝ストロースの人類学が『悲しき南回帰線』という著書を通して私に教えたものとは異質なスタイルのものを暗示してくれた。レヴィ＝ストロースはエリートの大学を卒業してフランス政府の派遣でブラジルに乗り込み、短期間滞在し、探険と簡単な調査だけを行なって去って行った。あとは文献データを駆使して新しい明晰な理論を発明・展開したし、インディオ文化の省察とその文明論的解釈、インディオとの邂逅・対話を触媒としての自文化・ヨーロッパ文明の鋭敏な再考察の手並みを見せてくれた。一方、移民クルト・ウンケルは生涯ブラジルに留まって、自分の私的な感触を頼りにそれを育みながら、全人格的に名実ともに民族学者クルト・ニムエンダジュとなり、そのたった一人の弟子の手によってサンパウロの民族学博物館内に自分の象徴的墓をもつに至った。彼はアロルドのために、現地調査の方法と具体的手順に関する微に入り細を穿ったノートを書き残している。アロルドはそれに基づいて膨大な量のインディオ民族誌を収集記録して刊行している。それらはほとんど皆この博物館発行の民族学雑誌に掲載されている。バルドス教授は後日私の頼みに応じて、その雑誌のバックナンバーをあるだけくれた。

私の心はもはや密林内のインディオの研究からは離れ始めていたが、ニムエンダジュは私の魂の教師として深く根をおろした。その後アロルド・シュルツも故人となった。長年月の間密林内でフィールドワークを続けた人類学者には早生が多い。私はヴィルマがどんな墓を作ったか見たいと思っている。（アロルドはドイツ系二世だがブラジル人なので、ブラジル式発音で表記した。）

⑧　現地調査事始め

——頼母子講——

サンパウロ市の南には、海岸山脈を登りつめた海抜七〇〇メートルのあたりに巨大なリオ・グランデ人造湖が広がる。私の住む地点から二キロほど下方にそれが遠望される。南へさらに二キロ行くとバスの終点であるエルドラードという湖畔の集落がある。週末には車も多数来て、個人所有の釣り舟やモーターボートで賑わう。「一九キロ」地点一帯は日本移民M氏の元所有地で、彼は長い間ここで桃や梨を栽培してきた。彼が一九三四年にここへ移り住んだ時には、ディアデーマには家が一軒だけあり、もう少し来たところにもう一軒ドイツ人が住んでいただけだったという。一九六三年にも果物を少しだけ作っていて、週末に車で湖へ遊びに来る人々が買い求めて行く。老境に近づき、農業を継ぐ息子もいないMは、低所得層の人々の市周縁地への流出に着目し、果樹園を宅地にすることを計画した。日本語新聞に広告を出して日系人にだけ宣伝し、頼母子講を組織して建て売り住宅を大量に建設する方法を案出した。月々の講の寄り合いで抽選で当たった人が講金を頭金として家を購入し、あとは月賦払いとなる。親であるMは州政府の金融公庫から融資を受け毎月一軒ずつ家を新築していく。当初三〇名で出発し、二年半で全員に家を提供し終わる。こうして数年のうちに、私が移り住んだ時点までに旧桃畑の斜面に六〇数軒の家が立ち並び、日本人の小集団地が形成されてバスも停まるようになった。安普請の住宅ではあるが、一応本建築で、信用度の高い日系人の中産階級下層に狙いを定めた事業だった。サンパウロ市内の借家からマイホームに移るもの、投資として購入して賃貸するもの、地方から首都へ都市化するものなどが集まって来た。私は日系二世独身者の家に間借りした。数家族だけ非日系人も混じっていた。

この建築頼母子講では直接の目的は頭金を捻出することであったから、講員が全員家を入手した段階で講は終了する。だが、三〇ヵ月会合をして親睦を重ねた日本人同士であり、隣組を構成していた。不便な地区であり、家屋は安普請であったから、生活の上での問題も多く、別に町内の親睦のための頼母子講を作って集まるようになった。持ち回りで集まっては酒を飲み、相談事やもめ事の調停までするようになった。

当時大学のゼミでは文化変容論（アカルチュレーション）を基調とした論議が主流であった。アメリカ人のホーヘンタール［客員］教授は文化変動論、斎藤広志教授は異文化接触と人種関係を主題としていたが、どちらもその根底には一九三〇年代以来アメリカ文化人類学の主流をなしていた文化変容論があった。ゼミで発表し、レポートを書く必要があったので、斎藤ゼミにはインディオの文明との接触、ホーヘンタール・ゼミには「サンパウロの日本移民間における頼母子講」の実地調査を扱うこととした。

サンパウロの日本人間では頼母子講は広く、かつ盛んに行なわれていたが、研究はひとつも無かった。私は黒人の宗教と中国移民（一九世紀の苦力時代からの）の調査を模索していたが、それらは長期計画で、ゼミ向けには考えなかった。初めての現地調査体験には身近かの日本人からやるのが妥当だと考えた。移民の流動性が高く、頻繁に移動を繰り返す頃には育たず、同化も進み、定着性が高くなるとこの輸入文化は活発化し、相互扶助に、金融に、また親睦に多様な機能を果たしていた。条件の喧しい銀行融資に頼るよりも気心の知れた日本人同士の連帯と相互扶助を大事にする人々が多かった。移民だけではなく、二世間でも行われていた。もっとも同化の進んだ二世企業家の間でも月々大金を掛金としたグループもあった。自宅購入のものは他になかったが、車購入のものは日系人の入っていない一組があった。洗濯屋の相互会というのが市内に無数にあり、みな多民族集団だったが、たいていは頼母子講をやっていた（この事実は頼母子講調査の進行中に知った）。相互会の初期は日本人だったからだろう。ブラジル農村の伝統的相互扶助制度であるムチロンとは異質だったが、「日本のムチロンだ」と説明すればすぐ納得し、非日系人にもよく伝播していった。

私は頼母子講調査を、私の居住地の建築と親睦のふたつの事例から始めた。Mの建てた六〇数戸の全戸調査を実施した。私はこれを文化変容論として仕上げようと意図したのではなかったが、日本文化のひとつである頼母子講の活力ある動きに注目した。外来文化としての頼母子講が移民の手でブラジルに移植され、変質しながら多様な機能を果たし、日本人から日系ブラジル人を経て非日系ブラジル人へと伝播し、ブラジル文化として定着していくと解釈すれば文化変容論となり、教師の指導路線に沿うものだっただろう。

私はむしろサンパウロ首都圏という一千万都市の周縁新興居住地帯の一角で、貧困層とも共有する居住環境のなかで日本移民達が都市化してきて生活を築き、自立的、相互扶助的組織としての頼母子講を再活用しながら共同体的な町内会を構成して、そこにブラジル人も参加してくる、そこで果たす講の社会的機能を見極めようとして、このような計画を樹てた。文化変容論にもなると考えた。

政府によるインフラのできていない周縁部の居住環境は谷間の黒人地区と街道脇の日本人地区と類似性が大きかった。水の問題にその焦点は集中的に顕現していた。居住者である私も水に苦しんでいた。これらの家屋は下のバラックとは異なり、市内の住宅と同じ構造と設備を備えていた。電気は点いたし、キッチンには蛇口があり、便所は水洗だった。蛇口は市の水道には繋がっておらず、Mの掘らせた地域唯一の井戸に繋がっていた。その蛇口から水の出ないことが多かった。井戸からモーターで水を共同水槽に上げ、各戸の屋根裏の水槽へ配水する仕掛けになっていた。だが、この井戸に頼る約七〇戸に対して湧水の絶対量はあまりに少なかった。選出された有給の水道係がいて日に二回、朝夕一時間ずつ水を上げたが、各家庭にはなかなか届かない。ちょろちょろ出ても屋根裏の水槽には届かず、便所の水は流れない。斜面のためもあり、家の位置により水の出方に大差があった。人々は庭の低みに水溜めをあつらえて少しでも多く水をえようとした。水の出ないのは建築上の問題であり、Mの責任であった。この問題は建築頼母子講で議論されるが、この講に参加していない借家人や下宿人も問題を共有している。こうして水を中心とした地区の問題が親睦頼母子講で議論が積み重ねられ、世話役が五人選出され、日本人会結成の必要が説かれた。論議の末、日本人会が日系ブラジル人・非日系人をも含めた全部落住民集会ということになり、「桃楽園相互会 Sociedade Mutua de Chacara de Pessego」として発会式が行なわれた。会が動きだすと、これは部落会と呼ばれ、事実上はふたつの頼母子講と重なった日本人会であり、町内会でもあった。

この論議と組織化の展開は興味深いものだった。文化や同化の問題である以上に都市化の問題であり、社会統合と周縁居住地帯、都市貧困層の問題だった。今日の用語を用いるなら都市人類学的関心として調査を進めたが、私の社会学・人類学の勉学はまだ初歩的で、教師達のもつ理論武装も戦前からのシカゴ学派と文化変容論の延長でしかなかった。地域の問題の概要と頼母子講の仕組みを掴み、全戸調査を済ますと、サンパウロ市内全体の頼母子講の動向を把握しようとして数多くの講集団の会合に出席して各グループの構成や講の仕組みを調査して歩いた。

前半の調査は社会人類学的な方向をもっていたが、後半は文化と文化変容の調査に傾いていた。前半は特定地域の事例研究で、ある社会組織をそのプロセスにおいて把握しようとしていた。後半はある「制度」(いい概念ではないが、英語の institution の訳語として)、平たく言えば慣習とか文化要素といったものの一般的動向調査であった。私の調査は二つに分裂してしまっていた。両者に共通するのは私の社会学への思い込みであり、社会構造とは一般性・法則性を求めるものだという考えであった。したがって戸別調査をやりはしたが、それぞれの個人や家族の具体的対応の在り方、個別の人間的状況には重要性を見出そうとはせず、それらは例証以上には理解しなかった。

私がもしもっと一途に「水」に固執していれば、それは地域の問題を掘り起こし、井戸が水道でないことの社会学的意味を掘り下げ、日本人であり、移民であり、準貧困状況にあり、谷間のバラック住民との関係、社会的弱者の立場を追求できたかもしれない。そこでは私の文学青年的発想はむしろプラスに生かされたかもしれない。住民一人一人の心の中へ迫って行っただろうからである。ゼミへのレポートは桃楽園地域の詳細な事例分析には時間切れで至らず、頼母子講概況の記述に留まり、未完のままとなった。「ひと」の研究であるよりは「制度」（あるいは文化要素）の研究になってしまった。

⑨ 周縁地居住者と「構造的弱者の人類学」

私はこの時点では、今後の主要な研究対象としてブラジル日系人を取り上げてやって行こうとは考えていなかった。日系人調査は重要であり、ブラジル研究の重要な柱の一本であるとは理解していたが、それを中核に据えようとは思わなかった。日本人だから、日系人以外の異文化を主要対象とするのが当然だという思いが強かっただろう。一方、初めての現地調査で、特に直接誰の指導も受けずに行なったが、いろいろな体験と新しい視角も得られた。バス賃がないためゼミに出席できない学生である私自身の人間的状況が調査対象とした人々の状況と同質であり、さらには下の黒人達の状況ともかなりの程度共通であり、私がそこに単に仮住まいしているのではなく、「ひと」として、のっぴきならなく「生活」していることを悟り始めていた。私は観察し、調査し、学ぶだけの「留学生」ではなく、すでにある種の状況を移民的に、かつ「ひと」として生きていることを理解しだしていた。私の異文化への順応と同化が進み、ブラジル人に仲間として遇され、融合していったということではなく、日本人であり、移民であることの問題、生活し、働き、下層労働者とともに満員バスで往来する周縁地帯に住む人間の問題を「ひと」として生きていると了解し始め、それを自分の志す文化人類学との関連で考えるようになってきた。

ようやく私は、私の立場を「構造的弱者」のものとして再考し始めていた。これを私の了解装置のなかでより鮮明にするためには、サンパウロ大学の奨学金が一年半で打ち切られ、バスの終点近くに「逃げて」生活し、水やバス賃の不足に苦しんだことが役に立った。私は幸運にも日本の最貧時代（終戦直後）に岩手青森の貧困地帯で成長して人となり、寒村の小学校代用教員として抑圧される児童の姿を観照し、彼らとの対話のなかから私の生涯のテーマを汲み取った。給料取りの父が早く四〇代で死亡したため生きる上で自立することを身につけた。私は自分を弱い人間だと理解したことはほとんどない。だが、駅弁大学と蔑称された静岡大学に残留する肚を固めた時には、自分個人の生涯の有りうべき軌跡をこの「構造的弱者大学」と関連させて再定義していた。しかしそれはただ自力にだけ頼って生きるという私的な信条のようなものであった。あえて発展途上国への留学生となることを選択した私は「南北問題」の南側に生活する機会をえ、奨学金切れで周縁貧困地帯住民となり、民族的マイノリティとしての日本移民・日系ブラジル人との共感を特にアマゾン旅行と頼母子講調査をとおして体験して、私はようやく構造的弱者の立場ということに自分を関連させて理解し始めた。そして文化人類学という学問の在り方をそのような観点から意識的に見ていくようになってきた。

私は一九六二年から六四年にかけて低所得層の人々中心の、特に黒人の多いウンバンダ・カルト集団に足繁く通っていた。サンパウロ首都圏の約三〇グループ（その内、数集団が中心だったが）に顔を出した。一度は大学院の教授達（プロコピオ教授を含む）と数人の院生を案内して行ったこともある。その時冗談の大好きなオラボ・バティスタ・フィーリョ教授がこう言った。

「前山は、わざわざ日本からブラジルへ、われわれブラジル人にウンバンダを紹介するために来てくれた」

しかしこのウンバンダ・カルト集団探訪の努力からは、上述のような視角、すなわち構造的弱者であることを積極的方法として自分の人類学を構築していくという発想には至ることはなかった。参与観察者ではあっても対象を、自分の深みとの関連ではなく、ただ他者として観照していたからだろう。頼母子講調査は大変未熟なものではあったし、古い理論に毒され、失敗であったが、対象を単に客観視するのではなく、自分自身をも本来的に巻き込み、己れの了解装置の点検・再考を促しながら作業を進めたために、あまり意図しないところで多くのものを私自身にもたらしてくれたと考える。こういった私一流の、体験主導型人類学への思い込みが、次第にブラジル黒人やブラジル日系人との関わりを深くしていくことになる。

第五章　黒人カルト集団探訪
――一九六二〜一九六三年――

①　酔って黒人達と踊る

先へ進むまえに黒人達との触合いについて少しだけ書くことにする。話は少々逆戻りする。大学からの奨学金が一年半以上に延長されることはないと知った時点で、私は金のある間にできるだけブラジル国内を旅しようと考え、アマゾンから東北部を百日以上一人で歩いた。サンパウロへ戻ってからは市内での「探険の旅」に切り替えることにした。大学院の正式の学生となって講義に出ること、アルバイトで生活費の安定を図ることを優先させ、それには市内に缶詰となる訳だから、そうするほかなかった。人類学とはできるだけ自文化・自民族からかけ離れたものを学ぶことだと考えていたから、黒人の集団に接近しようと思った。アマゾンから還って間もなくの頃のある土曜夜半、知人に連れられて市中心のあるビル四階のダンスホールに行った。

広いホールに数百人の黒人達が熱気と体臭とタバコの煙でむんむんするなか、立錐の余地もない有様で踊り、酒を飲み、喧騒の渦のなかにいた。少し移動するにも帽子を失わないように手に握り、両肩で人を押し退け押し退けして進むほかなかった。九割以上が明らかに黒人で、みな若い男女だった。（数年後、東大の大野盛雄教授をここに案内したことがある。）ブラジルには人種差別がない、だから黒人は集団も結社もつくらないと私の知り得た本の多くに記され、耳にたこのできるほど移民達にも聞かされていたが、あの土曜夜のバイレ（ダンスパーティ）の光景は忘れようがなかった。私は黒人の民俗、歴史、宗教等の研究書を古本屋で漁り歩いた。差別がないという観念にすこしでも疑念を差し挟むと顔色を変えて怒りだす知識人や老日本移民の姿勢に戦時下日本の国体倫理に近似したものを感じていた。私は哲学科を出たのだが、哲学書にはあまり親しめなかった。アランは思想を説くに目前の茶碗から始めると言われるが、私は自分の茶碗を大事にしたいといつも思っていた。一片の理論から出発するといった思考は私の体質に合わなかった。人種問題の泰斗の書よりもあの土曜夜の四階の喧騒と体臭が信じられた。

ある日曜の昼下がり、私はカイピリーニャ（潰したレモン入りピンガの酒）を二～三杯飲んでから日系集団地区に近いコンセリェイロ・フルタード街をジョン・メンデス広場から下ってくると、右側のある小さなバール（コーヒー、軽食、安酒を出す立ち飲み屋）からアコーディオンの賑やかな曲と歓声が聞こえて来た。私はふらりと入り、カイピリーニャを注文した。背丈も顔もひょろ長い赭ら顔の男が恍惚としてどこかのポピュラー・ソングを奏でている。それを十数人の男らが囲んで突っ立ったまま聴き入っている。皆貧しげな風体だ。腹の突き出たイタリア人風の中年男、ネクタイをした、杖をもつ貧相な老黒人、頭の異常にでかい少年、香水を周囲の男等の服に吹き掛けては匂いを嗅ぐ、色気つき初めらしい青年など。半数ほどが黒人で、皆労働者風だが、ブラジルの土俗的な曲と安酒に陶酔している。だぶだぶの服を着た、ポルトガル人風の中年小男がふと中央に出てきて両手を広げたので踊りだすのかと見ていると、ポケットから一〇クルゼイロ札を取出してひらひらさせ、曲があまりに見事だからと皆から祝儀を募り出した。三人ほどが応じた。弾き手は照れて止めてくれといった仕草をしたが、弾き続けた。私のところに来たので無造作にポケットから摘み出すと二〇クルゼイロ札で、それを突き出すと一〇クルゼイロ釣りを呉れた。一回りすると小男は一掴みの札を断る弾き手のポケットに無理矢理突っ込んでバールを出ていった。咄嗟の好意にしか見えなかった。グルの作為とは思えなかった。

そこへ原色のグリーンのシャツを着た黒人青年が入ってきて坐している弾き手を見下ろしていたが、やがて腰のポケットから櫛を採り出し、それで掌を叩いて伴奏を始めた。マッチ箱を見付けて来て叩くと見事な伴奏になった。アコーディオンの男も急に活気付いた。酔いが少しまわってきた私は「ザマーミロ、サンパウロだい」と心に叫んだ。黒人青年は空のビール壜を二本並べ、さらに半分ほど入った壜を真ん中に挟んでそれを櫛で叩き、驚くべき演奏をやりだした。どちらが主役なのか解らなくなった。そこへ世にも痛快なあどけなさをもった酔いどれの黒人男、安来節を踊るために生まれてきたような男がぬっと姿を現した。いつの間にか私は彼をそそのかして二人で踊りだしていた。出鱈目に身体を揺すって踊った。判らなくなると、両手を高々と広げてワーハッハと高笑いした。アコーディオンの男はついに立ち上がって陽気に弾き出した。するとビール壜叩きのシャツ男も踊りだし、そして盛んにアフロ・ブラジリアン風民謡を歌った。見事な歌い手だった。席が大分乱れてきた。哄笑が湧き、酒が注がれ、数人がサンバ風に踊った。私は歌も踊りも知らないが、時々、「イエマンジャー、イエマンジャー！」と聞きかじりのアフロ・ブラジリアン宗教の神の名を大声で叫んだ。出鱈目に歌めかして叫んだ。するとシャツ男が立派なイエマンジャーの歌を歌った。私が「シャンゴー！、シャンゴー！」と大声を挙げると、またシャツ男がシャンゴーの民謡を歌いだした。怒りもせず、調子を合わせて歌っている。私には素晴らしい歌手に思えた。皆陽気に歌って踊った。私は次第に酔った。私自身この日の自分の野放図な行動に少し驚いていたが、忘れられない半日だった。場末の安酒場の突然のハプニングだったが、あまりルールや慣習に拘らないブラジル人の流儀で、いつでもどこでも起こっていることだろうと感じた。

② 黒人演劇集団と仲間になる

新聞で八月が「フォルクローレ月間」であることを知り、注意しているとソラノ・トリンダーデ率いる「ブラジル民衆劇場」（以下、TPBと略記）という黒人グループがアレーナ劇場で二八日から一週間上演するというので、カメラを担いで初日に出掛けた。アレーナ劇場はコンソラソン通りとイピランガ大通りの交差する地点、テオドーロ・バイマ街にあった。それは円形の小劇場で、中央の低みが円い小さなステージになっていて、演者はそこで歌い、芝居を演じ、観客はぐるりの高みから見下ろす形になる。最大限一五〇名ほどしか入らない。早めに到着したので、階上ロビーに展示されていたTPBメンバーの彫刻品などの作品を眺め、写真を撮ったりしていた。アフリカ伝統色の濃厚な木彫りの人物像などだった。すると片隅にたむろしていた数人の黒人達がおれ達も撮ってくれと寄ってきた。一九六二年のブラジルではまだカメラが珍しかった。踊りや演劇を撮るつもりだったからフィルムが足りるか心配だったし、どこへ行っても「撮ってくれ、撮ってくれ」とせがまれるので「またか。やれやれ」と気が重かった。いい加減に返事をしていると何かぶつぶつ言っている。面倒なので「じゃ、一枚撮ってやろか」と気紛れに口にすると、彼らはたちまち陽気になった。幾人も集まって来る。いちいち紹介され、握手させられる。少し胡散臭く感じ、上演も気になり、

「もう始まるから、おれはもう行くよ」と告げると、皆は笑って、

「なに、まだ始まらんよ。おれらが行かにゃ始まらんのだ」と言う。彼らがＴＰＢのメンバーだったのであり、こうしてあっという間に皆と仲良しになった。

グループの元締めであるソラノの挨拶は理解できなかったが、彼は白髪・白髭の威厳のある初老の黒人で、静かにゆっくり観衆に話し掛け、堂々としていた。一見、タゴールを黒人にしたような印象を与えた。その後読んだ本によると、一九四〇年代後半リオの街路を歩く若き詩人ソラノの姿はガンジーのようだったという。劇場の宣伝文句には「再びソラノがＴＰＢを率いてカムバック」とあった。この集団の過去の実績については何も知らなかったが、出し物はアフロ・ブラジリアン伝統の土俗的な民謡・踊り・民衆劇だった。「カンドンブレ」（アフリカ性の濃厚な憑依宗教）が劇場向けの華麗なショーとして演出され、白い衣裳と白い頭巾の巫女らがステージを踊り歩いた。真っ暗のステージに一点のスポットが当てられると先程展示場で知合った格闘技でもやりそうな堂々たる体格の若い黒人フランシスコが独り麦藁帽子を被って突っ立ち、野太い声で「マラカトゥ」を歌った。意味は解らないが、その声は私の臓腑まで響いた。マラカトゥとは一言で言えばカーニバルその他の祝祭時に路上できらびやかに舞踊を展開する集団だが、一九五一年に出版された『エー・トロロー』という書物によると、その集団は「クラブ」ではなく、「民族」である。マラカトゥとは黒人の踊りであり、黒人の音楽であり、黒人の伝統である。それにはかならず黒人の王がおり、黒人の女王がおり、王子がおり、付き添いの貴婦人がおり、大使がおり、先導の兵士（バリザ）がいる。麦藁帽子があり、着飾った女性の日傘は極彩色で、刺繍飾りで縁取りされ、多くの小鏡や真珠めかした光り物がこれ見よがしにぶら下り…といった風に解説されている。フランシスコはマラカトゥとシャンゴーを独唱したが、そのあとに女性達

主体のショウ化したマラカトゥの舞踊も披露された。最後の野外演劇「ブンバ・メウ・ボイ」(解説は長くなるので省略する)では彫刻家のアッシス・ディアスが演じ、フランシスコが銃を担いだ兵士になって熱演した。奴隷制以来の黒人伝統・民俗・宗教が民衆向けの見せ物になって提出されていた。観客の中に私の他に日本人夫婦が来ていて、よく見るとサンパウロ大学に客員教授としてきている著名な理論物理学者の武谷三男氏だった。

四日後にもう一度観劇に行ってみると、がら空きで観客は三〇人足らずだった。私はアッシスやフランシスコに写真を渡し、住所などもらって以後幾度も交流を重ねることになる。黒人差別もない、黒人は集団も結社も作らないという研究者や政府の言説がなにか欺瞞に満ちた国是かイデオロギーの臭みが立ち籠めてくるのを私は感じ始めていた。

ソラノ・トリンダーデは東北部のレシーフェ出身で、古い黒人研究書によると一九三七年にレシーフェ市で黒人達によって結成されたアフロ・ブラジル文化センターはヴィンセンテ・デ・リーマと彼が主唱者となって立ち上げたものだという。その後一九四〇年代に彼はリオに出てきた。一九四八年の頃リオの街は政治と文学とが沸騰した時期で、政府はコミュニストを追い回していたが、社会主義者や知識人・芸術家達はメキシコ街と交差するアラウージョ・ポルト・アレグレ街の街路やコーヒー店辺りに大勢集まって来て革命や芸術を激しく論じていたという。そのなかに混じって痩せたソラノの姿は毎日かならず見られたという。或る一角では演劇運動を推進するもの達が集い、そのなかでアブディアス・ド・ナシメントを主将とするグループが「黒人実験演劇団」(一九四四年創設。以下、TENと略称)を旗印にたいへん傾向性の強い発言と活動をしていた。ここでソラノはアブディアス達とかなり激しい議論をしていたようだが、詳しい証言は見ていない。その頃ソラノはすでに第一詩集を出版していて、詩人としてすでに名が通っていた。一九五〇年発行の『ブラジル黒人集成』というアンソロジーに彼の「わが故里の物売りの声」というレシーフェのサン・ジョゼー地区に関わる詩が載っているが、この土俗的で、方言だらけの、庶民の舌足らずの訛りそのままの詩は終始その土地特有の食い物や黒人の体臭に満ちていて、とても翻訳などできるものではない。それでもその『素朴な生の唄』という詩集は評価が高かったらしい。ソラノがなぜ、いつサンパウロに移ったのかは知らないが、アブディアス達のＴＥＮ運動と意見が対立したためだと私は推測している。ＴＥＮの背後には大変戦闘的な黒人社会学者ゲレイロ・ラーモス（私はこの社会学者を高く評価している）というイデオローグが付いていた。彼等は共同して第一回ブラジル黒人会議（一九五〇年）その他を主催して開催しているが、ここでは深入りはしない。ＴＥＮは黒人の白人への従属的心性からの解放と再教育を唱えて本格的現代演劇を志向し、ユージン・オニールやアルベール・カミユの強い影響下にあったが、おそらくソラノはレシーフェの低所得層・黒人下層民の日常的生活感覚に原点をおくことに固執していたようである。アブディアスはますますオニール流黒人演劇に、ソラノはますます土俗的フォークロアに傾いて行ったらしい。私はアレーナ劇場での上演でこれらをみな感得したわけではないが、そういった気配を感じ取っていた。しかし彼等の強烈な黒人アイデンティティは的確には理解できなかった。私もまだかなりの程度白人的心性に毒されていたのである。

一〇月二三日、バルティラ街の武谷三男氏アパートで食事とビールを馳走になった。大学側とうまくいっておらず、彼はゼミを自宅でやっていると言った。私は大学院への正式入学が決定しておらず、何か助言でもと思って会ったのだったが、一言も触れずに帰った。旅行の話などをしただけで、なにもなかった。私は日本での学生時代、彼の弁証法に関する著書を読んだことがあったが、それは口にしなかった。一一月になって初めて斎藤広志教授に面会すると大変関心をもってくれ、大学院の話を進めてくれた。

一九六二年は黒人研究の始祖と言われるニナ・ロドリゲスの生誕百年の年で、サンパウロ歴史地理学協会でも記念式典があった。数人の黒人を混じえた二〇人ほどの老人のお通夜のような会合で、知り合いはできたが退屈だった。そこで黒人文化協会という団体の事務長エンリッケ・アルベースと雑談をし、著書を二冊頂いた。その後幾度か会い、忘年会にも出たが、何の刺激も受けなかった。これまで白人のやってきた黒人研究を黒人もやるのだという姿勢だけが見えた。

暮れの二七日、市内の雑踏のなかでアッシスにばったり出会う。汚れた小リュックを肩に、黒い古風な中折れをあたかも衣服というものを小馬鹿にしたように被り、よれよれの上っ張りに幅二寸もある革バンドをして昔の中国人のようなちょび髭もあるという彼一流の出で立ちであった。

一杯やろうかというので、市立図書館の方へ戻る。樹木に覆われた広場の図書館を眺めながら、野外に席を取ってビールを飲み、カイピリーニャに移る。彼は私をボーイ達に紹介する。彼は毎晩この席で酒をやるのだそうだ。左手にダンテの立像があり、そこを曲がるとセルバンテスの座像がある。日本領事館が近くにあるので日本人もよく見掛ける。サンパウロ最大の新聞社のビルが空に突出し、頂上に時計台がある。いかにもサンパウロ文化の核のような地点である。

　アッシスの仲間がぽつぽつと集まって来る。ソラノも姿を現した。ＴＰＢの面々が男ばかり顔を揃える。知らぬ顔の多くはＴＥＮ（黒人実験演劇団）所属だという。次々に顔を出す。日本移民の陶芸家「サカイ・デ・エンブ」は私も顔馴染みだった。エンブはサンパウロから二〇数キロ西の町だが、アッシスも酒井もそこに住んでいて、小芸術村になっていた。私はアッシスを通して彼を識ったのだった。著名な文芸評論家のセルジオ・ミレーにも握手をさせられた。大酒飲みだと紹介された。国内有数の図書館のある広場で、この図書館には黒人民謡研究の大家で「ボクサーの面をした詩人」と呼ばれるマリオ・デ・アンドラーデの名が冠せられている。毎夕これほどの芸術家達が寄ってくるのかどうかは知らないが、サロンの雰囲気が心地良かった。ソラノ中心のサロンだったかもしれない。彼はその主著『わが民に贈る唄』（詩集）を出して間がなかった。

　そこにはこんな詩が載っている（やや翻訳し易い）。

おれはニグロだ

おれはニグロだ
祖父母はアフリカの太陽に灼かれたんだ
おれの心の臓はバトゥッケ[*1]と
　三連太鼓と小鼓とアゴゴー[*2]で洗礼された
祖父母はルアンダ[*3]から来たんだそうなが
　二束三文の商品にされちまってのことだ
サトウ耕地の主人《あるじ》に小突かれて
　サトウキビを植えたんだ
そして
マラカトゥの元祖になったのさ
祖父はズンビ[*4]の地で

　悪漢になって喧嘩三昧
稀代の暴れ者だった
カポエイラ[*5]でも、刃物騒ぎでも、いつでもだ
ものを書きはしたが、読みはせなんだ、
そして、棍棒を背に喰らって生きた

祖母だって、只者じゃなかった
マレー[*6]の叛乱じゃ
一方の旗頭だったんだ

おれはニグロだ
おれの心の臓には
サンバが
バトゥッケが
腰振りダンスが
そして
自由への渇きが
根を張ったんだ

（注　＊1ブラジル黒人ダンス。＊2アフリカ起源の金属双鐘楽器。＊3アンゴラの奴隷輸出港。＊4ブラジル黒人叛乱軍の頭目。＊5アフリカ起源の格闘技。＊6黒人イスラム教徒。この奴隷達は白人領主達より教育水準が高かったと言われる。）

　しかし長年文学青年だった私はひとつの黒人演劇集団や文学グループを調査すれば立派な文化人類学的、社会学的研究になるとは当時は考え難かった。またショー化したフォークロアを上演する黒人集団をメインな研究テーマに選ぶ気にもなれなかった。彼等の内部にカオスのように渦巻く黒人アイデンティティを解明しようという洞察力は当時はもてなかった。当時の文化人類学・社会学の理論装置にはそのようなものは見出せなかった。いま考えれば、ゲレイロ・ラーモスという黒人社会学者は当時の水準を抜きん出ていた。

③ リオでカルト集団へ接近

　私の関心は次第にアフリカ伝統を濃厚にもつ黒人宗教に向かっていった。そういったアフリカ黒人奴隷の伝統が何らかの形で生きているカルト集団は少なくともサンパウロの民間では「マクンバ」という語でくくられ、秘儀的で排

他的な、部外者を寄せ付けないものだというステレオタイプが新渡来者の私には教え込まれていた。それをそのまま鵜呑みにはしないまでも、皆目何も解らず、また一九六二年の頃の私には良いオリエンテーションをくれる人はだれもいなかった。

最初の接触はリオでのことで、その年の九月四日の夜だった。ブラジルの永住権を取得する考えでその手続きのため初めてリオへ旅行し（ブラジル到着時、船に寝泊まりして三日程市内を歩いたことはあった）、ついでに少々観光もし、貧民街探訪もした。夜になっても安ホテルにじっとなどはしていられない。中心街を離れ、盛り場を避け、店が閉まっていようが、裏小路の暗がりだろうが、地図もろくに見ないで歩き回っていると、夜の虚空を低く、鈍く叩くようなドラムの響きを耳が捉えた。紛れもない、あのアフリカニズムの音曲である。その響きを頼りに小路を行くと、民家の二階の窓から重いドラムに混じって威勢のいい合唱が聞こえて来た。映画「黒いオルフェ」に出てくるような丘の崖面にへばりついた掘立て小屋の重なり合う、有名なファヴェラ（貧民窟）の下あたりだった。

「これだ、これだ。これにちがいない」と思い、固く閉ざされた石の家の扉の前に突っ立った。だが、入るものも出てくるものもいない。九時を回っていた。近くにバールを探して入り、屯している黒人の群れに割り込んで、

「あれはマクンバじゃないか。どうしたらあそこに入れるか」

と執拗に尋ねる。すると一人が、おれは会員だ、頼んでみてやると言って先導していく。入れたら二〇〇クルゼイロ呉れとその野卑な青年が言った。私の気付かなかったベルを彼は押した。しばらく待つと、扉がわずかに数センチほど開いた。九時までなら踊りは観せるが、もう儀式が始まったので駄目だという。私が直接頼むと、入れという。

「この男が二〇〇呉れと言ってるが」と問うと、

「君が入る、私が戸を閉める。プロント（それまでさ）」

と答える。私は一〇〇クルゼイロやって中に入った。

階段の下まで強烈な香が匂う。三部屋あり、入り口に事務係がいる。事情を少し話すと、「ああ、いいよ」とあっさり通してくれた。少々緊張が解けた。入口に白づくめの服の男とネクタイをした背広男がいて主宰者らしく見えたが、二人とも白人だった。席を求めて進むと、好奇の瞳を向け、幾人かが「ジャポネース（日本人）」と洩らしてくすく

す笑う。当時はまだ日本人はリオには極少であった。左右に長椅子が二列に並べられ、右に女性が二〇数名、左に二〇名足らずの男性が坐っていた。黒人系が目立つが半数強ほどである。分別臭そうな白人中年男が多いのに驚く。黒い青年男女も、白い老婆も、働き盛りらしい黒人紳士もいる。いろいろで、年令や皮膚の色にはあまり偏りがないように見えた。正面中央に聖壇があり、神々や聖人らの像が並んでいる。前半分が祭祀場になっている。その中央に司祭（パイ・デ・サントというが、その時はその語は知らなかった）がこちらを向いて采配を揮っている。その司祭は怪異な風貌をもち、五〇近い、巨躯の持ち主で河馬のような男である。黒人の血が濃厚だが、皮膚はやや明るい焦茶色で、衣裳からも逞しいインディオを思わせる。頭には酋長のように鳥の羽根を並べて刺し、鉢巻きにしている。大きな葉巻を啣え、シャーマンの感じである。その周囲を二〇数人の白装束の巫女（フィリャ・デ・サントと呼ぶ）が肩と腰を揺すって輪になって歌い、踊っている。司祭以外はみな純白の制服で、巫女らは白布で髪を包み、華やかで美しい。うかつなことに、ドラムやその他の楽器を使う人物らの記憶が欠落している。聖壇のサント像がネオンで飾られ、大量の香と葉巻の煙をふたつの扇風機が調整している。その横にスピーカーがあったから、音曲はどうやらテープレコーダーによっていたらしい。

若い白人の美女がいる。中年肥りの威勢のいいラテン系らしい女が汗だくで唄っている。やがて憑依するものが出る。顔をしかめ、奇声を発し、両手を背後に組んで徘徊する者、痴呆のような空ろな眼をして口をひん曲げてふらつく者、床に這いつくばる者、キエオー、キエオーと奇声をあげて聖壇の前に片膝つく者、突っ立ったまま鼾をかく女、床に転がって高鼾をかく者、その中で大半の巫女らは以前のまま歌い、踊っている。憑依した巫女の頭を司祭が鷲掴みにして、葉巻の煙を吹き掛けている。神々が臨席されたのである。

私のノートにはまだまだ詳細な記述があるが、初心者の印象を書いても始まらない。私はこの飛込みのマクンバ体験で過誤だらけではあっても多くのことを感得し、多くの誤ったステレオタイプを捨てることもできた。マクンバ（この語の詳しい解説はここではしない）が単に黒人の宗教ではないこと、下層民だけのものでもないこと、それほど秘儀的でも排他的でも、閉鎖的でもないこと、だが私には不思議な憑依とトランスの姿、アフリカの神々、カトリックの聖人達、ブラジル・インディオの神霊達、老黒人の精霊等の交錯し、混淆するカルトの営み、そこにすべての種類のブラジル人達が関わっていること、ただの黒人奴隷文化の残存物でも遺制でもないこと、円形劇場で上演して観せる歌と踊りのフォークロアだけでもないこと、活力溢れる現代ブラジル文化の動きであることを知った。固く閉じた扉を潜ったら、中の黒人達は対応が紳士的で冷静で、踊る白装束の黒い巫女達は美しく、そして憑依の姿は私の想像を絶して異様で、かつ壮絶であった。

リオでの翌日、丘の上のファヴェラ（貧民窟）に登って半日を過ごした。かつて写真家の三木淳が護衛警官付きで入り込み、降りてきて「ああ、生きて還られた」と警官と握手するような雑誌記事を読んだことがあるが、私の半日は単独行動で閑かなものだった。写真を多く撮り、生活排水に靴を滑らして転倒したが、若い黒人主婦が手当てをしてくれ、汚れた服やシャツを洗濯して干してくれた。後日私はサンパウロから写真を送ってやった。その後、本人から聞いたのだが、ニコン等写真器材の輸入商をやっていた田中パウロという移民実業家が三木と仲良く、ファヴェラに写真撮りに行くという彼を「殺されずに無事出て来れるかな」とわざと脅かしてやったんだと笑っていた。ブラジルも一九六〇年代まではどこを歩いても危険を感じることはほとんどなかった。その後は大きく変化した。危険と閑かさは隣合わせである。善きブラジルと悪しきブラジルの両者を知るのがわれわれの仕事である。私は悪しきブラジルについていつもブラジル人と議論し合う。

マクンバという語はアフリカ起源で、もともとはある打楽器の呼称だったが、次第にそれが主役を務めるカルトの名となり、アフリカ性の濃厚なアフロ・ブラジリアン宗教一般を意味するようにもなった。とくにリオやサンパウロ地域のものを指すことが多いが、たいへん多様に用いられるので最近は研究者の間ではこの語はあまり使われない。民衆の間では呪術・邪術を扱う邪悪な、あるいは未発達な宗教として蔑視される意味合いが強く、カルトの信者でも誤解を怖れてこの語を回避したがる。近年ではブラジル化の進行したものをウンバンダと呼ぶのが広く定着しているので、以下主としてこれを用いる。このエッセイではあまり詳細な、あるいは民族誌的な議論には入らない。

サンパウロでの最初のウンバンダ体験は一九六二年一二

月七日のことで、同じところへ一二日と一九日と、三回続けて行った。場所の情報はちょっとした立ち話からえたとメモにある。市内に幾軒もある通称「カーザ・デ・エルバ（薬草店）」ではウンバンダ関係の聖人像や太鼓、蝋燭、線香、その他諸々の宗教用具を販売しているが、たしかそこの店員から住所をえたと記憶している。この種のカルト集団は電話帳その他の住所録には記載されてはいない。ヴィラ・マリアンナ区のコンセイソン・ヴェローゾ街一七四番地で、ヴェルゲイロ街から入った小路にあった。黒人文化協会の人々にその数日前に尋ねた時は、マクンバはサンパウロには存在しませんよと言われた。

金曜の夜で、八時に始まると教えられた。時間前に寂しい小路を行くと、傘をさした夫婦者がある家に入っていく。目的の番地であり、戸が開いているので、後について入る。誰に断ろうかと目を走らせ、事務室の前に立っている白衣の二人の中年男に近寄ろうとすると、先方から「どうぞ、構いませんよ」と掌で招き入れた。二人は白人だった。ほとんど満席だった。よく見える前列へ行こうとすると、席を空けて強く勧める人があり、仕方なく座る。リオと同様、通路で男女が左右に分かれている。四〇名位いて、黒人は半数ほどだった。歌と踊りはきっちり定刻に始まった。それまで二〇名ほどの全員白衣を着た霊媒達はやはり左右に男女に分かれてしゃがんでいた。フィリャ・デ・サント（女性）は皆肩を出し、下まで大きく開いた豪奢な長い白スカートを床を引き摺るように靡かせて踊った。黒人女性にはとくに似合う。ヨーロッパ系の素晴らしい美人がいた。真っ白で、アン・バクスターに生き写しであった。正面では一二、三歳の少年が丈の高い太鼓を巧みに叩いて、立派に役を果たしている。縦に長い太鼓で、薩摩芋の一方の端を切り取り、そこに革を張ったような形である。ポンポコ叩く少年の両手首の先を見る。手の平で叩く。指を使う。掌の背で叩く。空手チョップのようにやる。しなやかで、三〇センチばかりの空間を魔術のように両手が踊り狂う。主祭者が後方から歌って踊りながら入って来た。年配の堂々たる恰幅の白人老女であった。シャーマンの語がぴったりだが、ここではマンイ・デ・サントと呼ぶ。やがて次々に憑依が始まり、降神が続いた。

④ パイ・ジェローニモの幕屋に通う

一九六二年後半から一九六三年にかけて私はサンパウロ市とその周辺においてウンバンダのカルト集団に頻繁に通い、数多くのテレイロ（ウンバンダの祭祀幕屋）を探索しては渡り歩いた。数を多く見聞すればするほど良いというものではないことは理解できても、宗教や人類学の知識が不足しているうえ、言葉も未熟であったから、その当時はただ足繁く歩き、多くを実見することが私にとっての限られた有力な方法だと判断した。ただ、その当時は人類学者や社会学者による黒人宗教の研究は数多くあったが、ウンバンダの本格的な研究はプロコピオのものをほとんど唯一の例外として他にはないということは識っていた。アフリカ伝統色の濃厚な文化や奴隷制に関する研究は無数にあったが、近代ブラジルで発生した新興宗教としてのウンバンダはほとんど顧みられなかった。アフリカニズムの濃厚な文化が研究対象としては「正当的」なものであり、最近発生の「黒人貧困層」に流行している低俗な宗教は真っ当な研究には値しないという了解が支配的だった。私は明確な問題意識も析出できないままに、がむしゃらに方々歩いてノートを取り、カメラで写真を撮り、テープレコーダーを担いでずいぶん多くを録音した。当時はまだ丸いテープ使用だったので、やがて何時の間にかそれらの再生用機器も世の中から姿を消してしまった。大量のメモは残ったが、それらを今再生しても、また手を加えて書き直しても詮無いことである。ただ私の私的な使用に供するだけである。

民族誌的な記述は別にして、ただ私のその後の研究テーマ模索に関連していると判断できる部分についてのみもう少しだけ触れておくこととする。初期にはソラノ・トリンダーデの黒人演劇グループの仲間や「カーザ・デ・エルバ（薬草屋）」と呼ばれるウンバンダ用宗教具の店舗で情報を得ていたが、その後 Tribuna Umbandista という隔月刊のいわば業界新聞を発見し、それを時折編集部へ出掛けていって購入して、そこに掲載されている一覧表から選んだ。そこにはグループの正式名称、住所、祭儀の曜日と時刻、責任者の名などが記載されていた。市の中心街にもないことはないが、ほとんどは交通の不便なマージナル・ゾーン、貧困層居住地区にあった。交通渋滞が激しく、地下鉄の存在しなかった時代で、多くは夕食後の八時から開始するので、都心から満員バスでラッシュアワーに時間に間に合うように到着するのはなかなか難しかった。新聞は一九五四年一一月に創刊され、九年目になっていた。セナドール・

フェイジョ街のあるビル三階の狭い一部屋で中老のバルボーザ氏が一人でやっていた。形式上はサンパウロ州ウンバンダ心霊連盟の機関誌ということになっていたが、この団体は当時はいまだ発展途上の弱体連盟で、スポンサーはエスピリティスモ（心霊主義）、ウンバンダ関係書物を出していた出版社でその広告宣伝が主体であった。市内唯一のウンバンダ関係紙と謳っていたが、これは事実だっただろう。一九七〇年代には状況はまったく変わり、雑誌、研究書、新聞等がどっと現われてきた。この連盟は関係者の組織化、カルト集団への「証明書」（祭司ババラオが開業医のごとく免許状を授与されているように見せ掛け、それを祭場に額入れで展示させるため）の発行、こうして各集団にある種の権威付けを与えること（ウンバンダの世間の評価は当時大変低く、邪教視されていた）、政治家の集票目的での組織化と売名が主体の活動を展開していたが、奴隷解放記念日や重要宗教日（カトリック・カレンダーと大きく重なるのは、憑依霊のうちのオリシャー主としてアフリカ起源の神々ーがカトリックの聖人達とほとんど習合しているからである）などには時に各集団のルポをやり、祭司や信者の写真入りで新聞に掲載するので、それを幕屋の壁に張りつけると、信者や参会者の間で威信が高まりもする。またこの連盟は各団体の定款の作成、市役所への団体登録、議事録作成の指導と手続き代行なども実施していて、単なる幽霊連盟ではなかった。私は、エレベーターの欠如するビルの狭くて暗い階段を幾度も昇り降りしたものである。

一番足繁く通ったのはジャバクアラ区のムクリ街一〇七番地にあったパイ・ジェロニモのテレイロ（以下、幕屋と記す）だった。一九六二年一二月二二日夕刻、実は市の北部に位置するショーラ・メニノ区の「オス・トレス・メンサジェイロス（三人の使者）」というテネンテ・エウフラジオ氏（黒人）の主宰する幕屋（すでに数回通った）へ行くつもりで都心でカーザ・ヴェルデ方面へのバスを待ったがいつまでも来ない。来ると満員で通過してしまう。そこで反対方向のジャバクアラへ行くことにした。現在の地下鉄終点の付近だが、四八年前は大変な場末だった。私の自宅はそこからさらに八キロほど奥へ行ったところで、深夜に祭儀が終了した頃にはもちろんバス便はなく、大きなテープ・レコーダーとカメラを担いで幾度も明け方までかかって徒歩で帰った。途中民家も疎らだったが、当時はさほど治安が悪くなく、怖くもなく、襲われたこともない。

ジャバクアラといえば一九六二年当時ではかなり郊外に近い地区で、夜八時を過ぎた一帯は暗く静かで、近付くと歌と踊りのざわめきや、トリアングロ（共鳴楽器）の金属音やドラムの響きが伝わって来た。がっしりした大きな館で斜めに外階段があり、入り口の下にエシュのカジーニャ（小舎）があり、ローソクが点っている。ドアに吊された錠前でコツンコツンと叩くが、歌と音曲にかき消される。返事を待たずに入る。中は大広間で、明るく豪奢で美しく、暗い「黒い宗教」のイメージが吹っ飛ぶ。左の座席が男、右が女で、遠く前方で三〇数名の一様に白い衣裳に着飾った「フィリャ・デ・サント」であろう女性が輪になって踊っている。腰掛けている人々は信者というよりはショウの観客といった趣きがある。輪の中央にパイ・デ・サントとおぼしき四〇過ぎの大男がよく響く美声で顔を歪めて歌っている。精力絶倫といった感じの肥えた男で、俳優の加東大介を一回り大きくした、あるいはチャールス・ロートンに酷似した強烈な印象を人に与える。合唱と彼の独唱が半々位で、パイが歌えば、フィリャ群が低くそれに和す。一見してその強力な統制力が伝わる。そしてよく酒を飲む。脇に酒瓶を手にした女性が侍っていて、パイは手を伸ばしてはそれを掴み、ラッパ飲みする。信者にトマ・パッセをし、会話をしながら時折相手の頭に酒をすこし振り掛け、銜え込んだ葉巻の煙を体中に吹き掛ける。浄めるのだろう。口をよじらせてものを言ってる。冗談を言うらしく、信者や周囲の者をしきりに笑わせている。悪戯好きなパイに、ふざける憑依霊の降神。天井一杯に極彩色の千代紙が飾られ、華麗な衣裳と明るい照明の下でトランスのなかで輪になって踊る三〇数名の霊媒巫女。その中心で陽気に、そして快活に冗談を振り撒きながら儀礼を進めるカリスマ性をもった大男のパイ・デ・サント。ここではパイとフィリャ達だけが参会者の話を聴いてトマ・パッセを行なっている。助手の男四人は整理係の感じであり、ドラム叩きが三人、トリアングロ係が一人、これらは男であった。私もトマ・パッセに出ていくと、ぐるぐる回しをやらされ、トランスに入らないのでいつまでもやらされた。止まると、服を引っ張られてまたぐるぐる回される。この夜はまたカボクロ霊ツピナンバーの降霊があり、ジャンガデイロ（素朴な筏漁法の漁師）の歌がしきりに歌われ、その時はパイは漁獲用の網のカリカチュアを肩から背に吊して踊った。巷で私が日本移民やブラジル人から「マクンバ」として教えられていたものは都市の暗い貧民地区での夜半、密かに人に悪霊を放つブラック・マジックのようなものであったが、ここで私が体験したのは病や失業、あらゆる不幸や苦悩を抱いた人々の話を聴き、解決のための知恵を施し、治癒儀礼を行い、汚れを解き放ち、心の癒しを試みる呪術世界であり、明るい晴れやかな場であった。

参会者（信者とは限らない）は長い列を作ってトマ・パッセの順番を温和しくいつまでも待っていた。いらつく様子は少しも見られない。壁を見やると、"Saber esperar é uma virtude（待つことを知るはひとつの徳である）"と書かれている。いつまでも平然として待ち続けるブラジル人を見て日本人は、のんびりしている、国民性なのだなどと片付けるが、いつもこうして共に黙って待っていると、これらの下層の貧困な人々がそれぞれ待つことの徳を善しとして了解しているように思えてくる。ただ耐えることに慣らされているとは思えなくなる。ある時ブラジル新聞にミナス州南部ムザンボ河の漁師についてのルポが載った。早朝五時にカヌーで漁に出て、時には夜の八時まで獲物がない日もあるが、彼等は失望などはしない。O amanhã poderá ser melhor（明日は今日より良くなるさ）という合い言葉があるのだという。ただのほんとしている、民族性だというのではなく、一人一人がそれを善しとして判断している、と見ることができるのではないかと私は思ってみる。

別のある夜、外階段を昇って行くと、ドアの前でパイが独り葉巻を吸っていた。私はそれまで幾度も通っていたが、一度も挨拶をしたことがなかった。自己紹介をし、ウンバンダを学びたいと伝え、写真を撮ったり録音してもいいかを尋ねると、好きにしなさい、a casa é sua（何も遠慮せずに）と答えた。私の姿はすでにパイにも多くの霊媒の女性等にも識られていたようであったが、私は調査に踏み込むのに慎重で、十分説明をし、許可を得てやろうと考えていた。もちろんこのカルト集団を主要な研究対象にしようなどとはいまだ思ってはいなかった。

ある時知人に頼まれて日本から旅行者を連れて行くと、いきなり祭場の輪に近付いてフラッシュを焚き、写真をバチバチ撮り出した。私は慌てたが、儀礼は進行中でもあり、腹を立てながら静観していた。私が心配したのはそこで私が培ってきた信頼関係が損なわれることだった。騒ぎにはならなかった。その男とはそれきりだったが、後日そのルポが文芸春秋誌のグラビアになり、この「非公認の秘密宗教」の祭場は人里離れた、信者以外には知られない隠れたところにあると書かれていた。私には雑誌もコピーも送られては来なかった。また私がたまに付き合っていた大学出の若い日本人女性にせがまれて時折このような場に連れて行ったが、ある時無断で新任の日航支店長を観光見物のように案内してきたので、以来だれをも同行しないこととした。

⑤ 岡本太郎を案内する

皆断ったが、二度ばかり例外がある。ある時著名な画家の岡本太郎がサンパウロに現われ、日系画家達にマクンバが観たいと頼み込んだことがあった。それができるのは前山しかいないということで、画家の間部学と玉木勇治、それに文化人類学者の斉藤広志（サンパウロ大学教授）の三人に説得された。貧乏書生で酒飲みの私は、これらの三人にたまには酒をおごられていたので拒むことは至難だった。私は本命のパイ・ジェロニモの幕屋は避けて、二度ほどしか行ったことのない、顔の知られていない小さな集団のところへ案内した。強い関心を示したのは岡本だけではなく、上記の三人もだった。ブラジルに数十年生きている彼らも初めてだったのである。皆ついてきた。他にもう一人画家の福島近もいたように思う。当時私はこれら日系画家グループとも親しくしていた。どの幕屋でも、様相は異なるが、ドラム、歌と踊り、トランスと憑依霊の降神、床に這いつくばってのたうち回る霊媒、トマ・パッセ、むんむんする葉巻の煙、イエマンジャー、カボクロ、プレット・ヴェーリョ（老黒人霊）、エシュウの聖像、等々は類似している。岡本を始め一同はみな満足した風情でそこを立ち去った。岡本もパリで民族学を学んだことのある人で、帰路、斉藤教授ともしきりにマクンバ論をやっていた。当時間部学はブラジルの大画家で、その絵の値段もトップ・クラスだった。彼はいつも大勢の若い画家等を引き連れて日系の高級料亭赤坂へ出入りしていた。その夜もあたかも当然のようにぞろぞろと間部の後について行った。私はその料亭には行ったことはなかった。岡本は赤坂へ皆が向かっていることは承知していたのだが、

「どうして皆ついて来るんだ?」と怪訝な表情で言った。特に私のような学生まで同行するのが腑に落ちないようだった。

「いいんだ、前山、お前も来いよ」と間部が言った。

こうして皆は赤坂の大広間に陣取って、宴会が始まった。私は間部の指示で岡本の隣に座らされた。ウンバンダの話がし易いようにということだったかもしれない。だいぶ話が弾み、酒も進んだ頃、不意に私が岡本に言った。

「私がウンバンダの本でも書くときには、岡本さん、序文でも書いてくれますか」

すると彼は直ぐ様こう反論した。

「君はぼくが本を出す時、ぼくのために序文を書くかね」

私は少しの間その真意を計り兼ねていたが、馬鹿な質問をしてしまったと悔いた。「書きますよ」と返答しても良かったのであるが、私はそのような跳ねっ返りのごとき軽口は叩かない。お前とは貫禄が違うよと言われたように感じた。岡本太郎もやはりいかにも日本人エリート流の言を吐くのだなと思った。

大学院の院生仲間にせがまれて数人連れていったことがある。皆社会学、人類学の研究者であり、教授も二人ほど同行した。やはり全員初めてのようだった。コロンビアからの留学生ルシア・モントヤ・ゴーメスは私の脇に付いていてパイや霊媒達がなにか動作や発声をする度にいちいち「あれは何を意味するのか」と私に尋ねる。降神した憑依霊同士で挨拶しているのだ、とか、今オリシャ霊が天に帰ったのだとか説明するが、何でも解るわけではないし、面倒になる。そして、知らない、とか、解釈はいろいろだ、とか、慣習の仕草は同一でも信者によって理解が違うんだ、とか、あの霊媒も知ってはいないんじゃないか、などと返事をすると、ルシアは「そんな馬鹿な。一定の慣習・動作には一定の意味と機能があるはずだ」と古い教科書どおりの反発を示す。「おれは必ずしも、そうは思わない」と私は懐疑的だ。慣習は同一でも意味は変化するし、個人によって、カルト集団によって異なりもする。むしろそういう視座から観察するのも大事じゃないかと考えるが、それを一々ルシアに言いはしない。ブラジル生まれの初期の二世女性が農家の嫁となり、四〇年間も毎日神棚に水を供えていたが、私が尋ねた時にはその意味をまったく知らなかった。ひとつの動作の意味よりも、人はなぜこのように文化を操り、それに拘るのかが知りたいと思った。

ウンバンダ研究の先達プロコピオ教授はある日突然私に、「マヤマ、君はもうコミダ・デ・サント（重要な儀礼の際に祭司や巫女に供される聖餐のことで、神々の食事）を食べたかね」と問うた。

「食べましたよ」と返答すると、彼は、

「じゃ、ウンバンダはもはやお前から出ては行かないぞ」と皮肉な笑いを見せた。しかし彼はシニカルな評論家であり、そのようなことを真正面に信じ込む人間ではない。彼一流の挑発的なからかいであり、揶揄なのである。われわれはいつも「神は人間の偉大な文化であり、偉大なフィクションである」と笑い合った。われわれは神というフィクションを種々雑多な形で勝手に操り、勝手に活用している。

⑥ 慎み深い貧困黒人霊媒達

私はある夜、ディアデーマの奥、貧困居住者の多い周縁地区の安普請住宅の一室で、プロコピオの知識社会学講義で課されていたマンハイムの『イデオロギーとユートピア』という本を苦労して読んでいた。読書に疲れて目を瞑っていると、ドラム混じりの歌声が低く聞こえてくる。土曜日である。ああ、やってるな、この間も土曜だったと、外に出てみる。音は鮮明で意外に近い。日本人達の住居は谷の上であり、黒人の多いバラックは下の方にあり、歌声が手に取るように聞こえてくる。本に疲れてもいたから訪ねてみようと外出する。街灯などのない暗闇を行く。以前頼母子講調査の時、地図作成を試みたので月明かりで歩ける。歌声は最近建ったばかりの掘立て小屋からであったが、この主人とは一度この家の前で立ち話をしたことがある。自力で建てた、雑多な板切れを寄せ集めたつぎはぎだらけの小屋である。戸を少し開けて覗き見ると、中は人で一杯である。

《ああ、ここはテレイロ（幕屋）だったのか》

長身の若い主人は立ち話で、金ができたら薬屋でもやりたいと言ったのを思い出した。その男が鳥の羽根のたくさん付いたインディオ風の帽子を被ってパイ・デ・サントに納まっている。ぶったて小屋で、電灯もない。ペジ（聖壇）にローソクの燭台が数本並び、戸口には缶詰の空缶で作ったランプで火が油煙を上げている。パイ一人、巫女一人、ドラム係一人という小さなグループだ。このような所では、皆とすぐ仲間になれるだろうと思った。女子供が多く、三〇人ほどで屋内はぎっしりである。全員立ったままだ。

歌って踊るのは七、八人である。聖壇には赤い布が敷かれ、主宰の三人も赤布を首にマフラーのように巻き、ウンバンダの衣裳を身につけている。胸に矢を刺されたサン・セバスチアン、オシャラ（キリスト）、立派な時代がかった馬上の軍神オグン、黒いマリアのアパレシーダ、それから裸身に近いインディオの水の神イアラらしい女神等の像が聖壇に並ぶ。狭い小屋でむんむんする空気のなか儀礼が進む。

と、突然ドラムが弾けて、破れた。パイは落ち着いて儀礼を続け、

「また、買おう」とゆっくり言った。

Santo Antonio de Pemba,
Caminhou sete anos, a procurar de humano,
Foi até que encontrou.
Caminhou, caminhou, como caminhou,
Como caminhou,
Santo Antonio de Pemba.

（聖者アントニオ・デ・ペンバ
人間を探索《もと》めて
七年、旅を続けた
どこまでも、どこまでも、人間の見つかるまで、
どこまでも、旅を続けた
聖者アントニオ・デ・ペンバ）

参会者の一人、黒人男が突然憑依して、ひどい暴れ方をした。地面にぶっ倒れ、土を掻きむしり、ケタケタと笑った。いつまでも止まない。あまりひどいので、狭い祭場で手に余る。パイが皆にその男の名を訊ねる。初めての男らしい。耳元で名を叫び、呼び起こそうとするが、無駄である。泥酔している模様だ。

「今、俺のカボクロと話をしてるんだ。続けさせてくれ」と叫び、地面に寝転がって狂い笑いをする。どうやら皆で捉まえて隅に抑えこみ、リーニャ（儀式）を継続する。フィリャが憑依する。続いて別の女が「落ちる」。全身をがくがく震わせ、頭髪を掻き毟って奇声を発する。パイと片腕ずつ手刀を切って「サラバ！」と挨拶する。

Quem é que manda na terra, Zambi,eh!
Quem é que manda na terra, Zambi,eh!
É Zambi, eh! É Zambi, eh! É Zambi eh!
Quem é que manda na terra, Zambi eh!

É Zambi, eh! É Zambi, eh!

（この天地の王は誰か。ザンビだ。
この天地の王は誰か。ザンビだ。
エー、ザンビ、エー。エー、ザンビ、エー。
エー、ザンビ、エー。
この天地の王は誰か。ザンビだ。
エー、ザンビ、エー。エー、ザンビ、エー。）

ザンビはバンツー起源の至高神である。アフロ・ブラジリァン宗教ではかなり普遍的で、同じく至高神とされるオロルンの名は最近までブラジルでは忘れられることが多かった。オロルンはむしろ研究者によって発掘され、一般の宗教実践者間に次第に知られるようになった。

暴れて隅に抑え込まれた件の男は幾度も活気を取り戻しては高声を上げ、乱暴しては地面に伸びてしまう。泥酔しているのか、おかしな霊に取り憑かれているのか、それともよくあることだが、他のカルト集団から邪魔をする目的で派遣されたのかよく解らないのだが、執拗に悪さを止めない。皆は根気よく温和しく説得を続けるが、効果がない。皆は出口に向かって並び、通路をこしらえてやり、扉を開け、手拍子を打ちながら、

Vamos embora. Vamos embora. Boa noite! Boa noite!（帰りましょう。帰りましょう。お休みなさい！　お休みなさい！）

と、歌いながら誘導する。けっして力付くで放り出さない。相手はいわば暴力を揮っているのである。だが、誰一人、主宰者のパイも怒鳴らないし、力で強制しようとはしない。私は次第にこういった皆の態度に強い関心をそそられていった。そこにいるのは明らかに貧困な下層労働者の、大半は黒人かムラットの人々である。だが皆は静かに、極めて穏便な手立てで気長に対応している。少し静かになったところで、子供や幼児のトマ・パッセが始まり、夜泣きをするとか、乳を飲まないとか、寝小便が止まないとかいう子らを抱えたパイは額や胸に十字を切ったり、葉巻きの煙を吹き掛けたり、両足を掴んで逆さ吊りにしたりして母親にさまざま質問もしている。母親はこの大男のパイにセニョーラと呼び掛けながら答えている。パイに憑依しているのはマンイ・マリア・フォルテというプレッタ・ヴェリャ（老黒人女性）の霊で、その霊が治療を行なっているのである。

しばらくして、一旦外に出た例の男が入って来たが、参

会者は丁重に「明日は酒飲まずに来て、ゆっくり話ましょう」と諭している。そうこうしているうちに、突然その男は脇にいたある女性の頭髪を鷲掴みにして乱暴に引き摺った。これで人々はかなり態度を硬化させた。「抓み出せ！」と叫ぶものもあるが、手は出さない。袋叩きになるかと思っていると、パイは静かに近寄り、今までどおり諄々と諭し続けるのであった。この事件は私に大変大きな感銘を与えた。貧困で粗野だと評されるブラジルの下層労働者の人々、「マクンバ」の無知な盲信者と卑下される私の隣人達を改めて見直す機会をまた与えられたと思った。この「マンイ・マリア・フォルテ」幕屋のグループとはその後密接な交友を長く続け、海岸での祭祀にも幾度か同行した。ある夜、祭儀が深夜に及んで晩くなった時、酔いどれ男を抓み出さなかったこの人々が、なかなか去って行かない憑依霊を追い出す風景は私には至極愉快であった。トランスにある霊媒達からいつまでも天界へ帰還しない霊に向かってVamos embora!（帰りましょう）と叫び、帰還の際のポント（歌）を執拗に繰り返し、「私達は明日早朝、満員バスで遠くサンパウロまで揺られて出勤しなきゃ、ならないんだから」と神々に命令するのであった。狼藉者に優しかったこの隣人達が生活の掛った出勤時間のことで神々を追い出す姿は私に良い教訓をもたらした。

少なくとも週に三回ほどは大学に通った。マスター・コースの大学院で、各地から留学生も来ていたし、主として北米からはいつも二〜三人の客員教授がいた。私も労働者同様朝の満員通勤バスに乗るのだが、バス賃がなくて出席できないこともしばしばだった。幸いバス停は初発の地点に近かったので、座って一時間半ほど本が読めることが多かった。往復のバスでずいぶん読んだ。当時、人類学関係の教師は文化変容論中心にゼミをやっていた。斉藤教授にはインディオと白人の文化接触の問題、ウイスコンシン大学のバート・エーレンボーゲン教授には頼母子講論文、モレイラ神父にはアマゾンのタピラペー族の文化変容について、統計学のオラボ・バティスタ教授にはメトロポリス東京の社会学、プロコピオ教授にはブラジルの社会階級文献目録等々というペーパーを提出した。

ある日、ウイリアム・ホーヘンタール教授（カリフォルニアからの客員で、ニムエンダジュの「トゥクーナ族」の英訳がある）と昼食をしたことがある。その場で私は修士論文のテーマにウンバンダについて何か考えたいと話してみた。私にはただ探訪の体験があるだけで、宗教人類学、社会学、社会人類学についてもまともな知識はなかった。理論も方法もあまり勉強できてはいなかった。プロコピオには、カルデシスモとウンバンダという二つの憑霊宗教の間には理念型に基づくコンティヌウン（連続体）理論があり、そこには移住者の都市適応の問題も触れられていた。当時サンパウロ大都市圏には約二千のウンバンダ集団が実在すると考えられていた。私は都心から方々の周縁地帯、特に東北部や隣接州からの国内移民の居住する低収入の労働者地帯のカルト・グループを多く見ていたので、そのような移住民の居住形態と様々なウンバンダのタイポロジーについて少し口にしたら、ホーヘンタール教授はろくに質問もせずに、今のお前にはまだそれは無理だとまったく相手にされなかった。彼に指導教官を頼んだわけではなく、ただの雑談で、少々知恵を借りたかったのだが、問題にされなかった。当時は国内移住民の都市適応だけに焦点を当ててアプローチするという風には考え及ばなかった。学問にするには社会構造の大きな流れに注目し、社会学的発想を重視し、個々人の意味づけを前面に押し出さず、宗教としてのウンバンダの類型を考え、一般化しようとした、少なくとも修論提出用にそのような案を発想したが、良い方向への展開はなかった。文化とか主体的解釈とかではなく、社会の内部に隠された「潜在的機能 latent function」（ロバート・マートンの概念）を発見し、掘り起こすのが主要な社会学的仕事だと考えていた。

第六章　日系ブラジル人とともに
――一九六五〜一九六七年――

① ブラジル・アメリカ三大学の共同調査

ブラジル日系人に関する大型の現地調査が北米のテキサス大学、コーネル大学とサンパウロ大学の共同研究として実施されることとなり、一九六五年八月二〇日、文化人類学者のジョン・B・コーネル教授がテキサスからコンゴーニアス空港に到着した。アメリカ人としてはやや背丈の低い、猫背のふくよかな風貌をしたコーネル氏は肩から斜めに旧式な箱型の大きなカメラを下げて、いきなり流暢な日本語で出迎えの斉藤広志教授と私に話し掛けてきた。

「いやいや、あたしのは、岡山弁でしてねェ。ちょっと訛りがねェ…」

賞められると、彼は照れてそう言った。博士論文用現地調査を彼は岡山の農村でやったのだった。驚いたことに彼はテキサスから家族全員を引き連れて到着していた。夫人は大変上品な方だったが、車椅子に乗っており、それを教授が押し、夫人の母が脇に付き添っていた。中学生の娘さんも同行していた。娘さんはアメリカン・スクールに通い、老母が家事と夫人の面倒をみて、先生は調査に専念するのだろうと私は理解した。ロバート・J・スミス教授（コーネル大学）とコーネルとは二〇年来の親密な研究仲間で、日本文化の専門家だった。二人は戦時中、軍隊で日本語を仕込まれ、戦後日本研究者となったもので、訛りのない素晴らしい日本語を話すのでアメリカのジャパノロジストの間でも有名だということを私は知った。現地調査は二年間の予定であり、初年はコーネルの担当で農村・地方都市を、二年目はスミスがサンパウロ首都圏調査を指揮し、現地協力者として斉藤が全体の世話をするという手筈だった。私は大学院ですでに単位はすべて済ましていたが、授業には出ていた。調査員として助手のような形で参加することになった。調査費はすべて北米の国立科学財団（National Science Foundation, 略してNSF）から出、当時としては大変高額な研究費だった。プロジェクトの題目は「現代複合社会における文化変容」（N.S.F. Grants GS-671 & 1896）だったが、内実はブラジル南部における日系人（日本移民を含む）の同化と文化変容（acculturation）に関するものだった。斉藤以外はみなフル・タイムの調査員だった。こうして調査プロジェクトはスタートし、一九六七年八月に現地調査が終了すると、更に一年間が最終報告書の執筆に費やされた。私はここでこのプロジェクトの全貌を記述する考えはないが、この活動を中心にこの時期の私の人間的・人類学的彷徨を寸描しようと試みる。これが私の組織的な現地調査への初めての参加であり、人類学への本格的な導入ともなったのである。黒人研究・ウンバンダ研究への思いを完全に断ち切ったわけではなかったが、とりあえず修論用のテーマとしては方法を析出できないままそれらを棚上げして、ブラジルにおける中国人移民の下調べを始めていた。一九世紀の黒人奴隷解放を目前にしてブラジルのプランテーションでは労働力不足が国家愁眉の課題となり、アジア諸地域、特に中国の低賃金労働者の導入が論議された。実際に入ったのは少数だったが、その移民と子孫達に関する研究は皆無だったし、社会主義革命以後、中国本土からの新移住者が増加してきていた。斉藤は生涯を通じて日本移民の研究を継続していた。日本の敗戦直後、日系人社会は祖国の勝ち負けの問題で真っ二つに割れて争ったが、九割以上は勝ち組となり、負けを認めた認識派は知識人間に多く極く少数だった。サンパウロ市居住の若手知識人認識派の一部が、一九四六年、抜本的な再勉強を志して土曜会という私的な結社を結成して毎月研究会を開催し、同人雑誌『時代』を発行していた。彼等はブラジルの学界との絆の欠落を痛感して、仲間から代表選手として一人を学界に送り込もうと企てた。すでに活発な認識運動を展開し、語学もできた斉藤がそれに選ばれ、土曜会はその全面的バックアップをすることを申し合わせた。こうして斉藤は文化変容論の立場から勝ち負け問題を調査分析して論文を発表、やがて大学教授となった。私は斉藤の支持を得て大学院に入学を許可され、授業料免除という形での奨学生待遇を受けた。したがって、テーマ選びには彼に相談しなければならない立場にあった。彼のライフワークと同一ではなしに、それに関係の深いものとして中国移民の問題を選ぶのは無難な判断だった。研究上の新開地でもあり、興味も十分あった。だが、当時はブラジルで調査費を政府か財団から獲得するのは、他にコネのない私には至難だった。

プロコピオは私を評価していた。彼は東北部（ノルデステ）地方における「宗教と開発」に関する大プロジェクトを構想中だった。ブラジルの後進地帯・貧困地帯である東北部で、カトリック教会がその下部組織を通じて民衆を覚醒させ、共同意識を醸成させ、社会参加を促して開発を推進する活動を広く開始していて、やがてそのような動きは解放の神学などに強く結びついていくのだが、プロコピオはそのような局面に照明を当てる調査を準備していた。私もそれに参加するように内々誘われてもいた。だが、そちらも研究補助がなかなか決まらなかった。その内にコーネル等による日系人研究が具体化し、斉藤から参加を要請された。人類学留学生としては日系人研究よりもプロコピオのテーマに惹かれたが、研究費の面で日系人の方が先に決まった。これで当面は迷う余地はなくなった。

七月三一日（土曜）、コーネル一行到着の半月ほど前、画家の玉木勇治、斉藤と私の三人は、サンパウロ市から九〇キロほど北の地方都市ブラガンサ・パウリスタとミナス・ジェラエス方面へ数日の旅行に出た。私等は研究と遊びを兼ね、玉木は画材を求めてだった。夜は市丸という斉藤・玉木の友人と共に飲み食いの宴会をし、時に遠出をした。主な用件は日系人研究の調査地選定にあった。私は斉藤の要請に従い、あらかじめ、南部ブラジル（主としてサンパウロとパラナの二州）における日系人の概況を文化領域に関連させて分類し、地図上に色分けして示したものを持参していた。それには、われわれの仲間の一人鈴木悌一がオーガナイザーとなり、移民五〇周年記念事業の一環として実施された日系人センサスの分厚い報告書二冊『ブラジルの日本移民』統計篇と記述篇が一九六四年に東京大学出版会から上梓され、サンパウロに到着して間もない頃で、それが基礎資料を提供してくれた。その報告書の膨大な資料を活用しようとするものはまだ誰もいなかった。最大の欠点は「詳し過ぎる」ことにあった。しかしわれわれはその二冊を携えてブラガンサに行き、日中二人はホテルでその本と私の作成した地図と首っ引きでコミューニティの選定に当たった。これには一九五〇年代に実施された二つの大型ブラジル研究、すなわちチャールズ・ワグレーの指揮したコロンビア大学調査団による東北部研究、および泉靖一グループによる日系人研究を前例として参考にした。詳細は述べないが、地域の歴史的社会的背景、日系人の分布、全人口に占める比率と活動形態、日系人の地域における政治的経済的地位等を考慮して初年度の調査地を選んだ。サンパウロ近郊の一大日系集団地スザノ、沖縄系人の集中するジュキア（沿岸地帯）、マット・グロッソ州境に近いミランドポリス（計画移住地アリアンサ）、日系人希薄地帯としてサント・アントニオ・ダ・プラティナ（パラナ州）、戦後移民集団地グアタパラ、自然発生的な日系集中地として奥パウリスタ線ジュンケイロポリス（コーヒー栽培地帯）の六地域だった。ミランドポリスとグアタパラ以外は地方都市とその周辺の農村地帯が一体となったコミュニティだった。泉靖一グループの調査地は大体回避した。

夜は盛場に繰り出し、市丸氏を囲んで大酒を飲み、大声で語り合った。玉木の話がいちばん実があり、興味がもてた。彼は画材として古ぼけた小さな教会を選ぶことが多い。どうして教会ばかり描くのかと私が質問した。美しいんだ、何百年も以前に奴隷が煉瓦を積んで建てたもんだ、だから美しいんだ、だから描くんだ、と玉木は言った。ブラガンサ中央広場の教会は一七六三年に建設され、今再建のために無残にも破壊されている。ブラガンサに遺された良いものは他にないのに、それが今メチャメチャにされている。鈴木悌一（日曜画家でもあった）と酒飲んではこのことを慨嘆してるんだ、とひどく憤っていた。翌日われわれはその教会を見に行った。壁画、リリーフ、聖人像などもみな古煉瓦と同様に破壊されている。崩れた煉瓦は現在のものの数倍の大きさであり、ただ泥を固めたアドベとともに今土に還ろうとしている。これらはすべて奴隷が作り、奴隷が建てたものだという玉木の言が胸に沁みた。玉木はまたこれを観るために我々に同行したのだろう。私が黒人研究に拘るのに共通している。ウンバンダに通ったのは異文化だからだけではないと思った。やがてそこにピカピカの教会が建つのだろう。「駐車場にしちまえばいいんだ」と市丸は吐き棄てるように言った。どうしても日系人に拘って研究するという心構えは私にはできていなかった。

われわれのサンパウロ社会学政治学院はサンパウロ大学の傘下に入っていて、大学院はそこにあった。レプーブリカ（共和国）広場に近いジェネラル・ジャルディン街の比較的に小さな、古めかしい建物だった。プロジェクトはその三階に二部屋ほど貰って活動を開始した。斉藤の研究室も同じ階にあった。社会学専攻の新卒二世女性が二人調査員として採用され、一人（アメリア）は部屋でタイプなどの事務をやり、もう一人（ヒロミ）は日本語が巧みでフィールド向けだった。やがてルーラル・ウイリスという中型の野外用新車が購入され、ピエールという饒舌なスイス系若者が運転手として加わり、コーネル一家の借家探しから送り迎え、現地調査へのスタッフの送迎を担当した。

八月二六日、われわれは初めて現地の下見に出掛けた。コーネル、斉藤、ヒロミと私の四人だった。サンパウロの東の近郊スザノ（四〇キロ）、モジ・ダス・クルーゼス（六〇キロ）の方面だった。行く先々で斉藤が案内するのはコチア産業組合やスール・ブラジル産業組合（ともに日系人の農協である）の地方支店、日本人会（この名称は戦後の排日の風潮のなかで次第に破棄され、文化体育協会という名が一般化していた）の会館や会長で、挨拶まわりを兼ね、地域の一般情況を聴取し、あわせてヒロミと私がこれから調査員として歩くから宜しくと顔繋ぎをするためだった。コーネルは腰が低く、触りが柔らかで、通常のアメリカ人のイメージとはかけ離れていた。

「どうでしょうか。モシ、ナンデシタラ、お名前を聞かせて頂けませんか」

「しかし、ナンデスネ、こちらの日系人政治家にも、キョーサンシュギの方がおられますですか」

といった調子で、話を切り出す。「モシ、ナンデシタラ…」が彼の得意の台詞だった。誰しも、「ガイジン」がこのようにくだけた日本語で話すのに出会ったことがない。驚いて笑いだすものがあった。私には次第に彼の物柔かさや日本語のスタイルが老練のフィールドワーカーのものに見えてきた。だが、それはジェスチャーとは思えず、人柄と感じられる。人類学がその人柄に馴染んでいた。

二世でスザノの名士、ロータリー・クラブの日系人初の会長となった相原欣一氏は、紹介されるとコーネルがこれを始めたが、ポルトガル語しか口から出てこない様子だった。彼は日本語が良くできるのである。そして相手がアメリカ人だと紹介され、かつ目前で流暢な日本語を話しているにもかかわらず、しばらくはポルトガル語しか言えない有様だった。私はこのことに大変興味を惹かれた。日常多くの白人に接して生活し、生涯日本語の巧みな「ガイジン」と会話をしたことがないのである。話し手は目の前にいて、何語を話そうと顔はガイジンなのである。だからどうしても日本語がしばらくは口をついて出てこない。相原氏は初め自分のこの反応にひどく当惑の様子だった。

九月に入るとヒロミ（吉田）と私は連れ立ってスザノへ調査に出掛けた。私は渡伯後四年余りで、三二歳、二世のヒロミは新卒の二五歳ほどだった。われわれは二人切りで何の訓練も指示も与えられずに現地に放り出された感じだった。持たされたのは二〇ばかりの単純な調査項目の一覧表だけだった。スザノは日系人が市長、ロータリ・クラブの会長も日系で、日系人口の比率も高く、政治経済面で力があった。まず市街地から始めた。写真同好会、俳句会、謡曲会、釣狂会、男女青年会、県人会、沖縄協会、相撲連盟、花卉園芸協会、各種宗教団体、尺八愛好会、『平凡』友の会等々、ありとあらゆる日系団体があった。われわれはそれぞれ勝手に面接相手を探して情報を取り、安飯屋で落ち合って食事しながら相談した。当時スザノにはホテルらしいものはなかった。サンパウロに近いからだろう。ヒロミは名士の相原源作氏宅（福島県人会長。欣一氏の父）に、私は行然寺という浄土真宗所属の寺（吉田行然和尚は移住後自立的に出家した人で、寺も自力で建設した。宗派に帰属したのは後のことである）に泊めてもらい、外食した。数日滞在して一般情報を収集し、大学に帰って一週間ほど情報の整理に当たる、ということを幾度か繰り返した。テープ・レコーダーが希有の時代で使用せず、ペンでメモをとった。ヒロミはポルトガル語でタイプし、私は日本語でノートに清書して、アルバイトに雇った、字の綺麗な元教師の女性にカードに複写転記させた。すべてコピーは四枚だった。テキサス、コーネル、サンパウロの三大学と調査員のわれわれの分だった。そのような約束になっていたから、データはワン・セットずつ自動的に三人の教授の元に残る仕掛けだった。私の場合は、フィールド・ノート（野帖）、清書ノート、カードが手元に残った。

スザノ地域の日系人全体を統括するのが汎スザノ文化体育協会で、その傘下に日本人会的なものが各小地域に計一五団体あった。市街地のスザノ文化協会をのぞく一四地域（日本人は「植民地」あるいは「村」と呼んでいた）のそれぞれの特徴を検討したうえで、集約的蔬菜栽培中心で、もっともコンパクトにまとまった「日本人村」的な共同体であるチジュッコ・プレットを選び出し、そこで詳しい戸別調査をすることにした。

部落会（正式名称は「チジュッコ・プレット日本人会」）の会員

（男性家長）全員に日本語学校に集合してもらい、顔合わせをし、調査の説明をしたうえ、われわれ二人が全戸を訪問して面接調査をする旨依頼し、訪問の日と時間を決めた。当日はかならず夫婦共に在宅してくれるように頼んだ。市街地調査ではわれわれは大学と現地を九月中に四往復した。チジュッコ・プレットには同じ往復を一〇月始めから一一月五日までに五回した。因に二人に与えられた面接ガイドは一枚の紙切れで、①経歴、②家族、③土地と生産活動、④労働関係、⑤近隣関係、⑥親族・姻戚、他交際関係、⑦宗教、⑧教育、等々で⑲まであった。項目だけで説明も注も一切なかった。似たような回答が多かったので、毎度すべてを訊ねたわけではない。日系居住者は六八戸（内、日本人会加入者は四〇名）だが、その内一三戸（家族持ち八名、独身五名）は土居会員の経営する種鶏場の従業員で、移動も多いので数人に簡単な面接をしただけだった。それ以外は非会員も含めて可能なかぎりすべて戸別面接をした。驚いたことに、最初に立てた予定の時間にはかならず夫婦が自宅で待っていて、一軒も間違いはなかった。この点、日本人相手の面接は楽だった。

チジュッコ・プレットを通るバスはセルトン行きで日に往復二回。市街地から一〇キロほどで、福博村を通ってその奥にこの村があった。黒い腐植土の低湿地帯で、これを間に挟んで小高い赤土の丘が両側にうねっている。バスは一方の低みを走り、もう一本の道路は他方の丘の上を行く。両者は柔道場のところで合流して日本人会館（学校）の前を通る。低地には深く排水溝がどこまでも掘られており、それは必要に応じて貯水池ともなる。昔日本人会の共同作業で掘ったものである。低湿地帯の黒土にはレタス中心の葉野菜が見事に整然と列をなし、広々と栽培されている。その低地の両側、丘の麓にはポッポッと農家が並び、日本の農村風景に良く似ている。後方にうねる両側の赤土の丘にはジャガイモ、トーモロコシ、玉葱のプランテーション風景が遠くから望まれる。

ヒロミと私は全国でもよく知られた剣道の達人井上安信氏のお宅に寄宿させてもらっていた。井上家には家長の両親が八〇代で健在、夫婦には娘二人、男子三人あり、ヒロミと同年輩の長女初代がいて二人はすぐ親密になった。われわれは大変温かく遇され、居心地がすこぶる良かった。家族全員と共に食事を頂き、話題が尽きず、村のことは何でも立ち所に判明した。家と家の距離は比較的に近く、われわれは二人連れですべての家を徒歩で訪問し、面接した。家に入ると、私は家長と、ヒロミは夫人と、別々の部屋で面接した。通常は午前二軒、午後二軒やり、こうして村中を歩き回った。数日から一週間で大学に戻り、これを繰り返した。

ヒロミは美人で、魅力ある女性であり、コケティッシュでもあった。彼女が白いジーパンで共に歩くと、少々悩ましくなることもあったが、実は彼女には許婚者（ノイヴォ）があるということで、私は終始まったく興味が湧かない振りを仕通した。実は彼女は斉藤と私の知人の娘であり、同じ大学で学んだ仲でもあった。彼女の母は日系社会でも有名な美女で、当時は未亡人でモナミという喫茶店兼バーを市の中心で経営していた。プロジェクトが始まるやいなや、斉藤はヒロミを最初に調査員に決めた。もっと以前、ある日斉藤は私を連れてモナミへ行き、ウイスキーを飲んだ。帰りぎわに斉藤はママに言った。

「前山君は苦学生だから、いつでも私のツケで酒をいくらでも飲ませてやってくれ」

ママはにこやかに承知しましたと答えた。私は何かキナクサイものを感じて二度とモナミには足を向けなかった。彼がママに対して野心を抱いていることは友人仲間で知らぬものはいなかった。東大の泉靖一が一九五二年に初めてブラジル調査に行った時、斉藤と共同研究をやり、二人はしきりにモナミに飲みに通った。泉のその時のやり方はこうだった。最初にいきなりかなりの大金をママに渡して、「時々来るから、これで飲ましてくれ」と告げた。それからしばしば飲みに通って、とうにその金が底をついてもママはそれを言えず、いつまでも延々と飲ませ続けたということである。斉藤は泉から多くの影響を受けたが、悪いこともたくさん学んだ。私はそれを身をもって散々知らされた。

一九六〇年代当時、大学構内では通常斉藤も二世学生も日本語を口にすることはなかった。それはほとんどタブーに近いものだった。偏狭なナショナリズムがいまだ強く、日系人は「日本」に触れることを避けていた。人が日本文化やブラジル日系人について質問したり、話題にしたりする。斉藤はそれについてポルトガル語で解説する。日本語を使うことはなかった。また自ら日本人のように振る舞うことは極力避けていた。通常、日系学生は日本語を話せても話せない振りをしていた。斉藤は昼の職場生活と夕刻からの部とを明確に使い分けていた。夕刻になると、彼は日系集団地区リベルダーデの方に足を向ける。そこにはあらゆる日系団体、新聞社、寿司屋、酒場がある。リベルダーデ区に近付くと急に相好を崩し、両掌で背広の衿を掴んで「さて、ちょっくら…」と日本語でやりだす。コーネルが大学に通い出すと、これが一変した。彼が斉藤や二世調査員に対して遠慮なしに日本語を話すからである。日系人調査が動き出したのである。

調査員のわれわれはオリエンテーションの不足に苦しんでいた。コーネルの主要関心事が日本の「家」や「同族」、親子関係や相続、女性の役割等の移植とその変容にあることが次第に明確になってきたので、私は自発的に有賀喜左衛門や福武直等の著作を改めて車中などで読み出した。この調査は私にとってはブラジル研究なのだが、コーネルの発想では日本研究の延長であることに異和感を覚えながら、日本農村社会学・家族社会学の遅蒔きの勉学をも始めた。少しはヒロミにも解説した。

闇雲に面接を続けていった。曲がりなりにも人類学・社会学を学んだものであり、日系人は身近な問題だった。ヒロミは日本語の会話は上手だが、読み書きはできない。ツイヒ(追肥)とかミンシュシュギ(民主主義)、キョウサンシュギといった日本語は知らなかった。大都市で生まれ育ち、大学出の「パウリスターナ(サンパウロっ子)」である。地方の町や農村の生活、ブラジル教育をあまり受けていない農村二世についてはほとんど知らず、驚きや憤りを私にぶちまける。

「何よ、これ。ここの二世ったら、まるで純粋なジャポネース(日本人)じゃないの！」

チジュッコ・プレットの「日本人村」は彼女にとってはまさに一つの異文化だった。それは大きな驚きだったようだ。彼女にとっての異文化と私にとっての異文化は別物で、それを同じ村人のなかにわれわれは見凝めていた。一軒を終え、次の家まで共に歩きながら驚いたことを議論し合った。この村に入ってからは調査はほとんど日本語ばかりになった。二世の主婦でも日本語の方が巧みだったり、天皇を崇拝していたりすると、ヒロミはナショナリズムを剥出しにして慨嘆した。

「何よォ、これェ」とヒロミ。

「ソーラ、それがブラジルじゃないか。それがブラジルのジャポネースじゃないか。おれ達は、まだブラジルをよく知らんのだよ」とけしかける私。
「だって、こんなこと、あった良いはずないでしょ！」とヒロミ。

われわれは教師や研究書の教える理論や国是がかった同化論、構造論とは大きく異なるブラジル型の実態に触れ、途惑い、それを逸脱とか同化の立ち遅れと納得してしまおうとする心の傾きもあった。一方、個人的には村人達に温かい共感を覚え、移民であり親である「日本人」と現地生まれ二世の「ブラジル人」とを同質な「ひとびと」と実感していながら、同時に異質な二つの範疇の人間に引き裂こうとする了解装置をも脳に内蔵していることに気付き出していた。気付き出していながら、一九六〇年代の社会学・人類学の学説は国民国家論とメルティング・ポット論、文化変容論で仕組まれており、自らの疑念を組織的に纏め上げることはできなかった。教師等は「同化への途上にあるのだ」としか教えなかった。私はヒロミと二人の時はポルトガル語で話していた。後で知ったことだが、ヒロミは私と毎日日本語を使っていれば語学が上達すると期待していたらしいが、日本語にしようとは言わなかった。調査で得たそれぞれの驚きと異和感をポルトガル語で議論したからこそ、二人は大学の延長としての対話ができたのだろう。オリエンテーション不足のためにむしろ村人の思考に沿った問い掛けが増殖され、対話が自己展開もしていった。われわれは次第に教師の指導を余り当てにしなくなった。

② 交婚（異人種間婚）の事例ふたつ

スザノの住み込み調査が一段落し、ノート整理も済ませると、一一月半ば、われわれは次の調査地、サンパウロから四五〇キロほど離れたパラナ州のサント・アントニオ・ダ・プラチーナ（略して、プラチーナと呼ぶ）に移った。スザノの時と同様、コーネルと斉藤は最初に概況聴取と挨拶回りをしただけで、自分達は面接調査には加わらず、大学に帰るとそれきり現地には来なくなった。コーネルは家族の世話も良くし、またアメリカから追い掛けて来る仕事、分厚い日本文化に関する研究書の書評のために幾日も英文の書物を読んだりしていた。調査が進むにつれ調査員も数を増し、プロジェクトは賑やかになった。斉藤は大学の同僚達から、「お前はどういうつもりだ。グリンゴ（第一章参照）の助手みたいなことをやって、良いところを全部持って行かれるんだぞ」と、反米感情を剥出しにしたことを陰で言われていた。斉藤の調査への協力はのらりくらりしたもので、フルタイム調査員のわれわれの何倍もの給料をプロジェクトから受け取っていながら本気では何もしなかった。いずれ終了すると、調査データのワンセットは彼のところに残す約束だったから、チームを動き出させさえすれば良かろうと高を括っている様子だった。生涯日系人研究を続けてきた彼にもディレンマがあっただろう。

近郊スザノとは異なり、内陸の調査地は遠かった。ルーラル・ウイリスにピエールの運転で数人の調査員が乗り込み、半日以上かけてわいわい喋りながら走り、現地では共にホテルに宿泊した。未経験者のわれわれが闇雲に続けるフィールドワークで直面する困難からむしろ連帯感が醸成されて来ていた上、長時間の車中の饒舌で親密度が増し、プロジェクト仲間は自らを「エキッペ（ポルトガル語でチームの意）」と呼ぶようになっていた。短期間で辞めるものもあったが、調査員は皆フルタイムで雇用され、給料を支給されていた。私は次第にこのエキッペ仲間（皆二世）とのやりとりのなかから大変多くの学習をするようになった。ようやく私は日系人研究に腰を据えだしていた。ブラジル研究を日系人に絞る意志はなかったが、全力を挙げて取り組む気になっていた。

カステーロ・ブランコなどという高速道のなかった時代である。オーリニョスを経て北パラナに入ると左に逸れ、ジャカレジーニョから鉄道沿線を離れて土煙りの街道を少し行くとプラチーナの寂しい町に着く。一日雨が降るとたとえジープでも泥にはまる。日本人の居住は三〇年以上になるが、日本人会はできて一年ばかりで二八名、地域に居住する日系人の半数ほどしか加入していない。草分けで実力者の村上米昭会長は青森弁で、私の郷里と同じだ。驚いたことに現地生まれの長男次男は父と共同で働き、青森県人かと疑うほどの強い訛りで巧みに日本語を話す。地域には青森出身者は他にいない。日本語は家族内で保持され、外界はほとんどブラジル人である。プラチーナの日系人は他地域の日系人とのコミュニケーションも大変限られているという。ブラジルでは通常どこでも日本各地からの移民が混住しているので、日本語はほとんど標準化されてくる。方言の残存はふつう断片的である。それがここでは異なっていた。

スザノとは極端に対照的だ。会といえば日本人会があるだけである。その創立が遅れたのは日系人同士の交流も極少だからで、長くその不足を補ったのは村上個人である。外部から来る日系人は皆彼を訪ね、彼の世話になる。地域日系人の愉しみにしている月一回の巡回邦画は彼の倉庫で上映され、日本人会の会合もそこでなされる。ほとんどの日系人は農業に従事し、皆コチア産組に出荷する。邦字新聞はサンパウロから郵便で二週間分まとまって届く。

周辺には小さな日系人集団地が少数あった。我々は市街地以外にその一つカナストロを選んだ。プラチーナから南へイバイチに向って一九キロ行って右へ逸れる。細い道を二キロ、更に左へ一キロの地点である。私の紹介されたのはコチア産組支部の評議員をしている小川寅吉氏で、彼の家に宿泊させてもらった。彼は臼で餅を搗いて歓迎してくれた。幾度訪ねてもその都度彼は餅を搗いた。「他に接待できるものはない」と彼は言った。カナストロには日系人が一五家族居住していた。以前はもっと居たがほとんど出てしまった。かつては大土地所有者（ファゼンデイロ）のものだったが、相続問題での売却を請け負ったのが日系の男で、ソロカバーナ方面の日系人に宣伝して売った。土地は肥えていたのでかなり入植したが、長年無施肥農業をした挙句、土地は荒廃して寂れた。日本人入植の前にはサフリスタと呼ばれる豚の放し飼い業者が多数いた地域で、一九世紀サンパウロやミナス両州の後進地域の特徴を最近までもっていた。私は日系人以外に周辺のブラジル人をも数家族面接してみたが、驚いたことに日系人の生活様式は彼等のものとあまり差はなかった。日系人の家屋にもガラス窓というものは皆無で、ほとんどは棒で突き上げて開ける木製の窓だった。彼等の間でも施肥農業はまだ始まったばかりだった。小川氏は一六年間無施肥でやってきたが、もう限界だ、昨年から鶏糞を入れ始めたと面接で語った。印象的だったのは、日曜の午後、若い日系青年等が集って興じていたのが馬蹄を投じる競技だったことで、それは日系人の皆無な内奥地のあちこちで当時まだ見られたブラジルの古い余暇の遊びだった。

これ以上概況の説明は止めよう。簡単に二つの事例を記すに留める。この地域の日系人には予想されたことだが、ブラジル人との交婚（民間では「ガイジンとの結婚」と呼ばれ、当時は研究書でも「雑婚」と書かれた）の例が多数あった。当時から「雑婚は一旦始まったらどっと突進する」と言われていた。が、例は少なく、反対は根強く、研究はほとんど無かった。前述の五〇周年の実態調査での統計（調査員六千人を駆使しての全国日系人全員調査だった）では、五〇年間に男性三・八％、女性〇・八七％、一九五八—六二年の補足調査では男性一四・〇％、女性七・三六％だった。これをブラジル生まれだけに絞っても、五〇年間では男性七・五七％、女性一・五七％、補足調査では男性一八・三六％、女性七・六三％だった。二一世紀の現在では状況はまったく異なるが、われわれの調査時では交婚者はまだ大変少なく、彼等は通常「日系社会」から離脱していて、実情の把握は至難だった。私の当時の理解では交婚者は階層的に特に高いものと低いものに集中し、中間者に極少だった。下層ブラジル人労働者にとっては日系人との結婚はステータス・アップを意味し、彼等は積極的に日系人をアタックした。白人女性が日系男性と結婚する例では女性側に何かにハンディを伴った例が目立った。しかしこの観測はあまりに一般的に過ぎる。事例はそれぞれにユニークで、心情的には一般化することが憚られた。だが、当時の私の頭では「一般化することが学問することだ」という思い込みが強かった。このような研究と学問の客観主義と一般化の支配に対する疑義を私は内に育てていたが、一般化しないと学問にならないと思い込まされていた。それに、われわれのプロジェクトでは興味深い事例を特別に追い掛けて良いという了解は得られていなかった。予め選んだサンプルをこなすことが至上命令だった。プラチーナでの面接でもその通りで、交婚者についての取材は表面的なものに過ぎなかった。そのようなものだったが、頭に強く残った。以下、二事例について簡略に記述する。

山根茂氏（面接時六〇歳）は岡山県出身、旧制中学卒で、戦前移民としては知識人に入る。昭和八年、新婚で移住。農業や日本語教師をやった挙句、一九五一年に現在地に一五町歩ほど購入して入植した。娘が三人（二七歳が頭）と長男（二五歳）がいて、皆二世。皆「ミスタ」（四年制のブラジル小学校）へは通ったという。無施肥で豆（フェイジョン）やトーモロコシを栽培、後は自家消費用の米など。面接中に私個人と遠縁で繋がることを知る。家庭では日本語ばかりで、娘等もむしろポルトガル語があまり解らない。「娘等は日本式に育てた」と親は言う。古い「婦人クラブ」などを読む。息子はむしろブラジル式で日本語は読めない。この一人息子が最近「ガイジンと結婚」した。

近隣のブラジル人とは付き合わない。プラチーナの日系人ともあまり付き合わない。娘等に友達はいない。たまに村上宅での邦画は観に行く。サンパウロに同郷・遠縁の人がいるが、二〇年以上会ったことがない。この家族は周囲のいかなる人々からもほとんど隔絶している。

「日本人会はプラチーナにはないよ。いや、どうも内緒で作ったらしい」と語った。

地域の日系人は狭い社会で皆山根のことを識っている。だが、誰もこの家族には接触しようとはしない。山根は教育があることで鼻が高く、移民達やブラジル人を侮蔑して、それを言行に赤裸様にしていたらしい。身体も弱かったりして、農業にあまり力を入れず、何事にもうまく行かず、拗ね者的な性格を培い、人の批判・悪口を重ねたようである。長年発明狂でもあったが、碌な作品はない。私の面接時には携帯用簡易腰掛けという実用性のないものを作成して特許申請中だと言った。四年前に一度サンパウロに行ったのもこの特許のためだった。大言壮語癖があるが、碌に家族の役に立つ仕事はしない。農作業は最近まで四人の子供がやり、結婚した息子は家を出たが、時折手伝いに来る。しかし、それにしても何故発明狂なのだろう。ドストエフスキーの『悪霊』に短躯のレンブケーという県知事が出てくる。彼は女性に袖にされる度に発明に熱狂し、精巧極まりない鉄道駅などの模型を作成する。つまり発明狂化の前に挫折がある。山根の携帯腰掛けはレンブケーの鉄道駅に比して矮小だが、彼のプラチーナでの植民と家族育成には挫折感があったように思われる。

家事一切はほとんど妻がやる。娘等は三人共、かなり重度のどもりだった。妻は激しい気性で、子供等、殊に娘達に対しては絶対者のように君臨し、彼女等に自発的な思考を許さない。すべてを命令し、その通りにさせる。山根もあまり頭が上がらない。母の命令なしには一語も面接者と会話ができない。母の威圧的態度から子供達に萎縮感が堆積し、強度の抑圧があった。

私の面接の四ヵ月前の七月、二五歳の息子は一九歳のイタリア系と言われる「カボクラ（無知な田舎娘）」（山根の言）とカトリックの教会で結婚した。息子が勝手にやったことだ、親は何もしてない、嫁にも、その親にも会ったことがない、嫁の家はここから一〇キロほどだというが、どこにその家があるのかも知らない、結婚後も嫁はこの家に来たこともない、と山根は語った。山根夫婦はこの結婚を認めたくないし、許してはいない。私は息子とは会っていないが、嫁は遠目に見たことがある。大きなお腹を抱えていたので、お産が近いようだった。妊娠したので、急遽式を挙げたようである。息子は結婚式をする必要から洗礼を受けた。この新婚夫婦はこの土地を離れず、山根の地所の一部で、百メートルほど離れた所に小さな粗末な小屋を建てて住んでいる。元々父が丈夫ではなかったうえ、最近弱ってきたため、息子は家族が心配で家を捨てられない模様である。時々訪ねて来るし、農作業でも姉妹を手伝う。周囲二～三キロには僅かなブラジル人以外に住人はなく、誰とも交際はなく、孤立し、索漠と生活している。この息子も強い抑圧を受けたらしい。だが、家族を棄て切れない優しさをもっているのが救いだと感じた。私は、調査終了後この家族を追跡調査しようと願っていたが、渡米して博士課程での学業に苦しむうちに年数が経った。それを遺憾に思いながら、時折想起する。その時は息子の結婚式の教会の鐘が私の脳に鳴るのである。

もう一人は現地でドナ・マリアと呼ばれる四二歳の主婦。Maria da Ida Salvador が正式の名で、これでは日系人とは判らないが、イダは本来「飯田」で、父姓である。日本人会には加入していないが、日系人の結婚式、葬式、日本映画上映などには出席し、誰とも話さず片隅に静かに座っている。日本語が話せず、ポルトガル語はひどいカイピーラ語（田舎者の訛りが強い）である。「マース（しかし）」は「マーイ」、「アロース（米）」は「アホィ」と発音する。気の良い、誠実な女性で、しっかり者である。プラチーナに来てまだ五年である。それまで他地では日系人とのコンタクトは無かった。ここは小さい町で日系人が少数なので付き合いができた。彼女は洋裁で生計を立て、産婆として皆に知られ、大事がられている。道端で裸同然で群れ遊ぶムレッケ達（悪ガキども）も大方は私が取り上げた子供等だという。黒人も含む貧しいブラジル人の子がほとんどだ。自身もこれまで一一人の子を産んだが、六人死亡、皆乳児で死んだ。二六～一一歳の五児がある。家には日本的なものは何も見当らないが、混血の子等には明らかに日系人の風貌がある。

マリアはサンパウロ沿岸地帯のジュキアに生まれ、一〇年ほどそこで家族と住んだ。父は飯田セイジ（清治？）という名の戦前移民、母はブラジルで七人の子（男子三名、女子四名）を挙げて死亡した。母の死後、母方祖母が日本から来て長男（船中で死亡）と下の四人の弟妹を日本へ連れ帰り、マリアは妹と二人父のもとに残された。後、父は日本女性と再婚、それとも別れてもう一人と一緒になったが、やがて二人だけで日本に帰国した。以来音信はない。姉妹はサンタ・カーザ（カトリック系施療院、救貧院）に預けられた。マリアはそこで働きながら洋裁学校で学んだ。その内妹は死亡、ブラジルの地で天涯孤独となった。一七歳で現在の夫ジョン・サルバドールと結婚して、サンタ・カーザを出た。彼は三歳で渡航したイタリア移民で、無識字者、商人だが、病身である。各地を転々とし、魚屋等あらゆる職を経た後、プラチーナに移って五年になる。家計をほとんどマリアが支える。長女はリオで洋裁学校を卒えて結婚、二児あり、近くに居住している。五人の子供には皆中等教育を与えた。次女は小学教師。他は勉強中。マリアは子供等にも生活にも不満はない。日系人としての誇りはもち、産婆さんとして皆に親しまれ、赤児の取り上げでネットワークが拡がる。冠婚葬祭にはかならずどこかから連絡が入り、彼女はかならず出掛けて行く。そして何も喋らず、片隅に静かに座っている。皆それを知っている。

戦前の日系人間では、「ガイジンとの結婚」は「民族的自殺」と言われ、戦後も親が「日本人に対して申し訳ない」と言って自殺した例もないではない。親に反対されて逃げたとか、黒人日雇い人夫に騙された、結婚式には親の姿が恥ずかしいから出席するなと息子に告げられた等、悲劇的に語られることが多かったが、本人達の証言は伝えられず、話は大方ステレオタイプやフォクロアの領域ばかりだった。一九六〇年代までは確かに交婚への日系人の反発は強かったが、心温まる話も多くある。そして哀話も悲話もある。それらを社会学や人類学が個別に掬い上げられない、「それは文学の領域だ」と主張されるのでは、私はそういった人間研究に少しずつ疑念を育て始めてもいた。だが、文化人類学を捨てようとは考えなかった。当面は現在の人類学を学ぶのだと了解していた。

③ 日系ブラジル文学会の創立前後

われわれの日系人調査と同じ時期、それと併行して私は日系ブラジル文学の運動に参画していたので、それについてここに略述しておくこととする。私の気持ちとしてはその仕事は調査と同じ位の重みのある営為だった。一九六三年三月から大学院に通いだしたのだが、それから六五年八月に調査でフルタイムの仕事として従事するまでは様々なアルバイトをやりながら何とか糊口を繋いでいた。日本文化普及会の日本語講座で週二回ほど二世達に日本語を教えていた。また日本からの領事や派遣商社マンの子弟に帰国後の再適応のための勉強をみてやった。その中で特に利発な横田邦子という小学上級の子に毎土曜日自宅へ出向いて教えていた。長年の家庭教師体験でこれほど手応えのある、楽しい例はなかった（彼女は後年国際政治を専攻、結婚して猪口姓となり、上智大学教授となったが、小泉政権下で俗に『小泉チルドレン』と呼ばれる代議士の一人となり、少子化担当大臣をやった）。また、日本文化センター完成後、中尾熊喜主催の人文科学研究会はその中に一室を確保して「サンパウロ人文科学研究所」として再出発することとなり、私はそこの最初の事務を担当、週二回ほど顔を出して僅かながら報酬を得た。

六三年四月、日本文化センター建設に力を注いでいた文化協会会長の山本喜誉司が病床についた頃、私はとりあえず協会機関誌『コロニア』の編集助手として編集長武本由夫氏の手伝いをすることとなった。この時初めて彼と知合いになった。われわれは文化センター二階のエレベーター脇にあった三角形の狭い部屋で二人きりで編集事務をやっていて、酒飲みの二人は時々隠し酒を取り出してはよく談笑した。武本はブラジル短歌界の重鎮だった。『椰子樹』誌の編集や財政が行き詰まると乗り出して行っては建直しをやってきた人物だった。当時の短歌界では「先生」で通っているほとんど唯一の先達で（岩波菊治はすでに故人）、短詩型の分野では重きをなしていた。その狭い部屋へ三人の女性歌人がいつも揃って顔を出し、色々相談をし、雑談をしていった。小笠原富枝、陣内しのぶ、弘中千賀子の三人で、やがて私はこの三人がコロニア短歌界最大の牽引力であることを知った。彼女等を育てたのが武本だったが、その頃は「わしゃ、もう、あの三人にゃ敵わん」と言って実作をほとんど止めていた。私は初めは『コロニア』誌の「日本文化センター落成記念特集号」というものの編集を担当していた。山本会長がガンで死去し、六三年八月に中尾熊喜が第二代会長に就任すると、彼は『コロニア』誌に強力なてこ入れをして編集委員会を立ち上げ、月刊誌とした。斉藤広志を編集長に大勢の委員を任命して定期的に会合、会長も欠かさず出席したが、かならずスコッチを一本ぶら下げて現われた。毎号日系コロニアに関する特定のテーマを策定、それには必ず座談会を設定して人選を皆で決定した。

このためわれわれ二人は急に多忙となった。座談会は私の担当で、当日は録音し、その後テープ起こし等をやって原稿を作った。中尾会長が退くまでの間、四〇号から五〇号までこれが続いた。

こうしてあの狭い部屋に詰めることが多くなり、そのため武本と急速に親密になった。酒を飲み歩くことも増えた。私は同じ頃日系の知識人の会である土曜会にも参加していたが、そこのメンバーの間では武本の名が出ることはほとんど無く、武本を知識人の一人と見做す空気はなかった。だが、私が編集の仕事を通して親しくなるにつれ、いわゆる知識人ではないにしても（彼は岡山の旧制中学卒の単身移民）、その嘘のない真っ当さと人間的な大らかさを実感して信頼するようになった。何よりも私欲のない人で、図太く、そして文学好きだった。私は土曜会のアンドウ・ゼンパチ、河合武夫、半田知雄、鈴木悌一、斉藤広志といった面々とは異質な、ある種の泥臭い土性骨を彼の中に見出して忌憚のない意見を言い合った。われわれは酒を飲んでは、文学を談じた。そしてその度に私は、短詩型も悪いとは言わないが、やはり小説や散文一般の運動を起こさなきゃ、そのためには小説主体の同人雑誌を始めなきゃ、と力説した。当時サンパウロには新聞社主催の「パウリスタ文学賞」、コチア産組の「『農業と協同』文学賞」とがあり、武本はその両者の選者でもあった。毎年選が行なわれ、入賞者が堆積してきていた。その連中に声を掛けて集めてはというのが、私の論旨だった。だが、その度に彼は難しい顔をした。これ迄にも何度かそんな話があった、でも誰と話をしても埒があかない、「三号雑誌に終わるに決まってる」、「碌な作品が集まりゃせんよ」で話は終わるということだった。俳句、短歌、川柳の雑誌は色々ある、が、散文・小説主体の雑誌は出たためしがない、ということだった。私も日本で小説主体の同人雑誌をやっていた、という話もした。文学論を重ねる内に私の文学への思い込みがそれほどいい加減ではないことが少しずつ伝わるようではあった。武本も戦前の独身時代に幾つか小説を書いて発表したことがある。一九三七年に「死灰」という短篇小説を『地平線』という小型新聞版の同人誌の第三号に出したが、おそらくこれが戦前のブラジル移民小説の最良の作品であった。他に「伯剌西爾時報」紙の第三回懸賞短篇小説での第二席入選作「渦」（一九三四年。第一席該当作なし）等がある。こうした戦前の移民小説を記憶したり、読んだりする人はほとんどおらず、資料も容易には発見できなかった。だが、武本が内に散文運動への意欲を強く抱いていることは二人の議論を通して私は察していた。

大学院へ通いだして三月ほど経った六三年六月一五日、斉藤教授に誘われて初めて土曜会に出席した。香山扶陽（六郎長男）宅で開催された。名前だけ聞き及んでいたコロニアの有名人が大勢来ていた。その日はサンパウロ大学の若い物理学客員教授長田純一氏（武谷三男の後任で、朝永振一郎の弟子）の「ブラジルにおける教育構造」に関する問題提起があった。毎月第三土曜日に会合し、定められた発表者（会員）による研究発表か問題提起があり、議論の後に酒と会食と談論風発の親睦会になる。その場で斉藤から新入りの私の紹介があった。それが終わるや、間髪を入れず鈴木悌一が、

「じゃ、来月は前山君が発表じゃ」とのたまわった。つまりそれが入会のイニシエーション儀礼らしいということが解った。有無を言わせぬ呼吸だった。渡航後二年であった。私はブラジルのテーマにしよう、日系ブラジル文学を取り上げようと、あの場にどれだけ恐い面々が勢揃いしているかも良く弁えずにそう決めた。武本と散文運動の議論を始める少し前のことである。

ブラジル上陸の日、リオの大使館で安井新の小説「移民の子供たち」を識ったことは第四章で触れた。日本では小説ばかり読んでいたが、創作活動に良きカンフル注射を打つ目的で文化人類学を志し、ブラジルに来る時、これから一〇年間は小説を読むまいと肚に決めていた。だが移民小説と出会って、それだけは少数ながら目に触れたものは読んだ。私のコロニア文学への関心は早くから芽生えていた。一九六二年七月二五日の日記には、「移民の一世達はその心的故国を日本語を話す地点にしか見出せないことは覆うべくもないことであり、それが人間の法でもあるのだから、ブラジルという日本人の植民している土地で日本文学の一運動が展開しても不思議ではなく、《まだそんなことをやっている》という反撥心を起こすいわれはない。これはひとつの本質論である」と書いてある。これは日系人のブラジル同化を至上命令とする大方の論への批判である。また、その翌年の二月一八日には、「ブラジルの文学・映画に日本人や日系ブラジル人が登場してくるが、おそらく彼等は『ジャポネース』として書かれ、個性をもった人物として取り扱われているのではあるまい。日本移民あるい

はその子弟達から、ブラジル社会に生きる日系コロニアの人々を主題にした、日本語による文学というものはかなりの動きを示している。それらの作品中における《移民であること》《日本人の面を張りつけた人間であること》が、《人間であること》《二〇世紀の人間であること》《個人であること》に対してかなり優位に立っているかと思われる事実を整理してみることは良いことだ」とある。これらは、土曜会での発表や武本との談合より大分以前のことである。

土曜会での発表までの一ヵ月の間、私はかなり組織的に移民の作品を探索して読んだ。努力したが、『よみもの』誌のコレクションはその時は発見できなかった。「パウリスタ文学賞」と「『農業と協同』文学賞」の受賞作、佳作入賞作中心にかなりの量を読み、七月一九日の例会で発表した。まだブラジル理解、日系コロニア理解が未熟で歯痒い発表だった。小説の選者達が小説を書かないという点、売文生活の不在等に触れ、受賞者は二度と応募しないこと、受賞後の発表機会がなく、書かなくなるのではないか等の感想を述べた後、移民はある種の異常体験をもった人々であり、勝ち負け問題を含めた戦争体験は創作の動機付けとして大エポックたりうるのだから、日本の戦後文学の勃興期に似た動きがなかったのか、と疑義を提出した。選者の言に「コロニア的なものが希薄だ」とあるが、それは結局何を意味しているのか、説得力ある説明はない。安井新の「移民の子供たち」は優れた佳品だが、そこにはいったい「誰」が描かれているのか。おそらく「誰もいない」のだ。幾家族かの移民がおり、「移民一般」が叙述されているのみだ。「移民の子供」を書かずに、「移民の子供たち」を書いてしまったと論じた。結局、活字文化ということでは作者達は「コロニアというつんぼ桟敷」に生きていて、読書の絶対量が極めて少ないという印象をもった。またブラジル社会に関する観察や洞察が偏狭で、新しい型の人間像、われわれにエネルギーを与えるような人間像が描かれていない等、纏まりもなしにかなり言いたい放題を述べた。多少議論もあってからウイスキーになったが、鈴木悌一先生は「来月、もう一回やれ」とのたまわった。反応があったのかどうか記憶にないが、酒の流れで仕舞いには鈴木宅まで行って深夜まで飲んだから、通過儀礼は済んだものと思った。翌月はあまり新しい提言もなく、宿酔いで発表した。そこで鈴木悌一、また口を開き、一言苦言を呈してくれた。土曜会のモットーは「批評はすべからく悪辣たるべきこと」であり、その最大の体現者が鈴木だったが、皆に一番好かれているのも彼だった。

物理学の長田純一は私とあまり年が離れておらず、時折一緒に酒を飲んだ。一時誰の提案で始まったのか忘れたが、彼の自宅に土曜会メンバーの子弟達を集めて「土曜会ジュニオル」というのをやり、彼と私がその世話を担当した。あまり長続きはしなかった。その頃私が学費に困っていることを知っている彼は、サンパウロ大学高級物理学教室から君に研究費を出してやろう、最低給料の二倍でどうだ、と言って、いきなりゴムテープで縛った現金を二ヵ月分払ってくれた。そしてテーマを与えられた。「近現代の自然科学者における奇癖の研究」というものだった。二人で資料を蒐集し、ゼミナールをやり、カッパ・ブックス程度の本を書こうというもので、ただの悪ふざけではなかった。時々大学へ出勤し、物理学の雑誌を見たりして少しは資料も拾った。ノーベル賞級の物理学者における人間性の研究でもある。長田に言わせると、大研究者や天才には奇癖をもつものが多いというのである。奇癖の話であって、奇人の話ではない。ノーマルにおけるアブノーマルの研究という訳であった。奇癖が大学者においてどのように形成され、それが大学説にどう貢献するか、といった話で、自然科学と文化人類学と繋がるじゃないかなどと冗談めいた議論をして、後で飲みに出掛けた。彼は大きな研究費を取っていて、時には研究費貰いにブラジリアまで大蔵大臣に掛け合いに行くんだとも言っていた。奇癖の研究はやがて立ち消えとなった。

ある時、その内にアンデスの山頂に天体観測用の巨大な望遠鏡を貨車で運ぶことになっている、その時は一緒に行ってくれと言われていたが、しばらくすると、あれは別の形ですでに運んだと彼は言った。そもそも日本の理論物理学者達がサンパウロ大学と研究協力を始めて次々と教師を派遣していたのはアンデスに天体観測台を建設するのが目的で、サンパウロに拠点を置き、資材を鉄道で運ぶといった話を聞いたが、確かなことは耳にしていない。のちに筑波大学の学長をやった宮島龍興や福田信之も同じ関係でサンパウロに客員で行っていた。

物理学教室で月刊雑誌『素粒子論研究』をめくっていて、シュテファン・ローゼンタールという人の「ニールス・ボーア――人と業績――」というエッセーを読んだ（三〇巻、三号、一九六四年）。そこに載っていたボーアの説というのが大変興味深かった。

「ボーアは諸民族の文化の相補性ということに痛く興味を持っておりました。一国の文化はその国の民族のいわば偏見によって成長します。これをよその国民はまた別の偏見から批判いたします。このような諸民族がお互いに理解し止揚するためには、偏見と偏見をぶっつかり合わせて直接議論し合うことが最も有効であるとボーアは考えておりました。」

これはとても真っ当な論だと私は感心した。民族の偏見と捉えたことがユニークなのだが、単なる奇弁ではない。立派な文化論だと感銘した。「異文化理解」などという概念が日本で流行する遥か以前のことである。奇癖の研究が偏見に化けたが、学術雑誌『素粒子論研究』から学んだことはこれ位のものだ。

武本由夫が『コロニア文学』誌の一〇号記念号でも証言しているように（「たとえ泥臭いと言われても」一九六九年一一月）、文化協会の専務理事竹中正氏の父君の葬儀があり、その帰り道、サン・ジョアキンの坂道を二人で下りながら、同人雑誌発行の論を話し合ったのは、土曜会での発表の二年後の七月二二日だった。この日の武本の反応はやや積極的に傾き、よく検討してみるという返事で、握手をして別れたのを記憶している。それまでの二年間、私のコロニア文学の勉強には特別な進展はなく、前章にも書いたように、大学院の勉学とウンバンダ集団の探訪などが主体だった。八月三日、日系人調査の下準備でブラガンサへ旅行して帰った直後、私は再び武本と二人で飲み歩いた。二、三軒梯子をしてから、ラルゴ・ダ・ポルボラの横丁にあるニュウ神戸に落ち着き、上機嫌で歌を唄った。そこで曹洞宗寺院のリカルド・ゴンサルヴェスと一緒になった。私が、「おい、坊主、一緒に唄え」などと言うものだから、このブラジル人坊主は、

「そう、ボーズ、ボーズと言わないでくださいな。ぼくは、ただの歴史の教師なんですから」

と大真面目に答えていたが、このとぼけた男が私は好きだった。曹洞宗の新宮良範和尚が早くから手塩にかけて育てた男である。日系人以外でこれほど日本語がしっかりでき、日本文化、特に仏教の解る人物を私は知らない。彼は立派な研究者となり、サンパウロ大学の教授になった。

この夜、散文運動の話はかなり具体化してきた。私はこれまでの受賞者・入賞者に声を掛けて小規模の同人雑誌を

立ち上げ、研究会に力を入れるといったことを考えていたのだが、武本はすでに短歌の仲間だけではなく、俳句、川柳等の結社のリーダー達に打診をして、働き掛けも始めていた。彼は短詩型のジャンルに文学人口の多いことを熟知していて、広くその領域に賛同者を獲得しなければ雑誌の長期維持は難しいと判断していた。やはり彼は日系コロニアの古狸である。その方面への根回しで良い反応を得ており、その夜の上機嫌があったのである。このまとめ役のできるのはおそらく彼以外にはいなかった。ほとんどの選者クラスのものは懐疑的だったが、武本はあえて汚れ役をも引き受けたのである。ともかく読書会、研究会から始めよう、カフカから読み出そうということで意見一致して、深夜に別れた。

なぜ私は同人雑誌に固執していたのか。文学に拘り、小説に固執し、その発表の場を求めていたのか、と言えばそうではない。私は文化人類学という眼鏡を通して人間の心性を求めていたのであり、文学的発想と自己鍛練から文化人類学に辿り着き、当面はブラジル日系人というホモ・サピエンスの亜種を研究素材としていた訳だが、「私」という装置と「ブラジル日系人」との繋がりがどのような性格のものなのかを究める必要があった。それには、まだ文化人類学の勉学が未熟だった私には文学的発想で迫る他はなかった。調査費が出てきたから日系人研究になったのだが、それ以前から生きて学び続ける必要からアルバイトをやり、不足だから幾つものアルバイトをやり、やればやるほど日系人の領域にのめり込んで行くことになった。（いよいよ生活ができなくなった頃、借金を頼むのが無性に苦しく、ボリビア移民植民地の教師になりかけたが、止めて借金を選択したこともある。）日本人の人類学者が移民や日系人を研究することを蔑む強い思考が広く存在することは承知していた。しかし本来それには何の根拠もない。「だったら、おれがやったる」と当時考えたわけではない。アメリカの人類学者の指導を受けることには魅力があったし、私はすでに日系人的状況に嵌まり込み、そこに深甚の関心も抱いていた。

私の世代は「サークル世代」と呼ばれることもあった。文学論の上ではサルトルなどの提唱する「アンガジュマンの文学」の時代に若い時を過ごした。大学生の頃は、講義に出ることよりも、仲間の文学研究会を大事にする心性を培っていた。必ずしも実り豊かだったとは言えないが、魯迅、カフカ、トーマス・マン、椎名麟三、ドストエフスキイ、等々を繰り返し研究会で仲間と読んだ。そのサークルで納得する小共同体が培養されただろうか。そうは言えないにしても、そのような活動形態に意欲を燃やしていた。当時私は谷川雁の名は知っていたが、その詩やエッセイを読んではいなかった。だが、彼がサークル論の論客であることは聞いていた。しかしそれはアンガジュマンの文学論と変わるまいと思っていた。ずっと後になって彼の論も読んだ。彼の影響を受けた訳ではないが、彼はわれわれのサークル世代を代表していることは間違いない。その論は「原点が存在する」という標語によって象徴される。私は左翼の信奉者であったことはないが、ここは彼に代弁させるのが良さそうだ。

「現代の基本的テエマが発酵し発芽する暗く温かい深部はどこであろうか。そここそ詩人の座標の『原点』ではないか。(中略)私の見たもの——それは、馬糧を盗みぐいしながら尿をこらえることができない栄養失調の兵営であった。鵜鳥の声で叫んでいる盲の原爆症の男だった。昼の電灯をとぼしながらギタアを弾く未解放部落の青年達であった。六人で二組の布団をオルグの私に一組貸した金属工であった。出奔した夫の留守に社宅を追出されないために労務と姦淫した鉱夫の妻であった。首をきられた私を追いかけてきて一〇円を与えた掃除婦であった。」

「『段々降りてゆく』よりほかないのだ。飛躍は主観的には生れない。下部へ、下部へ、根へ、根へ、花咲かぬ処へ、暗黒のみちるところへ、そこに万有の母がある。存在の原点がある。初発のエネルギイがある。メフィストにとってさえそれは『異端の民だ』。そこは『別の地獄』だ。一気にはゆけぬ。」(「原点が存在する」一九五四年)

サークルとは共同体の下部にある民衆の連帯感とその組織だという。プロコピオがブラジル東北部で調査しようとしていたカトリック教会の最下部組織「コムニダーデ・デ・バーゼ」もそのようなものとして想定され、工作者(谷川雁の語だ)が活性化させるために活動する領域であった。現代日本のNGO、NPOの活動する小集団がそのようなものとは考えられないが、一九五〇―六〇年代のサークルはそのようなものを志向していた。文学研究会にもその種のサークル観をもつものが多くあった。

谷川は「大衆と知識人のどちらにもはげしく対立する工作者の群…双頭の怪獣のような媒体を作らねばならぬ。彼等はどこからも援助を受ける見込みはない遊撃隊として、大衆の沈黙を内的に破壊し、知識人の翻訳法を拒否しなければならぬ。すなわち大衆に向かっては断乎たる知識人であり、知識人に対しては鋭い大衆であるところの偽善の道をつらぬく工作者…」と工作者の理念を解説している。

私はそれほどイデオロギーに浸かって「原点」を求めていた訳ではない。日系社会でのアンガジュマンとして、あの時点での同人雑誌と研究会の立ち上げが肝要だと判断していた。武本との出会いがそれを具体化する可能性を垣間見せてくれた。それは土曜会のメンバーでもなければ、土曜会ジュニオルの二世達でもなかった。鈴木悌一や斉藤広志、アンドー・ゼンパチ、長田純一等は知識人に過ぎた。土曜会は良いクラブであり、連帯も強く、熱心に研究会をやった。私は多くをそこで学んだ。土曜会はサンパウロ人文科学研究所の前身ではない。多くの人が間違える。前身は中尾熊喜主催の人文科学研究会である。この会は土曜会とは別である。顔触れがかなり重なるだけである。土曜会も終戦直後は若い工作者の集団であったが、一九六〇年代後半においてはすでに変容し、会員も加齢し、地位を得て「遊撃隊」のサークルではなくなっていた。武本は泥のなかで模索する工作者の風貌があった。大衆であって大衆と対立し、知識人であって知識人を拒否していた。知識人達も彼を拒否していた。

武本の奔走で、賛同者が大勢できた。文学賞の入賞者達はこの動きを大歓迎した。戦前移民も戦後移民も、そして日本語のできる二世達も参加した。やがて山里アウグストは日本語の小説を、野尻アントニオはポルトガル語の小説を発表するようになる。一〇月二日、発起人達が文化センターに集まって下準備をした。一一月二一日、文化協会小会議室に三〇数名集まって、創立総会が開かれた。「コロニア文学会」と命名され、会長に鈴木悌一、副会長に武本由夫と薮崎正寿（安井新）が選出された。他に委員が一〇名任命され、同人雑誌『コロニア文学』の発行（年三回）、研究会の開催、等が決められた。武本の記録によると、発足の六ヵ月後には会員は二五〇名を超え、一時は七〇〇名にも達した。

早速研究会から始まった。とりあえず口火を切るのは小説の実作者がいいだろうということで、第一回は薮崎正寿の発表、第二回は島木史生のパウリスタ文学賞の作品評、三回目に私が「椎名麟三の文学的発展」を論じて、研究会は次第に熱を帯びてきた。機関誌『コロニア文学』の編集は私ということになっていたが、創刊号は武本のやり方を見て、それを参考にする考えでベテランの彼に主導権を譲り、色々教えてもらった。創刊号は玉木勇治の絵を表紙に、間部学ほか画家達の多数のカットも入り、鈴木悌一の「同人諸君よ、各員イッソウ、フンレイドリョクせよ」の号令の入った「創刊のことば」を巻頭に、翌年五月に刊行された。私はここに、「地平線の時代――ブラジル日系コロニア文学史の一断章」という百枚を超える評論を発表した。詳細は武本の「たとえ泥臭いといわれても」その他の回想に譲る。二号、三号は私の編集スタイルを大きく取り入れて編集したが、調査が終了した時点で突如私の米国博士課程への留学が決まり、編集事務はすべて武本の肩におっかぶせる事態となった。やがて彼は肚を据えてやる決意をし、文化協会職員を退職、専従でやるようになった。文学会から出る謝金のような小銭は彼のタクシー代にもならなかった。家族達の強い非難のなかでも彼は動じず、長い間彼は『コロニア文学』誌を守りぬいた。会員が増大した時点で、彼は陣内しのぶに事務助手を依頼、息子の就職後、彼女は懸命に武本を補佐した。文学会の事務室は文化協会の管理下にあった元大正小学校校舎で、聖美会（日系画家の結社）および鈴木悌一のコロニア実態調査室と広い旧講堂のような部屋に同居していた。そのような訳でいつも千客万来で賑わい、大学教授も兼ねる鈴木悌一の高笑いが響き渡り、画家の出入りも多く、酒の差し入れがあり、コロニア論、文学論、猥談やピアーダ（ブラジル風ジョーク）が乱れ飛んだ。「コロニア梁山泊」と評したものもある。このコロニア文学会創設に関する私の役割については武本由夫のエッセイで幾度か述べられているが、ここには引用しない。

陣内しのぶは短歌に次のように歌った。

多士済済常集いたる職場なりき
「コロニア文学会事務所」胸処に光る

④ブラジル日系人調査の新展開

私にとって調査と文学会の活動は同時進行であった。一九六六年一月に入ると、斉藤は突然フロリダ大学から客員の招聘を受けたといって渡米してしまった。五月まで帰らなかった。これにはコーネルが慌てたらしい。斉藤に替わる研究者として呼んだらしく、間もなくスギヤマ・ユタカという若い社会学者がリオのブラジル大学から時々顔を出して、現地調査に同行するようになった。ユタカは日系人だが、日系人研究はやったことがない。だが、コーネルはブラジル研究の初心者であった。不安だったのだろう。ユタカは私より二歳ほど若かったが、すでに助教授で、英語が達者だった。徐々に解ってきたことだが、彼はリオのジョゼ・アルツール・リオスとマノエル・ディエゲス・ジュニオルという著名な社会学者の下で学んだ俊秀で、テキサス大学に客員で出張した時にコーネルと知り合った。ブラジル大学にテキサスから研究者派遣の要請があった時、二人の教師は英語で講義ができないため、急遽ユタカを送り出したのだった。彼はチリーの大学で修士号を得ていた。テキサスで講義をしながら、彼はクリスタル・シティというところ（日系アメリカ人の強制収容所のあった土地）で現地調査をし（日系人に無関係）、学位論文を書いてブラジル大学に提出した。それがその大学の博士第一号となる予定だったが、最初だからといって二人の教師はたくさんの注文を付けたので、ユタカとの間が険悪になり、学位は流れてしまった。どうやらユタカの方が国際的に名が上がってしまい、恩師達は少々厳しくユタカに当たったらしい。ユタカは日本語は片言しかできず、しかも女言葉だったので、あまり口にしたがらなかった。彼の日本語は母との会話だけのものだった。彼はサンパウロ州で出生した。幼少の頃、両親が彼の教育のために首都だったリオに移転した。当時、リオ居住の日系人は極少だったので、ユタカは日本語を覚えなかった。

「ユタカの日本語、可愛いらしいネ」とプロジェクトのスミス教授やヒロミ達二世女性に笑われた。たまに日本語を話すと可愛らしい表情になった。彼はポルトガル語と英語しか使わなかった。

しかし彼は饒舌で、博識でもあり、文学の教養もあり、たちまちプロジェクトの女性調査員の人気を博した。彼にはサンパウロの二世が珍しく、日本性を多く身につけた二世に格別に関心を抱き、鋭くその真似をして嘲笑した。私も同じ指摘の槍玉に挙げられた。それらには悪意がないので、話題と笑いのきっかけとなり、それぞれの自己認識やアイデンティティの再考にも繋がり、活気を帯び始めていたプロジェクトに新しい空気を醸成してきた。ユタカは色白の肥満体で、汗掻きだった。私もそうだった。私が無造作にタオルを掴んで首筋の汗を拭うと、「ジャポネースはこうやるんだ」と言って私の真似をして笑った。「お前はどうするんだ」と聞けば、彼は薄く奇麗に折り畳んだハンカチを取り出し、それで額を軽くポンポンと叩いた。それは映画で観るような上品な仕草だった。そんなことでも皆は快活に笑い合った。

ユタカにけしかけられて、コーネルも一、二度奥地の現地調査に同行したが、一人、二人面接して帰ってしまった。ほとんどはわれわれだけだった。長距離旅行で、私は助手席に、女性等とユタカは後方に席を取り、いつも止めどのない饒舌の連続だった。ユタカには妻子があることを皆は承知していたから、危な気のあることは一度もなかった。ひたすら会話を楽しんだ。かならず一番いいホテルに泊り、一番美味いレストランで食事をした。ユタカと私が料理自慢で、二世女性達は親任せらしく、意外に駄目だった。そんなことでも話題は尽きなかった。ユタカは温か味のある人間だったが、ブラジル人だけの中で育ち、そこで群を抜いて出世した男だったから、何事も積極的で、手も口も早く、ブラジル式だった。これが控え目なサンパウロ二世と対遮的で、相互に相手が珍しく、興味は尽きなかった。私が誘って途中から調査に加わった藤村ジャンジーラ（後に私の妻となった）は、中でも図抜けて日本語が達者で、読み書きも良くできた。彼女が一番日本性を強くもった二世で、その反対の極端がユタカだった。事務主体のアメリアも調査に同行することもあった。彼女は日本語があまり出来なかった。「アメリカ人男性と結婚するのが夢だ」と口にしていたが、サンパウロ育ち、われわれと同じ大学の出で、ユタカとは異質だった。これらの多種多様な二世がプロジェクトにおり、その間の率直なやりとりがユタカによって触発されて、私は大変多くを学んだ。チジュッコ・プレットでヒロミが「何よ、これェ」と叫んでいたことが、ユタカの前で彼女が逆に「何や、それェ」とやられ、車やホテルの中が調査面接と同じ程度私の異文化接触になり、勉強になった。　ユタカはプロジェクトの二世のポルトガル語を頻繁に冷やかした。彼女等はサンパウロのコロキアルで喋る。それを事毎に笑って訂正した。ふしぎなことに彼女等は抵抗しないで直ぐ従った。言い方やアクセントが日系コロニアの癖が出ているというのではない。私には判断できなかったが、どうやら語学ではユタカに頭が上がらないらしかった。サンパウロの二世は学業優秀だったが、大抵は技術や実利的な領域に熱心で、文学や哲学などの教養は浅かった。私はその経歴から多少知識があったが、ユタカはその方面での積み重ねも厚く、私と話が合った。私は助手席で日本語の本を読んでいる。ユタカはそれを注意していたらしく、ある時、「前山は、読むのが目茶目茶早い」と感嘆した。私は、それはアルファベット書きと平仮名・漢字書きの違いなのだ、日本語ではページを開くと直ぐ左右両ページに何が書かれているかが大体解る、と説明しても彼は容易には納得しなかった。ともかく彼は私をそれほど侮ってはいなかった。またある時こう言った。

「前山は一度も日本でのことを口にしたことがない。移民はみんなやたらに日本のことを話したがるのに」

そう言えば、私は誰にも日本での自分のことを語ったことはなかった。しかしユタカのような質問は受けたことがなかった。

「日本は懐かしくないのか」とユタカ。

「別に」と私。

「いずれ日本に帰るのか」

「そんなこと考えてはいない」

「日本のこと考えるか」

「友達のことだけな。彼等には会いたいと思うよ」

「そうか。それじゃ、お前はいずれ日本に帰るだろうよ」

こういった会話でもユタカの確かな観察力を感じた。

ヒロミは日系ブラジル人としての自信を揺さ振られていた。当時はまだ国民国家論と同化論が強力に皆の心性を支配していて、良きナショナリスト・ブラジル人のつもりでいながら、同時に自身の心の深淵や小さな仕種に多くの日本性を指摘され、自らそれを発掘して驚く様が興味深かった。学校教育で叩き込まれたイデオロギーとしての同化論が、次第に暴かれてくる調査者自身の心性と同居したり、矛盾したりしていることを論議し、相互に揶揄し、己れを見詰めながら、われわれの現地調査は進行していった。

私は六月から七月にかけて三週間ほど南マットグロッソ一帯の調査に出掛けた。中川保五郎という知人のジープに乗った二人連れの旅だった。中川はマットグロッソに散在する日系集団地を隅々まですべて年に三回ほど巡回して商売をしていた男で、その地域については彼の右に出るものはなかった。彼はサンパウロとドラセーナに家をもっていて、私は彼のジープに便乗してドラセーナ経由で行った。パラナ河沿いにパラナ州に南下し、ケレンシア・ド・ノルテという地点でフェリーで渡河、ナヴィライを手始めにクルパイ（和歌山）植民地等数々の日系集団地を訪問し、簡単なサーベイを実施した。ドラードス周辺、カンポ・グランデ周辺の集団地をしらみ潰しに歩き回り、帰りはカンポ・グランデから鉄道の寝台車でサンパウロまで眠り続けて来た。大学へ出て行くとコーネル大学のスミス夫妻が調査に到着していた。

コーネルとスミスの両氏は直ぐは交替せず、一ヵ月ほどサンパウロで一緒だった。斉藤はすでにアメリカから帰っていた。コーネルが斉藤の態度についてスミスに愚痴をこぼしたらしかったが、スミスはけろりとして、

「大学の部屋を使わせてもらってるんだ。部屋代払ってると思えば、何ってことないさ」と言った。斉藤に高給を支払っている件である。われわれ調査員も一度それを直接耳にした。調査員は皆その判断に納得した。われわれの気持はとうに斉藤を離れていた。

スミスはいきなり大学でばりばり仕事を始めた。コーネルとは大違いだった。電動タイプのない時代で、旧式で固く重たいタイプを機関銃のようなスピードでバチバチ叩いた。同じ部屋で仕事をするアメリアが、度々、

「アーイ、コンプレックス！」とぼやいた。

スミスのタイプしたものは、カーボン・コピーで調査員に次々と配布されてきた。われわれに対する質問から様々な調査上の注意事項まで頻繁に与えられ、会議が開かれ、プロジェクトは緊張した。が、張り合いも出てきた。そのうえ、時々ヒロミの自宅に皆が集まり、ヒロミの母やスミス夫人も参加して（一度はスミスの母も姿を現した）、パーティをやった。ユタカがカリオッカ（リオっ子）風フェイジョアーダをやったり、私が料理当番をやったりした。コーネルの時にはこれはなかった。調査の初期に、一度挨拶回りの後、「ちょっと、七時位まで、どうですか。日系人と夜付き合うのも調査の内ですよ」

と斉藤が誘いを掛けた。

「いやァ、六時半までには、帰らなくちゃ」とコーネル。

「一度位遅れたって…」

「いえ、奥さんに叱られます。なにしろ、私はアメリカ人なんですから」

コーネルはユーモアを交えてきちんと断った。幾度か私は連絡のためにコーネルの宿宅へ行ったことがある。そこで知らされたことは、夫人の母は家族の世話のために同伴してきたのではなく、自分の関心事のためだった。コーネ

ル夫妻とその子のことでなにも口を出さず、世話は一切やらず、コーネル本人と女中がやっていた。意外だったが、これがアメリカン・ウエイ・オブ・ライフだと知って、私はさすがだ、と感嘆した。それはアメリカ人の異文化だと捉えるよりも、強靭な人間の営みだと感じた。そこには車椅子の夫人とコーネル二人の、そして夫人の母の逞しい意志が読み取られた。

プロジェクトの二世やアメリカ人から多くの異文化を学んだ。実生活を日々共にして生き、その渦中に自分を据えて学ぶことは、参与観察法と面接とで調査する文化人類学の伝統的手法とは次元が異なり、それは私にとっては予想外の新しい研究領域だった。そこでは私は観察者・傍観者などではなく、同類で異質な生身の人間で、何時恋をし、結婚しても可笑しくない状況のもとにあった。そこでは「調査対象」と「私」との人間としての関わり合いの吟味を抜きには通れなかった。ヒロミに惚れたわけではなかったが、遠慮して避けたのは調査対象との深い関係を避けたのではなく、許婚関係に敬意を表す常識的規範の範囲内のことだった。ヒロミがコケティッシュだったのは、人柄の所為というよりは、その直後許婚関係を破棄したと彼女が公言し始めたことと無関係ではなかったかもしれないが、詳細は解らない。ともかく、プロジェクトの内部状況から基本的研究態度を学び取るという思考を自分に定着させるには長い時間を要した。初期にはそれは人類学的テーマであるよりは文学的発想に関わることとして理解していた。次第に両者が別物ではないことが解ってきた。「アンガジュマンの文学」では自身ののっぴきならない、全人格的関わり合いが主要テーマで、それが人類学的調査にも通じることだとの了解が次第に育ってきた。現地調査のこの局面は古典的人類学の範囲を超える何物かだったが、それを意図的に考察するにはもっと文化人類学の勉学が必要だった。

スミス夫人は和子といって、日本人だった。日本の大学で英文学を学び、スミスの日本調査の時に知合って結婚した。彼女は調査に密着していつも行動を共にしていた。スミスも彼女も仕事は熱心だが、大変温かく、物柔らかなので反って私は初めの内はアメリカ人に巧く利用されるのではと警戒心を募らせていた。だが、次第にその優しさが真物であることが理解でき、かつ日常の接触から文化人類学的手法や発想が学べるので、私は一途に調査に打ち込むことができた。スミスはユタカにも斉藤にもなにも頼らなかった。コーネルが去るとユタカもサンパウロに来なくなった。それだけ私の役割も増えた。

ある日、スミスはプリントを通してわれわれ調査員に今後の調査テーマとして良いと思うものを三つ挙げよと指示してきた。私は、宗教、二世クラブ、日系社会のリーダーシップを提案した。斉藤や他の調査員が何を提案したかは知らない。スミスが何を腹案として抱いていたかも知らない。何も知らされていなかった。が、私の三点は採用された。その三点がその後一年間の主要テーマとなった。私は少し自信を深めた。

早速宗教から調査が始まった。どのように手分けするかの会議があった。斉藤の処遇が話題になった時、私は「先生は全体を総括して見てくれればいいのでは」と発言し、斉藤はそれを黙認した。スミスが仏教、スミス夫人がカトリック、ジャンジーラ（本人が信者だったので）プロテスタント諸教派、そして私が「その他」の宗教、つまり日本的な新興宗教（創価学会、生長の家、等々とブラジル発生の日系宗教）とウンバンダとを担当することになった。ヒロミは宗教のことは解らないとして別のテーマを選んだ。私の意図が必ずしもそこにあったとは今思い出せないが、結果として斉藤を棚上げし、彼は従来どおり何もしないということになった。誰も彼を頼りにはしていなかった。

私は当時都市人類学という概念を識らなかった。研究領域としてはまだ初期段階にあった。だが、スミスが宗教人類学と都市人類学との専門家であることを次第に理解した。彼は真っ白い頭髪をした堂々たる紳士で、大学者の風貌・物腰があったが、実はまだ三〇歳代の若さで私とは六歳しか違わなかった。すでに早くから正教授で、学会でも重きをなしていた。聞くところによると、応用人類学会の機関誌で国際学術雑誌Human Organizationの初期に編集上で敏腕を揮い、その温厚な人柄とともに大学で評価が高く、学部長を何度も繰り返した。だが彼は威張らず、調査ではいつでも何処へでも同行し、自らどんどん面接をやった。夫人も同じだった。調査員は皆この夫妻に心服するようになった。安心して、かつ楽しく現地調査に赴くことができた。

私は手始めに大本教、創価学会、世界メシヤ教、生長の家、ＰＬ教団等の簡単なサーベイを実施した。郊外のジャンジーラという小さな町に大本教（日本宗教ではもっとも布教の歴史が古く、非日系ブラジル人の信者が多く、同化も進んでいた）の教会があると報告すると、皆連れ立って観に出掛けた。日本人大工がまったく関与せず、ブラジル人大工だけで写真を参考にブラジル資材だけを使って建設したこの「日本風建築」は皆を感嘆させた。日系人や日本の貧困な時代のもので金を掛けた大建築ではないが、新しい発見だった。入り口の立て札にポルトガル語で「わが教会は人種、宗教、皮膚の色による区別は致しません」と記されていたのが印象的だった。スミスと私は大本の出口王仁三郎がすべての宗教はひとつだと主張していることを承知していたが、他の仲間は首を傾げていた。

その後私は生長の家教団に特化してそれを詳細に調べる考えを提出してスミスの支持を得た。生長の家は大本の次に布教の歴史が長く、日本国粋主義が濃厚で、戦後の勝ち組の圧倒的支持を受けて急成長した教団で、当時は他のどの教団よりも活発に活動を展開し、九九パーセントが日系信者だった。私は戦中戦後の日系コロニアの最重要の特質一般を解明するにはこれを研究するのが賢明だと判断した。私はこれにのめり込むように調査を続けた。サンパウロ市内にブラジル総支部があり、西へ六二キロ離れたイビウーナという地点に日本を再現したと称する一大聖地が建設されていて、そこの錬成道場で信者や幹部の研修ゼミナールが頻繁に行なわれていた。市内で行なわれる文化協会主催の弁論大会などでは戦中の神国日本の皇国史観そのままに二世弁士が熱弁を揮っていた。錬成道場には巨大な畳敷きの大広間があり、そこでは全員正座で儀礼が行なわれていた。畳の上で正座をすれば善き日本人になれると言われていた。一度スミス夫妻をそこへ案内し、四日間の合宿錬成会に私を参加させてくれるようにと頼んだ。スミスは大賛成で、私はカメラやテープ・レコーダーを持ち込んで合宿者の一員となった。イビウーナ錬成道場には宝蔵神社という大国主命を祀る本格的神社があった。大広間の正面中央には実相の文字の額があり、それより向かって左へ昭和天皇・皇后の写真、日本国旗、次にブラジル国旗が並んでいた。中央から右へは、日本着姿の教組谷口雅春とその妻の写真、生長の家教団旗、次いでもうひとつ日本国旗が掲げられていた。六時に起床、早速早朝儀礼が始まる。正座して瞑目合掌し、長い長い儀礼にはいる。

「天皇陛下、皇后陛下に朝の御挨拶をさせて頂きます。天皇陛下、皇后陛下の御真影に向かって、瞑目合掌。天皇陛下、皇后陛下にあらせられましては、全人類、全世界の恒久平和のために、ますます御安泰であらせられますように、受講生一同、心からお祈り申し上げます。」

続いて、谷口夫妻に祈りが捧げられる。

「総裁谷口雅春先生、輝子奥様に朝の御挨拶をさせて頂きます。谷口雅春先生、輝子奥様云々」とまったく同一の文句が唱えられる。

「実相」に日本式礼拝をした後、「神想観」儀礼に入る。

「天皇陛下、有難うございます、有難うございます、有難うございます。皇后陛下、有難うございます、有難うございます、有難うございます。総裁谷口先生、有難うございます、有難うございます、有難うございます。輝子奥様、有難うございます、有難うございます、有難うございます。」

こうして同じ文句の祈りが、御先祖様、世の中のすべての人々、すべての物、ブラジルの大統領、ブラジルの国民のみなさま、等々へと続いていく。それが終わると、招神歌（以前は「大日本神国観」と呼ばれ、当時この名称を固持する講師もいた）へと移る。皆瞑目合掌しているから、私が時に立ち上がって写真を撮っても誰も気付かない。祈りはすべて講師の音頭に続いて、受講生が唱和する。

以下、儀礼や観察記録の続きは省略する。私は研修期間、これらの儀礼の文句や歌を懸命に諳じようと努力した。数々の面接もしたが、極端な国粋宗教の錬成会では単に日本主義だけではなく、ブラジル日系人の心性が浮き彫りにされていて、私には大きな驚きであり、ある種の感銘も受けた。個人的にはもとより嫌悪感に包まれる営為だったが、調査者として重大な局面に対峙してそれなりの感動もあったのである。

大学に戻ると、私は皆の前で錬成会で学習した儀礼や奇想天外な宗教観等について吹聴し、「神想観」を唱えてみせた。調査員達は半信半疑だったが、スミス夫妻は大喜びだった。日が経つにつれ、女性二世達は、とうとう前山が本物の生長の家信者になってしまったと信じ出した。それを知っても、私は素知らぬ振りしてスミスや調査員等に同じことを続けた。スミスは高笑いをしていたが、次第に女性達は笑わなくなった。心配したのだろう。やがて私の悪ふざけを皆は理解して安堵した模様だった。

観音様とか神乃家八百万教といったブラジル生え抜きの新興宗教の調査も興味深かったが、生長の家の調査が一番刺激的だった。勝ち組諸団体が次第に変質して日本的宗教に立て籠もり、新しいブラジル在住のアイデンティティを模索し、構築していく過程が大変勉強になった。同じことはある程度まで認識派（負け組）についても言える。土曜会仲間には「ウラシンドー（裏臣道）」という言葉がある。鈴木悌一の発明だろうと思うが、この語は日系コロニア一般には通用していない。臣道とは勝ち組団体の代表である臣道連盟のことである。勝ち組負け組の如何を問わず、祖国の敗戦についてては思いは同じで、何人でも「祖国を思う心に変わりは無かりけり」と論じられた。その認識派の心情を「裏臣道」と呼んだのである。そのような自己解析を通して日本性を変容させながらブラジル在住の日系コロニア人アイデンティティを別の形で構築する努力をしていたのである。このようなプロセスの解釈は従来の同化や文化変容論の枠組みでは困難であることをスミスとの対話のなかで確認していった。デュルケイムやラドクリフ＝ブラウン流の文化、集合表象、構造、社会組織、社会システム、役割、地位、機能といった概念や手法だけでは人々の具体的心情を了解することは出来ないのではないか、ブラジル日系人に変化をもたらした最大の要因はシステム外からの祖国の敗戦というもので、これの解釈はこれまでの構造機能分析的手法では不能である、より主体的、主観的了解と心情の局面に目を向けなければなるまい、それを文学と哲学の領域と片付けていいのだろうかという疑問が次第に形を成して来た。スミスはサンパウロを去る前に、修論を生長の家調査を中核にして準備を始めていた私に、書く時は記述を一般論・構造論にばかり置換せず、具体的事象や個別のデータの記述を重要視するように、という示唆を与えて行った。この一言がどれだけ役に立ったか計りしれない。当時の私の狭い、偏った社会学主義（思い込みの科学主義）に対して一言で重要な警告を置土産にしてくれた。スミス夫妻が去る前に、ジャンジーラは文部省の奨学生に採用されて日本へ留学して行った。われわれプロジェクトの仲間は全員空港で彼女を見送った。調査の後片付けと修論書きで私は多忙を極めた。すべての調査地に配布してあったアンケート用紙を苦労して回収して歩いた。結局、斉藤はあまりプロジェクトに貢献しなかったので、スミスはワン・セットのカードを彼のもとに置いて行くことはしなかった。われわれは皆それが妥当な判断だと納得した。最初のプロジェクト仲間のヒロミとアメリアとが最後の最後まで手伝ってくれた。私のポルトガル語の知識は未熟だったので、修論のポルトガル語訳には友人等が応援してくれた。面接用の言葉は育てたが、執筆の力は不足で、恥を忍んで友人達に助けて貰った。これを明らかにしておく必要を以前から感じていた。そして修論審査の二日後、私はペルー、メキシコ経由でテキサス大学の博士課程に入るため、サンパウロを後にした。一九六七年九月二二日だった。

第七章　ニューヨークの大学で
──一九六八〜一九七一年──

① ニューオーリンズ経由コーネル大学へ

私はサンパウロからペルー、メキシコを経由してテキサスに行き、そこの大学の博士課程で一年間学んだ後、ニューヨーク州内奥の小都市イサカにあるコーネル大学へ行った。テキサス大学の人類学博士課程ではいろいろな授業で単位を採っても、コア・コースという週二回展開される大変厳しい講義（三週間毎に教師が交替する、人類学の全分野にわたる専門講義）に合格しないと大学に残ることが許されなかった。毎週論文や専門書を読まされ、レポート提出を課された。手書きは許されないので、私は初めてタイプを学んだ。霊長類学、進化主義論、考古学、文化変動論、交換理論、親族構造論、等。研究助手（リサーチ・アソシエート）として働きながらだったので、特に厳しく、私はしばらく病気になったが、ただのカルチャー・ショックだろうと皆に笑われた。疲労が激しいので、一日を半分にして、六時間学び、六時間眠り、それを毎日二回繰り返した。セメスター制で、半年過ぎると学生が半分になり、次のセメスターには新入生も加わり、その終わりにはまた半数が大学を去った。私にとっては初めての本格的な人類学理論の勉学となった。一年後、辛うじて合格をもらい、二ヵ月間ブラジル調査の報告書書きをしてから、コーネル大学の国際研究センター所属の客員研究員（visiting fellow）として、テキサスに籍をおいたまま出張という形で、北上した。コーネル大学にはサンパウロで調査を共にしたスミス教授がいて、彼の報告書書きの手伝いをするのが主要な目的だった。私のような経歴の大学院の学生にとってはvisiting fellowというのは破格の待遇だった。一年後にはテキサスの博士課程に復帰してそこで学位を済ませる予定だった。

一九六八年九月四日、私はオースチンからダラスを経由してニュー・オーリンズに向かった。そこでジャズ発祥の地フレンチ・クオーターという歓楽街でジャズや悪名高いストリップに触れ、フロリダ大学の社会学助教授となっていたユタカ・スギヤマ（サンパウロ調査の仲間）と留学生としてその指導下に入っていた同じ調査仲間のアメリアと会う約束になっていた。私はアメリカ生活の最初の難関を済ませていたが、アメリアはひとつ単位を落としたため奨学金をカットされ、苦闘していた。

夕刻、フレンチ・クオーター近くの裏街を歩いていて、「一ドル三〇セントから」という怪しげな安宿の看板が目に入り、あまりの安さに好奇心が湧いてそこに宿を取った。四方剥出しのベニヤ板に囲まれた一坪ほどの息のつまりそうな小部屋だった。宿番の無愛想な巨漢が階段下の本来は掃除道具の収蔵庫だったはずの三角の小さな片隅に座していて、前金の二ドル請求する風情はオースチンのメキシコ人街の飲み屋に出没する、「もう一つのアメリカ」のプア・ホワイトのものだった。すべての物品や代金が大学キャンパスで一番高く、下町の巷で安いのが新しいアメリカ発見だった。

夜半二時過ぎまで歓楽街をうろついた。聖ピーター街のPreservation Hallで皆と一緒に土間に胡坐をかいてビリー（女性）とディディーの唄を聴いた。本場のジャズが身に沁みた。七人の白髪黒人の嗄れた、潰れたような歌声が殊の外良かった。それまでに聴いたジャズとはまるで異質な音楽だと感じた。私の日記に、

「官費旅なれば、悪名高きフレンチ・クオーターとフロリダに迂回するも故なきにあらず。欲望という名の超モダン市内バスも確かに走っている。」とある。

六時過ぎに起床、廊下の先にある洗面所で水を使っていると、髭面の貧相な五〇男が人懐っこく話し掛けてくる。

「えらい、早起きじゃないか」と朝早くから世間話を始めるのである。老いた独身男の醜さがあり、フランス映画「霧の波止場」の酔漢にも似て、愛着も感じる。これもアメリカ人なのだ、グリンゴじゃない此奴もアメリカ人のひとつの典型なのだ、と納得する。昨夜からいる宿番に国際空港へのバス便を尋ねる。

「バス便なんか、ありゃしないよ。リムジンで行くんだ。シェラトン・チャールズ・ホテルを知っとるか。リムジンはみなあの地下を通るんだ。バスなんか、ありゃしないよ。」

国際空港まで三〇キロはある。ユタカは家族やアメリアとともに大学から百キロほど離れたジャックソンヴィルの空港まで出迎えてくれるので、私は早いフライトを予約していた。だが、私はシェラトン・ホテルをやり過ごして、だいぶ先のバス停に立った。昨夜、酒を飲む前にここで黒人青年に空港行きのバス便を訊いた。その彼の対応が気になっていた。幾度尋ねても、私を見詰めるだけで、返事をしないのである。白人に対しては黒人は情報拒否をすることが多い。渡米して私が最初に読んだ本はジョン・グリフィンの"Black like me"（「私めいた黒人」）というルポである。グリフィンは白人の作家で、全身の皮膚に医学的処理を入念に施し、一九五九年一一月、「黒人」となってニュー・オーリンズの巷を徘徊し、詳細な黒人体験を記録した。黒人に化けることで、彼に対して世の中が一変する。ベンチに腰掛けるにも、買物するにも、バスに乗るにも、一服するにも、すべて他人に尋ねないとならない。さもないと一悶着起こるのである。この本を読んだのも私がニュー・オーリンズに立ち寄るひとつの理由であった。バス停に立つのは黒人が多い。旅行者はバスには乗らない。私は費用節約のためにバスを選んだのではない。あの黒人青年の態度を理解したいと思った。私は好奇心から執拗に彼に同じ質問を繰り返した。最後に彼はバスに乗る際、私に向かって軽く二度頷いた。私はフライトに遅れる心配はあったが、あの青年の返事を確認したかった。

バスが来た。私は入口で黒人の若い運転手に、「このバスは空港に行きますか」と昨夜と同じ質問をした。運転手は難しい顔をした。少し考えて、頭で乗れと合図し、「一〇セント」と言った。空港迄一〇セントはおかしいと思ったが、私は乗り、運転手のすぐ後に腰掛けた。バスは大きな街角毎に停車し、女学生や吊りずぼんの労働者、買物姿の主婦などが乗り降りした。黒人が多い。旅行者らしいものはいない。ワンマン・バスで、運転手は小銭を受け取り、釣りを数え、あるいは両替をしてやり、その間バスは停まり続ける。この運転手はフランスとブラジルとの合作映画「黒いオルフェ」に出てくる電車の運転手に似た、赤みがかった肌の好男子である。ハンドルを左手でリズミカルに叩きながら、肩を揺すり、楽しそうに運転している。そして乗客の若い黒人娘とお喋りを止めない。その娘が降りる時、ふたりは恋人同志のように手を肩のところで振り交わした。運転を始めると、すぐ別の女学生と話し始める。信号でバスが停車する。その前を黒人娘が横切る。すると、運転手は軽くブザーを鳴らす。娘は驚いて見上げる。彼は笑いかけて右手を振る。娘は白い歯を見せて笑い返す。初め、知り合いかなと思ったが、どうもそうではない。バスは合図がなければ、バス停に停車しない。彼はスピードを落としながら、合図を探し、合図の代わりに若い黒人娘を見つけると、ブザーを鳴らす。そして車を徐行させ、伸び上がって後ろを振り返り、女の反応を掴もうとする。多くの女は笑って愛敬を送って寄越す。運転手はえたりとハンドルを叩き、また次の黒人娘を探す。ニューオーリンズは大都市である。知り合いがそれほどいるはずがない。私は次第に関心を強めた。彼は不特定多数の黒人娘に合図を送っているのである。それ位のことはブラジルやイタリアの男もするだろう。だが、私が驚いたのは、ほとんどの娘等が笑って反応を返してくることである。この黒人男女に通い会う共感というものは一体何なのだろう。私はブラジルで多くの黒人と知り合いになり、交流もあったが、このような黒人と黒人との間に通い合う無条件の共感、運転手と道端の娘との間に生じる共感といったものに注意を惹かれたことはなかった。

ブラジルの日本移民は、昔、借地をしたり、土地購入をするとき、日本人同志で視察旅行をし、共同で土地を得て「植民地」を形成し、「親類以上の付き合い」をした。ただ日本人であることが仲間であることの十分な条件であったりした。突然未知の人間が立ち寄っても、日本語を話す日本人であることがはっきりすると、食事を供し、何の不安もなく泊めてやるのが一般であった。このようなことは日本では普通は起こらない。日本人であることが心を許す十分な理由とはなりえない。だが、ブラジル移民の間ではそれが当然であった。それは同じ民族の人間だからとか、文化や言語、共通の価値観を共有するということだけによるものではない。異邦であり、多民族社会であるブラジルで生活を始めてから、ポルトガル人やイタリア移民や黒人に毎日囲まれて生きることのなかで、彼らの思惟も行動様式も変わったのである。「日本人であること」が日常生活のうえで人間としての至上の原理になった。彼らの一足一動作がすべて「日本人のもの」となった。「外人」にばかり囲まれて生き、彼らは始めて「日本人になった」、つまり「エスニック日本人」になった。これは日本で日本人であることとはまったく異質なものだ。

黒人であることが、なぜ他の黒人と仲間であることの十分な理由となるのだろうか。バスの運転手と道端の娘との間に生ずる黒人同志の共感は人類学の文化変容論が説くような文化や人種、価値観を共有するということだけで析出するというものではない、と私は思った。それは白人ブロックと黒人ブロックとに分裂して激しく対立する共闘の場で現象するもので、いわば戦場での兵士達にも共通する人間の心性の営みに近似する何物かだと私は考えた。それは人間のある種の属性から解釈できるものではなく、むしろ状況や相互関係から理解すべきものだ。その後コーネル大学到着後に書いた論文で、私は「集団アイデンティフィケーション」という用語を用いたが、間もなくこれを「アイデンティティ」という概念に切り替えた。私は文化変容論と構造論にいくぶんかの疑念を抱き始めていたが、私の勉学はまだ未熟で、頭の理論的整理はできなかった。一年ほど後のことになるが、私はある夜、一人でニューヨーク市の一大黒人集団地区ハーレムを飲み歩いていた。深夜の一時過ぎ、第七アヴェニュー、一二〇番地辺りを酔ってキョロキョロしながら歩いていた。そして、とある家の扉に張られた紙片に目を止めて、立ち止まった。ある黒人結社の綱領らしかった。それを読んでいると、こんな言葉が目に入った。

「われわれ黒人は、他の黒人から物を盗ったり、彼らを傷付けたりしてはならない」

白人から物を盗ったり、傷付けたりするのは、この限りにあらず、と読める。それはアフロ・アメリカン統一組織という結社の綱領の一部だった。それを読んで、私は、ふと、また哲学の本を読むようにしようか、と思った。当時ようやくレヴィ＝ストロースの構造人類学がアメリカ人類学界を席巻し始めていた。

バスは間違いなく国際空港の方角へ走っていた。随分時間が掛かったが、街はずれまで来ると、伊達男の運転手に降ろされ、その指示に従って、バスを乗り換えると、郊外バスはハイウエイを一直線に突っ走った。客は次第に減っていく。これは朝の通勤バスなのであろう。黒人は後方の出口から、白人は前から降りる。中央辺りに掛けた人々はフラスコの電気分解のように、それぞれの出口へ向かう。ペンキのついた作業服の者、吊りずぼんの労働者、通勤者ばかりである。空港で働く者が多いようである。残りは皆空港入り口辺りで降りてしまった。搭乗ビル地階の暗がりへバスが辷り込んだ時には、制帽を被った謹厳無口な白人運転手を除けば、私一人になっていた。

ジャックソンヴィル空港にはユタカ、妻ルシア、幼児のアレキシャンドレ、留学生のアメリアが出迎えていた。私はゲインスヴィルは二度目だった。ユタカはフロリダ大学の助教授としてすっかり馴染んでいた。彼の肝煎りでサンパウロから呼び寄せたアメリアの成績が思わしくないのに苦慮していた。私は元気付けに、「ブラジル二世」という書物をサンパウロ調査仲間（若者だけ）でポルトガル語で出そうと提案し、三人で構想を練った。しかし、我々三人がそれぞれアメリカの大学で生き残るのは容易なことではなく、この案は実現せず、私のアイデアはその後大野盛雄（東大教授）編集の『ラテン的日本人』に吸収された。

② 国際研究センター客員研究員として

九月八日、私がコーネル大学に到着した時は、秋学期がすでに始まっていた。私は研究員であって学生ではなかったが、毎週教師が入れ代わり、自分の専門研究を博士課程の新人に語るプロセミナーというのを採らせてもらったので、学生や教師達と直ぐ馴染みになった。また学部学生向けの「文化人類学入門」をも聴講させてもらい、勉強になった。通常この種の入門講座は老大家か新人助教授が担当する。自分の専門分野だけ講義するのは誰でもできるが、文化人類学の全分野にわたって理論的展望を示しながら解りやすく解説するのは至難である。老大家にはそれを得意とする教師がおり、また学位を終えたばかりの新人にはこれを三年位義務付けて猛勉強させるのである。私はまだ若手だったアーサー・ウルフ［ヴォルフ］（中国の宗教と親族が専門）と老大家ジョン・ムッラ（ルーマニア人でインカ文明とエスノヒソトリーが専門）の二人の入門を幾回か聴講して大きな感銘を受けた。私がコーネル大学でやったことが、様々な形でテキサスへのクレディットになる約束だった。

当時スミス教授は人類学部長をやっていて、多忙だった。特に学園闘争の激化した時期で、キャンパスの民主化運動が沸騰し、ブラック・パワー問題で大学が揺れていた。黒人学生が銃を肩に担いで革ジャンパー姿で学生会館のバルコニーにずらりと勢揃いして気勢を挙げるのを私は目撃したが、それが全米の大学で銃で武装した学生が示威行動をした最初であると後日知らされた。コーネル大学はカナダ国境に近い内奥の地にあり、近辺の山中に鹿が大量に生息していた。ウーマン・リブの影響も強く、女学生が猟銃を所有して鹿狩りをし、博士課程で勉学に呻吟している亭主や愛人のために鹿肉のステーキを提供しているという話を幾度も耳にした。キャンパスで学生が猟銃を所有している率は他大学に比して圧倒的に高く、ブラック・パワー学生の武装化を早めたと論じたエッセーを地域の新聞で読んだことがある。

そんな時期だったので、学部長は多忙を極めた。私は学内のランド・ホールという一九世紀に建てられた倉庫のような暗い煉瓦作りビル三階の三一四号室の密室に毎日通っていた。実はそこは学部長の隠れ部屋で、誰も出入りせず、秘書と私しかその場所を知らず、時折スミスや彼の秘書から電話で連絡が来た。スミスは少しでも暇ができるとここへ逃げて来て、調査資料の分析をすることにしていたが、いつも直ぐ秘書から呼び返えされる始末だった。学部長は数年で変わるが、秘書はジョン・オルツという初老の女性が三〇年も続けていて、「本当の学部長はあいつなんだ」と言われていた。裏の裏を承知しているのである。私はほとんどいつも独りでランド・ホールの部屋に籠もり、勉強もし、報告書執筆やブラジル日系人関係の論文書きなどをしていた。絶妙に有り難い隠れ家で、新婚の頃も毎日午前三時位までここに籠もって仕事をした。

身分は国際研究センターの客員研究員だったが、そちらに勤務するわけではなかった。仕事はかなり孤独なものだったが、人類学部博士課程の一員のように扱ってくれ、教師や学生との触合いと学究の空気がとても気に入った。

アメリカの主要大学の博士課程学生リクルート方式には当時二種類あった。その典型がテキサスとコーネルとに見られた。前述したように前者では入学時の選考は幾つかの基準を満たせば大勢合格させ、奨学金などの世話はせず、入学後厳しいふるいをかけて、それに生き残ったものにだけ学費免除や奨学金、助手ポスト等の面倒をみて研究者に育てるというもので、他にシアトルのワシントン大学などもそれだった。後者は最初の選考を厳格にし、少数入学させ、初めから学費などの便を計らい、特別なことがなければできる限り学位授与へと指導応援するやり方だった。この方式の相違とスミスの学内における高い威信のためもあって、私はコーネルの人類学仲間にすぐ馴染んだ。

「ぼくがここの博士課程の学生になる可能性はあります

か」

ある日、私はおずおずとスミスに訊いてみた。一般の評価から言えば、コーネルは米国の一流大学で、テキサスとは異なり、私は容易には受け入れられないと判断していた。スミスは鼻眼鏡の上から怖い目をじっと私に向けて、十数秒ほど黙し、

「そうね。やって見ましょうか」と返事は至極あっさりしていた。一月三〇日、私は入学願書を提出した。

九月、イサカへ移って来た時にはすでに秋の気配があった。テキサスのギラギラする青天井の半砂漠とは異なり、ニューヨークの内陸は樹木が鬱蒼と茂り、空は湿気を帯びて黒く曇る日が多かった。南米からテキサスを経由して来た私には北半球の先祖の世界に帰還したような懐かしさが身に沁みた。積乱雲よりも、雨を忍ばせた重い雲が人を圧するような外気の気配が心地好かった。一〇月には雪が舞った。一一月には雪がどさっと来て、樹木が音を立てて暴れ、空が不機嫌に黒くなると、胸底に忘れていた詩性が戻って来る気分を感じた。冬の非情振りが好きだ。人をメランコリックにしてくれる。肌のキリキリする冷たさが快かった。

一九六九年四月一一—一二日、テキサス州ヒューストンのライス大学で欧米の文化人類学者を主体とする日本研究集会が開催された。エドワード・ノーベックがその仕掛人で、米国の社会科学調査協議会と全米学術協議会がスポンサーとなった大がかりなもので、

「行動科学における日本研究」という題目の学術会議だった。この種の会議としては史上最大のものだという。日本人研究者は客人で、中野卓、祖父江孝男、中根千枝、富永健一（以上、日本から）、我妻洋（在米）が招待されていた。イギリスからはロナルド・ドーアが招かれて講演をした。米国の著名な日本専門の文化人類学者がほとんど勢揃いした。

もとより私はメンバーではなかったが、スミス夫妻に伴われて出席し、その足でテキサス大学に立ち寄ってサンパウロ調査の報告書作成のための打ち合せをすることになっていた。一〇日、われわれはヒューストンのウオーヴィック・ホテルに入った。その前夜、そのホテルで日本の報道関係協議会の大きな会議があり、日本着姿の女性や胸に会社名、役職名、氏名の名札をつけた黒スーツの日本人が溢れていた。彼らはホテルの廊下で擦れ違う時にお互いに最敬礼をし、食堂ではテーブル一杯に書類を広げて人を寄せ

付けず、高い役職の人物がホテルを出る時には出口の外に向き合って二列に整列し、最敬礼をして見送った。長く海外生活をしていた私はそのグロテスクな儀式張った姿に暴力団の幹部会でも眺めるような異和感を覚えた。それはブラジルや米国のどんな異文化よりも私には異形の人間の振る舞いに思えた。我々が部屋をとって廊下に出ると、浴衣にスリッパの白人がふらふらやって来てスミスと立ち話を始め、これがロナルド・ドーアだと紹介された。彼はべらんめー調の日本語で私に話し掛けてきた。以前だれかが、外国人による日本研究の史上最良のものはドーアの『都市の日本人』であり、その次に位するのがドーアの『日本の農地改革』だと口にしていたのをその時私は思い出した。浴衣姿のラフなドーアと全員同じ黒スーツで最敬礼する日本の企業人の対比が可笑しかった。

研究集会は和やかな雰囲気の内に二日間続いた。お互い皆熟知の仲なのである。ジョン・ベネットが欧米人類学者による日本研究の特質について、中根千枝が日本の人類学研究の現状について、ウィリアム・コーディルと我妻洋がそれぞれ日本人パーソナリティについて、富永健一が日本社会学の変貌と現状、および社会階層と動態の論文二本、エズラ・ヴォーゲルが日本の都市研究の行方と題して、中野卓とキース・ブラウンが共同で変動する農村社会について、リチャード・ビアズリーが日本を巡る通文化的比較研究について、ノーベックとホワード・ウインベルリとが共同で日本宗教について、ジョン・コーネルとロバート・スミスが共同で海外日本移民について、等々二四の発表があり、イギリス人のドーアと日本人として祖父江がそれぞれの立場から全体の総括をした。討論の場で、スミスがわざわざ私の名を挙げて、ブラジル二世について移民が口にする「素直さ」の論を紹介して皆を笑わせた。懇親会の場で私は初めて中根千枝や中野卓、富永健一等の日本人研究者に紹介された。紹介してくれたのはアメリカ人であった。

一二日、集会が終わるとわれわれはコーネルの運転するステーション・ワゴンでオースチンへ移動した。翌朝早く私は友人等に会うために外出した。一年間学び、病気もした土地である。日本人の友人に誘われて、長年この地に住む移民が造成した日本庭園の開園式に顔を出していた。そこへ行くと皆に会えると言われた。

その場へ大学の事務員が私を探しに来て、スミス夫妻が大惨事に遭遇したと伝えた。信じ難い事故だった。日曜の朝の散歩に二人連れ合って街に出た際、暴走する車に撥ねられて大怪我をし、病院に運ばれたというのである。三人で旅行に出、私だけが無事だった。幾時間も集中治療室の前でコーネル夫妻等と手術の結果を待った。アンソニー・リーヅ等大学の人類学者も時々顔を見せた。そうやって夜までわれわれは待ち続けた。暴走した車を運転したのは無免許のテキサス大学生でゴーゴー・ガールでもあり、購入したばかりの車を飛ばしていたものと判明した。この一八才の女性はそのまま車を捨てて逃亡してしまった。「命は取り止めた」と医者が伝えたのは深夜になってからだった。和子夫人が特に重傷で、"pelvis crushed"（骨盤が潰された）と翌日の新聞に出たが、私は辞書を索かなければ理解できなかった。スミス先生の方は両脚を骨折していたが、意識は確かで、事故直後通行人を大声で呼び、色々指示を与えてから気を失ったと聞いた。私は心配でおろおろしたが、何もできなかった。スミスとコーネルの二人の指示で、私は大学に報告することもあり、一五日にニューヨークへ帰った。テキサス大学の人類学者達がすべての世話をするから帰れということだった。スミス夫妻はこうして九ヵ月の間オースチンの病院に入院していた。この事故がスミス夫妻の運命に大きな転換をもたらしたが、われわれのサンパウロ調査の結果も、また私自身のその後の生き方も影響を受けた。しかしスミス夫妻は幾年も掛かったが、実に強靭に立直った。夫人の方が経過がよく、「大和撫子は強いのよ」と言いながら、リハビリに努めた。スミスがいつまでも杖をついて歩くのに苦労していたが、夫人はやがて真っ直ぐ歩くようになった。スミスが杖を捨てたのはずいぶん後のことである。その間彼は主著といえる立派な著書を次々に刊行した。

イサカに帰った私は、自分のやるべきことは報告書の下書きをできるだけ沢山書き進めることだと判断した。その内に私のコーネル大学博士課程入学が決定し、奨学金も決まった。新学期は九月に始まる。私の海外生活がさらに長引くことが明らかになった。研究員の契約は六月で終わる。日本を出て、九年目になっていた。母も老いている。七月、八月を訪日に当てようと考えた。そして六月末の出発まで懸命に報告書書きに集中した。

③ 報告書執筆とカリブ地域研究

一九六七年九月の渡米からその翌々年六月末の訪日まで、私は北米生活と大学への適応および体調不良に苦しみながらもかなり大量の原稿を執筆した。その多くは未刊のままである。その後執筆した論文に書き替えて吸収した部分もある。私の人類学勉学が進行するなかであの頃執筆したものはそのままの形では公表できないと判断してのことである。しかし現地調査直後のものであり、当時は数百人をオーバーする面接した人々の顔も名もその情況も鮮明に記憶していた時点のもので、私にはそれなりに貴重である。人類学・社会学の知識の未熟な頃のものであるが、それだけに学習した理論が生のまま出ている箇所は極少で、私のデータとの格闘の姿が表れている。それらについて以下簡略に記しておきたい。

テキサスでの最初のセメスターが終わった年末から正月の休みの時期に、サンパウロ人文科学研究所の要請を受けて書いたものは「ブラジル日系マイノリティ社会における宗教行動の一考察」としてそこの紀要の第三号（一九六八年）に掲載された。これは修論（ポルトガル語で三三五ページある）のエッセンスとその批判的書き直しであった。修論は指導教師（斎藤広志教授）からほとんど何も指導は受けなかったが、その教師の論に真っ向うから批判的なことは書けない。例えば斎藤は「ブラジルには人種差別はないから、マイノリティは存在しない。ブラジル日系人はマイノリティ集団ではない」と主張していたので、本文のなかでは時折この用語は使っても（一度、節の題には使った）、タイトルに使用することはできなかった。だが、今回のこの論文では一九六〇年代まで世界の文化人類学理論で支配的だった「文化変容論」への批判的論旨を鮮明にさせた。移民が始まったのは一九〇八年だが、最初の四〇年間は彼らはほとんど宗教活動をしなかった。出稼ぎ移民としてのアイデンティティが強く、ブラジルの国体を尊重して「政治とカミ・ホトケは日本に置いてきた」、「宗教と先祖のことは留守を頼んできた」と称して活動を控えていた。ところが移住後四〇年以上経った一九五〇年代になって突然活発な宗教運動を開始したが、それらは皆極めて濃厚な日本主義を前面に押し出した「日本宗教」であった。同化と文化変容が進行すれば、日本的なものが弱まり、次第にブラジル的文化とアイデンティティが強化されてくると当時の理論は教えていたが、これでブラジル日系人の状況を解釈することはできない。これを主眼において論を展開した。

文化変容論に替えて、初め私は階級論から解析しようと努力した。が、それは中途半端に終わった。「宗教行動と社会的階層」という論文を準備していたが、できなかったとその末尾に明記した。理論よりも、データからの語り掛けに懸命に耳を傾けた。

報告書向けに、「ブラジルにおける日系マイノリティの形成」という手書きの長文の草稿（原稿用紙にすれば、一五〇枚以上あろうと思う）を訪日直前まで書き続けた。これはブラジル日系人の全体的展望のようなもので、移民の社会的文化的根とブラジル社会構造に照らして炙り出す日系人という論旨だった。これは未刊だが、最後まで書いた。その目次だけを示す。第一章　問題の提起：第二章　日本の社会経済構造とその移民政策――出自社会のファクター：第三章　日本移民の社会的性格――移民集団のファクター：第四章　ブラジル社会の構造と外国移民――受容社会のファクター：第五章　エスニック・グループの形成：第六章　「日系コロニア」とはなにか

一九七〇年代になって世界の学界でエスニシティ研究が次第に表面に浮上し、新しい視角が提出され、それ以前の努力は私自身にも魅力を失い、この草稿は放置された。

スミスと私は宗教調査に力を入れていたので、その報告書をかなりの量書いた。これはできるだけ記述的な民族誌とするように心掛けた。私は初め邦文で下書きを手書きにし、それを英文に訳してタイプし、スミスがその英語に手を入れた。ごく少数だが、スミスが加筆した部分もある。私の草稿に日本語タイトルはなく、Japanese Immigrants and Religions in Brazil とある。仏教とカトリック教についてはスミスが書いた。私は総説の骨格、神道、新興宗教（①概観、②大本の事例、③天理教の事例、④生長の家の事例）、日系ブラジル新宗教（①概観、②神の家八百万教の事例、③聖母観音 Nossa Senhora de Kannon の事例）、アフロ・ブラジリアン宗教（ウンバンダ）の事例を書いた。スミスのものと私が書いたものを一括して二人の共著とし、The Japanese in Southern Brazil: Religions の題を付してミメオグラフ印刷した。一九六九年四月、スミスの怪我の直前のことであった。ダブル・スペースで全一五三ページ中、スミスは六二ページ書いた。これはそのまま米国国立科学財団への最終報告書（Final Technical Report）に収録されている。ミメオグラフのままで、公刊はされていない。これは後年になって、スミスの了承を得たうえで私の書いた部分のみを切

り離し、増補修正を施したうえ筑波大学の Latin American Studies, No.6, 1983に英文で発表した。

テキサス時代、リチャード・シェデルという大変な好人物の老大家がいた。構造主義やゲーム理論などの抽象論が人々の関心を呼ぶ時期に、彼は実証性を中核においてカリブ社会の文化人類学をやっていた。私は彼のゼミに入れてもらった。彼はラテンアメリカ研究所の所長をしていて、授業もそこでやっていた。学生は一〇人ほどだった。彼はLatin American Research Reviewという各分野の研究動向を主体においた新型の国際学術雑誌の立ち上げのために招かれてきたということで、学部随一の高給取りだという噂だった。そもそもテキサス大学は金持ち大学で、大学が油田を経営したりしていて、授業料は全米一安く、教授の給料は高いので、転出する教師は稀だった。

私がカリブ社会に関心をもったのはキューバ革命のためにではなく、新大陸の比較文化論上の二分法、アングロ・アメリカとラテン・アメリカを対比する種々の理論に懐疑的だったからである。ラテンアメリカはスペイン語・ポルトガル語を話す、カトリックの支配的な諸国からなり、皆発展途上国であり、北米の合衆国やカナダとは対照的ではある。が、ラテンアメリカは一様ではない。熱帯作物のプランテーションを基軸に奴隷制と外国移民の導入による多民族社会の形成と層の厚い混血人種の存在が特徴的だとはいっても、アンデスからチリ、アルゼンチンに掛けては大変異質である。これらは皆「ラテン」なのか。白人キリスト教徒の視点から見れば新大陸は「新」かもしれないが、そうでないとも言える。フランク・タンネバウム等の古い比較論で「二つのアメリカ」と見るのは、旧大陸を原点とした視角で、ヨーロッパの延長と見るもので、そこに独自の展開があるとはしない思考である。私はラテンアメリカの一部と見做されながら、他地域とは大変異質なカリブの理解がこのような比較論への新しい視角をもたらす要になると考えて、ブラジル研究の次の調査地にはカリブが良いと判断していた。そして現実には、もうひとつの座標軸としてのアメリカ社会に生活の場をもって、そこの観察を取り込みながら私なりの人類学を切り拓いて行くことが可能になるかもしれないと思った。とりあえず、私はカリブ地帯における中国系人の研究というのを提出してみると、シェデル教授は大変興味を示してくれた。中国からの大量の苦力（奴隷代替労働力）のラテンアメリカへの導入は史上

「黄色奴隷貿易」と呼ばれ、時には黒人奴隷貿易以上に非人間的と言われた。それは奴隷貿易と近代自由移民との狭間に位置し、新大陸の多民族社会形成を解釈するときにひとつの重要な鍵となりうる。苦力の子孫である中国系人はカリブの各地に存在していて、実証研究は極めて少なかった。また、ラテンアメリカでは彼らと日系人ともその居住地帯が大きく重なる。私はブラジルで日系人研究に入る以前にブラジルへの中国人移住の調査を少しやりかけていた。シェデルへのターム・ペーパー提出後も、キューバへの中国人苦力移住の調査を継続していて、その草稿を幾つか書いていた。それらは私の博士課程転入で未完のまま放置され、公表はしていない。

①From Coolie to Creole: The Presence of the Chinese in the Caribbean Societies.（1968）

②From Coolie to Creole: A Study on the Chinese in the Caribbean（Research in Progress）（1968/69）.
タイトルは英語だが、手書きの邦文草稿。未完だが、かなりの長文で、A4型ルーズリーフ用紙に四一枚。

③Chinese Slavery under the Plantation System in 19th Century Cuba: "Indentured Laborers" Reconsidered（1969）23pp.+11pp.（Bibliography）
これは英文草稿で未完。かなりの長文である。このテーマで書いた最後の草稿で、スミスが私の英文に手を入れた跡が残っている。中国人苦力のキューバにおける人間的状況を明確に「奴隷」と規定しての意欲的な論文となるはずだった。清国政府は自国民のキューバにおける待遇を調査するため一八七四年に調査団を派遣、大変組織的に自国語で面接調査し、その大変詳細な報告書を中国語と英文で一八七六年に上海で公刊した。私が調査し、草稿を執筆した時点ではこの報告書は稀覯本で発見に苦労した。これは一九七〇年になって台湾で復刻再刊され、数年後それを私は見付けて購入した。私は北米の黒人奴隷制を勉強し、奴隷の人類学的条件を検討し、定義を与え、それに基づいて中国側の資料を吟味して「中国人奴隷」という観点から記述した。当時そのような論文は存在しなかった。また、苦力の輸出港はマカオが主体であり、ポルトガル植民地であったから、ポルトガル語文献があり、また広東駐在の英国領事館がこの問題に関する本省への通信を多数送っていて（当時の世界における奴隷制廃止運動の最大の担い手は英国だった）、これらの欧米文献を多数使用したものだった。特に

上述の清国資料は「奴隷の母国語で同胞調査者により、奴隷制下の奴隷自身から直接聴取した組織的なデータ」として世界史上希有のものであった。

新下宿を契約、六月二五日、現下宿を若い学生に八月迄又貸しし、二六日イサカを出発、ニューヨーク、ロス、ホノルルを経由して二九日に羽田に到着した。九年ぶりの帰国だった。空港に出迎えた老母は身体が縮んで小さくなっていた。日本は私の留守の間に「日本の奇跡」と言われる高度成長を遂げ、私の知らない異世界になってしまっていた。鉄道の駅でチケットを購入する方法もよく解らず、弟や友人が手伝ってくれた。この日から約二ヵ月半、多くの知人友人と会って語り合うセンチメンタル・ジャーニーを続けた。日々が延々とした眩暈の継続という気分だった。この期間のことを詳述することはするまい。それは本文の主旨から外れている。一年間の客員研究員で得た収入をほとんどこの訪日の旅に使い果たした。そして九月八日、羽田を発ってアメリカに帰った。九年前、神戸から貨物船に乗って独り離日した時と似て非なる新たな出発で、また「これより新しき書始まる」という思いは強かった。生涯いつも自分の思いに固執して、人と社会の認める正道と言われる道筋を通らず、「横道を我が正道として」歩んできたが、三〇代半ばに近付き、ここらで一度だけ人並みのことをやって見ようかといった気分だった。中学二年で優等生であることを止めてしまった。以来学校での成績を気にしたことがない。おそらく勉強をする最後の機会だろう。アメリカの学界から学ぼう、と初めて本気で考えた。これまで終始黙って私をサポートしてくれたスミスの期待を裏切る訳にもいくまい。大怪我の彼はまだテキサスの病院だ。そんなことを頭において大学に戻ったときには、新学期が始まってすでに一〇日ほど経っていた。

④　客員研究員から博士課程学生へ

コーネル大の博士課程の学生となってからの数年は私にとっては生涯初めての恵まれた時期だった。アルバイトはせず、人からの送金もなしに、ただ奨学金（授業料免除を含む）だけで生活し、好きな勉学ができた。十分とは言えなくとも必要な本も買えたし、時には友人と酒も飲めた。報告書書きの義務からも解放された。スミスの事故もあって、プロジェクトは中絶したままとなった。スミスの本領は日本研究にあった。そこでの積年の積み重ねを主著として公刊しないままに、事故で倒れるわけにはいかない。ブラジル研究に本腰を入れてはいられないと考えただろう。立直ると突然『現代日本の祖先崇拝』の執筆に取り掛かり、それに集中していった。私は難しい授業に取り組むことになったが、嫌いな科目は採る必要がなく、すべて楽しみながらやることができた。奨学金は全的にコーネル大学のものだった。それを受けている期間休みなく日本育英会から奨学金を返還せよという督促状が送られてきた。学業を継続している間は返還の義務は中断される規定だったのだが。私はそれを無視し続けた。健康も回復した。極楽の日々だった。

私を受け入れる条件のひとつに文化人類学入門の受講が義務付けられた。これは学部学生向けのものだが、人類学を卒業したもの以外に課したのだろう。この年はコロンビア大で学位を済ましたばかりの若い教師トーマス・グレゴルが担当した。新任の彼は緊張して固くなっていた。多くは正攻法の教科書に沿っていて、前年のウルフのような魅力はなかったが、彼の専門の話となると素晴らしい講義もあった。彼はアマゾンのメヒナク族というインディオの現地調査をやったのだが、その特色は当時世界から注目を浴びていたアーヴィン・ゴフマンの象徴的相互行為論に基づくものだった。これは社会心理学者G・H・ミードの論などの延長上にあるもので、社会構造論とはかなり異質だった。解りやすく言えば、一九八〇年代頃から流行するパフォーマンスの研究などに発想上で直結する。人々は日常の対面的な相互行為に際して、自分の置かれたシチュエーションを観照して対面する他者を定義し、それに向かって自己の特質を演技的に提示する。行為だけではなく、衣裳や身に具える小道具も、校長は校長らしく、坊主や神父はそれらしく、ヒッピー、教組、暴走族、ハンター、未婚女性、それぞれに自己を象徴的に誇示するものを身に付け、仕種や話振り、歩き方にも演劇的自己呈示を行なっている。日々の行為一般をシチュエーション定義と自己定義に基づく儀式的、演劇的自己呈示として解析しようとするもので、ドラマティゼーションの行為論、あるいは演劇的アプローチと呼ばれる。グレゴルの講義ではこういった発想が提出された時は大変目新しく、魅力もあった。

入門の講義には二〇〇人を超える学部学生が聴講していて、これに七~八人の助手がついていた。助手は皆、一年前に博士課程に入った人類学の学生で、皆私の知人だった。彼らも熱心に講義を聴いていた。全クラスは三〇人程度の小クラスに分けられ、それぞれ毎週集まり、助手が一人ついて講義内容を噛み砕いて説明し、質問を受ける。だから、助手達も真剣に聴講した。彼らもそして他に二―三〇人の院生も来ていて、批判的態度をもちながら聴いていた。

私は授業の終わりに提出するペーパーを独自の理論的テーマと取り組んで、意欲的に書いた。それを締切りに一日か二日遅れて提出すると、グレゴルは頑強に受理を拒否した。私の所属した小グループの担当助手はアン・ボッドマンだった。アンは間に立って困り、私のペーパーを詳細に読み、そのレベルの高さを強く評価した。それをもって彼女はグレゴルを説得しようとしたが、できなかった。彼女は他の助手全員に私のペーパーを読ませたところ、皆アンの肩をもち、結束してグレゴルに当たった。彼らはこの論文は博士課程のゼミのターム・ペーパーの水準だ、入門講義のものじゃない、それに一日遅れただけじゃないか、前山は外国人留学生でアメリカの大学の慣習をよく知らないのだと抗議した。グレゴルは内容の問題ではない、締切りに間に合せるのが至上命令だと言った。この解決にはかなり日数を要したが、終いに教師が折れた。助手のアンが小グループで締切りの原則をきちんと伝えていないということが妥協点となった。アンはずいぶん責任を感じたようだったが、最後まで頑張ってくれた。他の教師達は事情を知りながら、口を挟まず、黙って見守っていた。そして内心では助手達の態度を支持しているようだった。この事件のため私は皆と急速に親しくなった。数年後グレゴルはテニュー（終身在職権）を得ないまま他大学に去った。

私の提出したレポートはReciprocity and Status Difference in Anthropological Theories（人類学理論における互酬性とステータス差）というもので、通常のタイプ用紙にダブル・スペースで一六ページのものだった。一二月一七日に提出している。その内容について簡略に記す。互酬性の問題は数十年来、行動科学のなかで急速に注目を浴びるようになってきた。特にレヴィ＝ストロースの構造主義の端緒となった『親族の基本構造』で交換理論を展開するうえで互酬性の論から始めたこともその一因となった。別の論文で彼は「互酬性の理論は人類学において、天文学における重力の法則と同程度に揺るぎなく屹立している」と述べている。彼の構造人類学の中核には近親相姦の禁忌の論が人間文化の普遍的なものとしてあり、この禁忌が婚姻をとおして女性の他集団との交換をルール化する。互酬性と交換をとおして集団間の連帯が成立して社会の構造が構築される。この論に最大の影響を与えたのはマルセル・モスの『贈与論』であった。「社会生活は永遠不変のギブ・アンド・テイクである」とモスは書いている。私はこの論文で表題の問題を経済人類学、婚姻と親族、社会的相互行為論、機能分析の方法論の四分野に区分してそれぞれの代表的理論家の論を挙げて論じた。贈与論では、贈与（給付）を受けたものは返済（反対給付）の義務を負うが、それを怠れば両者の間に威信と権力のステータス差が生ずる。権力者や王は絶えず人民に多くを与え続けて、その高い地位を保持しなければならない。金を借りたものが返済しなければ、相手に対して社会的に劣位に立たされる訳である。物と物との交換にバランスが崩れれば、無形の、権力や地位・階級の差という形に転換されて蓄積される。未開社会は親族集団の連帯関係で構造化され、それをルール化するのは婚姻を巡る法則と近親相姦の禁忌であり、ワイフ・ギヴィング集団とワイフ・レシーヴィング集団との間の絶えざる女性交換とそこに生ずる集団ステータス差とで社会的均衡が保たれる。世の中の最も貴重な資源である女性の交換（婚姻）でいかに無形のステータス差が生じるかを明快に美しい形で解析して見せたのがリーチの母方交叉イトコ婚の論文だった。構造分析の代表的な例だった。ここでは親族と婚姻の領域について述べたが、他は省略する。この論文を書くには私は多くの研究書を読み、私の豊かな肥やしとなったが、その後読み返しもせず、補強もせず、発表もせずに終わった。

クリスマスの日、人類学の仲間数人がアン・ボットマンの借家に集まってパーティをやった。アンの両親も姿を見せた。雪が積もっていた。少々酒を飲んでからジョー・バスティアンの誘いを受けてアンと私は外に出た。ジョーはカトリック神父で、数年アンデスのインディオ部落で布教活動をやった後、人類学に関心を抱いて一年前に入学していた。アンが車を出してきた。ジョーは木製の橇を曳いてきた。幅一メートル、長さ二メートル程の簡単なものである。アンの家は農村地帯にあった。数人の学生で一軒家を借りたものだろう。ジョーの指示に従って私は彼と並んで橇に腹這いになった。橇の綱を車の尻に繋いで車を道路に走らせ、雪煙りを立てて突っ走り、橇乗りを愉しんだ。というより、恐ろしいスポーツだった。車が急停車すれば、我々は車に衝突する訳である。ジョーが何処で覚えた遊びか知らないが、日灼けのした髭面のジョー神父は無頼の徒と剽軽なジョーカーの面も備えた痛快な男で、後日私の結婚式の司祭を務めることになる。心底真っ当な男だった。

ついでに一つ、日本人留学生の挿話を記しておく。その具体的な詳細は確認できない。だが、アメリカの一流大学に生きる外国人留学生の一面を伝える。当時日本人留学生（大学院）には、大別して二種あった。日本の官庁や大学、その他一流の企業から派遣されて来るものは通常二年で修士号かなにかを取得して帰国、元の職に戻る。もう一種はフルブライトその他の奨学金を獲得して渡米し、日本の地位や職からは縁を切って留学し、博士号取得を目標とするもの、である。当時は日米の経済差は大きく、自費留学はほとんどなかった（テキサスは学費が極めて安く、語学の壁も高くは無かったので、自費留学生が少しいた）。いずれにしても、学業は厳しく、奨学金が切れるまでに学位を済ませるのは容易ではなかった。一九七〇年前後のことである。ある留学生が生物の教育助手をやって学費を賄っていた。教授の助手をし、大勢の若いアメリカ人男女学生を相手に指導したりする。自分の学業にも多忙で、キャンパス生活への適応も容易ではない。生物学研究室にいつも閉じ籠もっていた。その頃、研究室で新しい望遠鏡が購入され、備え付けられた。学費節約のため、彼は毎日弁当を持参し、研究室で孤独に食べる。仲間とわいわい賑やかにカフェテリアに食事には行かない。昼休みには彼は決まってその望遠鏡を覗いていたという。生物学の研究棟は、深い急流を挟んで女子学生寮に面している。女学生達は昼食に橋を渡って寮に帰る。寮の前はなだらかな斜面で、美しい芝生になっている。そこには冬以外にはビキニ姿の日光浴をする女学生がいつも見られる。件の孤独な留学生は望遠鏡でそれを娯しんでいたという。それを知るに及んだある同僚のアメリカ人男子学生が、学生新聞のある欄に、「日本人が毎日昼休みに覗いている」と書いた。この新聞には広告欄に並んで、何を書いてもいい落書欄があった。いつもこの欄が格別に面白いので、アメリカ人学生はここだけはかならず欠かさず読む。こうして、日本人が覗いていることを女子寮の学生は皆知ることになった。それからというもの、女子学生達は、庭で裸になって甲羅を干す時になると、生物研究室の方を目掛けて微笑みかけ、手を振ったりするようになったという。昼食に寮に帰る際にも橋から研究室の方を振り向いては手を振ったりした。学生新聞の落書欄のことなどすこしも知らない留学生の彼はこういった事情について気が付かなかったらしい。生物の授業で女学生等は彼を見掛けると、「あの人よ」と頷き合ったという。誰一人、抗議などせず、嫌らしいと言い付けたりもせず、男子学生も彼にたいして嫌がらせなどせず、誰も表沙汰にしようとはしなかった。この点日本の教師や学生のとる態度は違うだろう。こうしてみれば、私は十代の頃からこういった面では日本人よりアメリカ人に似ていた。世の民族文化論も私はなかなかそのままでは信用はしない。寮は学部学生のもので、皆若い。良家の子女が多く、たいていは保守的であった。手を振っても好意を示したのではない。コーネルには男子三人に女子一人しかいないと言われ、男はいつも電話を掛け続けないとデートの相手は見つからないと言われていた。これは勉学と生活，異文化に苦労する、疎外された留学生の話である。デートなどしていると、首が飛ぶこともある。私には身につまされる話でもあった。私が籠もっていたランド・ホールも急流に沿ったところにあったが、倉庫のような暗い部屋で窓は大木に覆われていた。それに望遠鏡もなかった。事実は検証できない。が、上の挿話は現実にあったことだ。

日本人よりもブラジル人との縁が先にできた。友人で私より二〇才ほど年長の増田秀一という俳句をやるサンパウロの友人から次男坊がそちらに留学しているから会ってくれと連絡があった。ヨージロといった。他に非日系のブラジル人留学生と三人で大学前のキャンパス・タウンに共同で借家をしており、初対面から旧友のように付き合い始めた。だが、三〜四日顔を出さないと、

"Você sumiu!（何処へ行ってた？　顔もみせないで？）"

といった有様だった。三人は農学部の留学生だったが、幾年かコーネルに留学したというキャリアを作りさえすればいいらしく、女ばかり追い掛けている模様で、私の足は次第に遠退いた。ブラジル人留学生達は大層緊密なコミュニティを形成していて、頻繁に集まり、情報交換し、助け合い、空港の見送り出迎えにも大勢姿を見せた。私はたちまち皆と知己になったが、深入りは避けた。暫らくすると、ヨージロから電話で、車を買ってくれという。二〇〇ドルだ、運転は教える、自分はその内に帰国するから、という。

さらに聞くと、車はこの間の大雪で雪の下だ、春にならないと姿を現さないとも言う。一九六三年型のシボレーで、信用して買ったが、雪解け前に彼は帰国してしまった。春になって別のブラジル人から路上で運転を習い、簡単に免許を取得した。

初め日本人との付き合いはできるだけ避けていた。ある日私のアパートに見知らぬ男が訪ねてきた。「君はヨーシ(ツヨシの渾名)の友達だろう」と言う。ジョージというカナダ人留学生で、加藤剛(一橋大出の社会学学生)と同宿している、明日、彼の誕生日だから一緒に祝ってくれないか、本人にはまだ内緒だ、と言う。私は一～二度口をきいたことがあり、顔を知っているという程度だった。博士課程の日本人留学生は通常アメリカ人の中へ融け込むため初めは日本人とは強く付き合わない。しかしジョージのヨーシへの強い友情のために、我々は親しくなった。ジョージは誕生祝いのために大量のワインを干し葡萄から密造し、それでわれわれは盛大にパーティをやった。ジョージを時に「鶴博士」と呼んだりしていた。大学の農園に彼は一人で沢山の鶴を飼育していて、鶴の生態研究をやり、幼鳥を育てるに丸めた団子をその口に押し込んだり、「鶴糞」で見事な野菜を育ててわれわれに食べさせたりしていた。彼は学位取得後、自力で国際鶴基金 International Crane Foundation というものをウィスコンシンに設立し、世界中を飛び回って鶴の種保 存のために努力している。同じ目的で日本にもしばしばやって来る。トキも鶴科の鳥である。彼が丹頂鶴の飼育を支援し、育てた雌鶴に惚れられて結婚相手に擬せられ、困惑した話は日本のマスコミを賑わした。これほど純情素朴なコーカソイドの成人男子と他に出会ったことがない。私は年末は格別に多忙だったので、三〇年もクリスマス・カードを彼に送ったことはないが、現在でも彼からは毎年かならず届く。加藤は後年京都大学教授になった。三人は知合ってまもなく、私のボロ車でカナダへ旅行をした。オッタワからの帰り道、夜半に国境を越えたあたり、Thruway の意味も理解できない免許取り立ての私の運転に、鼾をかいて眠りこける二人に私は感動したものだ。

⑤「象徴」と「構造」の乱舞
——文化人類学界の潮流——

学生となって最初のセメスターに、ジェームス・シーゲルという若い助教授の「神話、儀礼、象徴」という講義を聴いた。いわばシンボリズムの人類学で、当時急激に若手研究者や博士課程の学生に人気の出だした領域だった。その驍将と言ってもいいヴィクター・ターナーの『象徴の森』(一九六七年)という論文集がコーネル大学出版局から出版され、それを読まされた。その理論部分は通過儀礼のものだったが、比較的に解り易く私はこれを文化の一般理論として理解し、大変感動した。私がテキサスにいた頃、スミスが私の気持ちをくすぐるように、「マエヤマサン、コーネルにはターナーがいるんですよ」と言ったのを記憶している。だが、ターナーは私とすれ違いに仲間三人まで道連れにしてシカゴへ転勤してしまっていた。一九六〇年代後半のアメリカ人類学界はレヴィ＝ストロース旋風が吹き捲っていて、彼の名が出ない人類学の講義は一度もあるまいとまで言われていた。構造主義が熱病のように流行し、レヴィ＝ストロースは人類学の神様のような様相を呈していた。シンボリズムもそれに準ずるような気配だった。これらは文化人類学の領域でのことだったが、自然科学や文学・芸術まで含むすべての大学講義で驚くほど広範にテキストとして採用されていたのが、トーマス・クーンの『科学革命の構造』(一九六一年刊)という理論書だった。この事実は、学期初めにキャンパス・ストアでの大学全体のテキスト販売状況をよく観察すると(私は時間をかけて関係のない領域の授業のテキストや推薦書を覗いて歩いたものだった)、よく解り、大変驚嘆した。クーンの論は、新しい学説がある才能のある個人研究者の中でどのように発見・理論化され、それを巡って学派が形成され、そのなかで様々な事象に応用・実証調査・実験され、広く研究者に波及して行き、やがて一般社会知識や常識として定着してくるのかを、パラダイムという概念を中核に置いて論じたものだった。これはすべての学問領域における学説史の一般理論であって、科学的発見や新理論は少しずつ積み重ねられて進展するという従来の思考を覆し、本来劇的な革命として旧理論を否定する形で展開するものだという論だった。レヴィ＝ストロースの構造主義とクーンのパラダイム論とが学界を席巻していた。クーンのパラダイム転換論はそもそも「理論」という発想を根源から相対化する意味合いをもち、「理論」は本来パラダイムであり、新しい発見を生み出すための道具のようなものだという納得を我々に開眼させた。クーンの論は科学哲学の専門家の間で論争を喚起していたが、我々研究者となることを目指していた若手には大きな刺激となった。人類学における象徴と儀礼の論もこれらと様々な形で関連しながら、新しい潮流となって研究者の関心を惹いていた。

シーゲルの講義はよく理解できなかった。学部学生も混じっていたかもしれないが、人類学の院生が主体だった。彼はカリフォルニア大学でクリフォード・ギアツの弟子だったが、講義ではギアスの名が出ることはほとんど無かった。ギアツはジャヴァを主要な調査地とし、シーゲルはスマトラのアチェ族（近年激しい民族運動を展開している）の調査で学位を取得し、二人ともインドネシア研究家だった。彼の学位論文となった『神のロープ』（一九六九年刊）の冒頭には人類学とインドネシアの研究にはギアツとベネディクト・アンダーソン（コーネル大政治学教授）の強い感化を受けたと記している。コーネル大学は全学を挙げて東南アジア、特にインドネシアを研究対象としていて、世界の有数の研究拠点であることを自他ともに許している。シーゲルが採用されて来たのもその為だった。講義のためには、ゴッドフリー・リーンハルトの『神霊と体験』（アフリカのディンカ族の宗教）、ジョン・ミドルトンの『ルグバラ族の宗教』（東アフリカの先祖祭祀を中心とした研究）、それに彼自身のスマトラ・アチェ族研究を読まされた。研究書はどんなに難しくとも字引を片手に苦心すればなんとか理解できる。ともかくこれらアフリカ宗教に関する二研究書は奥深い宇宙観、神霊観、人間観のコスモスを記述していて、読解が困難だったが、その壮大な世界と調査成果に驚嘆し、満足感も得られた。

だが、シーゲルの話はよく聞き取れなかった。レヴィ＝ストロースの『野生の思考』（英訳版、一九六六年）の論やターナーの『儀礼の過程』（一九六九年）の話を主体に解説し、マルセル・モスやヴァン・ヘネップ等に触れていた。私は自分の語学力の弱さを思い知らされた気分だった。隣りに坐るジョー・バスティアンに、

「どうも、何を言ってるのか、よく解らん」と囁けば、

「おれにも、全然、解らん」と答える。アメリカ人のどの友人に尋ねても、皆、解らない、要領を得ないと言う。どうも語学の問題だけではないようだった。シーゲルはあまりに真正直に、かつ正確に解説しようとして、新しい象徴論の深みと自分の思考で迷うらしかった。聴いている者よりも語り手が汗をかいている模様だった。それでも彼は

学生には好感を持たれていた。彼がテニュー（定年までの在職権）問題に掛けられた時には学生は強く彼を支持した。

　当時読まされたシンボリズム研究で私が一番強く感銘を受けたのはリーンハルトのディンカ宗教の書だった。彼は寡作でもあったが、いきなりこのコスモロジーの大著をぽんと我々の前に放り出したという感があった。少数の小論文と小さな概論書がある程度だった。その頃迄の人類学の常識では、どの大家もある特定民族の研究を発表する場合には、まず詳細な社会政治構造、親族構造のモノグラフを提出し、その上でそれとの関連で象徴信仰体系、宇宙観、宗教儀礼の研究を世に問うということをする。エヴァンズ＝プリチャードもレイモンド・ファースもそうだったし、少し世代の新しいターナーでも同じだった。ターナーのンデンブ村落生活に関する『あるアフリカ社会における分裂と持続』（一九五七年刊）という最初の著作は大著で、ユニークではあるが、シンボリズム研究ではない。一九七〇年前後のシンボリズム全盛期の院生達はあまりこれを読まず、彼の儀礼研究ばかり読んでいた。当時の私の理解では、あまり理論的ではないにしても、社会政治構造と象徴構造の両者（マルクス経済学的に言えば、下部構造と上部構造）を詳細に調査して、その相関関係を解析するのが常道だと思われたが、リーンハルトはそれをしなかった。彼は学界の噂によればアル中で、ホモセクシュアルの天才人類学者だということだったが、私は一冊の研究書でその天才振りを感じ取った。ディンカ宗教研究はディンカ自身が人間を、神と霊魂と宇宙を、自分という存在をどのように観照しているかという哲学であり、現象学的な発想による研究だと感じた。（私はアフリカを専門にしていなかったので、彼のディンカの社会親族構造論文を見逃していたことを後年になって知った。「西ディンカ」という論文がミドルトン編集の『支配者なき部族』（一九五八年）という本に発表されていた。だが、これも四〇ページばかりのもので、あまりまとまった研究ではない。）

　ミドルトンも最初に宗教の大著を刊行し、幾年か経ってから『ウガンダのルグバラ』という小冊子で社会親族構造、政治構造を出した。その巻頭で彼は、社会人類学者の最大の目標は研究対象社会のメンバー自身が自分の世界をどのように眺め、どのように解釈し、どのように自身の体験を分類しているか、自分の社会がどのように組織されていると考えるかを記述することだと書いている。外部から出掛けて行く研究者が「科学的、客観的に」記述・分析するのではない。とすれば、象徴研究だけでもあながち片手落ちとは言えないのだろうか。こういった研究法は私の強い関心を喚起したが、私はシンボリズムだけの研究にも、構造主義にものめり込む気持ちにはならなかった。これらは大体いわゆる「未開社会」、「部族社会」（やがて私はこれらを「無国家社会」と概念化するのが理論的だと判断するようになるが、当時はまだそこまで勉学が進んでいなかった）と称される社会の研究だが、私は現代の第三世界（最近は「発展途上社会」という呼称が定着したけれど、これは理論的というよりも、政治的判断に基づくものである）、そこにおける都市と貧困層、階級差、人種差別、偏見、国家と少数民族の関係、移民とマイノリティ、白人と黒人、日系人といった目前の人間宇宙が関心の主体で、そこから人間存在の本質に迫りたい、それにはこれら上述の人類学研究が私の方向見定めのためにどのように役立つのか、私自身の文化人類学的営為に資するのか、を考えるのだった。

「レヴィ＝ストロースの現地調査はひどいもんだ。あれで人類学的調査と言えるのか」というのが、ブラジル人類学者のなかでの定評である。『悲しき熱帯』を熟読すれば解ることだが、彼のやった調査はマット・グロッソからアマゾンへ通り抜けた探険旅行の他には、短時日のカードヴェオ族のものだけで、それぞれの部族との短期間の接触で情報を聴取しては次に移るというやり方だった。最低一〜二年間一定の地域に定住して現地人と生活を共にする伝統的手法とはかけ離れていた。その後は他の研究者の発表する文献に全的に依拠していた。しかし彼の構造主義の理論を知れば、それが少しもおかしくないことが解る。ここで構造主義の解説はやらないが、彼の主題はホモ・サピエンスの思考の様式であり、人類はどこの民族の、どのような文化・言語をもったものも根本は同一で、どこでどんな形で収集した資料でも分析できることになる。「ただひとつの、よく吟味された事例があれば、それで一般化は可能である」というのが彼の主張である（「社会構造」一九五三年）。最高の人類学的了解はソシュールの記号論的言語学にある、「一つの言葉の価値は他の言葉との関係のなかで生まれてくる」、「ただ差異しか存在しない」。男という語は女という語が存在しなければ意味をなさない。白人という語は黒人がいなければ意味をもちえない。レヴィ＝ストロースの文化論のモデルは言語学にあり、諸構造の背後にあるもっとも根源的な構造、「メタ構造 meta-structure」を論ずる。

このメタは「メタフィジーク（形而上学）」のメタである。それはホモ・サピエンスに普遍的なものだ。私は彼の構造論、記号論から多くを学んだが、構造主義論者になろうとは一度も考えたことはない。「人間とはどのような存在か」は追求するが、文化の形而上学などというものには魅力は感じなかった。ヴィクター・ターナーのような世界人類学界の巨人がいなくなっても、まだ有名にはなっていない若手助教授等が汗を流しながら懸命に授業に取り組むので、少しも不足を感じることなく、新しい人類学の潮流に触れることができた。院生等と若い教師達とは友人付き合いをしていた。

⑥ レイモンド・ファース教授のゼミ

年が明け、春学期になると人類学の巨人が現われた。レイモンド・ファースである。彼は世界人類学界の最長老と言ってもよく、マリノフスキーの最初の弟子で、ロンドン大学の彼の教授職の後継者だった。その人類学への理論的な貢献ではその師を遥かに凌ぐ、と私は理解している。私は大学の講義ではいつも、「マリノフスキーは素晴らしいフィールドワーカーであり、素晴らしい教師であり、素晴らしい文筆家であった。が、大変貧しい理論家だった」と語るのを常とした。ファースは調査でも、また教師・文筆家としても立派だったが、良き理論家だった。彼は一九六八年、六七才でロンドン大学を定年退職すると、世界各地の主要な大学への客員教授歴訪の旅を開始した。ハワイ大学等を経て、一九七〇年二月にコーネル大学に来て、春学期のゼミ一つを担当した。コーネルの次にはシカゴに行った。人類学部の歓迎パーティでその矍鑠とした姿に接して嬉しくなった私は、冗談に友人のアート・ハンセン（現在フロリダ大学教授）に、

「われわれはこうして人類学の巨人、晩年のファースと親しく酒を酌み交わすのだ」と囁いたら、彼は「いや、彼は今もすごくプロダクティブで、百歳まで本を出し続けるだろう」と言った。悪い冗談を言ってしまったと私は思った。アートの予言したとおり、彼は一〇一才まで生き、その後も多くを出版した。

ファースはそのゼミへの参加を一五名に限定した。学部から博士課程の二年以上という縛りを掛けられたが、世話役のスミスの配慮で一年の私も入れてくれた。私がすでに

二年間のフィールドワークを済ましていたからだろうと思う。若い助教授も受講した。開講に先立ち、彼は研究室で一人ずつ面接した。私の書類に目をやりながら、開口一番、「サンパウロのエコール・リーブレは健在かね」と問い掛けてきた。私の学んだ大学である。戦前から海外でよく知られた学校で、ラドクリフ゠ブラウンも客員教授で教えていたことがある。それを記憶してくれていた。

「人類学学説史」という講義題目だったが、それには関係なく、テーマは各人の自由、自分の人類学的テーマで執筆した論文を一週間前に全員に配布し、それを発表して、ファースがコメント、皆で討議をするという形式だった。講義はなく、最初からこれだった。確か、中国専門のデグロッパー助教授から始まった。全員がすでに論文を読んでいるのである。ゼミの進行は見事で、驚くべき教師であることを我々は第一日目で明確に実感した。彼は白紙を幾枚も卓上に置き、真ん中に縦に線を引き、左側に発表者の発言のメモを、右側に自分のコメントと質問メモを略記していた。そしてそのメモに目をやりながら、民族誌的、理論的な関心事と疑問点を大変解り易く、簡潔に発言した。ずばり、要点だけを突く。それが、世界中のどの民族誌でも、どのようなテーマでも変わらなかった。

一度、学内の聴衆向けに彼の講演があった。彼が指揮した調査プロジェクトの分厚い報告書が公刊されたばかりで、それの要旨を語った。それが私にとってまったくの僥倖であった。直訳すれば『家族とその親戚：ロンドン中産階級の親族（人類学的研究）』というもので、ニューヨークで出たばかりだった。サンパウロ州での都市人類学的なものに私の関心が育ちつつあった時期であった。二年前、テキサスからサンパウロ人文科学研究所へ送った日系人宗教に関する論文は戦前の農村における状況中心のものであり、修論の都市的な部分は別の小論文に整理し直す必要があると感じていた。スミスも都市人類学的発想をもっていた。だが、一九六〇年代中葉までの社会学者・人類学者の大勢は都市産業社会では核家族化が進行し、「家族の孤立」が顕著で親族組織は重要ではないとして、その調査をするものはあまりいなかった。その点、ファースは違っていた。一九四七〜五四年にかけて南ロンドンの労働者階級居住地区で親族調査を実施し、五六年に『ロンドンの親族に関する二研究』という小さな著作を仲間とともに出版した。これは都市人類学の先駆的研究の一つであり、私はそれを承知していたが、ファースがその後もこの種の調査を継続していたとは知らなかった。しかも今回のは中産階級の親族に関する組織的な研究である。私はファースのゼミへの発表は、都市のサンパウロ日系人（戦後は急速に中産階級入りを果たしていた）における親族・宗教にしようと肚を固めた。

ファースは大学で専門家としての社会人類学者から教育を受けた最も初期の世代だが、他の人類学者とは少し異質である。ロンドンに来る（一九二四年）前に彼はニュージーランドで経済学を学び、マオリ族の未開経済に関する著書を一九二九年に刊行した。社会人類学を学んで部族社会（ティコピア島民）の親族組織等を研究したが、経済人類学的調査をも継続し、マレー漁民研究をまとめた。マレー漁民は現代複合社会のメンバーであり、ペザントである。ペザントはよく農民と訳されるが、農民だけではなく、農民がみなペザントである訳でもない。古代以来、世界で最も一般的な人間の在り方で、現在も発展途上国に多数存在するが、日本や米国ではすでに消滅した。魯迅の小説やパール・バックの『大地』の主人公達、アンデス高地のソフト帽を被ったインディオ女性や宮沢賢治の「なめとこ山の熊」に出てくる猟師などがその典型で、トマトやジャガイモばかり生産して市場にすべて売却する農民はペザントではない。奴隷やプロレタリアート、未開社会の食料生産者もちがう。A・L・クローバーはペザントを「部分文化をもった部分社会」の人々と定義したが、これは彼らが自立的社会を構成してはおらず、全体社会の一部の階級を成し、都市の支配層に食料を供給する、前近代的な単純な技術に依存する食料生産者であることを意味している。漁民や遊牧民、半農半商のものも含み、市場や貨幣経済にある程度巻き込まれている人々で、自給自足が主体だが、生産物の一部を市場に出して、靴や衣服を買ったり、子供に帳面や鉛筆を買う金銭を得る必要がある。彼等は国家の一員であり、支配者は外部（都市）におり、支配者は食料生産者ではない。ペザントは通常は抑圧された民である。百姓一揆は英語でペザント・ウオー（戦争）という。ファースはこのような複合社会を研究し、かつ経済学の専門家でもあるから、社会変動に深い洞察をもち、ただの部族社会研究者ではない。だからロンドンの中産階級人の研究もやり、都市人類学の先駆者にもなる。私は未開社会の人類学の成果から多くを学びながら、都市産業社会、現代ラテンアメリカ社会に固執し、未開人の調査などやる気はとうに捨てていた。

ある日、人類学部のあるマックグロー・ホールの二階掲示板の前にファースが立ち、そこに張り付けられたチラシをじっと凝視していた。それはコーネル大学のホモ・セクシュアル学生結社の決起集会告示だった。その日付と場所、主催団体名等が明記されていた。その頃迄は同性愛人達は同種仲間のみにコミュニケーションを限定して、いわば隠れた存在だったが、当時の激しく盛り上がる公民権運動、ブラック・パワー、ウーマン・リブ、学園闘争の時流のなかで、彼等も差別撤廃に乗り出し、社会の表面で固有名詞を明示し、人々に素顔を見せて運動を始めたのであった。キャンパスもアメリカ社会全体もあらゆる局面で沸騰していた。その中でもホモ集団の社会の表面への浮上は遅れていた。掲示板の前でファースと私はニヤリと複雑な微笑を交わして入れ替わったが、あえて質問はしなかった。おそらく彼もこの種の動きは初めて知ったのだろう。彼はチラシの文面に釘づけになっていた。こういった価値観や社会規範の激動・変転は米国がヨーロッパの先を走っていただろうと思う。

日本では国際社会における人間と価値の激震はソ連の解体、ベルリンの壁、東西陣営の消滅等の国際政治との関連で一九九〇年代からのイメージが強烈だが、同程度の激動はアメリカでは一九六〇年代に体験していた。ケネディ兄弟とキング牧師の暗殺、公民権運動の高揚等によって理解はされているが、もっと社会と国家の深層における価値の破壊と逆転、目まぐるしい変転が日常だった。私の理解ではその最大のものは国家観の塗り替えであり、エスニック・アイデンティティの変化だった。その頃までのアメリカを支えるイデオロギーは元より自由民主主義に違いはないが、その国家観の中核は強烈な「国民国家観 Nation-State」にあり、その真髄は国民と民族と［国民］文化とが完全に一致して合同となることを理想とするもので、キリスト教における父なる神とキリストと聖霊の三位一体のように三者が渾然一体となった在り方にあった。現実において合衆国は多民族国家であり、世界一の移民国家であり、そこにあらゆる問題と矛盾・軋轢を抱え込みながら、メルティング・ポットと同化政策を掲げて国民の一体化をごり押ししてきていた。そしてアメリカ文化と民族の「本来の、正当な、在るべき姿」はワスピといわれる、「アングロ・サクソン系白人プロテスタント」である、それ以外の人種的文化的に異質な分子はすべからく早急に「人種と文化のるつぼ」のなかで同化・混血せよというものだった。このようなアメリカ主義の根底が大崩壊を始めていたのである。この変化は一九九〇年代の社会主義陣営の没落に匹敵するものだと私は了解している。が、あまり詳論はするまい。

一九六〇年代半ばまで在米ユダヤ系人は国是である同化主義を受容し、強いユダヤ人アイデンティティを捨てていた、彼等のユダヤ主義は蒸発霧消していると、ほとんどの民族問題研究者も、またユダヤ人自身も信じていたと言われる。ヨーロッパで排斥虐殺された彼等を受け入れ救済したのは米国だった。ところが一九六七年五月第三週にナッセル指揮下のアラブ軍隊がイスラエルに進攻し、紅海のアカバ湾封鎖をして第三次中東戦争が勃発すると、ユダヤ系アメリカ人に驚くべきことが起こった。全ユダヤ系人が熱狂的なキャンペーンを展開、若者達が義勇軍に走り、二週間のうちに一億ドル以上の醵金が集まり、強烈なユダヤ・アイデンティティを一挙に爆発させた。これには在米ユダヤ人研究の第一人者ネイサン・グレイザーは肝を潰してしまった。彼が多くの著書で主張していたことが皆過ちであったことが明白になったのである。もっと驚いたのはユダヤ人自身であったとも言われる。この戦争はあっという間にイスラエルの勝利で終決し、「十日戦争」とも呼ばれた。この頃から急激に多くのマイノリティ集団の人々のアイデンティティが民族性を強め、「イエロー・パワー」なども叫ばれるようになった。そしてアメリカの国家観が根底から揺さ振られるようになった。一九七〇年一一月、カリフォルニアのサン・ディエゴで全米人類学会の年次大会が開催された時、総会の場にアジア系アメリカ人、日系人三世の過激派グループが乱入してきて演説を打ったのを私は目撃した。

国家の政策が根本から変わった。差別を撤廃して平等にするのではなく、積極策として「機会割り当て制度」を採用、黒人や女性を優先させるようにした。逆差別である。一例だけ簡潔に述べる。アラン・バッケ事件という。彼はカリフォルニア大学デイヴィス校の医学部を受験して二年続けて落第した。彼は情報公開を求めて自分の成績を確認したうえで、告訴し、最高裁まで争って敗訴になった。彼はユダヤ系人であった。大学は定員の内一六%までをマイノリティ枠として留保し、バッケより成績の下の黒人受験生などを大勢合格させた。だが彼の敗訴は確定した。長年にわたってユダヤ系人は優秀大学の医学部に高い比率で合格していたからである。全米でユダヤ系人ほどに積極的に差別撤廃運動に協力する民族はいない。だが国家の政策の原則は機会割り当てにあった。合衆国はこの時代に大転換をしていたのである。もちろんすべてが変わったわけではない。良いアメリカも悪いアメリカも色々な形で残った。

マックグロー・ホールと中央図書館、ゴールドウィン・スミス・ビルに囲まれた広場が美しい芝生になっていた。そこに人類学部の教師と院生達が車座に胡坐をかいて学制改革について幾度も意見交換をした。誰も荒々しい声を出すものもなく、真摯な談合だった。近年人類学部の主要スタッフが去り、入れ替えが激しかった。ターナーが仲間を連れてシカゴに移り、アンデス研究の主役アラン・ホームバーグが死亡した。これが私が来る直前のこと。その後フランク・カンシアンとアート・ウルフがスタンフォードへ転勤した。残ったスタッフは新任を求めて奔走していた。人類学会のニューズレターに求人広告が載ると必ず「女性とマイノリティ応募者を優先する」といった文言が入っていた。

当時の人類学の新任教師選考のやり方はこうだった。空席ができると、望ましい教師の地位、専門分野、専門地域等を教授会で決めて公表する。それに基づいて人事委員会が様々な情報や個人的なコネを通して人物を物色する。学会ニューズレターなどで公募もする。同時に博士課程の院生達も活発に情報を収集し、相談し、候補を絞っていく。もとより学部学生も排除されない。学生側がこれという人物を探し当てると、経歴と研究論文一覧等を作成して委員会に提案できる。この際御当人が赴任して来る可能性があるかどうかを調べる必要がある。委員会はこの学生提案を検討する義務がある。候補が限定されてくると、学生推進者を中心に署名活動が展開される。署名できるのは候補の論文を読んだか、講演か講義を直接聴いたものに限られる。候補が有名教授だったり、評価の定まった場合はともかく、学位を得たばかりか、済ます直前のものの場合は本人の意志をある程度確かめた上で、講演などに招待する。学生や一部の教授等がこれを聴く。それぞれに意見書をまとめたり、さらに署名運動をする。教授達は別の方法で知り合いの教授等から情報を取ったり、紹介状を貰ったりする。委員会には学部学生二名、院生二名の代表を送り、意見を述べることができる。最終決定権は教授側にある。若い教師の場合には正規の雇用ではなく、一～二年の契約となる場合もある。その間に評価が固まれば助教授として雇用し、三年毎の契約になる。若い教師の場合は特別な例外を除いて、コーネル卒業生からは選ばないのが原則である。助教授の三年が過ぎると、二度目の契約期間中にテニュー（定年までの在職権）問題が検討される。テニューが拒否されれば、契約期間が切れるまでにコーネルのスタッフも積極的に応援して転出先の世話をする。それが見つからなければ、例外的に三度目の契約もありえないとは言えない。これが一九七〇年前後の、学制改革運動の盛り上がった頃の我々のやり方だった。学生の参画は形だけのものではなかった。すべてガラス張りで、フェアな人事だった。人気の助教授が「テニュー危ふし」となると、院生達は積極的に動いた。

ファース・ゼミのために私はサンパウロで書いた修論とそれまでにテキサスとランド・ホールで書いた草稿を土台に、それらを新しく学習した人類学の視点から練直して「都市ブラジルの日系人における宗教、親族と中産階級」という論文を執筆した。サンパウロでの二年間の調査資料と日本移民五〇周年時の実態調査報告書『ブラジルの日本移民』（国勢調査並みの全員調査で、移民六千人が調査員として奉仕協力した）のデータ分析を主要な材料とした。これを書く前に、農村部主体に書いた移民の宗教行動に関する論文を書き直しながら英文にして、「先祖、天皇、愛の結実」というものに仕上げた。フュステル・デ・クーランジュの『古代都市』（ギリシャ・ローマの親族・宗教研究）という本から「長男は先祖供養の使命を帯びてこの世に生まれてくるが、その他の子供等はただの愛の結実である」という古代人の言葉を引いて冒頭に掲げた。この論文の主体は戦前の移民で、当時は九割以上が農村に居住していた。これが都市日系人論文の前提になる。日系人の都市化は一九四〇年代から急激に加速したが、これは戦争景気で農産物が高騰し、彼等は大きく潤い、経済力を付けて中産階級に上昇したことと重なる。祖国の敗戦により帰国先を喪失し、天皇崇拝の根拠を否定されて人間として生きる途に迷って彼等の多くは一時勝ち組の夢に踊るが、ブラジル永住と日本人性を生かす道を「日本宗教」に求めて新しい「日系人アイデンティティ」を構築して行く（この頃はまだアイデンティティの語は用いず、集団アイデンティフィケーションと言っていた）。

修論に書いた論旨の一つは、移住後四〇年間宗教活動をしなかった日系人が戦後突如として激しい宗教運動を展開したのは何故か、しかもそれは皆「日本宗教」なのは何故か、これは同化論・文化変容論から解釈することはできないという点。もう一つは、都市日系人は新中産階級と旧中産階級とに分裂し、前者は主としてカトリック教徒になり、ブラジル文化を強く身につけ、後者は主として日本宗教に依拠し、日本的文化と日本人であることに強く固執するという点だった。今回はこれらを親族と階級、変質した長子相続制を考慮にいれながら、日系人の異文化と都市への適応の在り方として解釈した。この時はまだ「適応ストラテジー」概念は使用していなかった。日本からもってきた文化そのものからも、ブラジルで習得した文化からも解釈できない、新しい状況に対応して日系人が新しく構築した適応の日系文化であるとし、この分裂は強力な連帯と協力の結果生じたものであり、協力が分裂を生み、分裂の上に協力が組まれていたとした。

移民政策から日本移民は家族単位が原則で、そのために女性と子供を例外的に多く含んでいた。「ブラジルはハワイの五倍遠く、賃金が五分の一」と言われたが、土地も労賃もきわめて安く、日本人はほとんど独立自営となり、家族労働力に深く依存した。言葉の障害もあり、都市化してもサラリーマンにはならなかった。洗濯業や食料品店、美容院、露天商（フェイランテ）等々から始め、経済力を蓄えるまでは家族の手助けを必要とした。一方、ブラジルの階級観は人種観と労働観とに繋がっていた。歴史的にはプランテーション制度と奴隷制とに深い根をもっていて、肉体労働は黒人奴隷と同一視される伝統が強かった。都市日本人の職業は中産階級となっても肉体労働からなかなか解放されず、汗みどろになって働く勤労の姿はブラジル人の目にはあくまでも下層労働者のものだった。ある程度財を築いても、黒くなって働く日系人家族は蔑視され、階級的には下層だった。洗濯屋が最も典型的な初期都市化日系人の職業だったが、クリーニングなどという職のイメージからは遠いものだった。天秤棒を肩に一軒一軒訪問して汚れものを集め（これを「ブスカ・ホッパ」と言う）、家では肉体労働の激しいものだった。

「志を立てて南米くんだりまで、ガイジンの褌《ふんどし》洗いに来たんじゃないぞ」

移民は自嘲的にこう叫んだものだった。

日系人の教育熱心は広く知られていたが、中等以上のブラジル教育を受けたのは一部のものだけだった。長男長女が成長する頃はまだ経済力がなく、彼等は家族労働力に使われた。日系植民地の「日本学校」で初等教育を受けた後は家業に従事して、両親を助けた。下の子供が成長する頃には家計も安定し、都市で彼等を上級学校へ出すようになり、大学へ送って「ドットール」にしようとする。そのためには、両親と兄姉が協力して弟妹を家の労働から解放して、学業に専心させる。学費を彼等が賄ったのである。つまり家業の少しばかりの成功では社会的威信は得られず、ブラジル人の目からは中産階級の仲間と見られないことを知っての協力である。こうして家族の強力な連帯が子等を分裂に導き、文化的、アイデンティティ上の亀裂を助長させる。家族員は「働く者」と「学ぶ者」に分裂し、大学を出たものはホワイト・カラーとなり、非日系ブラジル人と交わり、日本的価値や言葉、そして「日本宗教」から離れ、新中産階級人となり、多くは「ブラジル宗教」、つまりカトリック教へ接近する。日系人の頭では、仏教、神道、新興宗教等は「日本宗教」と解され、カトリック教は「ブラジル宗教」と理解された。ポルトガル語はブラジル語と呼ばれた。認識上の二項対立は日常生活の隅々で顕著だった。後になってこれを私は容姿顔立ちの酷似した「黒い兄と白い弟」の協力と分裂と表現するようになる。この論はかなり構造論的だが、当時の私は文化変容論やシステム論を批判的に理解し、文化論に傾くのを避け、大理論の支配を拒みながら、文化の担い手（ブラジル日系人）自身の了解に即して彼等が日常の生活世界に見出した象徴性を解釈するようにした。階級観、労働観と宗教、変質して日系文化となった親族、連帯と分裂の重層性を論じ、修論から数歩前進した。ゼミに上記二本のペーパーを提出して、ファースに大変喜ばれた。半年後の一九七〇年一一月、カリフォルニアのサン・ディエゴで全米人類学会の第六九回年次大会があり、アマゾンのトメアスで日系人調査をしたフィリップ・スタニフォードが主催者でその部会として「海外の日本人シンポジウム」がもたれ、私も招待された。私はファース・ゼミ提出の論文をそこで発表した。

⑦ 都市人類学の理論的台頭

訪日した頃、私は体重八〇キロあり、日米の医者から減量を厳命されていた。体調は回復していたが、十分ではなかった。色々漬物を工夫して、野菜を食べた。農学部のオランダ系ブラジル人の友人から野菜栽培を教えられながら、昔の食糧難の頃、病床の父と畑をやったことを想起していた。スミス宅の庭を借りてトマト、キュウリ、レタスを育てた。イサカ在住の日系アメリカ人からも知恵を借りた。実家で母に麹の保存法を教えてもらい、乾燥させて持参、冷凍庫に入れると二年位は保った。唐辛子と麹、ニンニクを多量に使って、毎日漬物主体の食事をした。ルタバガ（アブラナ科のスエーデン・カブ）という黄色で固い、大きくて極安のカブを発見し、毎日これを食べた。スミスに言うと、「ルタバガというのは、不味いという意味ですよ」と告げられた。ひどく固いのだが、歯が良かったので美味い漬物にできた。しばらくすると、見る見る内に体重が減ってきた。カフカに「飢餓術師」という短篇がある。ライオンのように檻に入って錠を堅固にし、水ばかり飲んでほとんど食事をせず、サーカスで見世物に出る訳だが、次第に小さくなり、人々の関心も失せ、終いに掃除人夫に「何だ、空っぽだ」と塵芥といっしょに掃き捨てられるという話だが、痩せ始めるといつもカフカを想起して、いい気分だった。二〇キロほど減量すると、至極元気になった。頻繁に山へ行き、茸狩りをし、山牛蒡を発見して食べ、アザミの味噌汁も作った。スミスがそれ食べられるの、と心配するので、「大丈夫。喉を通る時ちょっとばかりヒリヒリしますけどね」と冗談に喉を擦って見せると、スミスはあちこちでそれを吹聴しては人を笑わせた。アザミに刺があることをアメリカ人も皆知っているのだ。鶴博士も茸狩りが好きだった。彼から「マッシュルーム・ハンターズ・ガイド」という素晴らしい本を知らされ、それを頼りに大量の茸を常食にした。この本は類書が日本には無い。ある茸を見付けると、その形状から始めて系統的に進み、最後にその名を特定するもので、毒茸はもちろん何でも判明し、味も記してある。毎年数十種類の茸を食し、世の中に茸ほど美味いものはないと思うようになった。大きなヒラタケ、カルバチア・ジガンテア（オニフスベ）、ハラタケ各種、シロオオハラタケの幼菌、エノキダケ、ナメコ、サクラシメジ等をよく採った。ニューヨーク州のカナダ寄りの地帯は茸の宝庫で、ほとんど一年を通して採れた。当時全米でエルムの大木が枯れ、倒れると危険なので早めに伐採し、大学キャンパスも淋しく成りだしていた。その切り株に大量にヒラタケが発生した。しかし毒茸を恐がって、採る人は少なかった。山の茸狩りはほとんどは独り歩きだった。雪のある冬に唯一採れるのはウインター・マッシュルームと呼ばれるエノキダケだった。樹皮の割れ目に潜んでいる若い菌が気温が緩み、雪が雨に変わる頃、山の木々で一斉にエノキダケが膨れ上がり、ナメコのようなぬめりを光らせて枝の雪を押し退けて茶色の姿を現す。研究室で仕事をしていても外の気温と湿度の気配でそれが感じられると、じっとしておられず車でひとっ走りと飛び出したものだ。エノキは七〜八月の真夏以外は何時でも採れた。

一九七〇年六月、文部省留学生として東京教育大学社会学大学院で三年余り学んでブラジルへ帰る途中の藤村ジャンジーラとイサカで結婚した。彼女とはサンパウロ人文科学研究所で斉藤広志が講師で私が助手をやり、一連の日本文化セミナーをやった時知合った。出席者のなかで飛び切り日本語が達者で、同じ大学に籍をおく学部学生だった。調査プロジェクトが始まった時、私が誘って調査員に加えた。留学が決まった頃、ちょうど東大の大野盛雄助教授（飯塚浩二教授の退官でその後任となる時）がイランの帰り道に寄ったと称してサンパウロにしばらく滞在していた。彼女を紹介し、東京でのことを頼んだ。在京中、随分世話になったという。我々は調査旅行にはよく同行したが、それ以上の交際はあまりなかった。私の訪日時、三度ほど会った。最後の時、「結婚すっか？」と一言私は彼女に言った。

六月初旬、免許を取ってあまり日の経っていない私は道路地図の見方をスミスから伝授してもらい、念入りにケネディ国際空港への道順を確認して出迎えに行った。運転のベテランであるブラジル人留学生達が恐がって誰もニューヨークへ行かない頃のことで、皆に制止されたが、私は二〇〇ドルで買ったボロ車で出掛けた。空港からアディロンダックという州北の森林観光地帯へジャンジーラを拉致するように連れて行き、三日ほどを過ごした。彼女も結婚覚悟で来ていたのだ。六月二四日、スミス宅の庭の芝生で結婚式をやった。メソディスト教会の信者であるジャンジーラは神の前でと主張するので、破戒僧みたいなカトリック神父でいいか、と訊くと、いいというのでジョー・バスチャンにやってもらうことにした。

「よし、やってやる。この次はおれの結婚式だ」とこの神父人類学者は宣言した。数年後彼はこれを実行してカトリック教会を飛び出し、大学の教員になった。初め、バスチャン神父はアイマラ族の民族衣裳で式を司宰すると言っていたが、当日になるとカトリック神父の正装で現れた。出席者の三分の一が日本人、三分の一がブラジル人で、残りが様々な国籍（主にアメリカ人）の文化人類学の院生と教師だった。ルーマニア人の著名なアンデス研究者ジョン・ムッラ教授も出席してくれた。我々両方の縁者は誰も招かなかった。この日はブラジルでは縁結びの聖人サン・ジョアンの祝祭の日で、夜空に火を入れた紙風船を飛ばす風習がある。ブラジルの留学生達は大きな風船を作って祝ってくれたが、飛ばずに燃えてしまった。大き過ぎたのである。芝生での式で、ボブ・ラブという友人が詩を朗読した。人類学の友人等が私に歌を唄えとせがんだ。私は啄木の「砂山の砂に…」という歌を唄った。誰かがジャンジーラに「今のは何の歌だ」と訊ねた。「確か、失恋の歌でしょう」と答えたので、その後私は皆に賞められた。スミスは仲人役のつもりで応対し、記念の五〇センチばかりの樹を植えてくれた。それは四〇年近く経った現在も「前山のマリッジ・ツリー」としてスミス家の庭に大木となって聳えている。式後、私のボロ車にはアメリカ式に百個ほどの空缶が縄で結びつけられ、皆の歓声に見送られてガラガラと道路を曳きずりながら町を離れて二人になった。新婚旅行などせず、近くのフィンガーズ・レイクの辺りに二日ほど行った。この式はイサカで少し評判になったと聞いた。一年後調査でブラジルに行くのだが、それ迄は妻の縁者に一人も会ったことはなかった。三日後帰ると、またランド・ホールでの深夜の勉強を続けた。

コーネル大では博士課程の学生はそれぞれ自分の勉学を指導する教師のコミティー（委員会）をつくる。私の場合、主専攻の人類学にスミス、副専攻に社会学のジョゼフ・A・カール教授と宗教人類学のジェームズ・シーゲル助教授を依頼した。この三人が全権をもって私が何を学ぶべきかを決める。しかしスミスがその議長で、我々二人で決めたことに他の二人は特にクレイムは付けなかった。私はコーネルでは終始一貫優等生で、問題の無い学生だった。中学二年生以来初めてのことだった。

カールはハーバード大で学位を取り、本来アメリカ社会学の正統的な道を歩いた人だが、五〇才位からラテンアメリカを専門とし、メキシコ、ブラジルの若い世代の研究者との交流のなかで先鋭的社会学に変身した。政治的発想の強い社会学者で、私は彼から政治学的視野を取り入れることを学んだ。彼は歯切れのいい発言と鋭利な論理の教師で、妥協はなく、お洒落で独身主義者だった。爽やかな好人物だった。

「ラテンアメリカの若い社会学者達が私をラディカライズ（先鋭化）した」といつも明言していた。彼の推奨するのはメキシコのパブロ・ゴンザレス・カサノバとブラジルのフェルナンド・H・カルドーゾ（大統領になる二〇年も前のこと）だった。彼のラテンアメリカ論のゼミに二回出た。討論では厳しかったが、ペーパーは賞めてくれた。

他に人類学以外ではブラジルの奴隷制を扱う歴史のゼミにやはり二回続けて出席した。一度は学部の講義との抱き合わせで意欲的なものだった。デイヴィッドソン助教授がブラジル奴隷史を、マーティン助教授はアメリカ奴隷史を交互に講義し、我々はそれを聴いた上で、別にゼミもやった。当時は奴隷研究が高揚した時期で、ユージン・ジェノヴィーズの研究書『奴隷所有者が創った世界』（このタイトルはブラジルの国民的英雄で大学者の有名な著書『ポルトガル人が創った世界』をもじり、それを痛烈に批判したもの）が新書版で出版された時、私はキャンパスで驚くべき光景を見た。黒人学生二人が芝生の広場に小さな机を置き、その上にこの本だけを百冊ほど積み重ね、声を上げて売り始めたが、それがどんどん売れていったのである。この一事が当時のブラック・スタディーズの熱気を的確に伝えている。奴隷制研究は現代南北アメリカ社会、特にそこの人種問題とエスニシティ（民族性）、多文化主義を理解するのに必至の領域である。この時新大陸の奴隷制を広く勉強したのは、大変役立った。アメリカ史の講義も聴き、日常生活でアメリカ人種問題を生き、ブラジルだけではできない体験をした。二度目の時はデイヴィドソンの田園地帯にある自宅で毎週やり、五～六人の院生を毎度私のボロ車で送迎した。七キロ位離れていた。デイヴィドソン助教授はヒッピー・スタイルのぶっきらぼうな男だったが、誠実で、私とは年令も近く、馬が合った。彼は立派な研究者だったが、私がコーネルを去ってから数年すると大学を辞め、なにか小さな集団の教組のようなものに納まったとスミスに聞いた。それ以上のことは分からない。ともかく価値転倒と激動の時代であった。

一九七〇年の秋学期にはスミスはアリゾナの大学に客員教授で出ていた。怪我から大分回復してはいたが、その心理的後遺症があったのだろう、馬鹿派手な真っ黄色の新車を購入し、冗談にそれを"Yellow Peril"（黄禍）と呼び、スパイク・タイヤを付けて夫妻でアリゾナへ車でバリバリ音を立てて出掛けて行った。

「パト・カーと間違えて、皆避けるだろう」とうそぶいていた。

スミスの空き家にミネソタ大学から客員教授で来たウイリアム・ロー（我々はビルと呼んだ）が独りで住みだした。彼はコーネルの卒業生で、スミスの友人、インド都市の研究家だった。そして彼は「都市人類学」という講義を担当した。私はそれを受講することにした。その頃まではこの用語はまだあまり一般的ではなく、世界でもこの語をタイトルにした研究書はエリザベス・エディが編集して一九六八年に出版したもの一冊だけだった。私も当時流行の構造主義やシンボリズムではなく、現代産業社会の都市、特に発展途上国の都市の文化人類学（ここでは特に社会人類学の語と理論的区別はしない）を目指していたが、都市を研究するのが都市人類学だと位に考えていた。ファースもスミスも都市人類学をやっていた。シカゴ学派の都市社会学は古くから都市研究のパラダイム発信のメッカで、強い影響力を誇っていた。そこから出てメキシコ研究をやったレッドフィールドは都市研究の社会学と人類学との架け橋を探っていた。オスカー・ルイスの「貧困の文化」研究は有名だったし、ラテンアメリカに都市人類学的研究は多いとされていたが、理論化はいまだしの観が強かった。レッドフィールドがユカタン研究を土台に打ち出した「フォーク・アーバン連続体」の理論は激しい批判に晒され、"dead wrong"（とんでもない大間違い）と論じられた。未開と都市の中間にペザントの村落社会を位置付け、これらを進化方向の図式としたもので、国家とペザントの理解ができていないと言われた。彼はまもなく自分の誤りを認めた。

ビル・ローは教壇に立つと、

「コーネル・キャンパスの犬達は随分賢いんだろうなァ」

と言った。学生達はすぐ笑声を挙げた。

「いつも講義を聴いてるからなァ」と付け加えた。

教室には一〇〇人以上の受講生がおり、空席がたくさんあるのに、床に胡坐をかいて聴講する学生が数人おり、大きな犬も二〜三匹温和しく寝そべっていた。学園闘争やブラック・パワー、ヒッピーの時代で、素足で歩く学生、上半身裸で授業にでる男性、そして犬を連れてキャンパスを歩く女学生も多かった。もとよりお洒落をした犬などはいなかった。孤独な独り住まいの学生が多数おり、そのために犬を飼う学生が多くいた。ビルはそれ以上何も言わずに講義を始めた。実は、五〇才位になるビルもほぼヒッピーに近い姿ではあった。やや反体制派的思考をもち、髭と髪を長くのばし、学生のような口振りで、よれよれのシャツ一枚だった。ネクタイもまともな上着も着なかった。無頼のような物言いもしたが、立派な研究者だった。

都市人類学と呼ばれる領域が育ちつつあることを次第に納得した。「貧困の文化」概念を紹介し、それを批判した幾つもの論文も解説した。またJ・A・バーンズやエリザベス・ボットのネットワーク論も紹介したが、その深い理論性はすぐには解らなかった。アブナー・コーエンの『都市アフリカにおける慣習と政治』というヨルバ都市におけるハウザ移民の本を読まされ、それに気を奪われていた。社会人類学は政治学の一部門にすぎない、それは非政治的事象の政治的機能を見極める学問だといった議論に首を傾げていた。ビル自身の書いた論文「都市インドにおけるカースト・親族・結社」の草稿が指定文献リストとともに配布された。三年後、これはスミスの日本論文とともにアイダン・サウスホール編集の『都市人類学』(一九七三年)に収録された。これはファースのロンドン研究、私のファース・ゼミ提出論文とテーマや論旨が重なり、解りやすく大変参考になった。ブラジルの日系人はカーストではないが、典型的なマイノリティ集団であり、ビル論文には地方から都市に移住したカースト民がどのような結社を組織するか、それと親族や地域共同体とどう関わるかが実証的に記述されていた。私はファースに提出した論文の続きを書くような考えで、ビル論文を十分参考にして、サンパウロ農村で「植民地」と称していた日系地域共同体中心の在り方から都市化を経てどのように任意結社を構築していったか、そのプロセスをエスニシティ、アイデンティティの変化を主な材料として私の調査に基づいてターム・ペーパーを書いた。「共同体主導型構造」から日本敗戦と都市化とを経て「結社主導型構造」へ変動する過程を論じて、教授の好評をもらった。こうして次第に私の頭脳に都市人類学のイメージが定着してきた。

私はブラジル日系人の研究ばかりをやる考えなどなかったが、コーネル大の博士課程で俊秀に囲まれて生き残るためには二年間サンパウロでやった現地調査の体験は極めて強力な武器であったうえ、我々の大型プロジェクトの研究員達は斉藤広志とコーネル氏の調査不足、スミスの怪我、ユタカの腰掛け的参加、その他の調査員の脱落で、大量の資料がありながら私が纏めなければやる者がいないという使命感みたいなものも感じていた。スミスは日本研究の纏めに集中していた。それに私の書く日系人論文はそれぞれに好評であった。ビル・ゼミ論文はかなり修正を加えた後、「エスニシティ、秘密結社、任意結社―ブラジル日系人―」として国際学術雑誌に掲載された。こうした日系人研究をとおして私には文化人類学の諸相が見えてきたし、人類学の理論の勉学が進んでくるにつれ、移民研究を侮る日本人研究者の一般風潮が浅ましいものに見えてきた。ハイデッガーやカフカの研究が日系人研究より高次元のものだという根拠はどこにもない。

当時かなり評判になっていたクライド・ミッチェル編集の『都市状況における社会的ネットワーク』（一九六九年。これもビル配布の文献リストにあった）所収の幾つかの論文を読む内に、ネットワーク概念の理論性の射程が見え出してきた。一九六〇年代後半になるまでは、社会学や人類学ではネットワークが一般理論の中核を支える概念であったことはない。しかしその先駆的研究がバーンズやボットの論文にあることをミッチェルの本を読み進むうちに理解した。私は社会学と人類学における構造、集団、システム、構造機能分析中心の研究法に疑念と不満を抱いていたが、それ迄はその突破口は解らなかった。だからと言って階級中心の思考にも落ち着けなかった。個人と文学、哲学との接点が欲しかった。どうやらミッチェルは社会的ネットワーク概念を大きく打ち出してはいたが、構造機能分析への疑問は提出していなかった。だが、バーンズを注意深く読むと、構造、集団、システムとの対立概念としてのネットワークの捉え方がよく解った。それまでの人類学研究は分節社会研究が主体だった。分節社会とは、端的に言えば、家族が幾つか集まってリニッジという親族集団を構成し、リニッジが幾つか集まって大リニッジを構成し、大リニッジが幾つか集まって社会を構成しているような在り方である。蜜柑の中が幾つかの房に分かれているようなものである。その集団の中で人々は地位と役割があり、それらが社会構造と文化で規制され、その規範のなかで人は行動する、と説かれる。極端に言えば、人は構造と役割のロボットである。個人の思考と判断が研究から捨象されている。

ここで深入りはするまい。だがネットワークの特質には少しだけ触れる。ネットワークは多く個人を中心として張り巡らされる。それは個人から個人へ、友人から友人へ、親戚から親戚へと繋がり、集団や村、都市、社会を越えて広がる。バーンズは主に個人中心的ネットワークを論じ、友人・親族関係のネットワークは境界をもたず、集団を構成せず、主として同一階級内で広がっていくと論じた（一九五三年）。ボットは家族中心のネットワークが夫から、妻から、子供達からそれぞれの方角へ家族と夫婦役割の強い構造的規制を受けながら広がることをロンドン中産階級の二〇家族の徹底的調査から論証した（一九五七年）。これらは構造研究を否定するものではないが、個人がネットワークを生み出し、それを操作運用し、その価値判断を下し、不要になれば放棄し、死ねば自然消滅する。そこでは個人の知覚、判断、選択、思考が大変重要で、集団中心、構造中心の研究法と異質な視角が導入され、その理論化が求められる。

マックス・グラックマンはボットのネットワーク論が自分のグループから出たのではなかったことを大変悔しがった。ネットワーク論は彼の弟子のミッチェルとエプスタイン達マンチェスター学派によって人類学内の大きな理論に成長していくが、そしてその土台を作ったのはグラックマン達ではあったが、最初の理論化はバーンズとボットであった。（この二人もグラックマンと密接に関係はしていたが）。ボットは名声を博し、自分の理論を生み出すにはグラックマンのセミナーでの刺激があったことを明言し、その著『家族と社会的ネットワーク』の第二版でグラックマンに序文を書いてもらった。人類学のネットワーク論は本来構造機能論の根源的な改編を孕む論となるはずであったが、そうはならなかった。しかしこれは後の話である。ボットやミッチェルの意図は構造機能研究の救済にあり、私の期待したような革命にはなかった。

私はコーネル大のあるイサカでの豆腐作りの元祖だった。町で中国人のやるオリエンタル・ショップが作り出したのは大分後のことである。テキサスでの日本人の友人に青木洸二というのがいたが、私がイサカに移ると間もなくやって来て暫らく居候した。それから一年ばかり近くのホーマーのゴルフ場で皿洗いをやり、金ができたからヨーロッパを放浪するという。彼は山口の豆腐屋の倅だから、私は豆腐の製造法を土産に置いていけと命じた。彼が手紙で父に頼むと製法と道具・薬品が空輸されてきた。丈夫な二種の漉し袋が入っていた。青木は一度だけ作って見せ、すぐ北欧に去った。それは木綿ごしなどではなく、そのまま固めるものなので、柔らかいが、多量できる。一度日本人留学生を七〜八人集めて湯豆腐を食わせた。私が作ったと言っても信じない彼等は二度目、三度目は私の制止を聞かずに冷たい内に食べてしまう。大量の豆腐はシャワー用のタブに水を張り、その中に浮かべてあった。無限に出てくる豆腐に呆気に取られていた彼等は大量のおからを出されてようやく私の言を信じた。妻は初め、こんな柔らかい豆腐、スープに入れると溶けてしまうとぼやいた。彼女はブラジル育ちで豆腐の性質をよく知らない。煮れば固まるんだと言っても信じない。ビル教授は独りで自炊していたから、二〜三度、私の部屋で友人等とともに大鍋で豆腐のおでんを馳走した。山で多量に掘ってくる山牛蒡と茸も入っている。初めてのおでんを不思議がり、牛蒡の説明に首を傾げた。が、美味いと言った。ノーベル賞級の数学者といわれる伊藤清夫妻が客員教授で来ていて、噂を聞いて所望してきたので、二度ほど持参して馳走した。

⑧　現象学的人類学の発想
——クリフォード・ギアツを手掛かりに——

コーネル大は東南アジア、特にインドネシア研究の世界におけるメッカだと言われていた。人類学や社会学分野の教授陣も博士課程の学生も挙げてインドネシア研究をしていたと言ってもいい。私の友人等も多くはそうで、ラテンアメリカ研究者は少数派だった。クリフォード・ギアツの名がようやく浮上してきていて、皆彼の論文や著書を読んでいた。新任の助教授トーマス・ミーカーもギアツの弟子だった。彼の現代人類学理論という講義を私も採ることにした。ギアツの話はあまり多くはしなかった。が、私はペーパーを提出する必要があったので、少しギアツの論文を読んでみた。一九七〇年の九月だと思う。なかなか難しかった。彼は論文も著書も沢山あり、大変広い領域にわたって書いていた。博士課程の学生達は皆ギアツのインドネシア民族誌の詳細やその解釈に注目して読んでいた。私はラテンアメリカ研究中心であるから、そのようなことに固執する気持はなく、ギアツの理論的スタンスが知りたかった。だが、どうも少々掴み所がない。まだ体系的な理論を書いてはいなかったし、彼が後に名を馳せる解釈人類学という概念もまだ使用していなかった。やがて私は、彼がその論文のなかで数回現象学という語を使い、一度「文化の科学的現象学」という表現を用いたことに注目した。彼の英語筆記法には独特のスタイルがあり、「文化」という語を出す時に格別にその特徴が読めた。他の研究者とはずいぶん異質だった。そこで私は彼の本や論文を文化概念に焦点を合わせ、現象学と解釈学の面から読み込んでみようと考えた。私は日本の学部学生の頃、あまり良い学生ではなかったが、哲学を専攻し、ディルタイの「生の哲学」で卒論を書いた。その第三章が「了解と解釈学」となっている。ギアツを読み出した頃は哲学のことは大方忘れていたが、ディルタイに近い論旨を感じ取り、現象学という言葉に特別の異和感はなかった。

私は大分努力してギアツの網羅的な著作目録を作成した。九冊の著書（その内、二組は内容がほぼ重複する）と三一の論文と編著一冊が見つかった。一九七〇年一一月までのものである。内容は多岐に亙る。宗教、人類進化、近代化、新興国家におけるナショナリズムと政治、任意結社、ウェーバー・テーシスと言われる宗教倫理と経済発展の関連、エコ・システム、等々である。どれも理論性の高いもので、それぞれの論題についての先行研究の論が吟味され、彼の視点が提出されていたが、人類学の一般理論や方法論の纏った論文はまだ無かった。彼の主著であり、理論的序論を含む論文集が出版されたのは三年後の一九七三年のことで、そこで初めて「解釈人類学」という概念を彼は打ち出した。私は、ギアツの多くの論文と著書を民族誌に深くは注意せず、文化概念とその定義に集中して読んでいくと、これら多岐に広がる領域に通底する理論性が幾分見えてくると感じた。ギアツに平行してフッサールの論旨をある程度理解しようと努め、読んでいると、フッサールとマックス・ウエーバー、欧米社会学との統合を目指すアルフレッド・シュッツの存在が重要だと解った。コーネルの中央図書館には日本語以外の必要とする文献は何でもあった。シュッツの Collected Papers を借り出してきて少しずつ読んだ。彼はオーストリア生まれだが、ナチスのユダヤ人狩りを逃れ、一九三八年にアメリカに亡命し、そこの現象学者マーヴィン・ファーバーと協力して国際現象学会を創設した。そしてその機関誌『哲学と現象学研究』の編集者の一人となった。社会学者タルコット・パーソンズや哲学者ウイリアム・ジェームズとも研究上の深い交流があった。短期間でそう何もかも理解できるわけではなかったが、現象学との関連でギアツを眺めると、これ迄の人類学の発想と異なり、文化の担い手自身の主観的了解、つまりデュルケーム流の集合表象としての文化観ではない、解釈者主体の認識レベルへ迫る視角が提出されていることが解る。それはリーンハルトやミドルトンの宗教研究にも共通していた。レヴィ＝ストロースのホモ・サピエンスの形而上学みたいなものとも異質だった。シュッツによれば、社会科学における現象学的アプローチは「観察された行為がその行為者に対してもつ主観的意味を解釈すること」に焦点を置くという。相互行為の当事者である行為者の主観的意味と観察者の解釈する意味は同一ではないが、観察者は、日常生活の自然的態度から「世界を括弧にくくり」、現象学的還元（エポケー）をとおして既存のあらゆる範疇・先入観・前提を斥けて「ものそのものに向かって」突進し、リアリティの本質に関する直接的・直観的認識を得る方法を学ばなければならない。社会科学は常人の「生活世界」、日常生活における自然的態度の研究であり、これにフッサールの認識における志向性と間主観性の論に学んで現象学的還元を実施するのである。

ギアツはこれらの学習したことを生まの言葉では語らず、フィールドにおける調査データに沿って論を展開していた。彼は現象学的人類学という語は用いず、そのような発想の論旨を文化概念の論で表していた。主著刊行以前でもっとも理論性の高い、ジャヴァとモロッコのイスラム教比較研究『観察されたイスラム教』で、彼は次のように書いている。

「人類文化というものの概念は、習慣とか制度とかいうものからできあがっているというよりは、むしろ、社会の構成員が彼等の体験に適用する解釈や、また彼等が生きていくうえで直面する物事に関してそこに築き上げる構築物（constructions）といったものからなっているのである。換言すれば、単に人々がいかに行動するかではなしに、いかにわれわれが物事を見るか、なのである。」（一九六八：九〇ページ）

現象学的理解を進めていくと、われわれの行なう知覚、体験、認識、判断も皆行動を指揮する文化範型（パラダイム）であり、認識・思考自体が倫理性を必然的に内包したものであるという了解に辿り着く。ギアツの「倫理的コンダクト（行動）としての思考」という小論文は最初の主著には収録されなかったが、私には大きな示唆を与えた。ここではあまり詳論しないが、アメリカの哲学者ジョン・デューイの思想からの教示が重要だったとギアツは明記している（特にその『人間の本性とコンダクト』）。認識の志向性の論も思考における倫理性の遍在の論もコインの裏表だろうと思う。後年私はconduct概念（倫理性の内包された行動・体験）を厳密に行動（behavior）や行為（action――行為者自身の主体的意味付けをもつもの）から区別して人類学を論ずるようになるのも、この時代の勉学の続きである。シュッツはコンダクトを「主観的に有意性をもった体験」と定義しているが、観察可能な行為・行動だけではなく、行為者の内面に現象する体験・意識の在り方に照明を当てたことが現象学的社会学の特質である。

一一月、私はギアツの諸論文の私なりの読みを通して「人間について人間として――クリフォード・ギアツ流人類学における現象学的位相」という論文をミーカー助教授に提出した。人間研究の「科学的客観主義」という神話的金縛りから解き放ち、それを主観と主観との対話である間主観性の関係と捉え、研究者の調査という営為をコンダクトの主体である人間のなすものという視角を盛り込んだつもりのタイトルだった。ミーカーは私とあまり年令の違わない若い、誠実な人類学者で、この私のターム・ペーパーを読んで、驚嘆したと告白した。彼はギアツの弟子だが、ギアツ自身こういう論はまだまとまっては何も書いてはいなかったと思う。彼はすぐ同僚のシーゲルその他の教師に読ませ、院生達にも大分吹聴した。ジョー・バスチャンを含む二、三の友人が「何故、現象学なんだ、何故解釈学なんだ」と私のところへ訊きに来たことがある。私はスミスの引きでコーネル大に入ったのだったから、彼も大変満足してくれた。英文草稿はもっと手を入れ、もう少し満足なものにし、英語も直してどこかに投稿しようと考えていたが、その後の目まぐるしい展開、現地調査計画書の作成、調査費獲得の算段、博士候補となるための学課試験（A-Examと呼ばれ、学位論文のみを残して、後はすべて済ますもの）、そしてブラジルでの博士論文現地調査等々でそのまま放置してしまった。ただ、その主要部分は日本語エッセーに書き改め、「現象学的人類学と文化の定義」という題で友人とやっていた同人雑誌『偶成』（川越市偶成社発行）第二号に発表した。まだ面識もなかった山口昌男氏に一冊送らせたところ、彼は大変喜んで、大勢の若手研究者にコピーして読ませた、と幾年か後に聞いた。

人類学と現象学との関係について、ひとつ私の体験を記しておきたい。一九七三年一一月、ブラジル調査から帰って博士論文を執筆している頃のことである。ニューオーリンズで全米人類学会の年次大会があり、私も出席した。これには約五千人が参加すると言われていた。人類学者の間ではこの大会は「奴隷市場 slave market」と呼ばれていた。新しく学位を取る新人の就職と求人の大舞台となるからである。会場には全国の主要出版社が人類学関係の新刊書展示会を設け、一—二割引きで販売もした。最終日の午後になると、突然半額でセール処分して店を畳む。就職の面接等の話でそのことを忘れていた私は遅れて会場に行くと、本はあらかた無くなっていて、出版社は後片付けなどを始めていた。私は慌てて良書を漁り歩くが、何も見つからない。

「もう何も残ってないわねえ」と、知人のハワイ大学の教師リブラ・タキエさん（日本人）もぼやきながら探している。私はM・G・スミス編集の「アフリカの多元主義」（ペーパー）を掴み、「何も無い。これでも買うか」と考えながら、まだ未練がましく歩き回っていると、突然、信じられないような掘出物を発見した。私の何よりも一番欲しいものが売れ残っていたのである。それは赤いハードカバーのがっしりした厚い二巻本、モーリス・ナタンソン編集の『現象学と社会科学』（英文。一九七三年刊）という計一千ページを優に越えるモニュメンタルなもので、シュッツに捧げられた刊行物だった。定価ででも欲しい本だった。安いのは嬉しかったが、私の驚いたのはあの年間最大の人類学者の集会時にこの本に目をくれる者が私以外にいなかったことである。まだ現象学はアメリカ文化人類学者の関心事ではなかったことを感じた。

⑨ マンチェスター学派との出会い
——マックス・グラックマンとその周辺——

都市人類学とギアツ人類学との出会い、現象学的人類学の発想の芽吹き等を体験して、私のやりたい文化人類学の方向がかなり具体的に射程に入ってきた。少なくともアンデスやマヤ、アズテカの絢爛たる古代文明に考古学やエスノヒストリーから迫るといった考えはブラジル時代からもっていなかったが、社会学的研究法を捨てずに構造人類学や象徴人類学からの幾分の恩恵を受けた上、発展途上社会の現代都市、そこの貧困層も中産階級、知識人をも含んだ在り方にアプローチする人類学、文学と哲学の人間研究の視角を忘れない人類学を求めていきたいと考えていた。

そのためには、構造主義にのめり込むのでもなく、また儀礼や神話分析、祝祭など中心の流行中の象徴人類学に傾斜するのでもなく、社会学や政治学の手法もある程度もったものという了解が定まってきた。そんなことで「研究」や「学問」にならないのではないかという危惧はようやく克服できた。ギアツが文化は「人々がいかに行動するかではなく、いかに物事を見るか」がその本髄だと言うのは現象学の視角で、見るのは具体的な生きた個人である。ネットワークは個人中心に張り巡らされ、その個人が活用操作し、不要になれば打ち棄てられ、眠らされる。現代都市人では、思考し、選択・意志・判断する個人が重要である。社会変化、思考する主体的個人と、部族社会で育った構造機能人類学がどのように対峙するか、それを見極める必要が私にはあった。時代はようやく哲学者達が人間研究の臨床的調査に乗り出し始めた頃であり、人類学者・社会学者達が哲学的思考に援軍を求めて社会科学の構造改革を本気で考え出していた時期である。アメリカ社会の激動は人間研究の学界にもトーマス・クーンの言う科学革命としてその姿を現していた。私は当時「最先端の文化人類学」と多くが信じていたものには飛び付かず、研究対象としては社会学的、政治学的なプロセス、現代複合社会、都市産業社会に固執し、そこに私の年来の個人的な思い込みである文学と哲学の視角をも取り入れた方向性を考えていた。その調査法や先行研究、研究スタイルの取りつく島を、社会的ネットワークや都市人類学、アフリカの植民地主義・人種差別・植民都市などに見出だすことができるだろうと思った。

ミッチェルは彼の編集した『都市状況における社会的ネットワーク』の扉にマックス・グラックマンへの献辞を掲げ、彼を「我々のネットワークの点光源(ポイント・ソース)」と呼んだ。ネットワーク研究と都市人類学の原点とその仕掛人、その研究者集団『マンチェスター学派』のグル(頭目)が彼に他ならないことを謳っていた。その理論篇とも言うべきミッチェルの執筆した第一章「社会的ネットワークの概念と使用」という論文はその論旨と意気込みは解るのだが、雑然としていて、切り込みの良くないものだった。突如として数々の小概念を発明して定義を与えても説得力はなかった。私の期待したものはそれまでの構造機能分析中心、集団中心の人類学を根源的に破壊、または改革する理論的枠組で、部族社会も現代産業都市社会もカバーする新研究法で、ネットワーク論はそのような力を内包したものではないかと思った。が、いろいろ読み進むと、彼等の目標は都市研究とネットワーク論とで構造機能人類学を救済することだということが了解できた。了解しても納得した訳ではない。ネットワーク論は「方法的個人主義」とも呼ばれた。がんじがらめの構造機能分析では個人は捨象されていた。個人を記述すれば研究スタイルに大きな変化が生じるはずだ。彼等の論には多くの起爆剤と突破口とが秘められていると感じていた。特にグラックマンの植民状況、イギリス植民者とアフリカ原住民の関係、都市人類学と部族主義の論、その事例研究のスタイルに強い刺激を受けた。

グラックマンは南アフリカ生まれで、先祖はユダヤ系ロシア人である。彼はユダヤの伝統を守る父母を敬愛していたが、生涯ユダヤ主義者にはならなかった。ヨハネスブルグの大学とオックスフォードで社会人類学を学び、エヴァンズ＝プリチャード等の教えを受けた。構造機能主義の全盛期に学び、その強い影響下にあったが、彼はその初期から正統派とは異なった。社会の研究に「均衡論」と「葛藤論」とがあると言われる。当時の人類学は前者の典型で、葛藤を正面から論ずるものはほとんど無かった。後者の代表はマルクス主義の論である。グラックマンは現地調査のデータに主として基づきながら先人の業績を批判し、葛藤をその論の中核に取り込んだが、それが逆に極端な均衡論の姿を取ったりもした。王子は王の最大の右腕であり、同時に往々にして権力奪取のために反乱の首謀者ともなり、王の最大の敵となる。王妃は外部から来た異分子で、王子を生む。集団の力は妻・母に依存する（王子を生む）が、王子は時に王の最大のライバルとなる。人民は時により強い王を求めて衰えた王を殺す。反乱により別の王が立ち、構造と秩序が再建される。反乱は革命ではなく、再統合をもたらし、秩序が回復するが、変化は来ない。葛藤と矛盾とは異なる。こういった極端な論は批判もされ、後に修正もするが、構造の内部には本来的にノーマルな姿で葛藤と対立が存在するという視角はそれ迄の人類学にはなく、新しい研究スタイルを創出していくことになる。

グラックマンはオックスフォードで学位を取った後、北ローデシア（現ザンビア）のローズ＝リビングストーン研究所を拠点に調査研究を一九四七年迄八年間（内六年は所長）実施し、ここで後のマンチェスター学派の人的理論的基礎を築く。当時の社会人類学者の研究は主として部族単位の調査に基づくもので、通常そこには植民地支配者は登場しない。一方グラックマンはその初期から「ズル族」ではなしに「ズル地域」を研究対象とし、そこには黒人と白人が、部族民（アフリカ人）と植民支配者（ヨーロッパ人）とが同一システム内構成員として登場し、その両者の関係が主要研究対象とされた。その両者が対立し、葛藤しながら、協力もし、一つの統合された社会体系（白人黒人共同体）を構成していることを研究した。植民支配を捨象したアフリカ部族研究はフィクションに過ぎない。一九四〇年の「現代ズル地域における一社会状況分析」という論文で彼はある特定の一日、橋の開通式の一連の出来事の詳細な記述と分析を示した。橋は植民政府の企画で、白人技師の設計、ズル人の労働力によって建造された。記述は一人称でなされ、のっけからグラックマン自身が登場し、すべてのイベントに臨席して参与観察し、臨場感溢れる記述をする。彼は村長とジープに同乗して式に向かう。ある警官が村長に報告に来る。彼は村長の部下であるからヨーロッパ式敬礼をする。一方警官はズル王家の血筋を受ける一員だから「王子への礼」を返す。村長はズルの代表だが、植民政府の末端役人である。警官であり、王子であるものに対して話の内容によって村長になったり、ズルになったりする。複合する役割があり、役割の葛藤もある。状況によって操作し、選択的に使い分ける。個人は一つの集団に全的に所属している訳ではなく、ただ構造と地位・役割に従って単純に行動しているのでもない。この論文は数多くのこの種のイベントの記述と分析でできている。ある特定の日の開通式という社会状況を舞台に、固有名詞をもった多くの個人が登場し、各イベントで多様な対応をしている。そこに人類学者が臨席していて彼が一人称で語る。一例のみを挙げたが、それまでの民族誌にはこのようなものはなかった。こういった研究法はその後「状況分析」、「拡大事例研究法」として理論化され、新世代の人類学者に大きな刺激を与えた。

これは都市人類学そのものではないが、アフリカの部族社会ではなく、部族民とイギリス人植民者との関係、対立と協力の具体像を描いて、その後の都市人類学研究に大きな道を拓いた。構造はルールであり、合法則性であるが、個人は錯綜する役割とアイデンティティのなかで葛藤し、状況に応じた選択をして生きる。ファースは構造機能人類学の中心人物の一人だが、その殻を破る理論も提出していた。社会構造は秩序であり、ルール、一般法則であり、一方、社会組織は過程、ダイナミックな現実体であり、変異・葛藤を含みもち、社会変化に繋がる様相ももつ。構造は静的であり、均衡論的で、変異・変化を説明できない。現実のプロセスにおいては個人的選択、オールタナティブ選択、変異を重視しなければならないとした。そして彼は都市人類学への展望をも明確に示した。

グラックマンの導入した拡大事例研究法ないしはイベント研究と典型的な構造機能研究との差異を一例を挙げて少しだけ述べる。エヴァンズ＝プリチャードのヌエル族研究における豹皮祭司には集団間の紛争、特に殺人を巡る対立と報復闘争に終決をもたらすための重要な役割がある。他に近親相姦などのタブーを破った者を罪から浄化させる役割を果たすこともある。部族内の葛藤・紛争を調停し、終決させる仲介者として賠償支払いや供犠儀礼その他をとおして解決させるのが彼の役割である。エヴァンズ＝プリチャードはその研究書でその役割と儀礼の方法、調停へ導くやり方を大変詳細に記述する。それはヌエル人がそのやり方、ルールを説明し、それを彼は構造として一般法則の形で記述するのである。しかしグラックマンは役割ややり方をゲームのルールのように論じるばかりでは良くない、特定の紛争解決や調停が事例としてどのような過程を経て進行するかを具体的に記述分析するべきだと主張する。彼はまた法と裁判の人類学を推進したが、それ迄の研究は裁判が過去にどのようになされたか、そのやり方を記述分析していたが、グラックマンはそれを「想起された事例」として資料の不備を指摘、具体的裁判過程の直接観察、法の現場での操作と活用のされ方を研究しなければならないとした。現実には変異が多く、個人的状況的選択がなされるからである。

ローズ＝リビングストーン研究所を舞台に、一九四〇年代にグラックマンの指導の下にミッチェル、エプスタイン、コルソン、その他の研究者により都市と植民状況、白人黒人関係、都市エスニシティ（初期には部族主義の語が用いられた）に関する意欲的な研究、非正統的と呼ばれた研究が数多くなされ、一九五〇年代に続々と刊行された。グラックマンは一九四七年に招かれてオックスフォードへ移るが、その時彼は仲間三人を引き連れて行った。四九年にはマンチェスター大学に社会人類学部を創設して、彼の息のかかった教え子や仲間をそこに集め、強力な連帯の下に新しい傾向性のある人類学を推進して、マンチェスター学派と呼ばれるようになった。

それは学派ではないと判断する研究者もある。グラックマンはカリスマ性の強い教師であり、指導者だが、通常の教組的な権威主義者ではない。彼は多くの新しい発想と仮説、パラダイムの発案者であり、発信源である。それを学生や同僚、仲間にぶっ付け、彼等を挑発する。議論を沸騰させる。皆その刺激を受けて調査をし、報告をする。皆どんどんグラックマンの論を批判し、新しい発想に展開させる。グラックマンは戦闘的だが、理論上での権威主義者ではなく、過ちも犯し、批判を呑み込んで、次の論を繰り出す。だから一人の教師の下に足並み揃えた学派にはならない。だがそこには強力な連帯と刺激交流があり、それがエネルギーとなって新しい研究へと育ち、それら多くの成果はマンチェスター大学出版局からグラックマンの序文付きで続々と出版された。私はこの過ちも犯す、パラダイム発信源としてのグラックマンが好きである。

グラックマンは一九五〇年代以降アフリカではほとんど現地調査を実施していない。彼はユダヤ系白人でイギリス国籍だが、アフリカ生まれで強いアフリカ人意識をもつ。白人黒人対立、支配被支配の研究をして、彼は常に黒人の側に立って政治性の強い反体制的発言を繰り返し、植民政府のブラック・リストに載り、入国禁止を食らって、調査は許されなくなった。都市人類学という新しい領域でユニークな研究法と新パラダイムを発信し、強力な研究態勢を組んで業績を次々に公刊し、世界の研究者に刺激を与え続けた学派はこのマンチェスター学派の他にはない。類似の学派は社会学の分野ではシカゴ学派がそれ以前に存在した。理論に誤りがあったり、批判を受けるのは学問の日常である。グラックマンとそのあまり結束性のない仲間が都市人類学、ネットワーク論、エスニシティ研究、植民地主義の人類学において一時期大きな発信源として一部の研究者達に強力なパラダイム群を供給していた事実は社会人類学史のなかで特筆されるべきことだと私は考える。例え日本人類学界への影響は大きくないにしても、それは日本人類学の体質にもよるところがあり、私の判断にはあまり関係がないことだ。

一九七一年春学期、私はブラジル史ゼミではリオ、サンパウロの企業家層の民族的出自と背景の文献調査をし、一方で、「現地調査設計」というゼミに出席した。デイヴィッド・グリーンウッドという新しい助教授はバスク研究、スペイン研究の人で、確か私より若かったが、恐ろしい沈着振りを見せた。三〇歳そこそこで老大家の趣きがあった。発言に説得力があり、初めから「これは大した切れ者だな」と感じた。出席者は大方博士過程の単位を大体済まし、これから自分の選んだ地域へ学位論文のための現地調査に出掛ける、そのための調査計画書を書く段階にあった。私もそうだった。我々は自分の調査プランに関連したことを纏めて発表すればよかった。世界のどの地域、どの民族、どんなテーマでもいいのである。この若い教師はどのような調査プランにも的確に対応した。

私は都市人類学的なものをブラジル地方都市で実施する考えだったが、ゼミ発表は調査計画そのものではなく、「社会人類学における社会的ネットワーク論」という題目でマンチェスター学派を中心にその論旨と方法論を人類学学説史のなかに位置付けて論じることとし、教師の賛同を得た。グラックマンを中心に、バーンズ、ボット、ミッチェル、エプスタイン、ヴァン＝ヴェルセン、ファースの論を纏めて、主タイトルを「人間、この選択操作するもの」とし、上記の題を副題とした。五月にクラスで発表し、ペーパーを提出、教師の好評を得た。他に類似の発表をするものはなかった。ほとんどは宗教、儀礼、神話といった象徴人類学の領域のものだった。

私はレヴィ＝ストロース流の構造主義的研究法から刺激をもらい、いろいろ学んだが、そのホモサピエンスの普遍原理、メタ構造中心主義にのめり込むのではなしに、途上国的人間状況、地域社会の歴史的政治的局面に固執し、かつ多様な個人の主観的体験と主体的解釈の現場を重視した方向性をもつ人類学を志向し、それにはギアツの現象学的、解釈学的視角とグラックマンの植民状況・状況アプローチ、マンチェスター学派の都市人類学とネットワーク研究が大きな指針を示唆してくれた。そしてそれらはエスニシティとアイデンティティの視角に収斂してくることになる。

⑩　移民ビザでブラジル調査へ

文化人類学者になるには自分の文化的背景とは異なる社会での長期にわたる現地調査をすることが不可欠の「通過儀礼」だと言われていた。しかし一九七一年の頃には調査計画書を書いて色々な財団や研究施設に応募しても、纏った助成金を得るのが次第に困難になってきていた。調査費が出ないために大学に留まり、図書館の文献だけで済まそうとするものも現われた。クーンの影響で、学説史が流行していて、またストッキングという若手が良質な人類学学説史を出版して好評を博し、それを真似るものも出てきた。一度ストッキングをコーネルに招いて、講演をしてもらい、学生が彼を囲んで座談会をやったこともある。

私はブラジル研究を十分やったとは考えていなかったので、文化人類学の理論の勉学もかなり進展したところでブラジル都市人類学を一部ネットワーク論をも使って実施しようと考えた。計画書を練る頃はまだネットワーク論にかなりの期待があった。ブラジル奴隷制度の勉強は人種の差別・偏見がないと一般に言われる現代社会の都市状況における黒人・日系人を含むエスニシティ解釈に役立つはずだった。現象学的人類学の発想は様々な民族系人の抱くアイデンティティ解釈に良いメスを与えてくれると理解していた。グリーンウッド・ゼミの論文執筆と平行して計画を思案した。留学生の場合、調査費が出ないと帰国し、自国で調査費を工面するか、自国研究をするかという選択肢がないでもないが、それは最後の手段である。帰国したまま就職してしまう者もある。博士候補になる試験では学位論文のための調査に関する明確な試案が提示されなければならなかった。自文化調査は評価が低い。私のブラジル研究は皆に当然のことと受けとめられた。私のブラジル居住はかなり長かった上、ブラジル人（日系人女性）と結婚していたから、それほど異文化でもなかったが、まだ私の狙いはブラジルにあった。

ブラジル研究の長期的構想としては、①最も近代化産業化の進行した南部旧コーヒー地帯としてのサンパウロ州内陸都市、②産業化の遅れている東北部旧サトウ地帯の代表としてのペルナンブコ州地方都市、③それら二地域の社会史的背景としてのコーヒー・プランテーションと外国移民流入による社会形成およびサトウ・プランテーションと黒人奴隷による社会形成の研究を構想し、今回の博士論文は①のサンパウロの共時的研究とした。これは従来の「階級と人種の研究」にとって替わるべき研究法に基づき、ジルベルト・フレイレ等の主張する「人種民主主義」観に真正面から挑戦するものであるとして、詳細な調査計画を先行理論の批判と摂取をとおして記述した。構造機能分析を批判的に吟味し、ネットワーク論と都市人類学論に学びながら、ネットワークは階級内を横に水平的に境界を越えて拡がるとされるが、縦の関係、庇護奉仕的、親分子分的な連帯と葛藤も極めて重要で、そのネットワークとの関係の吟味も必要であるとした。こうして「都市ブラジルにおけるネットワーク、集団およびパトロネージ」という題の計画書を作成し、五、六〇〇ドルを請求した。なおコーネル大学の「人文・社会科学プログラム」の奨学金年間三、三〇〇ドルは調査時も継続され、これで生活費が賄われるとした。

なお、外国人留学生の応募できる基金はごく限られていた。私は国立科学財団（NSF）に応募したが、返事はなかった。心配なのでコーネル大学の国際研究センターにも計画書を送った。暫らくすると、コーネル大の方から要求額の三分の一程度が決定し、ともかくこれだけあれば現行の奨学金と合わせて最低の調査が一年間できるだろうと言われた。ともかくNSFの方を諦めていたので安堵し、出発の準備を始めた。

四年前、渡米時、メキシコへの機上から手紙を書いた日本のデザイナーの妹へ連絡すると、ペルーのインカの織物文様調査のために四年間金を貯蓄してきた、今なら行ける、会社（鐘紡）を辞職してニューヨークで合流すると言ってきた。私はニューヨークのブラジル領事館でビザ申請の手続きをしながら、調査研究を表沙汰にすると軍部政権の厳しい外国人統制下の時節柄難しくするだけだと判断し、移民ビザを申請した。ブラジル人を妻としていたためにその資格があったのである。ビザは簡単に降りた。私の政治的配慮からのことだった。だが、妻は黙ってはいなかった。得意になって、

「彼は私の夫としてブラジルに行くのだ」と言い触らした。私は言うに任せた。そうこうする内に、驚いたことにNSFから五、〇〇〇ドル助成金を下付すると連絡が入った。随分遅れての決定だった。嬉しいやら困惑するやらで、高額の方を貰えばいいと考えながら、スミスに相談した。すると彼は、

「貰っておきなさい、両方とも」と、至極あっさりと言った。「でも、それは…」と私が逡巡していると、スミスは、

「前山さん、あんたの実力で克ち取ったものだよ。貰っておきなさい。両方に報告書出せばいいんですよ」と繰返した。私は必ず一つは辞退するものと信じていた。これは日本式思い込みなのかなと、有頂天ながらも不思議な思いだった。

やがて妹がドイツ経由で（フランクフルトの大学に兄がいた

ので）ケネディー国際空港に到着した。我々夫婦は空港までボロ車で出迎えた。ニューヨーク州の八月、調査旅行準備の雑事、妻ジャンジーラの留学四年半後の帰国、その親族への土産購入その他の多忙のなか、三人で州内旅行と妹のための未開芸術等の博物館・美術館見学をもして歩いた。

博士課程の友人達も類似の時間を過ごしていた。長期の海外現地調査に向けて抱負を膨らませ、出発が近付いていた。ある土曜日の夜、出発とお別れのパーティがあった。皆しこたま飲んで、踊って、深夜三時、私の車に大勢便乗し、窓から顔を出して大声で歌いながら一人々々をアパートへ送っていった。カナダ人のジョージは、

「オー、カナダ!! オー、カナダ!!」と叫び続けていた。妻のジャンジーラも、後に京大教授になる加藤剛も、他に二、三人同乗していた。そしてどこか交番のようなところで、警察に捕まった。運転していたのは私で、私一人が拘留された。皆大変酔っていた。毎年この時期にはかならず何組か捕まるということだった。現行犯ということで、深夜その場で簡易裁判というものがあった。明け方、ジャンジーラと妹が保釈金七〇ドルほどもって私を引き取りに来た。これで少々ややこしいこともあり、運転免許のブラジルへの書き替えも遅れたが、警察は寛容だった。

ブラジル行きは私の以前からの思いを実行することとし、変則的な道を採った。九月七日、三人はイサカからワシントン経由でフロリダのマイアミへ飛び、週一回しか飛ばないローカル線の夜行便、ヴァリグ八〇一便、アマゾンのベレン行きに乗った。九月八日（水曜）、現地時間午前二時五〇分の深夜、湿度の濃い、生温い夜気のベレン空港に三人は降り立った。我々夫婦にとって四年振り、妹にとっては初めてのブラジルだった。私も一〇年振りのアマゾンだった。ブラジル人のジャンジーラには未知の世界だった。

第八章　ブラジル地方中都市の現地調査
——一九七一〜一九七三年——

①　一〇年振りのアマゾン

一九七一年九月、妻と妹を伴って移民ビザでアマゾン河口の都市ベレンに到着した私はいわば四年振りに「帰国した」という気分だった。主要都市を結ぶジェット機ではなく、フロリダから火曜日に週一便しかないローカル線でカリブ海を一跨ぎに飛んだのだが、同乗者はほとんどブラジル人ばかりで、飛び立つと直ぐある一団が「パラベンス・ア・ヴォッセェ…」と誕生日祝いの歌を唄い出した。上空で国境線を越えてブラジル領内に入ったとアナウンスがあると、人々は居眠りを止めて奇声を挙げ、ネクタイを緩めたり、ざわざわと話し始めた。アメリカ生活の緊張が突然解けて、帰国者達の間に和やかなコミュニティの気分が拡がった。空港で機が停まると、

「まだ席を立たないで下さい。権威筋の役人が来て保健衛生上の処置をいたしますので、しばらくお待ちください」

とアナウンスがあった。すると屋台の叩き売りででも買ったような原色の青い開襟シャツをだらしなく着た男が入ってきて、小さな家庭用フマキラー噴霧器のようなものをもって蝿でも追うように済ました顔でさっと霧を撒いて通り抜けた。消毒作業がそれで終わり、われわれは機外に降り立った。税関ではかつお節と当時まだ珍しかった電動タイプライターが彼らの注目を惹いたが、移民の権利として領事館で作成した書類を示すと訳なく通った。袖の下を取り損ねたという風情で苦笑いをしていた。

ホテルは予約してなかったので、タクシーに任せると、パードレ・プルデンシオ街のサン・ジェラルドというホテルへ連れていかれた。そこの応対がひどく感じ悪かった。市内で一番良いホテルへ連れて行けと言うと、運転手はそ

ういうところは予約者しか受け付けないとかいろいろ言い訳を並べて動かない。彼らは客を運んで行けばリベートが貰えるホテルにしか行こうとはしない。両替を済ましていないので運賃を約束して来たのだが、運転手はレートを誤魔化して二〇クルゼイロじゃ割りに合わないなどと、四の五の言う。交渉のやりとりで、私は久しぶりのブラジル流儀を愉しんだ挙句、少しばかり余計払ってやる。小さな誤魔化しはするが、危険な相手ではないからだ。

しかしこれから独りでペルーへ出掛けて行こうとしている妹にはこれが大きなショックだったようだ。日本で育った妹は、定まった額を額面どおり要求し、払う方は要求されただけを支払えばいい、それ以上でもそれ以下でもない、一回だけ金額を言ったら、何の疑いもなく安心してそれだけ払う、そういう社会でないと厭だと言う。値切ることもできない、それもしたくない日本娘だ。先が少し心配だが、気の強い女だ。放っておけば慣れるだろうと私は意に介さない。

一休みしてから三人連れ立って街に出る。ベレンの地図は大体私の頭に入っている。最初に向かうのはもちろん港のオープン・マーケットのある「ヴェーロ・ペーゾ Velo-Peso」である。アマゾン下流地帯の一大集散地だ。大小様々な河魚、多様な熱帯の果物、野菜、薬草、精力剤、その他もろもろの産物が船、小舟で運ばれてくる。大きな木箱に巨大な魚を入れ、それを半裸の二人の男が頭上に乗せて掛け声を喚き散らしながら搬んで来る。熟し過ぎた果物の匂い、魚の腐臭、辺りを跳ね歩くウルブ（禿げ鷹）、一〇年前と少しも変わらない。三〇分ほどこの河縁りの巨大なマーケットを見物して歩く。懐かしい。だが、次第にこれら半裸体の現地人労働者が旅行者のわれわれに浴びせる罵言に注意を牽かれる。二〇分位の間に別々の人間から「ジャポッカ（japoca）」という語を四回ほどわれわれに投げ掛けられるのを耳にした。この語が実際に使用されていることを初めて確認して驚いた。嬉しくもあった。発見だからである。これは南部でも東北部でも知られない言葉だ。これを私は二、三の文献で知識として頭に入れていたが、それを耳にするまでは半信半疑だった。ジャポッカとは日本人（日系人をも含む）に対する侮蔑語である。サンパウロやリオに住む日系二世・三世も、またブラジル人一般もこの語を知らない。耳にしたことも読んだこともないのである。どの程度広く用いられているのかは解からない。ジャンジーラもその語を知らなかった。だがわれわれ二人は彼らの話すポルトガル語はすべて理解するのである。妹を含めてわれわれ三人は連れ立って人混みのなかを泳いで歩いた。ジャンジーラはブラジル人だが、日本に三年半、ニューヨークに一年住んで、そのまま直接ベレンに来た。アマゾンは初めてである。妹は日本生まれの日本育ち、初めて母国を離れ、ドイツとニューヨークを経由してブラジルに着いたばかりである。こうして三人共、完全に外来の他処者の身なりをして歩いていた。しかも一見して日本人と解る。当時はアマゾン地帯には中国人も韓国人もほとんどいなかった。日本移民は大勢いた。妹もジャンジーラも海外旅行のため小綺麗な服装をしていた。熱帯の日灼けを怖れて、日本製、北米製の帽子を被っている。長年の北半球生活で皮膚の色も大変白い。アマゾン在住の日系人は日灼けして色が黒い。現地のブラジル人には「黒い日本人」と「白い日本人」とは人種が異なると思っているものも多くいる。こうしてその日われわれは彼らの目には完全に外来の旅行者に見えたのである。そして誰もわれわれ二人がポルトガル語を完全に理解する人間だとは思いもよらなかったはずである。われわれは図らずもそういった外見を漂わせて、大っぴらに物見高い姿を晒していたのである。三人共カメラを肩にし、時折写真も撮った。日本語で会話もしていた。彼らは何の遠慮も自制もなしに大声で面と向かってわれわれに悪態をつき、ジャポッカという差別語で呼び掛けたのである。彼らも現地の日系人に対しては面と向かっては口にするまい。

私達はこれを予定して仕組んだのではない。しかし、これは絶妙に出来上がった状況であった。どれほど巧みに図ってもこうはいくまい。私は思いがけない収穫を手に入れ、愉しみもした。ジャンジーラは後でとても恐かったと私に告げた。日本やニューヨークでのほほんと旅行を愉しんで来た彼女が自国に帰ってきたその日に、街を歩くのが恐かったのである。妹は何も解らないから、ただ物珍しく見物していた。貴重な体験だった。正攻法の調査ではこのような収穫は得られない。

短時間の散歩でざっと眺めるかぎり、ブラジルもマーケットの風物・人触りも一〇年前と少しも変わってはいない。あっけらかんと大声で冗談を言い、小さな嘘を口にし、野放図にお人好しで、お喋りが好きだ。子供は私の腕時計を盗もうと付け狙う。ただ、変わったのは対日本人感情のようだ。日本人の社会的経済的地位はこの一〇年間で飛躍的に上昇した。一九六〇年前後に大量の戦後移民が日本から流入したが、この時期までに彼らに大変化があった。現地人の地位、生活状況はあまり変わらない。かつては同僚であった日本人が次第に自分等のライバルとなり、自分等を顎で使うパトロンになって来るのを見ている。現地人は産物を売る者ではなく、荷を担いで駄賃を稼ぐ者になってくる。日本移民はやがて屋台主となり、トラックを購入して遠くから荷を運んで来る商人となっている。ブラジル人の多くは経済的に日本人に大きく依存し、敬意を表しながらも、一方では内心に反感を育てている。そして外来の日本人旅行者は母国の高度成長を背景に巷で札びらを切るようになる。現地日系人に対する反感はそのはけ口を旅行者に向けられる。男は近寄って来て、私の鼻先で、

"Eu não gosto de Japonês!"（おれは日本人が嫌いだ）と大声で言い、にたと笑う。私はその語が理解できない振りをして知らぬ顔をしている。酔っ払った男が私の妹に近寄り、汚れた手で妹の頬に触れる。

"Daquí em diante não é lugar pra Japonês andar …"（こっから先は日本人は入っちゃいかん場所だぞ）などと叫ぶものもある。軽い嘲弄なのだが、そこには日本人に対する紛れもない反感が漂っている。

マーケットはすべて露天商である。注意して見ていると商品の種類によって区画が分かれている。果物の部、青野菜の部、魚類、衣類、穀類、薬草・強壮剤、軽い食事をする処、等々、それぞれ大体固まっている。そのなかで、日本人商人のいるところは一区画だけであることに気付く。それは青野菜とトマトを売る処で、そこはほとんど日本人だけである。これには少々驚いた。一〇年前は確かこうではなかった。日本人にも様々な商品を扱うものがいたように記憶する。職業上の隔離が日本人同士の連帯と絡まって進行したのだろうが、これとジャポッカ的な排日感情とがどう関連しているのかは散策程度の観察では解らない。売り子は女性ばかりで、日本人の場合、男等は商品を積んだ車の辺りにいた。

知人などに電話をしていると、移民史上で役割のあった有名人の死や日系企業の倒産などが伝えられる。アマゾン地域の日系社会も激しく変動しているらしい。

ベレンの内陸、アカラ・ミリン河の上流に胡椒栽培で有名な戦前移民が築いた日本人植民地トメアスーがある。か

つては胡椒景気に湧いて成金農家が溢れていた。一〇年前には船で行く他なかったが、今は自動車道も通じ、小型飛行機も通う。私は昔が懐かしく、船で遡上することにした。われわれは夜になって船に乗り込んだ。アマゾンの小さな支流を小舟で深夜トットットッと行くのは夢幻の世界である。一〇年前、私はサンパウロから陸路トラックの新車を五台連ね、それに小型トラックとトラクターを積んで搬ぶ一行に便乗してベレンに来、そこからポンポン蒸気でこの河を遡上した。小さなポンポン蒸気は大きな、すべてのトラックとトラクターを満載した平舟を両脇に抱え込み、二日二晩掛かってパラ州で一番金持ちの村へ運び込んだ。今回は人間だけなので、翌朝には到着した。こうして二人の女連れはアマゾンを満喫した。トメアスー村には平賀練吉という練達の農学者がいて、再会を果たしたが、病気が入ってここの胡椒産業は衰退し始めているということだった。われわれは「マウエス族」(日本移民間の俗称)と呼ばれる埼山比佐衛一族の旧知のひとり岩間敬造・横山健一両氏宅(隣り合わせ)の世話になり、色々見学した。

沢田美喜が米兵の残した混血児を育てたサンダーズ・ホームの支所をトメアスーに建設、日本語しか話せない色の黒い青年達を「人種偏見の無いブラジル」というステレオタイプ化された俗信を基に大勢移住させた。沢田は「私たちの夢第一歩」という題でサンパウロ新聞に一九六五年一〇月二日寄稿し、「ブラジルこそ人種偏見もなく、自由の天地で思うままに自分の力を試す、地上唯一の地であるとの確信を得た」から移住させるので、協力を求めると訴えた。われわれが訪問した時にはその混血青年達はみなブラジル中に四散してしまって、一人も残ってはいなかった。その後の消息は得られなかった。私は複雑な感慨を覚えた。何故日本社会にしっかり受け入れる努力ができなかったのか、ブラジルに捨てるようなことをするのが日本の戦争処理なのかと疑問を抱いた。しかし私はこの問題を論評できるような作業はできなかった。私には私の抱えた直接の課題があったが、いつまでも心に残って離れない。

九月一二日、ベレンへの帰路は俗に「ティコティコ (tico-tico 原義は雀)」と呼ばれる七人乗りの小型飛行機にした。横山さんに見送られてトメアスー空港でそのティコティコに乗り込んだ。ところが、よくポンコツ車のエンジンが掛からないのと同じく、どうしてもこの小型機のプロペラがウンウン唸るだけでしっかり回らない。こりゃ、駄目だと

思っていると、操縦士が、窓を開け、
"Traz a corda!!"（縄を持って来い!!）
と大声で叫んだ。誰かが走り去った。一五分もすると、綱引きにでも使うような綱を抱えて一〇人ほどの男達が走ってやって来た。驚いて見ていると、彼らはその綱をプロペラに巻き付け、運動会宜しく、斜め前方に綱を捉まえて整列し、掛け声とともに引っ張った。三度目ほどでプロペラが勢いよく回転を始めた。すると、操縦士を始め、綱を引いた全員が「ヴィーバー!」と歓声を挙げて、親指を空に突き上げた。飛行機はすぐそのまま走り出し、トメアスーの密林が眼下に沈んでいった。客はわれわれ三人だけだった。その大らかさが何とも可笑しかった。

「時々、こんなこと、あるんですか」

操縦士に私は声を掛けた。狭いので並んで掛けているようなものだった。

「ああ、よくあるよ」

「墜ちること、ないんですか」

「そう、先週も一回墜ちたよ」

操縦士はそっけなく返答した。私は驚きもしなかったし、それ以上なにも訊ねなかった。彼はユーモアを解する典型的なブラジル人なんだろうと私は思った。ブラジル人にとって言葉は事実を伝えるものであるよりは、感情を交換するものである。墜ちないと話すよりも、先週墜ちたとそっけない顔で返答するほうが会話が生きるのである。

トメアスーとベレンでは多くの体験があったが、今ここではこれ以上は書かない。

②「カラブレゼス（イタリア南部人）の首都」
──サン・カルロス──

一四日、ローカル線で色々な都市にストップした挙句、われわれはサンパウロ空港に到着した。私はこの日初めてジャンジーラの肉親に対面した。彼女は八人キョーダイの頭で、両親も健在、私は大勢の親族が一度に生じて圧倒された。顔と名を覚えるだけでも大変だった。当時弟妹はみな未婚だった。義兄弟をブラジルではクニャードと言う。やがて彼らは私を「クニャドン」（拡大詞）と呼ぶようになった。

ニューヨークでの酔っ払い運転で免許証のブラジル移転が遅れ、調査地選定も遅れた。その間に四年振りに帰った私の歓迎会が二度あった。コロニア文学会では、私の提案で「文学の土着性」というシンポジウムをやり、その後が宴会となった。サンパウロ人文科学研究所の時は妻の披露ともなった。

ジャンジーラの親族の多く住む内陸都市マリリア（州都から四三三キロ）では形ばかりの披露宴にもなった。戦後の勝組騒動の一大中心地でもあり、岳父（藤村守貞）もかつてはそのリーダーの一人でもあったところから、その筋の古老的強者達が幾人も顔を揃えた。藤村一族は酒の飲めない体質で、人に酒類を供したことがないというが、その日はテーブルにピンガ（強い甘藷酒：日本人は火酒と書く）の壜が並んだ。

「婿が来たら、二五年間われわれに出したことのない酒が出た」と元勝組ボスがぼやいた。彼は「おれがその婿を鑑定してやる」と言って乗り込んで来たのだと聞いた。そんな話を小耳に挟んだので、ピンガが大分効いて来た頃合いに、幾人かその強者たちの並んで座るソファーの前で得意の酔漢の唄、「のんき節」を割り箸二本をギターに擬して披露して見せた。

〈のんきなトーサンがエェ、蚊帳を逆さに眺めて、
これは参ったァ、こりゃ大変だァ。
蚊帳は蚊帳でも、天井のない蚊帳で、
おまけにこの蚊帳ァ、底がある。
へへ、のんきだ、ネ。ツーツカ、ツー。
ツーツカ、ツー。〉

こういったのを四節、五節唄うと、強者達の相好がたちまち崩れた。ボスが人差し指を長く突出し、「うん、こいつなら、いい。こいつなら、いい」と大声でのたまった。

免許証が着いたところで戦車のようなポンコツ車（シボレー、一九五一年もの）を購入し、妹の観光のため、妻とともに旧金山の古都オーロ・プレットやリオデジャネイロ等約二千キロほどの旅行をした。そしてかねて手配してあったペルーの天野芳太郎氏（アマノ博物館主）のところへ妹を送り込んだ。当時サンパウロからの国際便はリマ空港に深夜の二時頃に到着した。空港は都心から十数キロ離れている。天野氏は空港のロビーに現れた私の妹を見てこう言ったという。

「ペルーくんだりまで女一人で調査に来るというから、どんな女豪傑が来るかと思ったら、子供が来た」

確かに妹は中学生のようにも見えただろう。天野氏に大変可愛がられ、資金が尽きてからも更に一年間延長して、天野家に同居させてもらって調査を続けた。

私の調査地はサンパウロ州のほぼ中央に位置するサンカルロス（州都から内陸に二四四キロ）に定めた。コーヒー栽培の勃興期に成長し、その集散地であったこと、「コーヒー貴族」と呼ばれた層がその都市に居住していたこと、一九世紀後半にはかなりの黒人奴隷がおり、同時に大量の外国移民が導入されたこと、二〇世紀初めには人口の過半数がイタリア系人（移民を含む）で占められていたこと、現在は工業化も進行し、複数の大学もある中都市であること、日系人がサンパウロ州としては少数であること（日本移民史のなかではその地名が出ることはなかった）、私が訪れたこともなく、また知人縁者が皆無であること、コーヒー産業で発達したサンパウロ社会の主要な担い手であり、いわばその典型的な都市のひとつであること、などが選定の主要な要件となった。私は、その地をあえて訪問せずに、文献と統計等で判断して決定した。すでにサンパウロでは長期の調査経験があるので、選定のために人の意見は尋ねなかった。

初めてその地を訪れる時、その道順にあるリオクラーロ市（約七〇キロ手前）に住み、そこにある州立の文理大学で人類学教授をしているフェルナンド・アルテンフェルデル・シルバを訪ねた。私とは旧知の仲で、プロコピオ教授の最大の盟友である。私はこの二人を信頼しており、その人柄も大好きだった。大喜びで迎えてくれた。私の考えを大体聞いた上で彼は言った。どうして特定のあるインスティテュション（組織、集団、文化的制度等）に絞らないのだ、やりづらいだろうと。それは万々承知しているが、私の都市人類学への思い込みがあるので、あまり既成の範疇に捉われないで、都市の人間を問いたいのだと簡単に答えた。サンカルロスはいわば隣り街になるので、色々情報を貰った。最良のキー・パーソン（この判断は後のこと）も教えてくれた。私はフリーメーソンについて訊くと、彼は次のように言った。

「ブラジルの人類学者・社会学者で調査を計画したものは多くあった。そして皆会員になるのが最良だと考えた。だが、中に入った途端、誰も彼も口を閉ざし（ここで彼は人差し指を唇に縦に触れた）、報告も論文も書かなくなった。そしてそのままメーソンになってしまった。サンカルロスはフリーメーソンのとても強力な処だ。」

つまり、あんたもその一人なんだろうと私は思ったが、その確認は取らなかった。彼もそれ以上何も言わなかった。紹介してくれたキー・パーソンはその後彼地のフリーメーソンの最大のリーダー（の一人と言っておこう）だと知った。短い会話がとても良かった。

調査地が決定してそれをサンパウロの友人達に告げると、彼らの知人友人というものが出てきた。妻の弟達の友人のなかに幾人かそこにあるサンパウロ大学〔第二工学部の学生だということも判明した。こういった情報やネットワークは積極的に活用することとした。「人類学者自身のネットワーク」は調査計画のなかに折り込みずみと言ってもよかった。現象学的人類学を構想する過程で、私は学問における客観主義的科学観に根本的な疑義を抱いていて、それを人間研究が長い間自然科学的研究をモデルにそのスタイルを踏襲してきた結果だと理解していた。「科学の客観主義は一度滅びなければならない」と思っていた。だから自分のネットワーク、妻・友人のネットワークも重要なのである。サンカルロスに日本人会があることも確認し、サンパウロの文化協会の紹介状も持参した。家主はシリヤ移民

やや大きめの家を借家した。家主はシリヤ移民（ブラジルではトルコ人と呼ばれる）で、アダディといい、金に汚い感じの男だったが、こういうことも調査者にはむしろ愉しめる事象だ。その金銭感情泥まみれの言葉が勉強になった。

移り住むと直ぐ市役所、警察、大学の挨拶回りをした。長期の住み込み調査には当然のことだが、当時は軍部政権時代で外国人統制・政治統制が厳しかった。そのため移民で入国したのだったが、こういった顔見せは不可欠だと判断した。市長、警察署長に面会を求め、コーネル大学の紹介状も持参する。ドアを開け、前へ進み、自己紹介を始める。元よりポルトガル語である。

「私は北米のコーネル大学から来た人類学の学生で、博士論文のための調査に来たものです。実は私は日本人なんですが…」

ここまで言うと大抵相手が笑いだす。

「そんなこと、君が日本人だということは、ドアを開けて君が部屋に入った瞬間から判っているよ」

と言うのである。

「つまり、**Tá na cara**（顔に書いてある）という訳ですね」と

私が応じるあたりから話はほぐれてくる。しかし、このやり取りは極めて重要だった。ブラジル中に、特にサンパウロ州周辺では日系人がどこにも大勢居住していて、ブラジル人の頭には「ジャポネース（日本人）」という範疇が明確に備わっているから、彼らは、私が東京から来ようと、ニューヨークからであろうと、隣の街からであろうと、ジャポネースに変わりはないのである。私はこの街に二年間住んだが、その間ずっと皆にジャポネースと理解され続けた。すでに最初の権威筋との会話でそれを理解し、私がどのような調査を実施しようと、「日本人として調査をする」「日本人という窓を通してサンカルロスのブラジル人と対話をし、調査をし、それを解釈する」ので、他ではありようがないのだと判断した。これは少しも消極的な意味のものではない。理論的にそうであり、他ではありえないと考えた。私はすでに幾年もかけて客観主義的科学観を批判的に吟味してきていたのである。だから、警察署長が「そんなことは…」と笑いだした時から、自分の調査の性格をはっきり理解したのである。

③ インフォーマル小集団の調査
——思春期の任意ツルマ——

私が「社会」と言う時、それは国家社会のレベルで捉える。四国とか富山県とか金沢市とかがそれぞれ社会だと言う場合もあるが、理論的にはそれらは日本という社会のなかの部分社会である。社会学者や人類学者が社会構造を研究しようとする時、マックス・ウエーバーも言うように国家レベルと家族レベルとに挟まれた、その中間の在り方をその両者との関連で調査分析することが重要である。その場合、階級とかエスニック集団、あるいは任意結社（教会、組合、同郷会、政党など皆これにはいる）を取り上げる。あるいは共同体や親族組織の場合もある。私の場合、ブラジル都市を対象に捉え、任意結社と家族に挟まれた領域に焦点を当てて、特に中産階級中心に調査研究しようと考えた。それが従来の「人種と階級の研究」に取って替わるべき方法となることを狙った。研究者達の多くはブラジル人の間では共同体や結社という形での連帯性が極めて弱いと指摘していた。ブラジル社会学の創始者のひとりオリヴェイラ・ヴィアンナは吾が国民間ではそういった連帯はまったく見られない、皆大農場か家族かの枠内に閉じ籠もっていると一九二〇年に書いた。この判断はその後の研究者達にも踏襲され、その原因は主として家族・親族の連帯が強固だからだと言われた。また社会の成員が成人してくる過程でもっとも影響力の大きいのは、合衆国や日本では学校であり、スパニシュ・アメリカでは教会であり、ブラジルでは家族だと論じられていた。これらの論点も念頭におきながら、それらを批判し、都市人類学的手法と視角、ネットワーク論などを用いて別の研究法を模索しようと考えていた。だからなにか特定のインスティチューションに初めから絞ることは避けた。

人は家族に生まれ、そこで成長しながら必ず家族の枠を越えた領域と関わりを構築して生活を築いていく。現代ブラジルの中産階級の平均的な人々がどのようなプロセスを経て家族から出、より広い領域の人間と関わってくるかを吟味しようと私は考えた。

ブラジル人の一大特徴のひとつに、小さな仲間を作っていつも一緒に行動するということがある。前章でも少し触れたが、私がテキサスからコーネル大へ行った時、私の友人の息子のヨージロというのが留学していて、彼と知り合いになった。彼は他に三人のブラジル人といつも一緒で、それにアメリカ女性が加わったりしていた。私が友人になると、直ぐ、三日顔を出さないと、「一体全体、お前は何処に行ってたんだ。消えちゃって…」と言われた。こういうインフォーマルな小集団を英語ではクリックとかギャングと言い、ブラジルではパネラとかツルマ、ツルミーニャと呼ぶ。この連帯は強力で、広範な領域で見られ、若い世代では家族の枠を出て人間関係を拡大する時の重大な手掛かりになる。そしてその原型は家族的紐帯の在り方にある。

調査が少し進み始めた頃、市内で発行している日刊新聞（二紙あった）のひとつA Tribunaに顔を出した。挨拶すると一、二の著書もあるそこの編集長オクタビオ・ダミアノ氏にひどく気に入られ、長話をし、近くの「ボテッコ（安酒屋）」で一杯付き合った。二日もすると、紙面一ページの大半を占領するような紹介記事「人類学者、サンカルロスを調査」が出た。大きな見出しで私は驚いた。新聞社に寄ると、件のボテッコに連れて行かれ、また一杯飲んで雑談した。そして毎日夕刻四時半から五時になるとツルマが顔を見せるから、君も時々寄れよと言う。私はそれほど頻繁に立ち寄りはしなかったが、仲間になって雑談するようになると、その顔触れからあらゆる情報が入ってくるようになる。その仲間では無礼講で、何を言っても、何を尋ねてもいいし、大抵のことはざっくばらんに教えてくれる。このような溜り場というか、ツルマの顔を見せる場をponto de encontro（直訳すると、出会いの場）という。どの社会にもあるとも言えるが、ブラジルではそれが極端に多く、大きな役割を果たしている。

それは集団ということもできない。メンバーと非メンバーとの境界も明確でなく、いつも似た顔触れだが、浮動的でもある。これを社会学では「グルーピング」と言い、インフォーマルな仲間の集まりである。一時は私もダミアノのツルマに入った。毎週二度、三度同じレストランで昼食を共にする仲間もある。人口一〇万ほどの地方都市では昼食を自宅に帰って摂ることも容易だが、そうしないものが多い。弁当持ち歩くものは下層労働者と見なされる。ある種の浮動的な農村日雇い労働者を「ボイア・フリア boia-fria」と呼ぶが、これは「冷飯弁当」から来た語である。ツルマと昼食を共にすると、街中の生まの情報が入ってくる。それは体温のある、人間味のあるニュースであって、新聞の伝える血の通わない冷たいものとは異なる。

この領域が調査研究されることはなかったが、先駆的論文を書いたのはアンソニー・リーズだった。テキサス大学の人類学者で、一時私の先生でもあった。彼の調査法は特異なものだった。ブラジル全国の六つの主要都市（サンパウロ、リオ、レシーフェ、サルバドール、ベロオリゾンテ、ブラジリア）を選び、短期間で少数の人間対象に特定の事象（上記）についてのみの調査を実施した。彼の論では人口の六割が「大衆」で、四割が「階級」を構成する。大衆は貧困で、植民支配された層である。階級を構成する層は支配と権力に繋がった人々である。彼は各都市の少数エリート達がインフォーマルに構成し、頻繁に集まって情報交換、親睦、相互扶助、権力操作、政治協力等をするツルマ、パネーラを調べた。これらはグルーピングであって、任意結社ではない。会ではなく、名称もなく、会員もない。ネットワークの一部がかなり緊密に凝縮したものと言っていいが、明確な組織を欠く、あるいはそれを排除した組織である。

リーズによると、彼の調べた例ではその仲間は職業や出自その他の面で多様な背景をもった人々から構成されていた。弁護士、医者、政治家、新聞人、企業人、官僚、等。その多様な仲間を通して異質な方面から多様な情報が入り、多様な領域にネットワークが拡がり、それによって各方面に協力を求めたり、権力や影響力を行使したりできるからでもある。しかし彼の調査は大都市における権力エリートあるいはそれに近接した層の人々に関するものであった。私の主題は政治に直結したものではなく、地方中都市の平均的な人々の日常生活に関するものだった。

この現地調査で私は多様なことをしたが、その極く一部を簡単に記述し、二、三のことをやや詳しく述べるに留める。ツルマについても多数の、そして多様なものを調べたが、それは結社と家族のギャップを繋ぐものとして重要だった。前述したように、結社やヨコの連帯の欠如が家族・親族の強力さから解説されていたように、この点は肝要なので少しだけこれについて記す。

サン・カルロス［・ボロメウ］というのは聖人の名で、この地域を開発し、そこを長期にわたって支配した大土地・大奴隷所有者アルーダ・ボッテーリョ一族の守護聖人であり、それが都市の守護聖人ともなったものである。この一族はポルトガル領アゾーレス諸島から一七世紀に植民した貴族の三人兄弟を祖としている。この三兄弟はブラジルで別の一族の三姉妹と結婚し、この婚姻形態が一族の伝統として広く一八、一九世紀を通じて続けられた。伝統的にはイトコはキョーダイの延長、あるいはそれと同一と理解され、兄弟と姉妹との間の婚姻にしばしばイトコも混じる。このような婚姻形態はこの一族に限ったことではないが、私は広い調査は実施していないので独断的なことは言えない。この慣習は「キョーダイ連帯 sibling solidarity」の強烈さを明示している。ここには婚姻を通して成立する義兄弟・義姉妹の関係も含まれる。一九世紀半ば、サンパウロ州をコーヒー産業が席巻し出した頃、この地帯を開発したピニャル侯爵（アントーニオ・カルロス・デ・アルーダ・ボッテーリョ）は九人キョーダイ（六兄弟、三姉妹）とその伴侶とで協力したのだが、その中に四兄弟と四姉妹との婚姻が含まれていた。都市を創設し、教会を建設した時、四兄弟が一族の主農場から一二キロの道を素足でサンカルロス聖人像を肩に担ぎ、歩いて教会まで搬んだ。創設百年祭に際しては、同じ儀式を四人のイトコで再現させた。このキョーダイ連帯の強烈さはこの一族に限らず、また現代まで姿を変容させながら、少なくとも私の調査の時点ではあらゆるエスニック出自の人々にも広く見られたものである。（もとより支配一族のパターンが一般の各層に波及したなどと主張するものではない。）移民やその子弟達がコーヒー農場で労働した後、都市に出て経営者として商店や企業を創設し、それを発展させる際に示したエスニック連帯やキョーダイ連帯は大変顕著なものだったが、今ここでその詳細には入らない。圧倒的多数だったイタリア系人の間でも強力だった。

日本では小学の高学年や中学生位になると、兄弟姉妹だけが数人並んで歩いたり、いつも彼等と行動を共にするというのは恥ずかしいことだ。ブラジルでは通常キョーダイやイトコが群れているのは普通である。そして近隣関係や学校は良い友人ができる場だとは考えられていない。十代に入り、思春期にさしかかる頃、キョーダイやイトコの繋がりを土台に、家族的な紐帯をモデルにしながら、「世の中」つまり他人との関係を手繰り寄せるようにして小規模でインフォーマルな仲間を作っていく。それがツルマとかパネリーニャというものの原型である。そこではキョーダイ連帯が基にあるから、出発は同質な関係である。リーズの調査にある異質な背景の仲間作りというものはロータリィ・クラブなどの発想にも似ていて政治性が強い。

次に思春期のツルマの例を挙げる。後述する演劇グループとの関連もあるので、日系人の事例にするが、これらについてはエスニシティによる大きな差はない。任意結社の語に因んで、「任意ツルマ」と呼ぶことにする。次郎は調査時二三才、一九五八年九才の時、家族に連れられてブラジルに移住して来た。家族はサンカルロスに近い農村で一年間トマトの分益農をやったが、思わしくなく、この都市に来て野菜のフェイランテ（露天商）をやり、市営市場でも野菜を売った。次郎は三年間州都に出て遠縁の洗濯屋（現代日本のクリーニング店とは大差がある）に住み込んでその手伝いをしながら、夜は美容学校に通った。技術を学んで家に帰ったが、その業種が好きになれず、家業も手伝わず、ある商店の会計として働きながら高校に通っていた。両親と兄が家業をやる。彼等は生活が日本的で、生長の家の会員である。次郎は言葉ができるので、いわば「家族の通訳」でもある。州都から帰った時、土地には友人はなかった。最初の友人は父の生長の家の親友の息子シッコ（二五才、日系人、銀行員）で、二人は毎日会った。次郎に「君のツルマは？」と尋ねると、シッコ、カルロス、ジョンと即答した。この三人は兄弟である。この四人が彼等の誰かが「ナモーロ」（ここでは若い男女のボーイ・ガール・フレンドの関係としておく）の関係に入る前のツルマである。私は次郎に「それで、雅子と幸子は？」と訊くと、「そう、あの二人も仲間だ」と答えた。雅子（一七才）は次郎の妹、幸子（一九才）は父の別の親友の娘で次郎の家に寄宿している（家族は農村に住む）。雅子と幸子は同じ部屋に住み、共に昼は美容院で働き、共に夜学に通う。雅子と次郎は幸子をプリマ（イトコ）と呼ぶが縁戚関係はない。この六人がツルマを構成し、その中で次郎とシッコ、雅子と幸子とがそれぞれ核となる「ダイアッド dyad」（二者関係）となっている。このツルマの仲間は地域日本人会の下位集団である青年会の会員であり、そこに顔を出す。が、このツルマの紐帯が最強力である。青年会の活動に参加しても彼等は寄り添って歩いている。次郎は毎夜夜学が終わる時間になると、雅子と幸子を学校へ迎えに行く。治安やバスの便が悪いのが理由ではなく、二人に他の男達が接近するのを警戒してのことである。

やがてシッコと雅子とがナモーロの関係に入り、しばらくすると更に幸子はカルロスと同様の関係になった。次郎が夜学へ二人の迎えに行くことは新たにツルマの仲間シッコとカルロスに対する連帯の表現にもなった。こうしてこのツルマの関係は閉鎖性を強め、ほとんど集団といってもいいものに凝固してきた。やがてシッコの末弟のジョンが沖縄系の娘（彼女は沖縄系仲間と自分のツルマをもつ）とナモーロを始め、彼はふたつのツルマを往来し出した。そしてそのガール・フレンドを時折次郎のツルマの処に連れてくる。ジョンのナモーロがより発展すれば、彼は沖縄系のツルマに強く傾斜していくようになり、やがては次郎のツルマから外れる。

次郎の一才年長の兄、太郎は別のツルマをもつ。彼は両親と共に働き、フェイランテと市営市場のほかに、週三回深夜から早暁まで市場の外で開かれる野菜の卸し市でも働く。そこには同じような年令の日系青年（沖縄系が多い）が大勢いるので、彼等の数人とツルマを作っているのである。この仲間は「飲みツルマ」とも呼ばれている。

次郎のツルマの ponto de encontro（溜り場）は次郎の家であり、そこに雅子と幸子とがおり、シッコ兄弟が毎週幾度も顔を出す。シッコ等は車を二台もち、それで何処へでも行く。ダンス、映画、サッカー、青年会、ビーチ（近くに湖がある）、ピクニック等。週末にはかならず皆集まってこれらのことをする。次郎にはかつて短期間ナモーロをしたイタリア系女性ルイーザが近隣におり、以前彼は彼女のツルマにも関与していた。だが、その両親が娘が日系人と付き合うことに反対していたため、この関係は中絶していた。つまり、このネットワークは死滅せず、潜在化していた。これについては後述する。

以上の少数の事例から解るように、思春期の若者達が家族親族の枠から一歩二歩外へ足を出し、「世の中へ出て行く Sair pelo mundo」際、キョーダイ・イトコ的連帯を足掛かりに、家族的紐帯類似の関係をツルマを通して築きながら人間関係を拡大していく。このようなツルマでは通常同質な人々（地位、階級、背景等）が連携を結ぶようになる。近年では日本でも若い世代の男女関係は結婚や恋愛という次元と大分遠い関係のものが一般的になってきているようだが、ブラジル人間のナモーロについては私は昔から友人ネットワーク構築のひとつの在り方として見ている。ナモーロ関係で自らを鍛えることに巧みでないものは世に出ても成功おぼつかないと考えられる傾向が強い。このように見ると、リーズの調査した大都市圏エリート知識人の構成する異質な人々から成るツルマというものはむしろロータリーやライオンズ・クラブに類似した性格をもっていて、任意結社に近いもののような気がする。

④ ある退役軍人伝道者
——伝道ツルマの場合——

次に上述のものとは大変異質なツルマの事例を略述する。これはいわばオーガナイザーのいるツルマで、このツルマが別の組織化される側の人々に働き掛けてオーガナイズされるツルマを活性化する。事例はサンカルロスのペンテコステ系プロテスタント教会であるアッセンブリー・オブ・ゴッドの布教活動に関連したものである。ツルマの記述が主眼なので、教会とその活動については詳しくは述べない。私の調査時、信者は一二才以上で約三〇〇人（その三分の二は女性）、主として貧困な労働者階級の人々で占められ、黒人が圧倒的多数である。中に食料品と野菜・果物の店舗を経営する小商人がそれぞれ一人ずついたが、他は全員労働者であった。日系人（非日系人と婚姻した女性）が一人だけいた。白人も混じるが、その多くは長く農村で「カイピーラ caipira」（無教育で貧困な田舎者）として下積み生活をしてきたものが多い。古い信者というものはあまりいない。布教がブラジルで始まったのが一九一〇年、サンカルロスに教会が建設されたのが一九四五年で、歴史が新しい。ほとんどは他宗教からの、大抵はカトリックからの改宗者である。世襲の信者というものはないと言ってもいい。社会の下層で生涯の大半を病いや借金等で辛酸を舐めて生きて来たものが大半で、それが改宗の背景にある。遠方からの移住者もいるが、数は少なく、大抵は隣接のミナス・ジェラエス州からのものである。この地には東北部からの難民的な国内移民はいない。信者の多くはサンカルロスの周辺で出生し、この地域で生活してきた人々だった。

教会における階梯には、地位の高いものから順に、①教会の司祭である牧師、②エヴァンジェリスタ（福音伝道者）、③長老（プレスビテロ）、④伝道員（ディアコノ）、⑤洗礼を受けた信者がある（役職名の日本語は仮のもの）。サンカルロスでは、①は一名（黒人）、②は三名（黒人）、③一五名、④約一六名であった。②から④までのものは専業の聖職者ではないが、教会と布教への自発的献身的奉仕が倫理的に要請されている。しかし②と③の多くは教会内ですでに威信と権威を与えられた地位にあり、それに満足していて布教活動をせず、教会での儀礼のみに参加するものが多いと言われる。彼等は祭儀を司祭したり、洗礼を与えたり、牧師の代理を務めたりする。布教活動に熱心なものは地位の低い伝道員のなかに見られる。

教会での礼拝は火曜、木曜、日曜の三回（通常は夜）行なわれ、外での伝道活動はそれ以外の日に実施される。私はアルシーデス・メスキッタという七〇才の伝道員に付き添って観察・調査を実施した。彼は伝道活動に専念して他のことは何もしなかった。週一日だけ家にいた。私は丸三ヵ月の間、メスキッタ氏が教会外活動をする時（教会で礼拝のある日は禁止されていた）、毎回欠かさず同行し、頼んで車での送迎をさせてもらった。そうしなければ、彼の動きをつぶさに知ることはできない。メスキッタはポルトガル人とイタリア（カラブリア）移民の子で、二三年間職業軍人として働き、一九四一年に三九才で引退した。長年病気を患い、陸軍病院も治すことのできなかった身体をこの教会での信仰と治癒儀礼で一九四六年に完治した体験をもつ。以来彼はただ伝道に身を献じ、「それ以外のことは一切何もしない」と言う。妻と二人の年金生活だが、妻は半身不随である。三人の子は他地で生活している。詳述しないが、生涯は苦難に満ちたものだった。兄弟も姉妹も皆早く死亡し、身寄りはいない。市内に縁者もいない。神癒によって、初めて彼はこの世に生きる意味を獲得したという。

教会外活動の主なものは信者の家庭で毎週、周辺の住民に呼び掛けておこなわれる布教の実践である。その場を ponto de pregação（宣教地点）と呼ぶ。信者の住居はほとんど都市の周縁部の貧困層居住区にあり、「アスファルトの終わったその先にある」と評される。メスキッタは当時四地点を担当していた（命じられたものではなく、すべて自ら開拓したものである）。教会での礼拝の日の合い間、水、金、土の夜と日曜の午後に巡回する。四宣教地点の内三地点には、彼は大体いつも同じ顔触れの彼の「伝道ツルマ」と共に行き、一地点には単独で通っていた。協力者の一人は五七才の引退した男性で、長年の過重な労働のためかすでに老人の趣きがあった。彼の言によれば、布教に熱心なのは来世への準備なのであり、向こうでの待遇を改善するためだという。もう一人は中年の既婚女性で、彼女は美声の持ち主であり、いつも同行して賛美歌を歌った。それがあばら家での貧しい営みを輝かせた。一度メスキッタは私に言った。

「私の心の目を開かせたのはこのような貧民区のあばら家での宣教地点でだった。私の使命はこのような処でかつての私自身のような無知な人間の家庭で集会をやることだ。自分で教会に出向く者の心配はしない。私の役目は教えることじゃない。この人々をただ教会に送り込むことだ。私が一回休めば、彼等はもう来なくなる。民衆とはそういうものだ。」

メスキッタと二人の協力者は布教という特定の目的をもったチームを構成している訳だが、三人が固定している訳ではない。別の仲間が参加したり、協力者に不都合があれば代理が来ることもある。メスキッタが休む時（ほとんどない）があれば、チームは成立しない。これが「伝道ツルマ」である。これは別のツルマ、すなわち伝道を受ける側の家庭とそれに付加される浮動的な近隣・縁者の参加者もあったりする「被伝道ツルマ」と対になっている。目的をもっていて、オーガナイザーもいるツルマなので、任意ツルマから区別する。

彼が二年前に開いた宣教地点だけをスケッチしよう。それは市の最南端の貧しい新開地に住む一人のシスター（同信者は相互にキョーダイ語で呼び合う）の自宅で始められた。彼女がその地区での唯一の信者だったからである。彼が招いた隣人のなかに四五才のマリオ・ドス・サントスがいた。彼は新移住者で、不治の病と言われていたシャーガス病患者だった。一年後、集会はマリオの家に移った。彼は文盲でカトリック信者、典型的なカボクロ（田舎者）だった。あちこちの農場で働いた挙句、この街に来て、義弟の隣に移り住んだ。病気のため体力がなく、軽い仕事を探していた。二人の息子は冷蔵庫の工場で非熟練工の職を見付け、一四才の子はガソリン・スタンドの見習いとなった。集会は土曜の夜で、未婚の息子二人は自分のツルマと遊びに出掛ける。夫婦と年下の息子・娘が礼拝に出席していた。

隣人のロベルト・ダ・シルバ、二五才、既婚、がメスキッタに誘われて出席し始めた。カトリック信者で、冷蔵庫の工場で非熟練工として働く。彼の親族が近隣に多数居住していて、しだいに出席するようになった。ロベルトは一八才の時、同郷の知人の縁で隣のミナス州の奥地から移住してきた。彼はここの仕事に満足し、度々故郷と往復し、その結果親族の「チェーン・マイグレーション」が続き、調査時には四家屋に総勢二七名が住んでいた。彼等は毎日相互に往来し、土曜日曜には大勢の親族が集まった。親族関係がこの宣教地点を賑わし、彼等の「チェーン改宗」を結果した。近隣区に住むロベルトの姉が信仰を固めたところで、メスキッタは彼女の自宅に金曜夜の宣教地点を開設した。彼女に九人の子があったのもその一因だっただろう。こうしてメスキッタの伝道ツルマの活動はふたつの「被伝道ツルマ」を母体に信者ネットワークを拡大していった。

サービスのある日、教会に誰よりも早く出てくるのはメスキッタである。彼は会員達から「教会の門番」と渾名されている。行事が進行している間、終始彼は入口に立ち続け、どこにも行かない。これは彼の教会における役柄のためではなく、二八年間にわたる周縁地区における伝道活動で彼が蓄えた知恵に基づくストラテジーなのである。教会での礼拝は隔日に行なわれ、彼の宣教地点での布教活動はその間に挟まれた日に実施される。入口に立つ彼はやって来る全ての信者に挨拶し、顔を確認する。そして翌日の家庭集会に関係する者が来ると、彼は手を挙げて声を掛ける。

「明日だよ、オーケー?」

こうして彼は翌日の集会に出席する可能性のある全員とかならず直接コンタクトをもつのである。翌日、彼は集会の一時間前には現場に来ている。前日に姿を見せた者が期待より少ない時にはもっと早く到着する。教会に来なかったものの家を訪れて、様子を見、何もなければ集会を思い出させる合図をする。それから周辺を歩き回り、新人を誘ったりする。道端で顔見知りの子供を見掛けると、遠くから大きな声を投げ掛ける。

「今日だよォ。帰って、お母さんにそう言うんだよォー。」

こうして彼は教会のドア番をしながら、あるいは当日集会の直前に潜在的出席者の家を訪れて、直接個人的に出席を促すのである。彼は多数の相手にアナウンスするようなことはしない。チラシを配布したりもしない。教会内で壇上から話すこともない。何事も個人的に一対一で面と向かって話や伝達事項を伝える。これもコミュニケーションと人間関係の「家族化」であり、他人を家族類似の紐帯に持ち込みながら新関係を構築していく過程である。ツルマというグルーピングの特色がそこにあり、そこで新しい「世間」が創られていく。そこで、非親族の他人が親族になり、親族のものが非親族に、「クレンテ crente」(同信者)という別次元の人間になる。親と子が、兄と弟がクレンテとクレンテとになる。クレンテとはプロテスタントの信者のことだが、この範疇はブラジルで特にカトリック信者を「異教徒」として区別する強い規制力をもつ。

⑤ 演劇グループを立ち上げる
——人類学者の土着劇上演——

サンカルロスでの調査がぼつぼつ始まったカルナバル前後、妻ジャンジーラの妹二人が相前後してわが家に遊びに来た。州立大の工学部に幾人も友人がいるというので、皆を招いて夕食会をする。皆男性である。三月には今度は妻の弟藤村健吾が私の家に同居して市内にある国立サンカルロス大学(以下「フェデラル」と呼ぶ)に通い出した。簡単にその経緯を述べる。当時ブラジルでは国立州立の大学入試は統一試験が実施されていて、受験者は志望校を第一、第二、第三と出願していた。試験の成績と競合状況次第でどこにやられるか発表当日まで分からない。合否は新聞に一斉に発表された。皆血眼になって自分の名を探し、入学先を確認する。健吾は私の住む街の大学に合格し、藤村家の家計は苦しかったし、わが家は広かったので同居することになった。通常合格者は行き先が決まると、自分の出身地からその大学に行っている学生を探し出し、その学生とコンタクトを取って下宿等の情報を集め、その世話を頼む。大抵は知人、親戚、先輩等、あるいはその関係者が見つかり、手厚い世話を受ける。大学や業者はこの面ではなにもしなかった。寮などは外国人留学生の分位しかなかった。サンカルロスには四つ大学があり、約五〇〇〇名の学生がいた。その内、二大学はレベルが高く、全国から、特にサンパウロの周辺の諸州から学生が集まった。多くは入学一年目の間に友人仲間と語り合い、共同で一軒家を借家し、通いの女中を雇い、炊事、掃除、洗濯をやらせる。つまり数人から一〇人位で自前えの小型自治寮を作って卒業まで共同生活をするようになる。これが市内に無数にあり、「学生共和国 República dos Estudantes」と呼ばれていた。

健吾は州立大の工学部の方にも同郷の知人友人を多く見い出し、彼等が私の家にしばしば出入りするようになった。マリリアから日系学生が大勢来ていた。私はこうして拡がるネットワークを活用して市内の学生共和国をいくつか知り、やがて組織的にこれらの調査も実施した。これらは下宿とも学生寮とも異なる。何の縛りもない完全な「共和国」であるから、友人たちの溜り場ともなる。長期に転がり込むものもあり、仮住まいにするものもあり、自由奔放で、仲間の結束は強かった。それぞれサッカー・チームを作り、共和国対抗試合などがあった。私はこれを「ドメスティック（同居）・ツルマ」としてそこの人間関係を調査したが、ここではこれ以上詳述しない。私と大学生達とのネットワークが拡大した。

大学生達を夕食に招いた折、出身地マリリアの自由メソディスト教会（日系のプロテスタント団体）で彼等が五月の母の日に日本語の芝居をやるという話題が出た。青年会の二世達が親達を慰めるために以前からやっていることで、今年の題目は「息子帰る」（菊地寛の「父帰る」のリメイク）だという。作者の山下オラシオは二世で工学部の学生、その日彼も夕食に来ていた。その粗筋はこうである。二世の息子が家族全員の反対を押し切って「ガイジン（非日系人）」と結婚した。そのために長く親兄弟と縁が切れていたが、年を取り、しだいに妻と折り合いが悪くなる。やがて妻が死亡し、息子は両親の元に帰って来る、という話だ。私は、それは人種間の結婚、親子の葛藤の話だが、何故妻を殺さなければ、親子は和解できないのか、と強く批判した。その夜、学生達は私の意見に大体同調し、議論したが、そのまま別れた。

四月九日日曜の朝、新聞買いにセンターに行くと、オラシオとばったり会った。そこで彼は芝居の弁解を始めた。

よく考えてみたが、実は自分もガイジンとの結婚には反対の気持ちが強い。二世の間はまだこの結婚は無理だと思う。この間は、母の日の上演なので、親に安心させるための筋書だと言ったが、内心では自分も反対だ。自分の叔父が医者で、日本人との付き合いは真っ平だと言ってそういう結婚をしたが、失敗だった。筋をもう少し考え直すと言って別れた。

実はその前日の八日、大学生が日本人会館で子供たちに日本語を教える教室を開いていると聞いて、夕刻覗きに行った。二人の工学部の学生（戦後移民）が二クラスに分かれて教えていた。初歩クラスは生徒五人（青年男女四名、少女一名）、少し上級のクラスは若い娘五名、少年少女一名ずつ、大学生二名、全体で生徒一四名だった。実を言えば、両クラスともほんの初歩をやっていた。青年会のメンバーが次第に集まって来て卓球をやっている。毎週土曜の夜にはダンス・パーティーが催される。近ごろ青年会活動が下火になっていて、その活性化のために大学生を招待したといい、数人日系学生が顔をみせる。しかし皆はだらだらと卓球をやっており、時間になっても二組、三組が踊るだけで、皆突っ立って眺めているだけである。日本語を教える二人は知り合いなので、座ってオラシオの芝居の話などをしながら様子を眺めていた。どうやら青年達の多くは大学生の参入に反発をもっているらしいことを私は知った。

九日（日曜）の午後、私は日本人会の役員会にオブザーバーとして出席した。その日の主題は五月に予定されている演芸会の出し物だった。その年は沖縄が進駐軍から母国日本に完全返還される時であり、日本人会はその記念祝賀会兼演芸会を計画していたが、目玉になるものがなにもないという。例年のようにのど自慢が歌い、女性が踊り、老人が浪曲をうなるだけでは寂しいというのである。それに、この地域では沖縄系人とその他出自の日系人とがあまり仲良くなく、なんとかこの機会を融和のチャンスとしたいと役員達は発言した。

頃合いを見て、私は役員会で発言を求めた。部外者が発言するのが良くないなら、止めますが、と断ると、ぜひ発言を、という。私は、芝居をやったらいいのではと提言した。すると、芝居など誰もやったことがない、という回答だった。ブラジルの各地の日本人会では昔から祝賀演芸会でのど自慢か国定忠治等のやくざ芝居をやるのが一般だった。私は以前『コロニア文学』第二号（一九六六年九月刊）に

「コロニア演劇の提唱」という一文を発表し、やくざ芝居などを止めて、自分のおかれた状況に取材した自作劇、土着劇をやるべきだと書いたことがあった。そこで、サンカルロス日系人の実生活に取材して、それを芝居にし、舞台に揚せたらいいじゃないか、下手でも何でもいいと意見を言った。それがいい。でも、自分等にはできない。ぜひあんたがやってくれと言われた。これは大変だと思った。実は私もまったく経験がなかった。それに調査中の身だった。だが、役員のなかには、私がコロニア文学会の有力メンバーであることを知っているものもあった。

人類学者は通常調査地で「参与観察」をし、記述と面接をするが、あまり強い発言はしない。だが、私の考えは違っていた。ただの傍観者的態度は調査者の取るべき態度ではないと考えていた。私は、観察も調査も、また知識を得、事実を見て判断するのも倫理的行為であり、自己を殺しての単純な客観的観察というものはありえない。それは欺瞞でしかないと考えていた。目前の現実に能動的に働き掛け、その状況を変更させるための行動を起こさないものは現実の姿を暴露することもできない、というサルトルの現象学的哲学、アンガジュマンの文学は人類学調査の理論でもあると私は考えていた。

工学部はエリートの大学だった。古くからブラジルは農業本位の国だったが、政府は一九五〇年代から急速に工業化至上主義を前面に打ち出し、工業をもって先進国入りを果たそうとしていた。自動車産業は躍進し、ラテンアメリカ諸国やアフリカに輸出していた。農業は後進国のイメージを代表し、工学部は脚光を浴び、あらゆる優遇処置を与えられていた。当時大卒の初任給は最低給料の十数倍だった。サンカルロスの工学部では学生の三分の一が日系で、約五〇〇名いた。そのなかに女性は一人しかいなかった。当時は工学部の学生はほとんど男だけだった。彼等は外部からこの街に来て、卒業までの五年間を主としてここで生活し、卒業とともにエリートとして全国に散っていく。

地元の日系人は農業やそれに直結した職業（野菜の露天商や食料店など）のものが大半で、教育程度も低く、子弟がこの街の州立国立大学に通うものはほとんど皆無といってよかった。調査が進むにつれ、この問題と青年会・大学生間の葛藤の実情が次第に見えてきた。日系学生のなかには卒業までの五年間、地元の日系の娘達と親しく交際する（ナモーロする）ものが幾人もあった。だが、卒業とともに男達は娘達と別れて就職して消えた。開学以来二五年が経っていた。その間多数のナモーロがあったが、結婚に至った例はひとつもないことを私は調査から知った。学生は入れ替わるから知らなくとも、地元の親達はよく知っていた。一方、技術畑に進む大学生は地元の若い娘達には輝いて見えたはずである。どうやら青年会と大学生との反目の根がここにあることを私は理解した。次の土曜には、青年会の一部が密かに別の場所でダンスをやり、会館に集まった連中はダンスにならなかったことを聞いた。私は役員会の申し出を受けて、演芸会になにかやって見ようかと考え始めた。

五月一日、脚本を書き出した。三幕物のバイリンガルとし、親が日本語で話掛けると、子供がポルトガル語で返事をすることにした。それが日常なのだが、それが舞台で再現されると、自分のことなので可笑し味がでるのである。題目を「トマトとコンピューター」とした。トマトは地域の農民セクターを、コンピューターは工学部のエリート・セクターを象徴させた。コンピューターが技術者間で急速に一般化し出した頃で、学生達はノートではなく、カードを手に歩くことがモードとなっていた。農民側の出演者は地元青年会から、エリート役は大学生にやらせることとし、観客となる日本人会の親達に地域社会の生臭い矛盾と対立の現実を舞台に揚せて笑わせながら観せることとした。

主役は農民側の若い娘である。青年会会長に娘役を探すように依頼し、役員会に粗筋を説明した。皆大変乗り気になり、すぐ配役の話を始めた。学生等もこの土着劇の発想に喜んだ。マリリアからの学生や私の義弟達は経験があり、オラシオはベテランだった。が、主演の娘役探しに難渋した。皆の頭は「日本語の話せる娘」にあったが、それは数少ない。それが皆断られた。青年会長が必死になって歩き回ったが、すべて失敗だった。五月七日（日曜）、脚本はほぼ完成した。三時の役員会にそれを持って行った。練習にあと二週間しかない。しかも全員無経験である。主役が決まらなければ、無理だと話し合った。

四時過ぎ、そこへ数人の見知らぬ若者が現われた。その中の一人が口を開いた。

「劇には一二人出るんだよな」と彼は言った。私は驚いた。実は私は人数を数えてもいなかった。が、彼等はすでに芝居のストーリーをよく知っているのである。さらに驚いたことには、主役が見つかっただけではなく、配役のトマト・セクターがワンセットで揃って現われたのである。これが前述した次郎を中心とした日系青年の「思春期ツルマ」の面々だった。そして初めに口を開いたのは、日本語の達者な太郎（次郎の兄）だった。上に紹介したこのツルマの調査は劇の上演後に実施したもので、この時が初対面だった。会長や役員だけではなく、青年会の皆が話題にし、人探しをしていたのである。皆は主役に合う個人の資質を念頭に探していたが、結果は得られなかった。ひとつのツルマをセットで掴めば、結果が得られることを私は知った。ツルマの仲間で配役から外れたものは裏方で懸命に応援してくれることもこのイベントを通して私は学んだ。太郎は次郎のツルマではないが、その兄であり、照明係や道具探しでよく働いてくれた。また彼は、沖縄系青年達と繋がり、役員会との仲介もできる男だった。大分後に知ったことだが、最近青年会の一部が分派行動を起こして密かにダンス・パーティをやったのも、実はこの次郎ツルマが主体だった。期せずして、この劇グループ立ち上げの作業が青年会の対立派閥、大学生、沖縄系人、役員会の接点でネットワークが絡み合い、作動していたのである。

この日、五時半には劇グループの初集会をやり、配役はほとんど自動的に決まった。主役の娘は次郎の妹の雅子（一七才）、日本語は片言しか話せないが、ツルマがやる気になれば彼女も自ずからその気になるのである。前述したように、次郎はイタリア系の娘ルイーザと一時ナモーロの関係にあったが、この潜在化していたネットワークがここで再活性化した。次郎にもルイーザにも大事な役柄があったのである。「トマトとコンピューター」の話は図らずも次郎の家族構成、ツルマとネットワークとに大きく重なり合っていたのである。

粗筋を簡潔に記す。トマト作りの老日本移民家族を中心とした話。父（六〇才）は妻を亡くして一五年、母代わりで家事に忙殺される長女アリセ・静子（二八才）は婚期を逸しつつある。新トラック購入を諦め、一家総力を挙げて遊学させた長男一郎は工科大学を卒業すると非日系人と結婚して家に帰らない。次男勇次は父とともに農業を、三男五郎は地元で働くが遊学希望である。一郎が久し振りに訪ねて来るとの報せに父は時計を見ながらいらいらして待っている。一方、一郎は妻を連れ、妻の実家に先に行って何時までも現われない。大学生のマリオが静子をデートに誘いに来る。静子は自分も大学に入ろうとするが、合格できない。

マリオはデートの後、学生の溜り場である酒場で仲間と賑やかに騒ぎ、静子とのデートは卒業までの暇つぶしに過ぎないと高言する。それを小耳に挟んだ、静子に思いを寄せる農民の正は柔道でマリオを投げ飛ばす。新聞でまた受験に失敗したことを知る静子の長い独白。農民一家の工学エリートへの憧れを懐古しながら、次第に農民の生き方、母代わりに撤した自分の生活に誇りを噛み締める。一郎夫妻が現われ、家族への誠意を表明して、和解へ向かう。隣家のブラジル人農民夫妻が赤子を抱いて登場、父に洗礼親になることを乞う。父もブラジルに深い根を張っていることを思い知る。

ブラジルの田舎町で、経験のないわれわれが幼稚な芝居の真似事を始め、即席の脚本をでっち上げて練習を開始した。日本語があまり分からない二世主体で、バイリンガルの劇を二週間後の上演に向けて始動した。コピー機のない時代で、台本を三部手書きし、配役の皆には自分の語りのある部分のみ写しを渡した。日本語が読めないのでローマ字の振り仮名を付ける。長い台詞のあるのは、父、静子、マリオの三役である。父役はベテランのオラシオが、マリオ役は私の義弟の健吾（彼もかなり経験があり、日本語ができる）がやる。二人は自力で練習し、工夫する。静子役の雅子が問題だった。日本語は片言しかできない。演劇は観たこともない。彼女を私は一対一で口写しで訓練した。オラシオは多忙で、なかなか顔を見せない。雅子の兄の次郎が主役の娘の兄一郎役を、その妻（非日系人）役を次郎の元恋人ルイーザがやることになった。

皆の集会では、三度目位から、練習が終わってもお互いに名前ではなく、役名で呼び合うようになった。次第に役柄に没入していくのが、解った。そこへ行くまでには、集まる度に、地域社会における日系人の社会的状況と政府の取る農業を犠牲にした工業化至上主義を解説して、皆の意見を求めて討論した。農民がトマトの役を、大学生がエリート役をやるので、自分の実生活を演じる訳だから、実感が籠もり、理解は早かった。父兄が心配して、大勢練習を見物に来た。

一四日（日曜）は母の日で、マリリアではオラシオと健吾の兄アルマンドが中心となって二世達が「息子帰る」を上演した。その勢いで、二一日には大型バスを貸切りで全員サンカルロスへ遠征し、青年会の交流を兼ねて、合同上演することになった。日本人会は興奮を高めていった。

二一日（日曜）が沖縄本土復帰祝賀会の日だった。このため、日本人会館には沖縄系人も例になく多勢集まり、役員会の目的に適った。立派な演劇とはとても言えるものではなかったが、初めての二世による日本語劇の上演ということで、地元日系人は湧いた。身近かな自身の問題が舞台上で芝居として展開され、息子や娘がそれを演じるので予想以上に皆が興奮した。私は作者であり、演出もやり、台本の筆写も一人でやり、疲れたが、人類学の現地調査としては誰もやらないこと、いわば人類学の常識を破壊して、「集団を観察する」のではなく、「集団を立ち上げる」ことをしたので、この体験は理論的考察の対象にもなりうるのでそれなりの満足感はあった。調査から外れた余分なことをしたとは考えてはいなかった。二九日には劇グループの打ち上げ慰労会を私の家でやったが、約三〇名、青年や大学生が集まった。実際にこれだけが動いて応援したのである。

この脚本は多少手を入れてその年の七月、『コロニア文学』誌の一八号に掲載された。その年の一二月一七日にはサンパウロ市内で別のグループにより上演された。また、幾年か後にはセミ・プロの弓場バレー団が取り上げて上演した。余談だが、翌一九七三年にブラジル日本文化協会の第五回コロニア文学賞を受けた（断っておくが、私はこれを文学作品として執筆したのではない。文学として質のいいものだなどとはまったく考えてはいない。）しかし、より重要なことは、この創作劇・土着劇の上演はサンカルロス青年会において、少なくともその後二年間継続されたことである。二年目は私は調査に多忙であり、側面支援をしただけだった。それでも「馬鹿の療治」という狂言めいた寸劇（古典劇の焼直し）を日本人会の役員達とやった。その年の創作・演出等の主体となったのは、私の義弟の健吾だった。彼は二世だが、日本語が読めたし、多少書けもした。前年の私の趣旨を踏襲し、地元の問題を劇化した。彼は二年続けた。三年目以降については私は情報をもたない。私は大学に戻っており、頭は学位論文執筆で一杯だった。

現地調査の最中、私に初めての子供が生まれることとなった。臨月の妻は両親の住むマリリアへ行き、私は独り生活を始め、調査を続けた。やがて妻は産院「ゴッタ・デ・レイテ（母乳の雫）」に入院した。彼女もこの同じ産院で生まれたのである。両親は八人の子持ちだが、これが最初の孫となるはずで、藤村家の期待は大きかった。予定日は一一月二三日だったが、私は調査に忙しく、生まれたら連絡があるだろう位に思っていた。ある夜九時半、部屋で調査資料をいじっていると、静寂のなかにピーポ、ピーポと救急車かなにかの音が聞こえた。何処かでなにかあったかなと思っていると、わが家の前で停まり、扉をどんどんと叩く。驚いて玄関に出ると、制服の警官が二人立っていた。

「ここが前山隆さんのお宅か」と訊く。何事かと、怪訝な顔をしていると、

「貴方の奥さんが…」と言い出したので、仰天した。お産で妻子に事故が起こったかと思った。彼等は七〇キロ離れた隣り街アララクアラの警察だという。煙に巻かれたように思いながら、注意して話を聴いていると、

「貴方の奥さんに、陣痛が始まった。直ぐマリリアのゴッタ・デ・レイテへ来るようにと、連絡があった」というのである。私のところには電話はない。近所にもどこにも電話はない。当時はブラジルでは長距離電話は繋がりが悪く、繋がっても何時間もかかる。妻の弟はマリリアの医学部でインターンかなにかをやっていた。彼は私への連絡方法をいろいろ思案した挙句、悪知恵を思いついた。アララクアラの警察に知人のいることに気が付き、彼に電信を入れて頼んだというのである。その友人は「よしきた」とばかりに、公用車を飛ばし、ピーコ、ピーコ鳴らしてやって来て告げたのである。「あんたに、赤ちゃんが生まれるよ」と。私は呆れながらも、可笑しくもあり、嬉しくもあり、また公私混同もいいとこだと感じつつ、取るものも取り敢えず、車に乗って走りだした。

「まったく、ブラジル人のやることだ。ブラジル人アミーゴのやり口だ。」

と独り呟きながら、車を走らせた。一一月二一日の夜中だった。

⑥ フリーメーソン結社と小集団

私はサンカルロスのフリーメーソン結社に関してかなり詳しい調査を行なったが、その極く一部を博士論文に使用した以外はほとんど何も書いてはいない。ここでも極く限られた局面についてだけ触れることにする。つまり任意結社とインフォーマル・グルーピングズとの関係について、その事例をこの結社を取り上げて述べる。どの結社を例に

してもほとんど共通しているのだが、一般論としては記述せず、具体例を挙げる。

フェルナンド教授の推薦してくれたマリオ・トレンティノ氏はサンカルロス国立大の化学の教授で、多忙極まりない人だった。ようやく面会できることになり、彼の部屋で待っていると、机の上に、座右銘のように格言めいたものが小さな額に入れて置いてある。

「明日できることは、今日してはならない」

とあった。私はこれにユーモアと同時になにか本人の強い意志というものを感じた。これは、世間の常識、より正確には欧米や日本の常識にある「今日できることを、明日に延ばしてはならない」に対するアンチ・テーシスであると読めた。先進国ではブラジル人のアマニャン（明日）主義が批判されるのだが、途上国の苛酷な日常をぎりぎりの処で生きるものにとっては、明日でいいものではなく、今日でなければならないことを今やらねばならない。それが私には切実な主張として伝わった。これは只者ではないなと感じた。トレンティノは堂々たる恰幅の、五〇台前半位の人物で、自由でざっくばらんな人柄だった。誰に尋ねても、彼がフリーメーソンの最大の重鎮であることは明白だった。

彼は、われわれの結社はとても自由だから、何を訊いてもいい、答えられないことは答えないまでだ、と言った。そして私の質問にほとんどすべて率直に回答してくれた。サンカルロス市制百周年を記念し、彼が編集して一年間毎月刊行した結社の雑誌をくれた。歴史に詳しい人物を尋ねると即座に六人紹介してくれた。時間は掛かったが、結社の議事録を大量に数ヵ月間貸してもくれた（ただし、現行の結社のものは除いて）。その他、何事にも世話になった。大勢の重要メンバーを面接した。その人達に私はフリーメーソンの在り方を主に質問したのではない。彼等の家族や日常生活について面接し、ついでにこの結社との関わりについても訊いた

フリーメーソンの世界史やその思想、その儀礼や戒律、位階制等について書いた書物は無数にある。日本での研究と称するものも皆その類いである。私はそのようなことに格別の関心はない。必要なことは本で確認すれば足りる。私はサンカルロスで調査を始めるまでは、フリーメーソンがブラジルで現在でも重要な機能を果たしている団体だということに疑問を抱いていたが、それが大変活動的な政治団体だということは直ぐ明瞭になった。二年間の現地調査

で知合った人々のなかで、最も関心がもて、最も信頼でき、最も好感のもてたのは皆メーソン達だった。私は、学位論文がパスすると直ぐロッジ宛てに一冊コピーを送付した。するとまもなく、正式の礼状が来て、論文を担当者が入念に精読し、それを総会で正式に解説して会員達の賛辞をえたと報告してきた。

フリーメーソンの各地域の結社あるいは支部をロッジと呼ぶ。サンカルロスには史上六つのロッジがあった。最初にできたのは一八六六年かその前年で、「リベルダーデ2」という。これについての情報はあまりない。ポルトガル系の少数支配層の人々が地域最大の支配者アルーダ・ボッテーリョ一族に対する対抗勢力として結成されたもののようである。それが分派や合流を繰り返し、ヨーロッパ（特にイタリア）移民の大量流入とともに複雑化し、イタリア系ロッジも二度でき、合同の試行錯誤の末、一八九九年に現行のロッジ「永遠の秘儀 Eterno Segredo」がすべてを統合して現在に至っている。フリーメーソンは本質的にクロス・エスニックな団体であり、独裁者への対抗勢力であり、地域政治と人道的慈善活動に深く関わっている。そして結果的には都市コミュニティの諸勢力を統合してその安寧を目指している。「われわれは親睦団体でも、単なる慈善団体でもない。政治団体である」とそのリーダー達は明言している。

当時会員は九四名あり、成人男子のみだった。夫人達は別に下部組織を構成して協力していた。九五パーセントは市内居住者で、後の数名は元居住者であった。他ロッジからの転入者、他への転出者は多い。新会員のリクルート法についてここでは解説しない。そこにはかなり明確なルールがあるが、今回の私の関心事はルールよりも現実に了解されて運用されているインフォーマルな方式である。

例をこの「永遠の秘儀」ロッジの一九七〇年代における理事会の改選のやり方に採ってみる。改選は二年に一度実施される。ロッジの長をヴェネラーヴェル（尊師に近い意味）というが、ここでは略式でロッジ長と呼ぶことにする。改選の焦点はロッジ長にあり、理事会の改選は個々の理事の改選であるよりは、ロッジ長の改選と言っていい。任期は二年で、再選は一度だけ許される。特別なことがない限り通常は再選される。幾年か間隔をおいて重鎮が何度かカムバックすることがあるが、特定の人物が頻繁に繰り返すことは回避される。位階制は厳格で、最高位は三三級で、このロッジには七名いる。だが、ロッジ長選出にこの位階の高低は直接は関わらない。第三級のマスター以上であればいい。ロッジ長の権限は強いから、威信と信頼が肝心だが、位階の順位に強くは固執しない。理事会には一三の役職があった（時代により、かなり変動がある）。職名が難しいので、解りやすい日本語にしておく。ロッジ長、第一監督、第二監督、書記、第二書記、弁士、弁士補、外交、外交補、会計、会計補、接待、接待補である。

通常はロッジ長の二期目が終わりに近付くと、本来の改選期を迎える。第一監督がロッジ長候補になることが多いが、必ずしもこれに拘らない。第一監督に任命されることには、次期ロッジ長になる可能性と期待がある程度含まれ、それへの準備・研修の期間という意味もある。これはルールではない。インフォーマルな了解であることが肝心なことである。改選でシビアな対立・競合が起こることを回避する遠望の効いた布石である。また第一監督が次期ロッジ長候補とならなくとも、大きなダメッジとはならない。

ロッジ長は結社の「カベッサ（頭）」と解され、幾人かの最高幹部を「クッポラ」と言う。クッポラとは建物の頂塔のことで、転じて集団の頭部を指す。理事会の最重要職はクッポラと了解され、ロッジ長候補が固まってきた時点で、その候補はクッポラの選定に入る。それは四つの要職を意味し、ロッジ長の他に、第一、第二監督と会計理事である。投票では各候補を個々に選出することはしない。理事会の主要候補が揃ったところで、このチームを一括してその是非を投票で決めるのである。このチーム名簿を「シャッパ」という。対立シャッパを提出することは勿論認められている。だが、それは一度も提出されたことはないし、また提出されたシャッパが拒否されたこともない。

ロッジ長候補はシャッパ作成に当たっては現ロッジ長に相談してその了解をえることが期待され、それが望ましいと考えられている。それは義務ではないが、皆この手続きを踏む。理事会はそのロッジ長の「チーム」と呼ばれ、理事候補の選択はあくまでも次期ロッジ長との個人的な友好関係を最重視してなされる。理事会はクロス派閥ではない。「彼のチーム」はロッジ長のツルマを中核に置いて構成される。そうでないと、理事会の協調が保たれず、強力なチームにならないと一般に理解されている。しかしそれがあまりに露骨に出ると、「パネリスモ（仲間ごり押し主義）」（パネラとは本来鍋のことだが、ツルマと同様、小さなインフォーマルな仲間を指す）と批判されかねない。例えば、弁士とか外交、会計などには個人的資質も重要で、ロッジ長の盟友であることだけが肝要でないことは皆了解している。そのあたりのチェックは事前に、例えば現ロッジ長がするだろう。クッポラ案が固まったところで、ロッジ長候補はさらに三要職、すなわち書記、外交、弁士について、自分の判断でこれと思う人物に個別に誘いを掛け、仲間に請じ入れる。

この主要七役ができると、シャッパが完成し、投票に掛けられる。事実上対立シャッパがないから、承認を問う形になる。承認を終えると、次期ロッジ長は残りの六役について彼の考えで任命する。このように、新理事会は新ロッジ長個人の親友達、そのツルマ中心に構成される。その選出方法、その理事会構成が表立った競合と内部相克を事前に防ぎ、かつ最も機能的な「コミティー」（普通委員会と訳されるが、社会学上特定の目的をもってその実行のために一時的に組織される集団を指す）となるのだという了解がある。このようにこのフリーメーソン・ロッジという結社では、その内部でインフォーマル・グルーピングズとしてのツルマ、小集団が大変大きな役割を果たしているのである。それは家族親族友人関係レベルと任意結社レベルとのギャップを繋ぎ、その両者の効果的な作動を助けている。

以上一例を挙げるに留めるが、私はその他の多くの都市任意結社、ロータリ・クラブ、ライオンズ・クラブ、サンカルロス・クラブ、黒人クラブ、イタリア系人中心のクラブ等々を共通の視点から調査したが、それらの理事会改選、その他の局面でのツルマのダイナミックな作動振りは酷似していた。総じて言えば、ルール、原則、役職の決められた所掌事項、役割等よりも、状況に即した人間的な対応が重視され、インフォーマルで柔軟な個人ネットワークが有効に機能していると判断される。

ブラジル社会では家族親族関係が強く、任意結社は数も少なく、かつそれが組織されてもうまく機能しない、あるいは名目だけだったり、少数の人間の道具だったりすると言われてきた。これはある程度否定できない。だが一方ではアミザーデ（アミーゴ関係、友人関係）が大変重要だと主張されるが、それと社会構造全体との相互関連がよく調査されず、また説得力ある形で解説されない。本稿は組織的な論文ではないので、大変断片的な事例を挙げて記述してきた。だが、私の現地調査に際しての趣旨や人類学理論との接点についてその一端程度は書けたかと考える。

第九章　再びニューヨークの大学で
——一九七三～一九七四年——

①　学位論文の執筆

現地調査を終え、一九七三年九月六日、学位論文執筆のため一年間の予定でニューヨークに向かった。途中ペルーのリマに立ち寄り、天野芳太郎氏を訪ねることにした。妹がインカの織物の調査でリマに滞在中、大変世話になったので、そのお礼を言うためだった。ブラジリアで乗り換える昼の便だったので、アンデスとティティカカ湖の眺望が見事だった。日系人の経営するペンシオンに入る。博物館へ行って、天野氏に礼を言う。妹は一年間仕事をし、滞在費が切れたので帰国すると告げると、天野氏が、これからは私の仕事を手伝ってください、だから私の家に住みなさいと言うので、それに従い、同居を始めた。仕事はとりあえず今までどおりのことを続けなさいと言われ、何時まで経っても手伝いの指示がない。そのまま一年近く経過し、大して手伝いもせずに最近帰国したものだった。デザイナーの妹は天野博物館所蔵のプレ・インカの織物からその文様を筆写し、大量のデザインを持ち帰った。天野氏は滞在費を援助してあげるとは言わずに、手伝ってくれという言い方で妹を引き止めたのだった。そのお陰で妹は帰国後、『プレ・インカの織物文様』というデザインの大著を刊行することができた。われわれはリマに二日間滞在し、天野氏自慢のピスコを十分馳走になってから、コーネル大学へ向かった。妹が天野一家に好かれたことが心嬉しかった。

イサカでは、二二五ドルのボロ中古車（大型ステーションワゴン）を買い、アパートを探して入居するまで一週間ほど親子三人でスミス教授のお宅に世話になった。子供のいないスミス夫妻は誕生前の私の娘をことの他可愛がってくれた。論文執筆が主な仕事なので毎日大学へ通う必要はなく、一〇キロほど離れた田園のなかの大きな納屋を改造したアパートに入った。リングウッド・ロードにある森の中で、牧場に馬がおり、庭に流れる小川の水は澄んでいた。そこには大量のオランダ芹（クレソン）が自生し、真冬の雪のなかでも青々していて、毎日これを採ってサラダなどにして食べた。茸も真夏の七、八月以外はいくらでも採れて、茸狩りとその食を愉しんだ。夕闇が迫る頃に車で走ると、時折鹿の群れがアスファルトを横切る。林から群れが姿を現して佇む。ボスが先に進みだし、警戒している。私は静かに車を停めて見守る。するとそのボスは軽く跳躍しながら道を横切り、先の林の前で立ち止まり、後ろを振り返る。それを見てから一頭ずつ跳躍して横切るのである。夕焼けの田園でのこの風景は眩いように美しかった。貧乏学生を二〇年近く続けていた私に不満はなにひとつ無かった。妻はまだ歩けない娘を連れて、毎日牧場へ馬を見せに行った。

この現地調査では私はテープレコーダーはほとんど用いなかった。当時はまだ丸いくるくる回るテープを使うもので、私は所有していたが、政治家の演説や黒人宗教の歌い踊る場では用いたが、面接には使用しなかった。当時ブラジル人は録音されることに慣れてはいなかったし、私はもっと楽な会話を好んだ。大学に帰ってからの初期の作業はポケットに入るサイズの手帳（野帳と呼ぶ）に速記したメモの転記・清書が主だった。このカードへの転記の作業が一番大変で、同時に一番実りあるものだった。手書きしていると、面接・調査時のあらゆる事象が次々に想い起こされ、それらの断片を新に別々のカードにメモしていく。私は面接の録音テープを助手やアルバイト学生にテープ起こしさせる人類学者をあまり信用しない。メモの転記やテープ起こしが調査の最大の山場だと私は理解している。現地で膨大な量の記録をタイプで残す名人もいるが、私にはそれが十分にはできない。どうしても調査の方に精力を主に消費し、疲れて記録が思うようにできない。自分の本拠に帰還してからのメモ転記とテープ起こしの時にそれをカバーする。またそれは、現地調査を離れてからだから、頭がデータをすでに幾分整理し、咀嚼していて、理論や作業仮説との関連が読み解かれて来ているので、現地よりも実りある時間とも言えるだろう。

一一月にはニューオーリンズで全米人類学会があり、私も出席した。この大会は翌年学位を終える博士課程の院生にとっては、大学で研究職に就くための情報集めとコンタクトを求め、面接を受ける最大の機会で、通常「奴隷市場」

と呼ばれていた。そのような学生や求人の任務を負う教授達も含めて五千名以上が一堂に会すると言われていた。学会発表やシンポジュームと並行して、多くの部屋に学生が群れ、かなりインフォーマルな形で、例えば廊下に胡坐をかいて数人が一緒に話を聴くといった姿で、話し合いがもたれていた。こういった接触には学生それぞれの指導教師などは一切何の介助もしなかった。コーネル大の同期の学生仲間はホテルの部屋に集まり、ダブル・ベッドに五、六人も胡坐をかいたりなどして、情報交換をし、久し振りの交歓もした。現地調査に行ったまま帰って来ていないものも大勢いた。私は初めての体験で戸惑うことも多かったが、いくつかの大学の情報は得た。正式な面接は相互の情報交換が進んでから大学キャンパスで個別に実施される。集団で行なわれることはないと思う。論文執筆がまだ捗らない時点ではこの作業は切実には感じなかった。良い論文を仕上げ、学位を取れば職はかならず何処かにあると、私は楽観的だった。五、六日して帰宅した時、丁度初誕生を迎えた頃の娘が私を必死に思い出そうとして、面を震わせて見詰める瞳に私は感動した。

年が明け、一月の末になって論文の骨格をほぼ定め、概要をコミティー・チアマンのスミスに提出した。その承認を得、後二人のメンバーの了解ももらって本文を書き出した。一章書き終わる度にスミスに手渡す。彼はあまり注文も厳しい批判もせずに、赤ペンを入れて親切に私の英語を隅々まで直してくれた。彼が少し添削すると、見違えるように文章が明晰になった。各章ごとに他の教師にも見せたという記憶はない。スミスの添削に私はどれほど感謝しているか解らない。彼の手を入れた草稿を私は大事に保存し、後日製本して今も所蔵している。

この場で論文の内容に深く立ち入ることを避けようと思う。要約するのは容易ではない。英文で概要を書いたものがあるが、それも人類学者向けに要約したものである。ともあれ、本稿の第七章、第八章に記述したことがその趣旨に触れているので、ここでは省略することとする。

娘の茅上《ちかみ》の初誕生日を祝ってくれたのは、エミーとデイヴィッド・ガスマンというユダヤ系アメリカ人学生夫婦だった。エミーは祖母の遺してくれたクック・ブックだと言って手書きのノートをめくりながら、ターキー（七面鳥）の丸焼きをやってくれた。われわれ夫婦はそれを始めから手伝いながら、その料理法を習得した。以来四〇年、年末のターキー料理はわが家の伝統となった。玉葱の微塵切りと大量のパン屑にバターを加えて練ったものをその腹に詰める詰め物がその要である。エミーはサンディエゴ出身の明るい魅力的な女性だ。デイヴィッドはヨーロッパ古代史が専門で、フルートを愛し、ヘンデルのフルート・ソナタの魅力を教えてくれた。彼はジャン・ピエール・ランパルのレコードを多数所持していて、買う時はランパルにしなさいと教えてくれた。イサカのブック・セールでは私の何倍も古本を購入していた。

正月には茅上がどんどん歩きだし、春先になると納屋だったアパートの周辺の広い草原は全面タンポポで真黄色に埋められた。私は子供の頃を思い出し、その花で首輪をいくつも作って与えた。娘の生まれて最初の遊び友達は三才位のジュードという黒人の男の子だった。同じ敷地内に住む子で、その母親は若い白人だった。父親は真黒い人だったが、たまにしか姿を見せなかった。やがて周辺に白人の若い女性で黒い子供をもつ人が幾組かあることに気が付いた。しかも正式に結婚していないものが周囲に複数いることも知った。私はそのようなことを特に詮索したり、質問したりはしなかったが、大学でのいろいろな議論や立ち話から、現代アメリカの白人女性のなかには、黒人に対する偏見と差別をアメリカから無くするには自分達が黒人の子供を生むしかないのだと考えるものがかなりいることを知った。私は大変驚いた。激しい差別感を抱くものがいる一方で、過激な思い込みで反差別の行動を起こす若者もいるのがこの社会の特質である。アメリカ人の多様な思考の在り方をも勉強しなければならないと私は思った。

三月、四月の頃、アメリカの四大学と日本のある国立大学が私の経歴に関心をもってくれ、就職に関するやりとりがあった。だが、私はむしろブラジルの大学の教師になることを優先して考えたかった。私の信頼しているブラジル人教師からは、「ブラジルでは手紙や書類での話は埒があかないものだ。本人が現地に姿を現してから、初めて話が始まる。君が学位を取ってくれれば、職は幾らでも見つかる。心配無用。」という返事だった。

その頃、サンパウロ人文科学研究所の専務理事をしていた河合武夫氏から幾度か便りを貰った。コーネル大での学業が終了したら、サンパウロに帰ってきてほしい、そしてわれわれの研究所の立直しに協力してほしい。いずれ君は大学で教師になるだろうが、その傍ら研究所も手伝ってくれ。斉藤広志氏に替わって、ここの研究担当理事をやってもらうことに全員が賛成している。そういった強い要請があった。私は渡米するまではこの研究所のメンバーだった。一九七三年には私は斎藤氏と共編著で部厚いポルトガル語の本を刊行したが、彼が仲間の信頼を失っていることを知った。

私の長年の研究スタンスは、発展途上社会としてのラテンアメリカ、特にブラジルを中核において調査をすること、そこで文化人類学的研究法と理論を自分なりに究めること、ブラジルの社会構造と文化、そのエスニシティ（多文化・多民族性）を研究すること、その主要な柱の一本として日系人研究をも立てること、大学の研究者だけを仲間とせずに、日系知識人や文筆家、在野の研究志向の人々と緊密に協力してやっていくこと、そのためにサンパウロ日系人が長年育ててきた人文科学研究所を強化することは重要であること、といったことがあった。これは私の若い頃からのアンガジュマンの文学への思い入れ、文学と哲学と文化人類学の接点を模索することとも重なっていた。またこのような方向付けが文化人類学そのものの理論の革新に対して有効なのだと考えていた。どうしてもブラジルに帰りたいということでもなかったが、そこでの私の仕事にけりがついた、などとは考えていなかった。サンパウロ人文科学研究所のこれまでの在り方には批判的だったが、それはけっして専門家的研究だけが望ましいという意味ではなかった。河合武夫氏は、私のやり方を全員でバックアップするという強い意志を表明していた。

日本のある国立大学の人事担当者から連絡があり、「貴方が最終候補の一人だ。もし決まったら、必ず来ると約束してくれるか」と問うてきた。決まったというなら、約束もできようが、それはできない。余所が先に決まったら、そちらに約束するかもしれないと返答した。アメリカのふたつの大学から誘いがあり、面接（といっても、かなりフランクな話し合いである）とスピーチのため、それぞれの大学に赴いた。ひとつは駄目で、最終決定が少し日数を要したのが二大学あった。だが、更にサンパウロの二人から手紙があり、ブラジルに行くことに肚を固めて、アメリカの二大学に断り状を書いた。六月の半ば過ぎのことで、これで頭もすっきりして、論文がどんどん捗った。

② ニクソン辞任と鹿肉パーティ

私が懸命に論文と取り組んでいる頃、米国政界はニクソン大統領のウォーターゲート事件で大揺れに揺れていた。ニクソンはキッシンジャーという稀に見る切れ者の国務長官の力を駆使してではあったが、国際政治に多くの辣腕を揮った。東西対立の時に自ら中国に飛び、ソ連に接近して、悪名高いベトナム戦争に終止符を打つための奇策を用いた。一九七〇年、中立国だったカンボジアに突如地上軍を進めて侵略を始めた時、私は友人の活動家ボブ・ラブに会うなり、

"You are now in Cambodia.（お前はとうとうカンボジアに入ったな）"

と私が言うと、彼は確り私の目を見詰めたまま、

"Yes, I am now in Cambodia.（そうだ。おれはとうとうカンボジアに入った）"

と返事をした。私は「お前が」と言い、彼は「おれが」と答えた。彼は反ニクソンの活動家である。だが、彼等の力をしてもニクソンによるアメリカ軍の侵略を抑えられなかったことを私は言い、彼は"I（私）"と答えることで自分達の責任を明確にした。われわれの肚の内はこれだけのやりとりで通じたのである。私は活動家ではないが、国際政治の動きには重大な関心を抱いている。

ニクソンは国内でも多くの強引な策を弄してスキャンダルの渦中の人となった。対立政党である民主党の本部に盗聴器を仕掛けたのが発覚し、その後次々に芋蔓式にスキャンダルが表面に出てきて、弾劾事件に発展した。そして遂に一九七四年八月八日の辞任声明となった。歴代大統領最初で、唯一の中途辞任である。八日の夜九時、全米テレビ・ネットワークを通じて辞任演説があった。私の住む同じリングウッド・ロードの一キロほど先に、政治学教授で、私も親しいベネディクト・アンダーソン（『想像の共同体』の著者）の住居があった。われわれ数人は彼の家に行って、共にこの演説を聴いた。自分の達成した業績をあげつらいながらも、議会に自分の努力を推進するだけの支持基盤がないこと、国益を優先させる考えに基づき、辞任すると語った。米国内の政治気運が大きな渦を巻き起こしているのを感じた。

私は一一日（日曜）の早朝、六時、車で家を出、大学と反対方向のドライデンの町に向かった。ニューヨーク・タイ

ムズの日曜版を買うためである。カレッジ・タウンではこの日はたちまち売り切れるだろうと私は判断した。日曜版は数百ページもあるずっしり重たいもので、日曜だけ新聞を買って半日読み続けるものが多い。本屋の店頭路上に屋根まで届くように積み重ねられた新聞が朝の内に売り切れるのである。ニクソン辞任の記事と評論で埋まっているだろうと期待していた。

日曜の早朝で、まだ朝霧があり、車が一台も通らない。アンダーソンの家を過ぎて間もなく、ゆるいカーブを曲がると、突然目の前左手に大きな鹿を一頭認めた。危ないと思ったが、鹿も動転したらしい。車一台通らない静寂のなかである。鹿は私の車の前を横切り、右手の崖を登り始めたが、登り切れず、戻って来て私の車に衝突した。車はシボレーの大型ステーション・ワゴンである。もちろん私は避けようとしたが、車ごと崖に墜落することは避けねばならなかった。鹿は小さめの馬ほどもあり、後脚を折ったらしく、立ち上がれずに、足掻いている。車の前面が破損し、ラジエーターから水がどんどん流れ出している。

イサカ周辺の田園や山寄りの道路には至るところに deer crossing、つまり鹿の通り道注意の標識が出ている。以前学友との無駄話のなかで、一度車ごと鹿に体当たりして、一頭仕留めたいものだと私が言うと、それは止めたほうがいい、車が大破するから大損だと言われた。今鹿事故を実際に起こして、ラジエーターが壊れ、車を走らせることができない。鹿は苦しがっている。というよりも、これは獲物でないとも言えない。どうしたらいいのか判断に迷ったが、とりあえず、トランクにあった鉄棒のようなものを取出し、一撃して決着をつけた。それからアンダーソンの家まで歩いた。朝七時前、いまだに車は一台も通らない。アンダーソンはまだ寝ていた。彼は独身で、いつも学生が二、三人転がり込んでいる。一部始終を話すと、一人のアメリカ人学生が、ともかく警察に電話しなければならないと言った。やがてパトカーが来た。事情聴取が終わると、警官が私に訊いた。

「あなたは、この鹿を欲しいか。それとも警察で処分するか。」

私は論文執筆の大問題を抱えているので、少し迷ったが、欲しいと答えた。すると警官は黄色い紙片を取出し、車のナンバー、八月一一日、午前九時、雌の成獣鹿、すでに死亡、と記入して、その紙を私に呉れた。それは州の環境保護局発行の鹿所有許可証だった。そして理由は不明だが、処分する時は、頭部を近くの樹木に三日間吊しておくのが規則だと言った。そして鹿を私の車に積むのを手伝うと、去って行った。

車は大破はしていないが、使えない。アンダーソンに相談すると、近くに廃車処理場があるから、そこに古いラジエーターがあるんじゃないかと言う。彼の車に私のを牽引してもらってそこへ行く。一二ドルで車は直った。へこみは少しも気にも邪魔にもならない。

車は片付いたが、鹿はそうはいかない。わがアパートは山里めいた田園にあり、すぐ横に巾二メートルほどの小川が流れている。鹿をそこへ運んだ。二〇〇キロほどもある大きな成獣で、かつ若い。警官もこれは子を産んだことがないだろうと言った。私は二年振りの大学だから、知人友人といえば皆博士論文執筆中のものか、教授連である。新入りはだれも知らない。私は誰にも手伝いを頼まず、小川の岩の上で鹿の解体を独りでやった。実に膨大な量の肉なので、取り易い部分のみ重点的に切り取り、面倒なものは川に流したり、埋めたりした。

アンダーソンは血を完全に抜くには三日ほど大木に逆さに吊しておくんだと言ったが、そんな悠長なことはしていられない。庭には栽培を止めて放置され、大木と化したリンゴ樹が数本あったが、それに吊すのは止めた。人手の要ることはやらない。川の大きな岩の上で鹿を斜めに数時間置いて幾分血抜きをした。ともかくその日の内に処分しなければならない。真夏だから、保存が問題だ。近隣の若い女性が三人、うちの冷蔵庫で冷凍してあげるよと言ってくれた。そればかりではどうもならない。アンダーソンが、大きな焼き物の瓶をもってるから塩漬けなり何なりに使ってくれと言う。それも借りる。芸術品のようなその瓶も一杯になる。それでもまだ大量の肉が残る。

私は友人達を大勢集めて鹿肉パーティをやることにした。手伝いを頼むのではなく、馳走するのであるから、来たいものだけ来ればいい。いつまでも鹿騒動やっていられないから、翌一二日月曜の夕刻六時とした。夏だから陽は長い。肉保ちは悪い。近隣の若い女性などにも声を掛けた。ブラジル風のシュラスコ（塩、胡椒、ニンニクだけのバーベキュー）の味付けをジャンジーラがやった。子供も含めて三〇名ほど集まった。広い庭は芝生になっていて、パーティーには絶好である。大木のリンゴ樹に大量にリンゴが実り、その一本には鹿の頭部が吊り下げられている。天気も上々、夕刻には涼しくもなった。友人等はビールを下げて来た。家族もちは家族でやって来た。人類学で言うポトラッチの風景だった。教授はアンダーソン一人。ボブ・ラブ、シェリー・エーリントン等アメリカ人学友五名、ブラジル人留学生二家族六名、加藤剛、中村光男等日本人留学生四名、黒人の子供の両親等を含めて近隣の人々一〇人以上、それにわが家族三人、後から参加してきたものもあったと思う。いくら食っても肉は減らない感じだった。

皆だいぶご機嫌になった頃、一人のアメリカ人学生がこう言いだした。

「野生の鹿は州有財産だろ。それが勝手に道路でうろたえて、前山の車に損傷を与えた。そういうことだろう。」

彼はややラディカルな活動家だ。

「そういうことだ。」と私。

「それじゃ、州政府は前山に対して損害賠償する義務がある。そういうことだろう。」と彼はやや得意気に言った。

二、三人がそうだ、そうだと和した。

言い出した学生が、

「おれが警察に電話して、掛け合ってやる」と言って、立ち上がった。彼は電話を探しに行き、二人ほどが従いていった。

二〇分もすると、彼等は戻って来た。皆は結果を訊きたがり、彼は口を切った。

「おれが主張すると、ポリ公は、君の言うことは正しい、そのとおりだと言いやがった」「それで?」と、皆が先を促した。すると、彼は、

「だから、その保障として君達に鹿の肉を与えたんだ、と吐かしやがった」と言った。皆はどっと笑った。勝負はついていた。警察の方が強かである。活動家学生も一緒に笑いこけた。

ブラック・パワーの黒人学生の武装化を早めたのはコーネル・キャンパス周辺に鹿が多数生息するためであり、肉が高価になり、ウーマン・リブの風潮下で女学生の鹿狩りが流行ったことは前に触れた。ヴェトナム戦争の反対運動、銃を担いだ学園闘争、ウォーターゲート事件と反ニクソン運動、そして大統領の辞任、黒人の子供を産もうと考える若くて美しい白人女性――こういった政治色の濃い空気のうごめく大学で、それらを身をもって生きる人々と触合いながら、私は学位論文を書き、鹿を殺して解体し、鹿

肉パーティをやったりしていた。

③「支那人《シネース》」という姓の一族

論文執筆準備の段階で、野帖のメモをカードに転記するエンドレスな努力を続けている時、中国系人に関するかなりの量の面接データがあった。これを論文に取り入れるかどうか迷った末、除外した。後日補足調査をした上で、新書程度の本に纏めたらいいだろうと判断した。これについて簡単に記しておくこととする。

一九七二年一二月、家で焼肉をするため、木炭を探してみることにした。スーパーなどには売っていない。人に尋ねると、アントーニオ・シネースのところにあるだろうと教えられた。中国人が住んでいるなら会ってみたいと思い、訪ねた。割に近くである。会ってみると、堂々たる偉丈夫の六〇才ほどの男である。先入観がなければ中国系とは気が付くまい。よく注意すると、細い柔和な瞳にその面影がある。立派なポルトガル語を話すから移民であるはずがない。炭を購入した後、少し話し込んだ。気さくに何でも話し、歯切れよく、語りが明快である。父が一九世紀末に中国から移民したもので、自分達はみな「ブラジレイロ」だという。私は日系調査プロジェクトに参加する直前には、一九世紀以来の中国移民史を調べていたので、いい人を見つけたと思った。多少努力もしたのだが、中国人苦力の子孫に出会ったことがなかったからである。家の裏にある炭焼き窯の横で麻袋に炭を詰めてもらいながら、話しをした。調査は後回しにして、二、三キロ離れた山側で彼の一家がやっている炭焼き窯を見せてもらうこととした。林のなかに幾つかの窯があり、彼の子供達が働いていた。この窯は中国式のものかと問えば、これはブラジルのカボクロ（田舎者）式だという。

驚いたことに、「シネース」は渾名ではなく、正式の苗字だと言う。

「シネースで、シネースという名前だ。こんな確かなことはないな」アントーニオ氏は屈託なく高笑いした。子供達に名を尋ねると、カルロス・シネース、フランシスコ・シネースなどと答える。私は嬉しくなった。日系人はみな日常生活で毎日ジャポネースと呼ばれ、大方はこの呼称を好きではない。ましてジャポネースという苗字の日系人などはいない。ブラジル人はこのようなエスニックな渾名で人を呼ぶことが多い。差別的とも言えないが、黒人をニグロと呼ぶのと似ていなくもない。シネースとかシーナ（支那）という呼称は嫌われる。一般の人々が日常生活で口にするシネース、ジャポネースという範疇はブラジルではニグロと同様に人種概念なのである。だが、このアントーニオ一家はこの苗字に誇りをもっている風情だ。私は面接調査を依頼してその日は帰った。

その後間もなく私は数日連続してこのアントーニオ氏を面接した。彼は快く応対してくれ、自分の家族の歴史に関心を示した人はこれまでなかったと言った。父は北京の少し北のかなり裕福な農家に生まれ、一七才の頃単独青年達一行と共に故郷を離れ、アフリカで鉄道敷設工事に従事、そこの苛酷な使役から逃れて仲間約三〇名とともに一八九四年にリオに着いた。サンパウロの家庭奉公を経て、その主人のもつピラシカーバにあるコーヒー農場の料理人として働き始めた。アフリカを逃げる時、旅券などの書類を失い、身分を証明するものはなかった。主人は本人に名を確認することもなく、本人の意思などにお構いなく、勝手にマノエル・ジョン・シネースという名を捏ち上げて、彼に与えた。こうして彼は「支那人《シネース》」という姓を主人から貰ったのである。

私が、父親の中国名は、と尋ねると、不思議そうな表情をして、父の名はマノエル・ジョン・シネースだと言う。中国で親から貰った名があるだろうと重ねて訊くと、そんなこと考えたことがないと言って思案していた。やがて、父の中国人の友人が昔そんな名で父を呼んだことがあったように記憶する、が、今はもう思い出せない。家族では、そして本人も、マノエルとしか呼ばなかったという。

父が二一才の頃、ドイツから来て間もない一九才の娘スザンナ・ハスラー（同じ家庭に奉公していた）と結婚した。すべて主人の計らいで、その指示でそうなったものである。書類によると、スザンナは一八七八年にオーストリアに生まれ、一八九七年に家族とともに移民としてブラジルに来た。その翌年辺りに結婚した。その後この夫婦は九人の子供をもつことになる。アントーニオ氏はその第五子、三男である。

父マノエル氏の両親の名が、父ジョン・バティスタ・シネース、母マリア・シネースとなっている。ブラジルの身分証明書にはかならず両親の名の記載が要求される。中国生まれの父の両親のこの名も主人が発明したものであり、出身地が広東とあるのも同様であるのは明らかである。しかし文盲であった父が何も書き記さなかったので、これらが一族の歴史として定着し、「マノエル・ジョン・支那人」が本名となった。

私が調査を始めた一九七〇年代にはこの九人のキョーダイの内、八人が生存していた。幾人かは遠距離に居住していて、高令でもあった。私はその後九人中七人を面接、故人の場合はその長男を面接した。また、全員結婚していたので、すべての連れ合いの家系についてもかなり詳細に話しを訊いた。九人（男四人、女五人）のうち、七人がイタリア系と、後はポルトガル系、スペイン系と結婚した。面接に際してはほとんどは皆好意的で、善意をもって答えてくれた。ただ、書類や記録というものはほとんどなく、記憶も多く薄れていた。しかし年月を掛けてぼつぼつ大量の聴取データを作成した。ここではその詳細には入らない。

この夫婦と九人の子供達は長年にわたり大変強い連帯のもとに生活をし、しばらくは大家族を構成していたとも言える。結婚時、夫婦のどちらもポルトガル語が話せず、かつ共通の言語をもたなかった。相互に片言で話し、それはほとんど生涯続いたという。マノエル氏はいつまで経っても目茶目茶なポルトガル語しか話せず、妻もあまり上手にはならなかった。だが、子供達はみなこの両親を愛し、敬い、世の理想の夫婦だと讃えてはばからない。四男のジョン・バティスタの言葉を借りれば、「両親はいつも相互によく喋り合い、よくコミュニケートし、よく理解し合った。」片言ですべてが通じたという。

一族のなかではこの「シネース（支那人）」という苗字については態度がふたつに分かれる。この姓に誇りをもって継続する人々とそれを嫌って破棄するものとである。九人のキョーダイは皆シネース姓をもち、女性は結婚してそれに夫の姓を最後に付す。その子弟の名からはシネースの名が消える。男子四人の間では態度に差が出る。長男は父の名にフィリョを付けて、マノエル・ジョン・シネース・フィリョ（この命名もパトロンのものらしい）だが、父死亡し、七〇才を越えて、フィリョを外し、父と同名になった。子供達の姓にはシネースを外して、「ジョン」とした。ブラジルでこれを苗字とするものはほとんどあるまい。それは日本で「一郎」を姓にするようなものだからである。昔、奴隷解放後、元奴隷が自分の通り名を姓として、ファースト・ネームが姓になった例はある。だが、ジョンは見たことがない。次男の場合も同じで、子や妻の姓にジョンを付けている。三男のアントーニオの場合は、子孫や配偶者には皆シネースの姓が付いている。この家系ではシネースの姓に強い誇りを抱いている。四男はジョン・バティスタ・ジョン・シネースが本名だった。本人の説明によると、母がジョンと付けようとしたが、洗礼時の神父がそれじゃ聖人のジョン・バティスタだと言って、そうなったという。この名は祖父の架空の名にも通じる。彼は壮年になり、一族から遠く離れて生きるようになって、本名の下半分を捨てて、単にジョン・バティスタを名乗っていた。子供達の姓はバティスタとした。こうして、この家系では少なくとも姓名からは中国性は消滅した。

アントーニオ氏は若い独身時代に殺人事件を起こして、六年間刑に服したことがある。当時は有名な事件だったという。彼は地域では優秀なサッカーの選手としても名を馳せていた。闊達で、潔癖な青年で、多くの人々に愛された。一九三四年一〇月一一日、地域の権力者で大ファゼンデイロ（大地主）の息子ペルシオ・サンパイオ・レイテが悪ふざけで、アントーニオの愛犬を鉄砲で撃ち殺した。それを知ったアントーニオは、翌日、銃をもって農場の本部へ乗り込み、愛犬射殺の説明を求めた。そこで口論・争いとなり、アントーニオは彼を銃で撃ち、警察に自首した。ペルシオは病院で死亡する前に、アントーニオを許したと一般に伝えられている。だが、地域の大権力者の子息の事件であり、裁判で彼は有罪となった。

私はこれらの話をアントーニオ本人以外、一族の誰からも話は聴いていない。当時の新聞記事と一般の老市民からの話による。ほとんどの人々はアントーニオに同情的で、権力が彼を有罪にしたと語った。私の現地調査時、シネース一族は皆誠実で温厚な人々で、良き市民であり、多くの人々に愛され、敬愛されていた。中国系人であることに固執し、そのアイデンティティに誇りをもっている。そしてイタリア系人を主体に、一般ブラジル人のなかに友人、親族、近隣関係の広いネットワークをもって平安に暮らしている。私の調査時、二〇才で独身だった美しく、利発な次女のスザンナは私とアントーニオの会話をときどき離れて聴いていたが、その後家族の歴史に強い関心を抱くようになったことを私は知った。彼女は父が自分に家族史を詳しく語ってくれずに亡くなったことに大きな不満を感じていた。

④ 二〇年間の大学生生活を終える

九月九日、論文の草稿約三〇〇ページを書き上げて、スミス教授に提出した。本当はもう一章書く予定だったが、私の大学から支給される奨学金は八月で終わり、他に探す準備もしていなかった。スミスは、論文はこれで十分まとまっているから、これで終わりにしましょうと言った。実は、私にはもうひとつここらで終わりたい理由もあった。妻のお腹が日に日に大きくなってきて、二番目の子供の出産予定日が近づいていた。飛行機の国際便は臨月のお腹を抱えた女性は乗せないのがルールである。論文の審査を終えても、その後大学に正式に受理してもらうまでに通常かなりの壁がある。その上、私はかなり大量の蔵書を大学の一室（研究員時代から占拠して使用していたランド・ホール三階の部屋）にもっており、この処置にも時間が掛かる。私はスミスの判断を受け入れざるをえないと考えた。

論文のタイトルは、

Familialization of the Unfamiliar World: The Família, Networks, and Groups in a Brazilian City

とした。ファミリアというブラジル概念は欧米近代社会における家族とはかなり異質である。これはかなり広い概念で、伯父伯母、甥姪、イトコなど、親族関係も含んだもので、集団ではなく、ネットワークに近い。大変強力な連帯性をもったもので、実体というよりはイデオロギー性が濃厚である。人々はこの「ファミリア」の中に生まれ、その強い温情のなかで成長し、やがて「世の中に出る」経過を辿って一人前になる。「世の中」は「ファミリア」の反対概念であり、そこは敵意と闘い、相克に満ちた、非温情的世界である、と観念される。しかし家族と生活を築くことはこの「非ファミリア」的世界に出ることである。ブラジル人の多くはこの「非ファミリア」的世界を、ファミリア的人間関係をモデルとして、それを手がかりに「ファミリア化」させながら立ち向かっていく。そのプロセスを小規模なグルーピングズ（小集団的な仲間関係）を中心に調査し、そのファミリア、任意結社、エスニック集団、都市との相互関係を記述、分析したものである。以上、論文の趣旨・内容、その理論的枠組というよりは、タイトルを解り易く解説したまでである。ただ、従来の研究ではブラジル人は「エスプリ・デ・コー」、つまり周囲の多様な人々との協働性、連帯性がきわめて弱く、それは広くファミリア的親族関係が強力だからだ、任意結社も大変少なく、かつ弱体であると解説されていたことへのひとつの批判として書いた論文であるとだけ付記しておこう。

論文審査が九月一六日に行なわれることとなった。審査は私のコミティーの三人の教師による口頭試問である。ブラジルでの修論の審査は格式ばっていて、学内の教師四名と学外の研究者との計五名の審査員に、聴衆多数のなかで吊し上げられたが、コーネルの博士論文審査は数年来指導を受けてきた三指導教師だけに質問される形だった。

審査日が決まると、友人の数人がその夜は祝賀会を前山宅でやろうと言い出した。私も彼等も当然パスすると思っていた。私は終始優等生で、ほとんど問題のない学生であり続けていた。我が家は友人を集めて食事会をしばしばやる場でもあったし、料理は評判が良かった。審査は午後三時に始まる。私は朝から一人で山へ茸狩りに出掛けた。私の自慢の料理のひとつは何よりも茸で、しかもけっしてスーパーで買ったものではなく、山で採集した雑茸なのである。スミス夫妻も幾度か私のアパートで私の茸料理を食べた。スミス先生は、

「この茸、毒じゃありませんか」と訊く。私は、

「大丈夫ですよ。昨夜、茅上もちゃんと食べましたから」

と答える。茅上は満一才の娘である。スミスは鼻眼鏡の上から大きな瞳を娘にじっと向けて、

「茅上ちゃん、まだ、生きてますねェ」と言った。これがスミス流のユーモアである。その後、スミスはアメリカ人教師達に私の茸話をしたということだった。

「この茸、大丈夫かと訊くと、前山は、一才の娘に食わせてテストしたから大丈夫だ、と答えたよ」と彼等を笑わせたそうである。これも話術のひとつなのだろう。

審査の日、すでに秋めいていた山には期待どおり十分な茸、主としてウインター・マシュルーム（樹上で茶色に大きく成熟したエノキダケ）を収穫した。日本のスーパーで売っているモヤシ状のものではない。あんなものは茸とはいえない。

審査は三時に始まり、五時には終わった。いろいろ難しい質問も受けたが、意地悪い質問というものは無かった。スミスがチアマンで司会をし、シーゲル準教授（象徴人類学）とカール教授（社会学・ラテンアメリカ研究）がその領域の質問をし、最後にスミスが都市人類学的な質問をした。

カールは、冒頭にもう少し理論的なことを書いてはと発言し、私はその不足を納得した。民族誌にあまりたくさん理論を書かない方がいいと考えていた。また、カールのひとつの発言に私は少々どきりとした。これは質問ではなかったが、彼はこう言った。

「前山の論文の事例では、みんな巧くいって、失敗例がないね。」

これは私の予想しない発言だった。私は、従来の社会科学における構造機能分析を批判しながら自分の人類学を育ててきたのだが、その構造機能分析の一大特徴である均衡論のハングオーバー（宿酔い：残滓）を払拭できずにいたのかなと考えたからである。しかし、その場はカールの一言だけで終わり、誰も何も言わなかった。なるほど、挫折、失敗の事例も書いておけばもっと良かったかもしれないと少し反省したが、黙っていた。

冒頭の理論部分はむしろ書きたいのを抑制して短くしたもので、書き足すのは楽な仕事だった。二日ほどでそれをやり、学位論文としての体裁を整える作業をいろいろやった。はしがき、略歴、語彙解説、等々。タイプするのはプロに任せるのが順当である。色々注文を付けられて、幾度も幾度も図書館と往復する話を耳にしている。

院生や教師の間での一口話に、「大学で一番恐い人は誰か」というのがある。学長でも学部長でもなく、コミティーのアドバイザーでもない。奨学金や授業料など、金関係の元締めのディーンでもない。それは、あの図書館に座っているオバサンだよ。博士課程の学生が、単位をすべて済まし、調査も論文も終わり、論文審査を終えてから、清書した論文を図書館が受理して初めてすべてが終了する訳だが、その受理担当があのオバサンなのだ。論文の隅々を全部チェックして何遍でも書き変えさせるんだ。ただそれだけに何年も掛かる奴がよくあるんだ、という話である。そしてこう付け加える。コーネルの卒業で、ここで博士を済ませ、助教授でここで教えている何某は、もう三年経ったが、まだ受け取ってもらえないんだ、と。まったく恐い話である。スペルひとつ違っても駄目なのだ。意味がよく通じない、文法がおかしい、こんな言葉の使い方はない、などなど。

タイピストのタイプ打ちが一〇月一日に出来上がった。図書館のオバサンに見せると、数箇所注文を付けられた。それらを反論せずに修正した。翌二日、イサカに早々と雪が一〇数センチ積もった。雪のなかを図書館に持参すると、丹念に見ていたが、小さな一、二を指摘されただけで、オーケーが出、翌日受理された。あまりに速いので、奇跡と言われた。実は、スミスは校正と添削の名手として、若い時から有名である。彼は三〇代で正教授になったが、それ以前、応用人類学の国際学術雑誌の編集をやっていて、その名編集振りで名を挙げたと聞いている。その彼が私の論文の隅々を添削してくれたのである。私も昔から文芸同人誌の編集をしていて、編集と校正には格別の思いがあり、慎重である。ともあれ、妻のお腹が膨らんでくるので、気は焦っていた。

私は少し本を買いすぎていた。イサカの街はトンプキン・カウンティにある。そこの図書館の婦人会が実施するブック・セールは有名で、何十万冊かの本の古書市を毎年開く。これほど楽しい古書市を他に私は知らない。ともかく買いすぎる。将来どうなるか特別な予定も見通しもないままに、本をどこかに送らねばならない。差当って使いそうもないものを青森の実家に、後はサンパウロに送った。論文のコピーを多数作り、世話になった人や友人、研究者に送付した。五日にはスミス宅で、六日にはアンダーソン宅で加藤剛も加わって、祝ってくれた。七日にはニューヨーク市に移動、八日、搭乗拒否されないかと臨月近い妻のお腹を心配しながら、なんとか隠し果せて機上の人となった。

私が大学に入学したのは一九五四年で、こうして丁度二〇年後になって学生の身分を終えた。日本で哲学を、ブラジルで社会学主体に、アメリカで文化人類学を、三大陸の四大学で三分野を学び、その間多くの調査もやった。楽しくて、学生を止めたいとは思わなかった。好きなことができたし、好きなことだけをやって生きてきた。いつのまにか二〇年経っていた。大学生となる以前から自立していたので、学費のことであまり人に世話になってはいない。ただ、コーネル大学における長年の奨学金には大きな恩恵を受けている。感謝してもしきれない思いである。満六年間、アルバイトもせずに、人類学を学ばせてもらった。

サンパウロまでのパンナムの機上では、何も考えずに、会話のよくできるようになった一才一〇ヵ月の娘とただ無邪気に遊び続けた。

終章　軍政下のブラジルで教師となる
──一九七四〜一九七七年──

① サンパウロ人文科学研究所で

前章までで当初私が予定していたことをほぼ書き終えた。一九七四年一〇月、私は大学教師の職がほぼ決まり掛けていた日本と合衆国の大学を断って、就職の目処の立っていないブラジルへ帰って行った。日本を出てから一〇数年経っていたが、ぜひ日本に帰国したいという気持はなかった。ブラジルで自分のやることがまだ残っていると考えていた。いずれは日本に帰るとも、また帰らないとも判断していた訳ではない。先方の態度次第では日本か米国の大学に就職を決断していたかもしれない。だが、サンパウロ人文科学研究所（以下、人文研と略記）の河合武夫氏からの誘いをチャンスにブラジルへ帰えることを決めたのは、難しい選択でもなく、過っていたとも思ってはいない。しかし、この二年七ヵ月後に家族を連れて帰日することになるので、そこまでの経緯の概略を記述して、このエッセイの締め括りとしたい。

元々私は自分の思い込みで文化人類学という領域に入ってきた。近代日本人の観念を濃厚に脚色していた欧米至上主義も、また日本中心主義も嫌いだった。学問することが欧米の大思想家や理論家・哲学者の書物を読むことだといった流儀に馴染むことはできなかった。だから海外に出るにも北半球の先進国、欧米諸国に行きたいとは考えなかった。当時南北問題という表現はなかったと思うが、南半球に関心が強く、ブラジルに辿り着いてとても良かったと感じた。日系人調査プロジェクトが終わる頃、ひょんなことから米国へ留学することになったが、それも長く考えてのことではなかった。私がスミスに言った一言でテキサス行きが決まってしまった。今考えれば、大きな一言だった。私の生涯に大転換をもたらし、今は幸運だったと理解している。

サンパウロへ帰ってからしばらくの間は、人文研が私の最低生活の保障をしてくれた。やがて大学にしかるべき職を得れば、人文研の仕事は二次的になるが、私の研究姿勢からすれば、それがより重要性が低いのではなかった。私は科学的研究、特に人間研究における客観主義というものに根源的な疑問を抱いていたので、文化人類学、ブラジル社会構造研究、人種観とエスニシティ、アイデンティティ研究というものを追究するには、身を多民族社会ブラジルに置き、日系人研究を主要な柱のひとつとしてやることが望ましいと判断していた。人文研との関わりはそのひとつの良き在り方だと考えていた。斉藤広志を除いて、ブラジル日系人研究を長期にわたって継続していたものは一人もいなかった。それに私は斉藤氏の研究をあまり評価してはいなかった。

人文研については第六章で少しだけ触れた。ここで補足説明をしておく。母国日本の敗戦に直面して日系人が勝組負組に分裂して争ったことは広く知られる。九割以上の人々が勝組で、その大部分はしばらく「日本大勝利」を信じた。敗戦を受容したもの（「認識派」）は国賊と呼ばれ、「天誅」を受ける危険に曝されていた。極く少数の知識人達が啓蒙活動に従事したが、そのなかの若手グループが世界観を根本から勉強しなおすとして、土曜会という小結社を一九四六年に結成し、機関誌『時代』を発行していた。一方、古い移民で企業家としても成功していた中尾熊喜は教育は低いが、たいそうな勉強家だった。一九一四（大正三）年、小学校を卒業してまもなく、一四才で他人の養子という形で単独移住した。労働しながら独学でポルトガル語を学習、二二才の時、『実地応用葡語手紙の書方、付文法活用自在』という著書を出版した。これは自費出版ではない。サンパウロの邦字新聞社を説得して独立百年祭の一九二二年に発行させた。ブラジルで発行された日本語の書物としては二番目であろう。彼は自力での勉学には限界があるので、土曜会の主要メンバーだったアンドウ・ゼンパチに協力を依頼、定期的に個人指導を受けた。マルキストのアンドウはこれを比喩的に「御進講」と称していた。一人では材料も尽きるので、仲間も呼び込み、代わる代わる講義をした。中尾はこれをサンパウロ人文科学研究会と名付け（一九五二年）、時折皆を家に招待して馳走した。彼はかならず謝礼を支払った。研究活動も行い、出版物も刊行した。調査費、印刷費、原稿料をすべて彼が個人で負担した。講師の顔触れはほとんど土曜会の関係者だったが、この二つの会は本来別の組織である。一九六四年に日本文化センターのビルが完成した折にそこに一室を確保して、「研究所」と改称し、公的な研究団体に衣替えしたが、斉藤広志を除けばみな素人であった。しかし多くは筋金入りの勉強家で、水準の高い論文やエッセイを書き、著書のあるものも多い。私は院生時代、人文研が研究所となった時、その最初の事務を担当した。人文研の支出は、専任研究員や事務員の給料も含めて、中尾が死去するまではすべて彼のポケット・マネーで賄った。彼は、「金は出すが、口は出さない」主義の理想的パトロンだと言われた。中尾が病気で倒れた後は、理事会の一部のもの達の努力で、例えば当時破竹の勢いで名声を挙げていた日系美術結社「聖美会」の主要メンバーの協力を得て、「小品展」という絵画即売会を時折開催して基金作りに努めていた。その主力となったのは、宮尾進理事だった。彼は常々、「おれは研究者ではない。おれの役割は金作りだ」と公言していた。人文研はブラジルの日系エスニック集団が育成した在野の研究施設である。私が一九七四年に参画を始めた頃は、ブラジルの学界や大学と直接繋がったものは斉藤広志だけだった。私の考えでは、人間と社会との研究上ではプロとアマとの区別は必ずしも重要ではない。アマの研究や作品にも優れたものがあり、重要な役割があると理解している。特にそれは学界と一般社会人との協力・協働の場として肝要なものである。

河合が私に約束したこと、つまり人文研の研究担当を斉藤から私に変えるという件はかならずしも守られなかった。少し時間が掛かると彼は言った。私が日系人関係のことで最初に手懸けたのは『コロニア小説選集』第一巻の編集だった。これはコロニア文学会の武本由夫と以前から計画していたもので、米国から帰って直ぐ、あれはどうなっていると彼に訊くと、そのつもりで資金を貯めてあんたの帰りを待ってたんだよと答えた。そうか、それじゃおれがやる、と言って作業を始めた。移民達が書いた古い小説をまとめて以前から読んでいるものは私しかいなかった。これは直接人文研の仕事とは言えない。だが、私の立場があいまいなので、人文研で大仕事をいきなり始めるということはできないから、文学のことから始めた。

日本移民はブラジルでよく小説を書いた。しかしこの時点まではそのアンソロジーというものが刊行されたことは一度もなかった。また、関心をもって読もうとするものもなかった。それらは質の低いもので、掘り起こして再読する値打ちがあるとは理解されていなかった。文学賞がいくつも設定され、選者が選をし、新聞等に発表されたが、その後作品は忘れられ、探して読むのも骨が折れた。一九六〇年代以降のものは比較的容易に見つかったが、それ以前は困難だった。選集は全三巻を予定し、その第一巻を移住初期から一九五〇年代前半までとし、これを私が担当した。この巻の解説の最後に「後記」として私は次のように書いている。

「第一期の作品を読むことは資料・情報不足のため、困難をきわめた。多数の人々に作品推薦を依頼したが、回答はほとんど皆無であった。そのため、やむをえず本巻所収の二七篇は、筆者が調べた約一五〇篇の作品中から筆者の判断で選んだものである。」選集第一巻は七月二九日に印刷が済み、八月六日に発売開始、新聞も大きくこれを報じた。これは大きな反響を呼び、日本でも紹介され、売り上げは上々で、黒字となった。武本編集長は大変気を良くし、早速第二巻の準備に取り掛かった。これはコロニア文学会の出版物である。

② サンパウロ州立大学の教師となる

ブラジルに帰って身辺も落ち着いたところで、ブラジル人研究者の知人達と会い、大学関係の情報を訊いた。米国や日本と異なり、職に関する情報は公けに、かつ組織的には流されない。知人から知人へ、耳から耳へ個別に伝えられる。私の最も信頼しているプロコピオ・カマルゴとフェルナンド・アルテンフェルデル・シルバの両教授はしきりに私にサンパウロ大学（以下、USPと略称）の人類学教室に入るように嗾けた。そこはブラジルの文化人類学領域では最高の場所のひとつであり、また大学も学界も大変閉鎖的であることを私は承知していたから、それはとても現実味のある話には思えなかった。ところが、この二人に私は別々に会ったのだが、二人は同じようなことを口にした。「前山、お前が入って、あそこを何とか良くしなくちゃ。今、あそこは酷いことになってるんだ」と。また、こうも言った。

「お前の背景は、つまり白だ。おれ達の名は出すじゃないぞ」

　私は北米へ留学して六、七年の間、ブラジルの大学事情に疎くなっている。今、あそこのボスはジョン・バティスタ・ペレイラだという。なるほど、少し事情が解り始める。歴史は長いが、最初の主任教授はドイツ人のエミリオ・ヴィレムズである。ドイツ移民の文化変容やコミュニティ研究の先駆者で、ブラジル人類学草創期の大家である。彼が一九四九年に米国のヴァンダービルト大学に招聘されて去ると、エゴン・シャーデン（ドイツ系ブラジル人）がその後継者となった。彼は主として先住民グワラニ族の神話と文化変容の研究で名高く、人類学界の大御所的存在である。彼とは私も親しい。が、彼も一九六七年に引退してドイツその他各国の客員教授をした後、USPの別の部局の教授に戻った。その後を継いだのがジョン・バティスタで彼の評判は人柄も研究業績も芳しくない。特に上記の二人は彼を糞味噌に言う。シャーデンが後のことをよく考えなかったとも批判した。ブラジルの大学における伝統的カテドラティコの制度は特異で、詳しくは解らない。が、学部というものが教授群であるとすれば、カテドラティコは専制的主任教授とそれを助ける配下からなると言える。予算も学部に付くというよりは、その主任教授に付くと言ったら解り易いだろう。大学改革を推進する軍部政権はこれを廃止して学部制を敷くように指導していたが、名称が変わっても中身はなかなか変化しない。ジョン・バティスタは配下に自分の息の掛かったものばかり集めた。二人の優秀な女性人類学者エウニッセ・リベイロ・デュルハムとルッチ・コレーア・カルドーゾ（後年大統領となった社会学者カルドーゾの夫人）がいたが、彼女等はジョン・バティスタと対立して、政治学部局へ移ってしまっていた。今は彼の天下で、身の回りを身内で固めてしまったという。

　私はジョン・バティスタと幾度も会って話をした。いろんな話はするが、核心に触れたことは言わない。次を約して別れるということを繰り返す。私の存在に関心を抱いているが、警戒してもいる。時間を稼いで私の人間関係を探っている模様である。私は面倒になって会うのを止めてしまった。彼は黒人とイタリア移民の研究をしていたが、私は本は持っていても、特に関心は湧かなかった。

　次女が、妻と長女が生まれたと同じ産院で出生した。私はサンパウロで忙しくしていた上、これという名が見つからなかった。ブラジルでは父親が一〇日以内に届けなければ、一ヵ月以後になる。妻の実家では「名無しのごんべちゃん」と呼ばれていた。私は札幌生まれで、手稲山が彼地の象徴だった。私はたとえ自分が帰日せずに終わっても、成人してからこの娘に自分の山を見に行って欲しいと考え、「手稲」と名付けた。妻の父は、「それは北大寮歌のあの手稲か」と大層欣び、毎日この寮歌を歌って子守りをしていたという。次女の手稲も連れて一家四人で、一時知人宅に同居させてもらっていた。金のないのは苦にならなかった。学位を済ませて自信に満ちていたからかもしれない。次女に湿疹が出て市内の空気が悪いというので、郊外の農家に移った。すると湿疹はたちまち消えた。便が悪く、娘をバス停まで背負って医者に通ったりした。その頃、玉木勇治画伯が画廊にある絵の一枚をお前にやるから、それを売って車を買えと言ってくれた。画家達の絵がどんどん売れ出していた。車ができて、通勤が楽になった。農家の庭が広いので、友人達がわれわれの帰国と娘の誕生を祝うパーティをやってくれた。別の折のことだが、系統の異なる鈴木光威の仲間が焼肉パーティにやって来た。するとその一人が老境に入っていた渡真利成一（勝組の臣道連盟の特攻隊を総指揮した人物）だった。このグループは元勝組仲間だった。渡真利は私の娘を胸に抱いてあやし、私の質問には空惚けた返事をした。彼はユーホーに夢中だなどと嘯いていた。なかなかの曲者で、その惚け振りから彼の頭がまだまだ確りしていることが判った。

その内にサンパウロ州立大学のひとつ、リオ・クラーロ文理科大学の社会科学部で文化人類学を担当することとなり、泊まり掛けで車で出掛けて講義を始めた。サンパウロ市内から一八〇キロの内陸にある。この大学の人類学部門のボスは上記のフェルナンド教授であり、居心地は良かった。一九七〇年代、ブラジルの大学で人類学部門の博士（論文博士）の学位を出しているところはＵＳＰとこの大学以外にあまりなかった。ここで出せるようになった経緯は詳しくは知らないが、彼とその盟友プロコピオ（彼もしばらくこの大学の教授を兼任していた）の力によるものである。

プロコピオについてもう少し語ろう。彼は知識社会学、宗教社会学と人口論が専門であるが、哲学と古典に造詣が深い。コロンビア大学、ソルボンヌ大学で学んだ。彼はブラジル知識人の間でことの他威信が高く、フロレスタン・フェルナンデスその他多くの学者の昇進試験で審査員を務めた。一九六四年の軍事クーデターは、ジャニオ大統領辞任の後副大統領から昇任したジョン・ゴラールが労働運動界の大ボスで左傾化を強化した結果である。成立した軍部政権は左翼色の濃い研究者を国公立の大学や研究所から片端しから追放した。当時、社会科学領域の有名教授の大半はマルクス主義を大きな理論的武器にしていたので、USPの大物教授達も大方は「強制引退」させられた。この時、全国の大学人と学生、知識人の支援と国際与論を背景に、追放された社会科学系研究者の救済のために一九六九年に設立されたのがCentro Brasileiro de Análise e Planejamento（略称CEBRAP——ブラジル分析企画センター）という民間調査研究所である。これには米国のフォード財団の財政援助、およびサンパウロの企業からの多大な献金があった。ここには後年大統領を務めたフェルナンド・カルドーゾを始め、オタヴィオ・イヤンニ、ポール・シンジェル等の錚々たる研究者を傘下に収めた。そしてその後長い間、軍政批判で弾圧を受けた研究者の「駆け込み寺」ともなった。ここの初代所長となり、一〇年間引き続き名所長振りを発揮して名を更に揚げたのがプロコピオであった。これらの詳細はプロコピオの死後出版された追悼号に詳しく述べられている。この研究所は彼等の頭脳から奔流のように流出するエネルギーで執筆された出版物を続々と刊行し、これらが世界中で羽が生えたように破竹の勢いで売れ、やがて研究所はこの出版事業で自立採算が十分取れるようになった。プロコピオはマルクス主義者ではなかった。だが彼は誰よりも果敢に軍政に立ち向かい、これら追放された左翼研究者を救済したのである。

彼は私の記憶では生涯独身を通した。子供もなかった。われわれの大学院の仲間にベアトリス・ムーニス・デ・ソウザという物静かで、聡明な、麗しい美女がいて、彼女はいつもプロコピオと一緒だった。彼女は宗教社会学の研究者で長い間サンパウロのカトリック大学の教授をしていた。二人は別々に立派なアパートで生活をしていたが、愛人同士だと皆は理解していた。上品な知識人で、そぶりに見せもせず、隠しもしなかった。二人はブラジルの「サルトルとボヴォアール」だと言われ、皆から聖域のように見守られていた。

リオ・クラーロにおける私の地位も安定し、良い学生もおり、講義が流れに乗った頃、私の家族はそちらに借家して転居した。周囲はブラジル人の子供ばかりで私の二人の娘は見事なバイリンガルとなっていった。我が家の前は子供等の溜り場になった。窓の外の子供等の騒ぐ話が聞こえる。

「そんなこと、パパに訊いて来る」と叫んで、娘が家に飛び込んでくる。説明してやると、外へ飛び出し、友達に、パパがこう言った、ああ言ったとポルトガル語で解説している。それが実に正確に翻訳していた。家の中では日本語しか話さない。妻は子育てに夢中だった。私は毎週リオ・クラーロからサンパウロの人文研に通うようになった。私はこの内陸中都市での生活と大学にほどほどの満足感をもち、ここで自分なりの研究態勢を整えようと考え出していた。

③ 香山六郎自伝と中尾熊喜追悼論集

人文研における私の立場は相変わらず曖昧なものだったが、いくつかの調査案は提出した。例えば、「ブラジル日本移民の精神史研究」、「ブラジル日系人における人種間交婚の研究」などだった。だが、それらの組織的な調査には至らなかった。

一九七五年六月二八日、突然中尾熊喜が病没した。それを知って一番ショックを受けたのが九〇才になっていた第一回移民の香山六郎だった。彼は全盲のうえ耳もほとんど聞こえなくなっていた。彼は戦前『聖州新報』という邦字新聞を発行していた新聞人だったが、六五才の頃病気がもとで目と耳が悪くなり、それから自伝を書き出した。一九五八年の移民五〇周年の頃にはその大半を書き上げていたが、すでに全盲だった。出版のために原稿を人に渡すと手を入れられると懸念し、助手を使って手直ししながら何時までも手放さなかった。ノートに直筆で執筆したもの（盲人の彼はノートに縦に定規を当て、それに沿って文を書き、定規を数センチずらしては行変えして書き進んだ）を娘や助手に清書させた。原稿用紙に換算すると三千枚近い量だった（直筆ノート三四冊）。中尾の葬儀の日、彼は長男をとおして信頼する友人仲間に原稿を渡し、善処を依頼、多少の修正は止むをえないとした。

当時、文筆家としての香山の評価はかならずしも高くはなかった。そこで仲間で相談した上、出版する値打ちがあるか否かの判断を私に任せることとなった。私は苦労して読んだ後、かなり大幅に手を入れれば良い本になると報告した。そこで人文研に出版委員会が設けられ、その修正編集の作業を私に依頼した。私は一年数ヵ月を掛けて修正・削除・編集をした。全体を四部、二四章に分け、さらに多数の小見出しを入れ、それらのタイトルをすべて私が付けた。おそらく私の手の入らない行はほとんどないほど、原稿は真っ赤になり、全体の半分は削った。著者への配慮から削除は三分の一程度としておいた。当時私は、「この仕事をしなければ、自分の本が二冊書けた」と友人に洩らしたことがある。この本は『香山六郎回想録―ブラジル第一回移民の記録』として一九七六年九月に人文研から刊行された。校正もすべて私が一人でやった。この本は評判も良く、直ぐ売り切れた。

中尾熊喜は人文研の創立者であり、会長だった。彼の死去に際し、何らかの形の追悼文集を出すこととなり、その企画と編集を私が担当することとなった。その際、どのような案ができ、どのような文の割り振りが与えられても、会員はそれに従ってかならず書くという申し合わせがあった。私は只の思い出話を集めたようなものを編集するつもりはなかった。追悼記念論文集とすることとし、学問的な研究書を目指すこと、個人的な称賛に終わらないこと、中尾の人となりの諸相をチャンスに人間社会、日系人問題に迫ること、すべて依頼原稿によることを原則とした。そして、①人文研と中尾、②義捐の精神、③理想主義、④コチア産業組合、⑤苦学力行のモラル、⑥リーダーシップ、⑦ユートピア論、⑧移民間の相互扶助、⑨企業家精神の諸相を取り上げ、それに相応しい執筆者を選んで割り当てた。これを中核にして、第一部　社会変動とブラジル日系人社会、第二部　ブラジル日系社会と中尾熊喜（上述の問題）、第三部　中尾熊喜――その文章、という構成にした。中尾には二つのユートピア論があるので、それを彼の文章として所収することとした。この案は委員会で承認され、三人を除いて全員が与えられたテーマの論文を寄せた。私はこれを編集して印刷所へ回したが、私が急遽日本の大学に赴任することとなり、校正の段階で鈴木与蔵に後を頼む結果に終わった。これは『変貌するブラジル日系社会―中尾熊喜追悼記念論集』として私の帰国後間もなく人文研から一九七七年に刊行された。中尾の小伝も予定していたが、間に合わず、それは私が帰国後に一冊のライフ・ヒストリーとして仕上げた（『非相続者の精神史』御茶の水書房）。

私の二年半のブラジル在住の間に人文研との関係で実施した主な仕事は、以上述べた①香山自伝、②中尾熊喜追悼論集、③『コロニア小説選集』第一巻の三つの編集であった。小説選集は文学会の仕事だったが、これも人文研の所掌の範囲内だと了解された。結局私は最後まで研究担当理事にはならなかったし、それについて一言も催促めいたことは口にしなかった。河合は弁明らしいことは私に言った。私は特別な不満を抱いた訳ではなかったが、与えられた条件を越えた仕事をする意志もなかった。

④ 軍政下の大学紛争と私の日本転住

私は一九七七年四月に一家を挙げて日本に転住することになるのだが、それについて日系人の知人・友人の間でその理由が口にされた。私自身は詳しく人に語ったことはない。日本の国立大学に招かれて、前山もブラジル日系人などには未練はないのだと言うものもあれば、日系社会ではやはり前山を養い切れないのだとも言われた。私は大学の正規の教師として立派な給料を貰っていて、日系社会に喰わせて貰う必要は無かった。作家の田宮虎彦は日系社会は前山を手放すべきではなかったと言った。帰国の事情も含めて、以下簡単に私のブラジル居住最後の時期についてスケッチしておく。

一九七六年のある時点で、私の日本での恩師から信州大学が文化人類学者を募集しているから応募してはどうかという連絡が入った。私の気持が大きく動いた訳ではなかったが、一応書類は送っておいた。推薦状が必要になるのでコーネル大のスミスと東大の大野盛雄の名を出しておいた。九月には三人目の子供が生まれ、五人家族のうち四人がブラジル生まれ・ブラジル国籍である。妻の実家は大家族で皆現地におり、われわれの生活はブラジルに根を張っていた。日本の大学に格別な魅力を感じてはいなかった。私はもっと納得のいく業績を積むことが当面の仕事だと思っていた。

サンパウロでは一〇、一一月頃、サンパウロ州立大学で大きな学園紛争があり、ストライキや集会が幾度もあった。これは大学再編に関する紛争であり、日本や合衆国のものとは様相を異にしていた。端的に言えば、教師陣、学生、事務職員全体が一体となって唯一人の学長と闘っていたのである。学長のルイス・フェレイラ・マルティンスは四〇才そこそこの若い男で、彼は軍部政権と州政府の権力を背景にして外部から一方的に任命されてきたインテルヴェントール、つまり執政官であった。だから彼は大学全体を相手にしても思いどおりのことができた。もとより軍部政権は悪いことばかりする訳ではけっしてない。そればかりか、彼等には国家を建て直すという神懸かりに似た強固な信念もあった。エジプトのナッセルもそのような権力者だった。「未来の大国」と言われ続けてきたブラジルが開発と民主化で挫折を繰り返し、永遠に「未来の大国」から抜け出られないと評されてもいた。国民は怠け者である、だから国民全員に軍隊の厳しい軍律を課す、すなわち国家全体を軍隊組織に準じたものにする、それによって国家に革命的な活力をもたらすといった意気込みもあった。それが新しい「ブラジル革命」だと主張されていた。

サンパウロ大学も州立であり、他にもまだある。われわれの大学は州内の十数の代表的な地方中都市に設立され、以前はそれぞれが独立していた大学(多くは文理科大学)だったが、それらがひとつに統合され、パウリスタ州立大学という名になった(パウリスタとはサンパウロ人の意)。したがってこれはマンモス大学、蛸の足大学である。だからこの学長はその全体の唯一人の権力者だった。その彼が彼の設計図に則って全体の大再編に着手していた。それぞれが単科大学ではなく、ある程度特色をもつにしても、例えば社会科学に強いところ、農学に特色があるところ等、だが、一般に多くの研究教育領域を抱えた大学であった。ごく単純化して、文理科大学が各地にあったと言えば解り易い。他に数ヵ所には別の州立大学もあった。これらを噛み合わせて、州を四ブロックに再編し、各ブロックに幾つかの特色をもたせた強力な大学を作るという案である。一例を挙げれば、社会学、人類学、心理学の専門家の大部分をアララクアラに集結させてその領域の強力な大学とする、別の都市には別の領域の研究者を糾合させるといった基本線である。この目標自体は悪くない。だがその再編構想と実行法立案には教師陣も学生も参画できず、ほとんど発言権が許されない。構想作りに参加できないだけではなく、上層部によって既に出来上がっているらしい基本構想が一般教師にも学生にも明示されなかった。

「一九六八年の大学改革」の大号令以来、再編はいろいろな形で進行していた。一例を挙げれば、そこでは「大学の自立」が謳われていたが、それは「大学の自治」でも民主化でもなかった。そのひとつの「財政的自立」とは、政府の財源からできるだけ自立し、民間企業に財源を求めることだった。またそれは、当時授業料不要だった大学に学生から徴収する道を開く可能性も暗示していた。産学協同の精神は大学の企業への依存・従属に繋がる恐れがあり、「社会的要請」の名の下に大学自治が脅かされる懸念があった。また、「学内行政の自立」では予算の執行に官僚主義による煩瑣な審査・監査からもっと自由になる可能性が示されたが、一方企業からの介入がありえた。さらに主任教授（カテドラティコ）の専制を廃して学部制にするのは一見民主化に見えるが、主任教授から権力を学部や大学当局に移し、その上で大学や学部に執政官を送って政府の支配下に収めるやり方だった。主任教授は各領域毎にいるから少なくともそれらの利益代表にはなるが、学長、学部長はそうではない。いずれにしても一般教師陣や学生の意向が反映される仕組ではなかった。大学の自治は蹂躙され、軍部による弾圧は明らかだった。

一一月、州内各地に散在する学部が集結して教師・学生共同の一大決起大会が開かれ、こうした問題が論議されたが、その声・決議が上層部に反映される気配はなかった。教授陣の間ではこんな軍部政権管理下の大学は辞めてしまおう、私学に移るべきだという話が毎日聞かれた。フェルナンドは「自分は定年が近いから何時辞めても構わないが、こんな横暴は許せない」と怒っていた。われわれの所属する社会科学科の人類学、社会学、心理学の大部分は強制的にアララクアラのキャンパスに移されるという噂が流れていた。日本の学園紛争時、筑波大学への再編に反対して闘った東京教育大学文学部の教師陣には、大学の自治その他の問題の他に東京の自宅や出版界・マスメディアから離れたくない事情もあった。サンパウロ州は広い。筑波問題に似た面もあり、幾百キロも離れた都市へ突然移されるのも大変だった。新任で借家住まいの私にはそのような問題は切実には感じられなかった。

二月はカルナバルの時期で休みが続き、新学期は三月に始まる。二月一四日、かねてからの計画に基づき、早朝家を出てカンピーナスにある東山農場（三菱の岩崎家が所有する事業の一つ）へ向かった。六～七日の予定でそこの図書室にある文献を読むためだった。以前友人とこの農場に遊んだ折、重要文献を発見したのだが、誰にも洩らさなかった。今回は単独で正式の許可を得て、文献調査ということで訪れたが、目的はひとつだった。それは昔ここの農場長もやり、「コロニア天皇」とも称されて日系社会の頂点に君臨し、一九六四年に死亡した山本喜誉司の日記だった。これの存在については誰も言及したことがなかった。それは言論統制のため一番史料の欠如している戦時中とその直後に関して詳細な記述があるので、じっくり読む機会を探していた。それは分厚く十数冊に製本したもので、情報の宝庫であり、貴重なものだった。私は農場に泊り込み、朝六時に起床、朝のコーヒーを摂り、三〇分ジョギングをしてから七時に開始、深夜零時まで二度の簡単な食事以外は休まずにその日記を読み続けた。かなりのメモも取った。誰も邪魔しない。深夜、酒をがぶがぶ飲んで熟睡し、翌日も同じことを続けた。実によく仕事ができた。

ところが四日目の一七日に家から電話が入り、昨夜信州大学から国際電話があった、今夜もう一度電話が来るから帰宅せよという。どうやら来るものが来たようだ、決まって、妻が賛成したら帰国だなと思った。調査は途中だが、午前中で切り上げて帰宅した。深夜、約束の時間に人事委員長の中川教授から、赴任してくれるか、教授会投票はまだだが、新学期に間に合うよう、直ちに帰国準備に入ってくれという。その場で赴任を約束した。電話の前に妻と話し合っていた。日本に行くか、ブラジルに残ってもいいのだ、日本に行ったら、子供も小さいし、親の死に目にも会えないかもしれない、それでいいか、と問うと、それでいい、貴方が一番良いと思うようにしなさいと答えた。それで大体肚が定まった。一八日、サンパウロ市に出て、人文研の仕事、特に中尾熊喜追悼論集の最後の編集作業をする。また友人の弘中千賀子の第一歌集『小さき詩型』の校正もする。その夜、野尻アントーニオと弘中千賀子と酒を呑み、帰国の件を話す。弘中に大分泣かれた。その折は人文研には告げなかった。カルナバルの間、本格的に準備を始めた。二月二八日、アララクワラの学部長から正式の書面であちらへ転勤の意志があるかどうかを確認してきた。それを開封した時、たまたま同僚の友人が傍にいたので、ひょいとそれを見せた。それでそのニュースがあっという間に全キャンパスに拡がり、皆に激震が走った。私は同じものが皆に来ていると思ったのだが、そうではなかった。私一人だけだった。私は外国人で、大学再編とその執政官学長のやり方に強い反感抵抗をもたないと判断されたらしい。どうやらわれわれの学科は大学当局としてはすでに消滅が決定していたらしい。学生が皆残っているのだから、向こう三年は従来どおり授業が続くのだ。

夫婦でフェルナンド宅を訪問し、手紙が来たこと、辞職と日本帰国の考えを伝えた。彼は、自分は背中にピストルを突き付けられでもしない限りアララクワラへは行かない、前山は帰国しない場合はこの際移転したほうがいい。一人だけ最初に通知がきたのだから、先に行って人類学者のまとめ役をしてくれれば一番良い。そう言った。彼は定年が近いから反抗を貫ける。何時でも辞めると言った。が、皆は違う。表面は大反対しているが、学長の設計図どおり再編が実行されることを熟知している。辞めてしまおうと公言しても、辞められはしないのだ。徹底した上意下達で、教職員の抵抗は初めから腰砕けだった。

三月七日、新学期が始まった。リオ・クラーロの学部長に辞任と帰国の意志を伝える。それは学長の意志と再編の方針に背き、辞任するという形になるが、それは口には しなかった。信州大学の話が無ければ、私も転任を拒めなかっただろう。でも、形の上では抵抗した姿になった。こんな大学は去ろうと合い言葉にしていたが、私一人が去った。

四月二日、人文研と文学会合同の送別会があった。幾人かが立って所見を述べた。宮尾進は、前山ひとりを食わせられない日系社会は情けないと言った。私はなにも意見は言わなかった。人文研を核にして、大学と日系社会とで研究をするためにブラジルに帰った。だが、河合とその盟友達は約束を果たさなかった。それが私の日本転住の最大の理由ではなかった。軍政下の大学は腑甲斐なかった。共に闘う条件を私はもたなかった。そして日系人研究はこれからは自分一人だけでやろうと肚に決めていた。

日本へ送る書籍は三トンあった。妻と三児を連れ、友人達と妻の一族に見送られ、四月一八日、サンパウロを発ち、二〇日、羽田に着いた。四才、二才の娘は完全なバイリンガルで部屋を踊り歩き、前山一族は大変喜んだ。息子は生まれて半年だった。最初の日本出国から一六年が経っていた。日本の高度成長期以前に出国し、オイル・ショックで「日本の奇跡」が終わった時期に帰って来た。

この一六年半を全体として眺めて見れば、その生活は丸ごと長く長く続いた私流儀のフィールドワークだった、と言うことができるだろう。日本、ブラジル、アメリカ合衆国を三つの頂角とする「三角形の比較文化論」を体験的に生きる、発掘作業のような連続するフィールドワークだったという実感がある。

文学《ぶんがく》の心《こころ》で人類学《じんるいがく》を生《い》きる——南北《なんぼく》アメリカ生活《せいかつ》から帰国《きこく》まで十六年《じゅうろくねん》

2010年11月10日　第1版第1刷発行

著　　者——前　山　　隆
発 行 者——橋　本　盛　作
発 行 所——株式会社 御茶の水書房
〒113-0033　東京都文京区本郷5-30-20
電話　03-5684-0751

Printed in Japan　　組版・印刷／製本——㈱タスプ

ISBN978-4-275-00910-4　C0036

著者年譜

昭和8年（1933）

8月4日、札幌市北五条東十二丁目国鉄西官舎に、父前山良一、母ミヨの三男として出生

昭和15年（1940）　6歳

札幌市苗穂小学校に入学。

昭和17年（1942）　8歳

3年の時、弟浩伸とともに根室国別海村の西春別小学校に転校。石井岩次郎、叔母トキ（父の妹）と同居、養子となることが模索されたらしい。叔父は西春別の軍馬補充部に勤務。11月頃、父が国鉄を退職、一家は東京に転居。

昭和18年（1943）　9歳

1月、肺炎で高熱を出し、回復後、弟を根室に残して上京し、家族に合流。中野区江古田国民学校に転校（3年3学期）。

昭和19年（1944）　10歳

叔父石井岩次郎死去。叔母は弟を連れて青森県三戸町に転居。7月、三戸国民学校に転校（5年1学期）。弟とともに父方祖父母と同居。

昭和20年（1945）　11歳

8月、終戦。小学6年生。

昭和21年（1946）　12歳

岩手県立福岡中学校（旧制）に入学。2年の頃より酒と文学書に親しむ。

昭和23年（1948）　14歳

6月、父、喉頭結核で死去。一家の貧困深まる。

昭和24年（1949）　15歳

福岡高校1年の時、仲間で同人雑誌『雑魚』をガリ版で6号まで発行。卒業まで間借りで自炊生活。宮沢賢治、ツルゲーネフ、ドストエフスキー、安藤昌益などを読む。

昭和27年（1952）　18歳

高校卒業。以後、経済的に完全独立。4月、助教諭（代用教員）として、岩手県九戸郡戸田村戸田小学校に勤務。

昭和28年（1953）　19歳

児童画に深く関心を抱き、久保貞次郎、霜田静志、A.S.ニールを読む。8月、小学校を退職。9月、仙台に出て、阿部和子（阿部次郎長女）の経営する託児所兼共産党細胞（市内宮城野原）の留守番をしながら、受験勉強。12月、肺浸潤

を患い青森の自宅で養生。

昭和29年（1954）　20歳

4月、静岡大学文理学部に入り、仰秀寮に入寮。この頃、万葉集を読み耽る。

昭和30年（1955）　21歳

夏期の約50日間、友人二人と北海道を徒歩旅行。8月末、退寮し、農家の納屋二階に間借りして自炊生活。文理学部の文芸誌『哭』5〜6号の発行に関わる。

昭和31年（1956）　22歳

哲学を専攻。この頃より文化人類学に関心を深める。同人雑誌『二流』を3人で発行。静岡大学教育研究所『文化と教育』に小説「贈り物」を発表。

昭和32年（1957）　23歳

大学の枠を外して同人を誘い、同人誌『集団静岡』を発行。二号で終わる。

昭和33年（1958）　24歳

社会人類学研究会立ち上げを発意、学内にビラを貼りだす。二人賛同者をえるが、事前に挫折。研究会用にエヴァンズ＝プリチャード『社会人類学』（邦訳）を読む。

昭和34年（1959）　25歳

レヴィ＝ストロース『悲しき南回帰線』（室淳介部分訳、講談社）を読んで感動。ブラジル渡航を考える。

昭和35年（1960）　26歳

ディルタイの哲学についての卒論を提出して、静岡大学を卒業（留年2年）。吉見書店に勤務しながら、サンパウロ大学と留学交渉を続け、12月、給費留学生採用の通知。

昭和36年（1961）　27歳

4月18日、貨物船春国丸に乗り、高知県須崎港から出国、シンガポール、ゴア、ケープタウンを経由して、5月27日、リオデジャネイロに上陸。3日間船に寝泊りして、リオ見物をした後、長距離バスでサンパウロへ。7月初め、サンパウロ大学付属パウリスタ博物館民族学部門に通って先住民インディオの勉強を始める。7月11日、博物館のヴィルマ・シアラ、大学生のグラディス・ムゼェ、トゥカ（マリア・ド・カルモ・セッテ）の3人の若い女性と4人連れでマット・グロッソ州カセレスへ発掘旅行。30日、軍用機でサンパウロに帰った。アマゾン旅行を計画していると、8月25日、クアドロス大統領が突然辞任、内戦状況となって戒厳令が敷かれる。結局武力衝突なしに、副大統領のジョン・ゴラールが昇格就任。9月21日、5台のトラックの一行に混じってアマゾン河口の都市ベレンに向けて出発。ゴイアニア、アナポリス、グルピ、インペラトリス経由で10日目にベレンに到着。約20日間ベレン周辺とトメアスー

を見て歩く。10月19日、マナウス行きのクルゼイロ・ド・スル号に乗船、モンテ・アレグレの戦後移民植民地を見学し、アレンケール、サンタレン、パリンチンス経由で、11月21日にマウエスに到着。神園萬輔宅に滞在。25日夕刻、メンデス・フィリョというインディオの子孫の小舟に乗せられて、二人きりで深夜のアマゾン支流を下り、約20時間かけてマナウスに着く。12月2日、ブース・ラインという英国会社の商船に無料で乗せてもらい、4日間でベレンへ下る。その後、東北部に回り、フォルタレーザ、レシーフェ、バイアを経由し、12月25日、サンパウロに帰り着き、約百日の一人旅を終える。

昭和37年(1962)　28歳

パウリスタ博物館に通いながら、黒人民衆劇場のグループと交流。市内のアフロ・ブラジリアン・カルト集団を探訪して歩く。パラナ旅行。10月、サンパウロ大学の奨学金が終わり、主に日系社会に関連したアルバイトで生活を凌ぐ。

昭和38年(1963)　29歳

サンパウロ大学付属サンパウロ社会学政治学院大学院に入学。周縁貧困地帯のディアデーマに転居して間借り生活。日系人の結社土曜会に斉藤広志の紹介で入会し、日系ブラジル文学を調べて発表。居住地区日本移民の頼母子講を調査。カルト集団探訪を継続。

昭和39年(1964)　30歳

南リオ・グランデ州の沿岸地帯・内陸奥地の一人旅。

昭和40年(1965)　31歳

テキサス大学、コーネル大学、サンパウロ大学の共同研究プロジェクト「現代複合社会における文化変容」が二年計画で始まり、ジョン・コーネル教授が到着。これにフルタイムの調査員として参加。サンパウロ、パラナ両州の各地で現地調査。7月、武本由夫と創作中心の文芸同人雑誌発行の準備を本格化させる。

昭和41年(1966)　32歳

現地調査継続。7～8月、中川安五郎のジープに乗ってマットグロッソ南部の日系集団地を網羅的に訪問、各地でサーベイ調査。8月、ロバート・スミス夫妻(コーネル大学)が到着。サンパウロ首都圏調査開始。11月、日系文学団体「コロニア文学会」創立。

昭和42年(1967)　33歳

5月、現地調査終了。スミス夫妻帰国。調査結果を基に日系人宗教に関する修士論文を執筆。9月、修論審査を受けて、論文を大学に提出。テキサス大学大学院人類学博士課程への留学のため、9月、ペルー、メキシコを経由し

てテキサス州オースチンに行き、ジョン・コーネル教授の研究助手をしながら文化人類学を学ぶ。

昭和43年（1968）　34歳

9月、テキサス大学に籍をおいたまま、コーネル大学国際研究センターの客員研究員となり、ニュー・オーリンズ、フロリダを経由してニューヨーク州イサカのコーネル大学へ行く。スミス教授の補佐をしながら国立科学財団への調査最終報告書の執筆に従事。

昭和44年（1969）　35歳

4月、スミス夫妻とともにテキサス州ヒューストンのライス大学に行き、全米の日本研究文化人類学者による「行動科学による日本研究」シンポジュームにオブザーバーとして参加。そのあと、ブラジル調査報告書の協議のためテキサス大学に移動。翌朝、スミス夫妻が無免許のゴーゴー・ガールの車に刎ねられて大怪我をする。スミス夫妻を病院に残して大学に戻り、報告書執筆に専念。コーネル大学大学院博士課程への転学が決まる。6月から9月初めまで、9年ぶりに一時帰国。9月、人類学博士課程の学生としてフルタイムで学業に専念。

昭和45年（1970）　36歳

1月、9ヵ月の入院生活を終え、スミス夫妻がテキサスから元気に帰学。6月、東京教育大学の留学を終えて帰国する途中の藤村ジャンジーラとイサカのスミス邸庭で結婚。11月、カリフォルニア州サンディエゴで開催された全米人類学会での「海外の日系人」シンポジュームに論文発表。

昭和46年（1971）　37歳

6月、博士課程の単位を済まし、博士候補となるための筆記試験に合格。国立科学財団（ＮＳＦ）とコーネル大学の助成金を得て、9月、学位論文用の現地調査のためにブラジルへ。ペルーでのインカの織物文様調査に赴く妹の前山寿美子が同行。アマゾン河口のベレンから入国（移民ビザ）。サンパウロ州の地方都市サンカルロスを調査地に選定し、借家をして住み着く。

昭和47年（1972）　38歳

サンカルロス調査。5月、研究の一環として現地社会の問題を採り上げ、土着劇「トマトとコンピューター」を書き、素人の演劇グループを立ち上げて上演。11月、長女茅上誕生。

昭和48年（1973）　39歳

サンカルロス調査継続。戯曲「トマトとコンピューター」でブラジル日本文化協会のコロニア文学賞を受賞。8月、現地調査を終え、ペルーの天野芳太郎を訪問してからコーネル大学に帰学。学位論文執筆に取り掛かる。

昭和49年（1974）　40歳

8月、車が野生の鹿と衝突、その鹿を解体して鹿肉パーティを催す。論文を書き上げ、9月16日、論文審査に合格。10月初め、ブラジルに帰る。サンパウロ人文科学研究所の専任研究員をしながら、大学に職を探す。11月、次女手稲誕生。

昭和50年（1975）　41歳

サンパウロ州立大学リオクラーロ文理科大学社会科学部の助教授（文化人類学担当）。引き続き、人文研の専任研究員。リオクラーロ市に移転。

昭和51年（1976）　42歳

9月、長男迅誕生。10～11月、軍部政権から送り込まれた執政官学長に対して、全学挙げての学園闘争が展開される。

昭和52年（1977）　43歳

2月、信州大学人文学部からの招聘があり、比較文化論担当の助教授として帰国することに決める。4月、ブラジル国籍の家族四人を連れて日本へ。松本に定住。かねてからの約束に従い、6月から8月にかけて、ハワイ大学ホノルル本校に客員教員として出張、夏学期間講義。

昭和53年（1978）　44歳

4月～11月、静岡大学に哲学会を立ち上げるために同研究室卒業仲間と努力してその中心的な役割を担う。11月23日、静岡大学哲学会創立総会。会員は卒業生だけではない。

昭和54年（1979）　45歳

3月、中野卓・鳥越皓之と三人でハワイ日系人高齢者のライフ・ヒストリー調査を実施（トヨタ財団助成）。

昭和55年（1980）　46歳

7月、筑波大学歴史人類学系へ助教授として転勤。主としてラテンアメリカ研究特別組織と地域研究研究科（大学院）で研究と講義。『ラテンアメリカ研究』誌の編集担当。7月、8月、前年に引き続きハワイでライフ・ヒストリー調査。

昭和56年（1981）　47歳

12月、文部省在外研究員として家族全員を連れてブラジルへ。途中、メキシコに数日滞在。ペルナンブーコ州ゴイアナ市に定住して都市人類学的調査を実施。

昭和57年（1982）　48歳

3～7月、ゴイアナ現地調査のかたわら、ペルナンブーコ連邦大学文化人類学大学院で客員教師として隔週で現地調査法に関するゼミを担当。10月、調査を終えて帰国。

昭和59年（1984）　50歳

8月～12月、客員教授として単身テキサス大学オースチン本校へ出張、人類学部とアジア研究センターでラテンアメリカの日系人に関する講義。その後、メキシコへ旅行。

昭和60年（1985）　51歳

4月、静岡大学人文学部へ転勤。文化人類学担当教授。

昭和63年（1988）　54歳

7月～8月、文部省科学研究費（海外学術研究）によるブラジル人の日本観・日本人観に関する調査をサンパウロ州、パラナ州で実施。

平成3年（1991）　57歳

4月、マドリッド大学に日本研究センターが設置されるのを記念して開催された国際シンポジュームに招かれて「ブラジル人カトリック教徒における日本宗教」として講演。数日間、初めてポルトガルを旅行。7月～10月、文部省科学研究費（海外学術研究）による共同調査プロジェクト「アジア系ラテンアメリカ人の民族性と国民統合」（代表者前山隆）でブラジル・ガイアナ・スリナム・トリニダードにおいて現地調査。

平成4年（1992）　58歳

7月～10月、同上プロジェクトでガイアナ、スリナム、トリニダードで現地調査。

平成7年（1995）　61歳

5月、ロンドン大学キングズ・カレッジで開催された「西洋における日本新宗教」シンポジューム（同大学新宗教研究センター主催）に招かれて研究発表。6月、リオデジャネイロで開催された国際環境シンポジュームに招かれ、ポルトガル語で論文発表。

平成8年（1996）　62歳

9月、サンパウロの救済会（日系社会福祉団体）の招きで御茶の水書房橋本盛作社長と同行して著書『ドナ・マルガリーダ渡辺』の出版記念会出席のためブラジルへ。

平成9年（1997）　63歳

4月1日、静岡大学を定年退職。翌日、阪南大学国際コミュニケーション学部教授として大阪に単身赴任。この年、スミス教授も退職する。だが、記念パーティで多忙な時を避け、8月、早目に夫婦でその自宅に夫妻を訪問して長年の労をねぎらう。ついでにその庭に大木として聳えるわれわれの結婚記念樹の下で記念撮影。9月、ロバート・スミス教授のコーネル大学定年退職を記念して開催された国際シンポジューム「伝統、セルフと日本社会」（コーネル大学東アジア研究センター主催）に招かれて研究発表。

平成12年(2000)　66歳

3月、ヨーロッパを知らない妻(ブラジル国籍)の求めに応じて、結婚30年記念を理由に10日間のポルトガル観光旅行（レンタカーでの旅)。途中、ロンドン見物。

平成16年(2004)　70歳

前年暮れから正月にかけて阪南大学同僚とブラジル旅行。著書ポルトガル語訳出版の件と入院中の野尻アントーニオの見舞いを兼ねる。3月31日、阪南大学定年退職。以後、定職に就かず。野良仕事主体に生活。6～7月、著書ポルトガル語版の出版記念会出席のため、救済会の招きで御茶の水書房社長父娘と同行、サンパウロへ。8月、イタリアの旧友ピノ・バイレ(36年振り)の誘いに応じて夫婦での初めてのイタリア旅行(10日間のレンタカーの旅)。

平成18年(2006)　72歳

11月、静岡大学哲学会会長に就任。

平成19年(2007)　73歳

8月、ブラジル日系女流歌人二人それぞれの遺歌集を編集出版（御茶の水書房刊)し、それを携えて渡伯、サンパウロで出版記念会を催す。その帰路、9月、米国でコーネル大学、ジョンズ·ホプキンズ大学、デューク大学(ノース·カロライナ大学と隣接して対になっている)を訪問。

平成22年(2010)　76歳

8月満77歳。9月、現在に至る。

(2010年9月12日前山隆作成)

著書等業績一覧

1. 著書・編著

1967a　*O Imigrante e A Religião: Estudo de uma Seita Religiosa Japonêsa em São Paulo,* São Paulo: Escola de Sociologia e Política de São Paulo, Mimeographed.

1967b　*The Japanese and Their Descendants in Brazil: An Annotated Bibliography,* São Paulo: Centro de Estudos Nipo-Brasileiros.（共著者：Robert J. Smith, John B. Cornell & Hiroshi Saito）

1973　*Assimilação e Integração dos Japonêses no Brasil*, São Paulo: Editôra da Universidade de São Paulo（共編著者：Hiroshi Saito）

1975a　*Familialization of the Unfamiliar World: The Família, Networks,and Groups in a Brazilian City*, Ithaca, N.Y.: Cornell University, Center for International Studies.

1981　『非相続者の精神史――ある日系ブラジル人の遍歴』東京：御茶の水書房。

1982　『移民の日本回帰運動』東京：日本放送出版協会。

1986　『ハワイの辛抱人――明治福島移民の個人史』東京：御茶の水書房。

1993　『アジア系ラテンアメリカ人の民族性と国民統合――民族集団間の協調と相克に関する研究』静岡：静岡大学人文学部文化人類学教室（編著）。

1996a　『エスニシティとブラジル日系人――文化人類学的研究』東京：御茶の水書房。

1996b　『ドナ・マルガリーダ渡辺――移民・老人福祉の53年』東京：御茶の水書房。

1997　『異邦に「日本」を祀る――ブラジル日系人の宗教とエスニシティ』東京：御茶の水書房。

2001　『異文化接触とアイデンティティ――ブラジル社会と日系人』東京：御茶の水書房。

2002　『風狂の記者――ブラジルの新聞人三浦鑿の生涯』東京：御茶の水書房。

2003　『個人とエスニシティの文化人類学――理論を目指しながら』東京：御茶の水書房。

2004　*Margarida Vatanabe: 53 Anos de Assistencia a Imigrantes e Idosos*. São Paulo: Editôra Zipango.

2008　*Asian Latin-American Ethnicity: Guyana, Surinam, Brazil and Argentine.*（Special Issue, *Latin American Studies,* Vol.16）, Tokyo: The Association for Latin American Studies（前山隆編著）.

2. 論文

1966 「『地平線』の時代——ブラジル日系コロニア文学史の一断章」『コロニア文学』創刊号、pp.30-48。

1968 「ブラジル日系マイノリティ社会における宗教行動の一考察」『研究レポート』(サンパウロ人文科学研究所)第3号、pp.109-133.

1969 「二世のなかの日本」大野盛雄編『ラテン的日本人』東京:日本放送出版協会、pp.121-53.

1972a 「現象学的人類学と文化の定義」『偶成』第2号、pp.2-23.

1972b "Ancestor, Emperor, and the Immigrant: Religion and Group Identification of the Japanese in Rural Brazil," *Journal of Interamerican Studies and World Affairs,* vol.14, no.2, pp.151-182.

1973 "Religião, Parentesco, e as Classes Médias dos Japonêses no Brasil Urbano," In, H. Saito & T. Maeyama (eds.), 1973, *op.cit.,* pp.240-272.

1975 「移民文学からマイノリティー文学へ」『コロニア小説選集Ⅰ』サンパウロ:コロニア文学会、pp.306-320.

1977 「ブラジルのカーネギーとなれ:裸一貫の倫理と実業家中尾熊喜」『変貌するブラジル日系人社会』サンパウロ:サンパウロ人文科学研究所、pp.115-147.

1978a 「若き中尾熊喜:ある帰化日系ブラジル人のライフ・ヒストリー①」『ブラジル日系社会のいぶき——日本移民70年記念論集』サンパウロ人文科学研究所、pp.37-66.

1978b 「適応ストラテジーとしての擬制親族——ブラジル日本移民における天理教の事例」『人文科学論集』(信州大学人文学部紀要)第12号、pp.39-50.

1979a 「日系人と日本文化——特に日系ブラジル文化と国家観について」『海外移住の意義を求めて』東京:外務省&国際協力事業団、pp.202-213.

1979b "A Minority Group in an Underdeveloped Nation: The Japanese Case in Brazil," *Studies in Humanities* (Shinshu University), no.13, pp.67-84.

1979c "Ethnicity, Secret Societies, and Associations: The Japanese in Brazil," *Comparative Studies in Society and History,* vol.21, no.4, pp.589-610.

1980 "'Racial Paradise' Reconsidered: National and International Significance of Local Japanese American Values for Understanding the Process of Cultural Pluralism," *Studies in Humanities,* no.14, pp.87-92.

1981a "The Masters *versus* The Slaves under the Plantation Systems in Brazil: Some Preliminary Considerations," *Latin American Studies,* vol.3, pp.115-141.

1981b 「有賀喜左衛門における社会人類学的視角」『文化センター通信』第6号、pp.118-127.
1982 「ブラジルの日系人におけるアイデンティティの変遷——特にストラテジーとの関連において」『ラテンアメリカ研究』(筑波大学)第4号、pp.181-219.
1983a 「『家』の先祖から『家族』の先祖へ——ロバート・J・スミスの研究をめぐって」ロバート・スミス著前山隆訳『現代日本の祖先崇拝』下巻、御茶の水書房、pp.373-404.
1983b "Religion, Kinship, and the Middle Classes of the Japanese in Urban Brazil," *Latin American Studies*, vol.5, pp.55-82.
1983c "Omoto: A Japanese 'New Religion' in Brazil," *Latin American Studies*, vol.5, pp.83-102.(共著者: Robert J. Smith)
1983d "Japanese Religions in Southern Brazil: Change and Syncretism," *Latin American Studies*, vol.6, pp.181-238.
1983e "Culture and Value System in Brazil: A Preliminary Note," *Latin American Studies,* vol.6, pp.153-168.
1984a 「異質なものへの語りかけの視座——在日日系日本人の論」内山秀夫編『国際人の条件』東京:三嶺書房、pp.161-190.
1984b 「『文化変容(アカルチュレーション)』についての一民俗概念——ブラジル日系人における和魂伯才論」『地域研究』(筑波大学大学院地域研究研究科)第2号、pp.43-57.
1984c 「ブラジル社会——人種と文化のるつぼ?」大貫良夫編『民族交錯のアメリカ大陸』東京:山川出版社、pp.457-492.
1984d 「ブラジルの日系人におけるエスニシティとアイデンティティ——認識的・政治的現象として」『民族学研究』48巻、4号、pp.444-458.
1984e 「適応の論理と心理——ブラジル日系人の母国敗戦時の変動」『歴史人類』(筑波大学歴史人類学系紀要)、第12号、pp.127-152.
1985a 「グラックマン——社会変化と葛藤」綾部恒雄編『文化人類学群像Ⅰ、外国編Ⅰ』京都:アカデミア出版会、pp.407-426.
1985b 「エスニシティにおける国の論理と人の論理——ブラジル日系人の場合」『文化人類学』第2号、pp.142-153。
1986 「ブラジル日系人における分裂と統合——エスニシティとアイデンティティの問題」重松伸司編著『現代アジア移民』名古屋:名古屋大学出版会、pp.1-32.
1987 「異文化接触と文化変動——ブラジル日系人の事例に照らして」『文化と哲学』(静岡大学哲学会紀要)第6号、pp.1-27.
1988 「ブラジル、日本、日系人」『三田評論』898号、pp.24-31.

1989　「現代ブラジル人の日本観・日本人観」綾部恒雄編『日本文化の普遍性と特殊性に関する文化人類学的比較研究』筑波大学歴史人類学系、pp.71-81.

1990a　「日系人（ブラジル）——中間マイノリティの問題」『文化人類学』第7号、pp.208-221.

1990b　「個人研究と社会的行為に関する試論」『族』第12号、pp.1-13.

1990c　「社会人類学における構造と個人——“person”概念からの照射」『社会構造における自己組織性——個と全体の相互関連性に関する基礎研究』（代表者、池田善昭）静岡：静岡大学人文学部、pp.56-80.

1992a　「ブラジル生長の家教会の多元構造——シンクレティズムとエスニシティの問題」中牧弘允編『陶酔する文化——中南米の宗教と社会』東京：平凡社、pp.141-174.

1992b　「現代ブラジル人における日本宗教——日本観・日本人観の一課題」綾部恒雄編『外から見た日本人——日本観の構造』東京：朝日新聞社、pp.135-160.

1993a　「移民・家族・墓——ブラジル日本移民を中心に」比較家族史学会編『家族と墓』東京：早稲田大学出版会、pp.150-170.

1993b　「クリオール化、ガイアナ化、中国系ガイアナ文化」前山隆編著、前掲書、pp.79-93.

1994　「ポスト植民地主義と文化人類学——主としてカリブ地域研究の視角から」『社会人類学年報』第20号、pp.1-25.

1995　「1930年代サンパウロ市における日系学生結社——国家、ひと、エスニシティ（その1）」柳田利夫編著『アメリカにおける日系人』東京：同文館 出版、pp.57-86.

1996　「都市環境と文化人類学（基調講演）」日本ブラジル環境フォーラム実行委員会編『都市と地域開発における環境問題』東京：日本ブラジル中央協会, pp.12-23.

1998　“Urban Environment in Developing Countries and Cultural Anthropology: A Brazilian Experience,” K.Aoyagi, P.J.M.Nas & J.W.Traphagan (eds.) *Toward Sustainable Cities:Readings in the Anthropology of Urban Environments*, Leiden:University of Leiden, Institute of Cultural and Social Studies, pp.117-129.

1999　「ライフヒストリーを取材する——個人と主観性の文化人類学」宮本勝・清水芳見編『文化人類学講義——文化と政策を考える』東京：八千代出版、pp.139-156.

2001a　「ブラジルで日本人を人類学する——『エスニック日本論』への道」『民族学研究』65巻、4号、pp.376-391.

2001b　「同伴移民、妻移民、子供移民——ブラジル日系女性移住体験を中心に」『阪

南論集、人文自然科学編』36巻、3号、pp.1-14.
2002a 「一九二〇年代ブラジル知識人のアジア人種観――日本人観を中心に」柳田利夫編『ラテンアメリカの日系人――国家とエスニシティ』東京：慶応義塾大学出版会、pp.1-40.
2002b 「人間、この選択操作するもの――社会人類学におけるネットワーク・アプローチ（1950、1960年代）」『阪南論集、人文自然科学編』37巻、3号、pp.1-17.
2008a "Post-Colonialism and Cultural Anthropology: With Special References to the Caribbean Area Studies," in,T.Maeyama（ed.）, *op.cit.,* pp.1-25.
2008b "Creolization, Guyanization, and Chino-Guyanese Culture," in, *Ibidem,* pp.131-153.
2008c "'*Pretos Velhos*（Old Blacks）are Our Salvation': Afro-Brazilian Religions and the Japanese in Brazil," in, *Ibidem*, pp.203-224.
2008d "'Immaculate Children of God': The Original Sin and the Japanese Religions among Catholic Brazilians," in, *Ibidem*, pp.225-240.
2010 「クロード・レヴィ＝ストロース――アメリカ大陸にスフィンクスを探し求めた人類学者」『文芸静岡』（静岡県文学連盟発行）、第80号、pp.2-11.

3. 編集

1975 『コロニア小説選集』第1巻、サンパウロ：コロニア文学会。
1976 『香山六郎回想録――ブラジル第一回移民の記録』サンパウロ：サンパウロ人文科学研究所。
1977 『変貌するブラジル日系社会――中尾熊喜追悼記念論集』サンパウロ：サンパウロ人文科学研究所。
2007a 陣内しのぶ『合鐘の記憶（遺歌集）』東京：御茶の水書房。
2007b 弘中千賀子『異土の歌（遺歌集）』東京：御茶の水書房。

4. 翻訳

1981 ロバート・J・スミス著『現代日本の祖先崇拝』上巻、東京：御茶の水書房。
1983 ロバート・J・スミス著『現代日本の祖先崇拝』下巻、同上。
1984 オークボ・ミネ画著『市民13660号――日系画家による戦時強制収容所の記録』東京：御茶の水書房。

（前山隆作成、2010年9月14日）